与民自治、与民救济

中国的知识者，大都熟悉歌德的那句名言："理论是灰色的，生活之树常青。"如果改用这句名言的意思，则举凡思想创造、理论发现、制度陈设、技术构造等等，都为着同一目标所准备，那就是民众的日常生活。一切脱离民众日常生活，不能为民众生活日用所采纳的思想、理论、制度以及技术，都是缺乏活力的灰色地带，反之，能被民众在日常生活中所接受、采纳、运用的思想、理论、制度和技术，因为日常生活的朝气蓬勃，也成为催生日常生活之树的重要的和必要的元素。特别是在一个复杂社会中，更是如此。这种把人类精神现象和生活需要相结合的智慧，就是民生智慧。

具体到法律制度领域，民生智慧的表达应是主体的日常生活所需。法律作为一种综合了人类思想、价值、经验和日常需要的规范体系，它既需要反映主体的价值需要，也需要表达事物的客观规定。但恰恰是这两个方面，总处于某种冲突、绞缠的状态，在一定程度上讲，法律总是根据一定的价值需要来裁取事物的客观规定的，因为法律自来是利益博弈的产物。即便今天在世间出现了全民投票制的立法案，也依然十足地表现着立法中的利益博弈。当立法不能够面面俱到地表达利益博弈中所有人的利益需要时，只能表明立法是根据一定的价值需要，而裁取事物的客观规定的。但即便如此，立法中的利益博弈和价值取舍，不能凌空蹈虚，彻底弃事物规定性于不顾，把某种价值强行凌驾于事物规定性之上。在社会交往意义上讲，价值需要本身就是更为宽泛面上的事物的规定性。法律表达这样的规定性，就意味着它可能和民众的日常生活建立起某种关联。

站在民治的立场，法治如果真正关乎民生，至少需要做到两样：一样是与民自治，另一样是与民救济。与民自治强调在法治状态下公民的主体性和对自己事务的自决性。自从人类对神权的依附被打破以来，"从来就没有救世主，也没有神仙皇帝，要创造人类的奇迹，全靠我们自己"，这是人对自身重新打量和安排的基本理念。自己力所能及的事情，只有自己安排，才最符合自己的需要，符合自己的生活立场和选择。这正是由权利本位出发，安排主体交往行为规范的缘由所在，也由此决定了古代法与近、现代法的根本区别所在。一旦法律不能赋予公民以自治资格，反之公民力所能及的事情，悉由政府包办、强人包揽，那么，所谓法律，贯彻的可能就不是主体自主的意愿，而是他者的意愿；从而法律所表达和执行的，并非公民的民生，而是政府、强人赐予公民的"民生"。以此观之，我国制度中仍然抱守的大政府立场和道德驯化模式，无法支持与民自治格局的形成，民也就永远是依附于政府襁褓和道德温情中等待喂食的顺民，而不是顶天立地，我主我事的公民。

但是，公民个人既不能全能，难免要求政府救济，依法设立政府的目的之一，就是当公民个体不能，并求助于政府及其他一切公权力时，公权力必须施之以救济。在一定意义上讲，公民和政府、社会和国家的基本边界，就是公民的请求。当公民在自力范围能够解决自己的问题，从而无求于政府时，"风能进、雨能进、国王不能进"；只有当公民有求于政府及其他公权主体时，公权主体才能、并且必须对公民施以救济。在广义上讲，即使行政机关对公民请求不予批准的答复，也是救济公民请求的一种方式。以此观之，则我国目下法律、特别是诉讼法律中动辄将当事人的讼案拒之门外，让无法自救的公民求救无路、告冤无门的情形，和与民救济的民生法治要求南辕北辙。如果不能建立一种公权主体根据公民请求，随时救济公民需要的制度，那么，所谓法治，也是与民生相去甚远的。

《法治发展论纲》一书，就是作者彭中礼君积多年的研究，对"民生法治"这一主题的系统梳理和总结。数年前，当作者还在湖南师大攻读硕士学位时，就因为对珠三角地区"农民工"权益问题的研究，获得了全国大学生挑战杯比赛的一等奖。如今作者在攻读博士学位，其关注内容和选题虽然发生了一些变化，但对这一问题的关注一直在持续。作者在书中对民生法治的一般问题、历史发展、制度建构等，特别是对当下我国民生法治面临的具体问题，如住房问题、就业问题、社会歧视问题等，都进行了较为深入的调研和思考。期待作者在关注所研究的新领域的同时，也能够就此问题继续关注下去，争取能够在民生法治研究领域，取得更进一步的成绩。

　　是为序。

陇右天水学士　谢　晖

序于 2010 年 11 月 24 日

导　　论

一　问题的提出

如果您每天都看新闻，您就会发现，在当代，我们国家欣欣向荣、日新月异的发展让我们高兴不已，我们必须由衷地赞叹祖国正在走向兴旺发达，北京奥运、上海世博会就是明证；我们也必须正视我们开始在国际上拥有越来越多的话语权，"六方会谈"也是例证。毋庸置疑，作为发展中的大国，我们的祖国正在复兴，不久的将来，必能建设成为一个繁荣富强、为国际和平作出重大贡献的国家。

但是，如果我们再进一步观察，您也会发现，我们祖国依然有许多不和谐的现象，例如：时有发生的暴力拆迁、层出不穷的上访、屡禁不止的矿难、屡抓不绝的贪污腐败、权利屡受侵害的农民工等等，这些现象经常在我们的视线里出没，乃至于一些人在看到这样的新闻时，都有"麻木"的感觉。这种"麻木"一方面源于我们的"司空见惯"；另一方面源于许多普通人的无能为力。我们只能祈祷"千万不要让自己碰上这样的事"。对于普通人而言，这是一种很正常也是值得理解的思考路径，毕竟普通人的生活就是要有房子、要有足够的粮食、要有足够自己在社会上安身立命的精神条件，所以普通人的生活就是要平安幸福、安居乐业，这是最基本但也是最重要的道理。但是，对于学者、对于那些拥有好奇心理的人们而言，当看到因强拆被烧死的受害人的亲属去北京上访被当地干部堵在机场的时候，当看见上访者像犯人一样被关押的时候，当看见农民工维权需要"开胸验肺"的时候，当看见自己的儿子上幼儿园需要每月耗尽自己的工资交2000元甚至更多的学费的时候，当农民的儿子考上大学却因交不起学费而自杀的时候①，我们还能如此坦然吗？

于是，"为什么"就成为我们思索的对象。追根溯源，1978年以后，我们国家开始进入了改革的春天。党和国家在治国方略上发生了重大转变，最初提出了要以法制来治理国家，然后到了1997年以后，我们党又提出以法治来治理国家，并将"建设社会主义法治国家"写入了《中华人民共和国宪法》。最近10多年来，我们在法治道路上付出了大量的努力，结果是出现了越来越多的法律，越来越多的法官，越来越多的律师，甚至越来越多的法科学生，这些都意味着法治在我们国家是基本国策，是抓发展、促进步的核心事业。但是，却为何又不能够解决上述那些问题呢？基于此，您一定会很深刻地问：我们的制度怎么啦？我们的法律怎么啦？甚至，如果还有较强的思考能力，我们还会问上一句：我们的法治怎么啦？

二　已有的路径

对于社会治理问题，在人类历史上早已给出过很多答案，其中最主要的就是"人治"和"法治"两种，而随着时间的变迁，"法治"的呼声逐步成为近代社会追求的主流。从历史上看，对法治的追求已经超过了两千多年的历史。从亚里士多德明确提出"法治包含两层含义"的命题开始，人类社会的法治理论从历史到当下已经发生了天翻地覆的转变。就法治实践而言，西方国家基本上建立起了"根据法律的统治"，法律的力量得到了有效的显现。

西方法治建设的成功，源于其在长期的法治实践中所形成的民主法治发展模式，这种模式以民主为核心，以代议制为实现路径，以自由人权为核心价值取向，适应了西方经济社会发展的需要，成功地实现了法治国家的建设（本书后文将具体论述）。并且在最近几百年来，西方国家首先是通过大炮和贸易的方式，使地球上许多国家成为它们的殖民地，不仅在经济上掠夺殖民地资源，而且在文化上也不断地灌输西方价值观念。殖民地人民在西方文化长期的强势话语下，自觉或不自觉地形成了一种思路：要

---

① 这些都是最近几年发生的案例，对于相关案例的整理和评述可以参见刘丹教授和笔者整理的一些文章。刘丹、彭中礼：《2007年中国法治政府建设大盘点》，《行政法学研究》2008年第1期；刘丹、彭中礼：《2008年中国法治政府建设大盘点》，《行政法学研究》2009年第2期。

想救赎自己，必须学习西方。这既是一种不得已的惯性，实际上也是一种极力改变自己生活状况的苦心。20世纪以来，世界发生了巨大变化，原来的西方殖民地国家在政治上纷纷独立，以主权国家的身份走上了国际舞台。但是，在本国的发展问题上，模仿和学习西方的痕迹却一直没能擦除，不是因为"橡皮擦"不够，而是因为强势话语的痕迹刻得太深。

中国自1840年被迫打开国门以来，寻求救国之路一直是众多仁人志士的志向所在。即使到了新中国成立之后，我们依然在不断寻找一条能够有效治理中国社会的新路径——改革开放可谓是"路径寻找"的另一个开端——只不过，改革开放之前的"路径寻找"目光指向前苏联，改革开放之后的"路径寻找"目光指向了更宽广的世界。然而，值得注意的是，在"路径寻找"的过程中，我们逐步发现我国的法治建设方式已经与西方国家的民主法治发展模式道路趋同。不仅仅表现在我们的法学学术话语上，而且也表现在我们的制度建构上。所以，我们中的一些同志想当然地以为，只要西方国家有什么制度，我们也就应该建立什么制度，这样我们国家的问题就解决了。所以，"法律移植现象"在我们国家非常突出。但是，我们如果认真思考的话，会发现我们的"法律移植"还不是真正意义上的法律移植。我们只是看到了西方国家的法律和制度在西方结出了硕果，我们看到西方国家不仅有《物权法》，更有《民法典》，于是抱着"西方国家有的法律制度我们也要有"的"不甘落后"的心理，热切渴望《物权法》、《民法典》在一夜之间摆在世人面前，借以成就一番"丰功伟绩"。可是，我们没有注意到中国没有旷日持久的罗马法复兴运动、文艺复兴运动和理性启蒙运动，没有持续数百年发展的工业革命和经济飞跃，也没有视《民法典》为生后丰碑的拿破仑，甚至我们竟没有一个珍惜民族传统的萨维尼——尽管有许多学者在为此做出诸多努力，但是在影响决策的意义上说力量还显得有点薄弱。

众所周知，我国是一个有着13亿人口，其中8亿人口在农村的城乡二元对立十分严重的国度。在这个国家里，充斥着国家法与民间法、传统法与现代法的激烈角逐和斗争。在农村，农民融入现代社会的进程比较缓慢，其内部所蕴涵的一套规则在他们自身的日常生活中起着非常重要的经常性作用；而我们国家所构建的法律体系往往是从如何确保先进的市场经济制度顺利运作而展开的，在现代城市，这一套发达的市场经济下的运行规则或许能够起到指引或调整的作用，但是在农村相对来说则由于思想观念的过分超前，反而无法起到应有的作用。所以，在农村，能够应用《合同法》的场合是比较少的，因为这里没有陌生人；并且房子去登记的可能性也很少，因为房子是祖上留下来的；世世代代或许就住在这同一个地方，邻里乡亲都互相认识，大家都知道哪些是他的、哪些是我的，所以，公示在这里似乎也是多余的……总之，从那些被移植的制度本身来看，无可争议的是它们是先进的，代表了先进制度和文化理念。但这些先进的东西在我国显得很娇贵，经不起风吹雨打。我们有很先进的宪法，但是在看守所里有一些被羁押的人却被莫名其妙地在"躲猫猫"、"洗脸"、"做梦"中死亡；我们有很先进的刑事诉讼法，但是"赵作海案"还是很奇怪地发生了；我们也有很完善的消费者权益保护法，但却出现了"打假法律越'完善'，造假案件越泛滥"的情势。显然，制度的建构并不等于制度的简单模仿与移植，还需要包含能够容纳认真执行和实施的更多内容和价值。

当然，从人类学习的历史来看，善于学习的民族往往都是很容易获得发展的民族，是即使在逆境中也还能奋发有为的民族。中国人民最早发明了火药，但是在武器理念上却是西方国家首先受益，因为西方国家不像中国人那样把火药用来制造作为娱乐的爆竹，而是变成进攻的强大工具。学习作为一种获取知识的方式，本身是值得鼓励和提倡的，也是人类社会自我发展必不可少的认知路径。但是，学习不仅仅是看到了别人用什么我们就用什么，而是要带着自己的思维去独立审思。就像火药在西方的传播一样，如果西方人像古老的中国人一样使用火药，则会是简单的"亦步亦趋"，从而阻碍了发展的步伐。同样的道理，我国在建设法治国家的进程，是否就应该是完全地搬用西方的民主法治实践模式呢？换句话说，中国有没有必要形成自己的法治发展模式？中国又该如何去寻找自己的法治发展模式？

三　全新的探索

就在我们为之彷徨的时候，民生话语的适时出现给予了我们启示和灵感。实际上，这也是社会发展和进化自动选择的结果。在民生话语体系中，会发现民主问题或许并不是当下我们最急切需要解决的问题，自由、人权等价值还可以转化成生存与发展的法理学视角，社会公平正义也依然是我们迫切的价值追求。一切的一切，都源于我们还处于"社会主义的初级阶段"，这是一个很长的阶段，是需要几代人甚至十几代人或几十代人努力奋斗的阶段，所以在这个阶段，在一个具有 13 亿人，占全球人口四分之一还要多的国度，解决人们的民生问题是一个更富有时代意义和生命活力的问题，也是一个更加实惠的问题。法律源于精耕细作，法律也源于同质需求，可以说，人数越多，需求种类越多，但是基本需求是不变的，那就是民生——关于日常生活的理论总结和升华的词汇。民生概括了中国人民几千年来的生活梦想，也给予了我们在法治发展模式上一些新的路向。

在法治所关注的视域之内，其以人之为主体的价值关怀决定了法治必然把人作为关注的主要对象。而人都是现实的人，都是活生生的人，都是需要追求个体合理利益的人，更为重要的是，作为生活中的人，生活都是人的行为酿就的，生活也是人的行为描画的，不存在自然而然随风而来的生活，也不存在"天上掉下来的馅饼"。有的只是黄土高原上高亢的《黄土高坡》——但是，是那种需要"与天斗"的生活，那种挖窑洞过日子的生活；有的只是婉转的《江南水乡》——但是，是那种需要抗洪的生活，那种需要翻越山岭的生活。生活，构成了每一个普通人的存在场景。所以，在法治中关注民生自是非常正当之事。因为生活，才有了规则；因为规则的生活，才有了法治。

在当今时代的中国，乃至未来很长一段时间内的中国，关心民生问题、解决民生问题和保障民生问题都是中国人所要面对的头等问题和根本问题。这个问题解决好了，中国人民就会更加安居乐业、更加安定团结，社会也会更加和谐有序；这个问题解决不好，社会不仅不和谐，而且也会不稳定。已有的迹象正在印证着这样的说法和观点，如群体性事件、越来越尖锐的拆迁与被拆迁的对立、越来越尖锐的社会两极分化等矛盾，都在警醒我们，在当代中国，社会的转型使得各种矛盾集中发生，严重影响了社会和谐的实现。问题越多，人们对公平的呼唤就越强烈，对法治的呼声就越高。只有通过法治才能够实现社会公平正义，才能够保障人民的各种需要。因此，在追求民生发展的过程中，提炼出民生法治发展模式是必要的，而且能够为中国法治的发展提供强大动力，并有助于中国法治国家的实现。

四　本书的结构

民生法治发展模式是中国法治建设思考的必然路径，本书对此给予了充分的论证和分析。

全书共分为七章。

第一章对民生的概念给予了规范分析,指出民生的四层内涵。本书在分析了法学语境中的"民"和"生"的概念之后,对于民生的历史语义和当代学者的探索进行了讨论和批判,并认为民生是以全体人民(民众)的物质产品需要为基本面向、以精神文化为内在需求、以良性发展为个体追求、以社会福利为现实保障的生活需要。

第二章从法哲学的视野讨论了法治的民生向度,认为法治源于人的民生需要,是对人的民生需要的规范化。同时从"权利与义务"、"公平与效率"、"国家与社会"三大相对应的法哲学范畴中发现民生与法治结合的可能性与必然性

第三章和第四章旨在为民生法治模式的出场找到历史依据和理论依据,并为民生问题的保障提供抛砖引玉式的设想。第三章回答了民生法治发展模式的历史必然性;第四章从理论上证实了在当代中国坚持民生法治发展模式的意义;由此,本书认为,民生法治发展模式不是关在书斋中的闭门造车,而是结合了当代中国人民的生活需求、历史感悟和实践话语而凝练的,是人民群众智慧的体现。

第五章对民生法治发展模式的立法、执法和司法层面的制度构建提出对策,即立法为民、执法为民、司法为民要具体转换为立法为民生、执法为民生、司法为民生。

第六章从实践命题上指出了法治关心民生的可能路径及其价值。特别是当前中国要解决的主要问题就是就业、住房、社会分配以及安全等问题,这些问题从法律权利的视野来考察就是就业权、受教育权、住房权等基本权利,本章就这些基本权利该如何实现给予了法理学上的思考。

第七章指出民生作为权利之体系在中国发展语境中的主题话语,即民生是公民权利体系的核心和主旨,但同时人们在享有民生权利的同时应承担适度的合作责任以及担当社会利益。这可以克服西方法治模式的局限。

在结语部分,笔者希望通过建构中国的民生法治实践模式,为其他欠发达国家解决类似问题提供一些值得借鉴的思考。

第一章 "民生"概念的规范分析

以法治融合民生、以法治发展民生，是本书的主旨所在。因此，首先必须要追问的是，到底是什么是民生法治？要理解"民生法治"，就先必须从民生的内涵界定开始理解，正如凯尔森所认为，"对一个概念下定义的任何企图，必须要将表示该概念的这个词的通常用法当做它的出发点"。① 本章将从民生之"民"、"生"以及"民生"三个词语的通常用法出发，探讨这些词语的原始意义，并结合时代需求给予细致分析。

第一节 民生之"民"与"生"

一 民生之"民"

（一）从"民"到"人"

从《现代汉语词典》对"民"的解释来看，主要有如下几种含义：（1）作为名词，指人民，如民办、民变、民兵等；（2）作为名词，指某族的人，如藏族、回族等；（3）作为名词，指从事某种职业的人，如农民、渔民、富民等；（4）作为名词，指民间，如民歌、民谣；（5）作为名词，指非军人，如军民团结、拥政爱民等。《古汉语常用词典》中对"民"的解释为：（1）百姓，如《齐桓晋文之事》中说："保民而王，莫之能御也"；《韩非子·五蠹》亦说："禹之王天下也，身执耒臿以为民先，股无胈，胫不生毛"。（2）泛指人，如《左传·昭公二十五年》中说："民有好恶喜怒哀乐"等②。从这两本词典对"民"的解释来看，

---

① ［奥］凯尔森：《法与国家的一般理论》，沈宗灵译，中国大百科全书出版社1996年版，第4页。

② 陈涛主编：《古汉语常用词典》，语文出版社2006年版，第403页。

"民"都包括了百姓、人民的含义在里面。在民生之"民"中，理解"民"就必须从理解"民生"一词在现代社会中的普遍真实意义出发。在"民生"这一词语中，"民"应该是既指百姓，又泛指人。

需要追问的是，"民"与"人"有区别吗？从显而易见的意义来看，二者似乎是存在根本区别的，但是将二者彻底割裂开来有无必要呢？人是一种能够利用自己的理性和聪明才智实现自己利益最大化的动物。古时柏拉图将人定义为"两脚直立无毛"的动物，这仅仅只是对人的外在特征的一个不完全的概括，根本就没有触及人的本质。现代社会，有学者将"人"分为生物学意义上的人和法律上的人。

从生物学意义上的人来看，学术界给其定名为 Homo sapiens（拉丁文，意思为"knowing man"），与猩猩、猿猴等同属人科的灵长目动物。但是，生物学意义上的人转化为法律意义上的人有一个制度之认可的问题。如在古代社会，并不是所有生物学意义上的人都是法律意义上的人。古希腊否认所有的人具有同等的人格，否认奴隶的主体性地位，因此，有一些奴隶从生下来那天到他死去都不能够算是"人"，正如亚里士多德所言，他们仅是"会说话的工具"[①]。

在罗马法上，人作为法律上的权利义务主体，有一个发展的过程，反映在法律概念上就表现为罗马法上关于人的三个概念，即霍漠（Homo）、卡布特（Caput）和泊尔梭那（Person）。Homo 指的是生物学上的人，不一定是权利义务主体；Caput 表示的是权利义务主体，指法律上的人格；只有 Person 用来表示权利义务主体的各种身份。"人"在古希腊罗马法中的权利地位是有差别的。这种差别的存在使得当时只有一部分人一生下来才是法律意义上的权利主体。[②] 甚至由于家长权的存在，家长可以审判家庭成员，可以惩罚家庭成员，还可以杀戮家庭成员，总之，"家长对家属操有生杀予夺的权力（potestas vitae et mortis）"[③]。家庭成员都是家长的附庸，即使是具有市民资格的男性家庭成员也很难说是一个完全民事行为能力人。在古罗马，妇女的法律地位也是不高的。在没有出嫁之前，妇女从属于家长，家长决定其终身大事；出嫁以后，由于古罗马通行的夫权制度，

---

① ［古希腊］亚里士多德：《政治学》，吴寿澎译，商务印书馆 1961 年版，第 24 页。
② 周枏：《罗马法原论》（上），商务印书馆 2002 年版，第 106 页。
③ 同上书，第 150 页。

妇女也是其丈夫的附庸。① 所以，在古代，并不是每个人都是能够成为独立主体的。在中世纪时期，人是上帝的附庸，个人并不具有独立的人格和特性。人也必须服从上帝，为上帝效命，实际上是人性被淹没在神性之中，所以才有人本主义思潮出现，才有文艺复兴鼓吹人性。

在古代中国，"人"的意义也是有着可以反思之处的。古语有云，"普天之下，莫非王土；率土之滨，莫非王臣。"这句话所包含的个人与国家关系含义主要有三层：第一，国首先是"家"。《礼记·礼运》就这样的记载："故圣人耐以天下为一家，以中国为一人者，非意之也。必知其情，辟于其义，明于其利，达于其患，然后能为之……何谓人义？父慈子孝、兄良弟悌、夫义妇听、长惠幼顺、君仁臣忠。"这种国家家庭化就是要实现"天下为民父母，为天下王"，"乐只君子，民之父母"，"天下父母事天而子蓄万民"，对于君主而言就要"爱民如子"、"若保赤子"，并且这种君民关系的父子化还进一步引申在官与民的关系当中，所以就有了"父母官"的称呼。如《五代会要》："刺史县令为人父母，只合倍加哺乳，柰可自致（百姓）疮痍？"国之"家"化所导致的必然结果是，家庭伦理纲常与国家法纪混淆。第二，个人是国家的隶属，同时个人也是国王或君主的隶属，也是官吏的隶属。这种隶属关系不是简单的上下级的隶属关系，而是包含了浓重的人身关系在内的隶属关系。所以古人有言："君要臣死，臣不得不死；父要子亡，子不得不亡。"百姓的生死性命都是掌握在君主的手中，何况其他乎？因此，从这个角度来看，个人是没有相对独立的法律地位的。第三，进一步引申来看，个人的独立地位没有得到确立，即意味着个人的人格能力并没有得到保障。民法上说的人格能力是包含了民事行为能力和民事权利能力两个方面，现代法律认为人格能力是人之为人的重要法律要件之一。丧失了这种人格能力就意味着"人"的丧失，意味着"类"概念的裂痕出现。

可见，对"人"的理解的分歧就有可能影响对"民"的理解。古代希腊罗马时期，享有选举权或者其他政治权利的"民"都是有严格的范围限定的，首先，并不是每个人都是"民"；其次，即使是"人"，也不一定是"民"，如有市民资格的妇女不能够参加公民大会，没有选举权等。即

① 关于夫权的具体内容，请见周枏《罗马法原论》（上），商务印书馆2002年版，第178页以下。

使是到了资产阶级大革命时期，资产阶级革命家一方面喊着"天赋人权"，主张权利平等，但是另一方面，在"民"之问题上也存在错误认识。一个直接的例证就是 human right 一词，这个词用的 human，没有使用 person，因此它排除女性的一些权利。如在 18 世纪独立战争之前的美国，妇女是没有选举权的，甚至还不承认黑人的平等法律地位。直到 20 世纪 60 年代，通过轰轰烈烈的民权运动后，黑人作为"民"的地位才被肯定，但是其获取权利的过程却是艰辛而又漫长的。17 世纪、18 世纪的英国也不是所有的人都是"民"，妇女和那些没有财产的人也是被排除在"民"的范围之外，直到 19 世纪妇女和没有财产的人才获得选举权和被选举权，法律意义上的"民"的地位才得以确立。

在古代中国，"民"之内涵已经极其丰富，并且常被提高到治国纲领的层面。如在我们常说的"民惟邦本，本固邦宁"（《孟子·尽心下》）、"民为贵，社稷次之，君为轻"（《荀子·哀公》）中，民既是关心的主题，也是议论的对象。显然，这些经典传世名言都从民的角度来论述"民"的地位的重要性，或者说是"本"的地位，这是得到了儒家思想的高度同意的。《孔子家语》中也记载："孔子曰：夫君者舟也，人者水也。水可载舟，亦可覆舟。君以此思危，则可知也。"用水和舟的关系来比喻君与民的关系是儒家的杰作，《荀子》中也说："君者，舟也；庶人者，水也。水则载舟，水则覆舟。"可见，他们都是把"民"作为一个集合性的名词进行讨论的。也就是说，在古代思想家的眼中，作为整体的"民"的力量是不可忽视的，应当充分注意引导"民"，是故有"防民之口，甚于防川"之经典比喻。这就提醒统治者"要对民的社会地位与作用、民的生活状况给予一定的关切，不能饮鸩止渴，竭泽而渔，掠夺式的统治不仅会伤民气，产生民怨，更重要的还会伤及君国社稷的根本。国之财，皆出之于民，皆民之所供，这是山野村夫都能弄懂的道理"①。既然"民"基本上是一个集合性概念，那么它就成了集体本位，而非个体本位。"民"是"人"的集合体，但是作为个体本位的"人"则是需要教化的对象，是故孔子提出"仁"的概念以教化"人"，达到所谓的"明人伦"。"人"作为德性教化主题，最终的思想道德境界是"仁"，而在"仁"的体系中，"孝悌"又是最天经地义的。孔子说："其为人也孝弟而好犯上者，鲜矣；

---

① 王人博：《论民权与人权在近代的转换》，《现代法学》1996 年第 3 期。

不好犯上而好作乱者，未之有也。君子务本，本立而道生。孝弟也者，其为仁之本与。"（《论语·学而篇》）如此等等，都是为了使"人"成"仁"，成为子民，而不是刁民。

（二）"民"与"人"在现代中国语境中的契合

在近现代民族危急的形势下，社会动员是政治斗争的有力手段，在浓厚的民族主义情绪影响下，以国家为最高目的，以集权方式组织集体力量、整合社会利益，这影响了权利斗争的思维方式，即争民权的立场以集体权的语境开始演绎，进而"民"的范围扩展，逐步革命化。孙中山的全民政治对集体权利的阐述明显强于对个体权利的阐述。而在毛泽东的人民民主思想中，人民是指各革命阶级的联合群体，从阶级权利角度对工人、农民的集体权利的论述很丰富，而很少从公民个人权利角度来强调。[①] 也就是说，理解民权的"民"字，应该从"群"的角度来理解。

从近代中国的思想家来看，他们的立场也大都基于"群"的视角。如梁启超在《说群》中认为，治国之道应"以群为体，以变为用"。张灏先生认为，梁启超的"群"概念是一个主要受西方社会团体组织和政治结合能力的事物所激发的新概念，主要有三层含义："一是带有整合的意思，即如何将中国人集合起来组成一个有凝聚力的政治实体；二是指政治参与，即一种合理的政治实体能够容纳什么样的社会分子参与；三是指政治共同体的范围，即中国是否应组织为一个民族国家"。[②] 在梁启超看来，似乎宇宙间所有的变化和演进都由包罗万象的合群原则主宰。宇宙中的一切事物，包括有生命的或没有生命的，都由相反的原质构成，一切事物的存亡都依赖合群原则，并将这些诸原质结合在一起。它是主宰宇宙间万物存亡的自然界本质规律。而根据自然界进化标准，合群原则愈益重要。在自然界的进化中，异质贵于同质，复杂贵于简单。作为它的一个推论，合群在生物界的关系要大于在非生物界，在人类社会里大于在动物世界里，在开化民族中要大于在野蛮民族中。[③] 既然合群能力在自然界里千差万别，

---

① 韩英军：《近代中国的民权话语特征分析》，《首都师范大学学报（社会科学版）》2006 年第 1 期。

② HAO CHANGT, Liang Ch'i-ch'ao and Infellectual Transition in China1890—1907, HNR YARD UNVERSITY PRESS，p. 96. 转引自王人博《论民权与人权在近代的转换》，《现代法学》1996 年第 3 期。

③ 梁启超：《饮冰室合集》文集之二，第 5—6 页。转引自王人博《论民权与人权在近代的转换》，《现代法学》1996 年第 3 期。

那么自然界的竞争就是不可避免的。人类由于被赋予更大的竞争能力，因此在生存竞争中自然以胜利姿态出现，并因此得以大量繁衍。同样道理，当各个不同的人群处于竞争中的时候，具有更良好合群能力的开化民族总是战胜野蛮的民族。随着历史的发展，合群的趋势和必要性也不断增强，违背这一趋势和要求，便意味着死亡。①

"民"所表达的"群"的含义，即一种国家权力关系，主张国家权力应向"民"所代表的"群"倾斜，其最高的目标是使国家的权力集中起来，以使国家发挥它的最大功效。这是近代中国一群爱国知识分子在自己的祖国受尽欺辱之后所具有的一种情况：他们关切作为"群"的"民"胜过作为个体的人；他们思考的问题不是国家权力是否受约束以及怎样约束，而是国家能否充分行使权力使整个民族强大起来。② 从实践来看，近现代中国关于"民"之地位的问题也经历了一个重大变革的过程。辛亥革命后，孙中山组织的临时政府基本上确立了每个国人的选举权。但是，此后战火纷飞，国家动荡不安，再加上国民政府的许多倒行逆施，孙中山先生的诸多主张都最终灰飞烟灭。

把广大的人们都变成"民"，是由中国共产党来完成的。在新民主主义革命阶段，新民主主义革命的动力是工人阶级、农民阶级、城市小资产阶级和民族资产阶级，而根本的动力是工人和农民。"中国无产阶级、农民、知识分子和其他小资产阶级，乃是决定国家命运的基本势力……他们必然要成为中华民主共和国的国家构成和政权构成的基本部分，而无产阶级则是领导的力量。现在所要建立的中华民主共和国，只能是在无产阶级领导下的一切反帝反封建的人们联合专政的民主共和国。"③ 在土地革命战争时期和解放战争时期，中国共产党通过土地革命等措施，让广大的人们成为土地的主人，并积极发动百姓投入到土改和革命中去。新中国成立以后，我国通过"三大改造"等社会运动暂时消除了贫富差距，实现了共同贫穷意义上的平等。但此时还不是所有的"人"都是"民"，因为"以阶级斗争为纲"的指导方针的存在，使得"人"中有许多人成为无产阶级的专政对象。这样的现象长期存在于当代中国的经济社会发展之中。

---

① 王人博：《论民权与人权在近代的转换》，《现代法学》1996 年第 3 期。
② 同上。
③ 毛泽东：《毛泽东选集》（第 2 卷），人民出版社 1991 年版，第 675 页。

同时，把"民"还原成"人"，则是在当代中国完成的。改革开放以后，"以阶级斗争为纲"被更换成了"以经济建设为中心"，"三个有利于"成为经济和社会发展的衡量指标。所有的人都投入到了火热的经济建设当中，没有了阶级成分的差别，阶级专政的口号也烟消云散，有的只有"速度再快一点"。因此，我们今天所说的"人民"，实际上包含了所有中国人在内的人，不论身份、地位、年龄、性别、种族等。正如马克思所指出："首先应当避免重新把'社会'当作抽象的东西同个人对立起来。个人是社会存在物。因此，他的生命表现……也是社会生活的表现和确证……因此，人是一个特殊的个体，并且正是他的特殊性使他成为一个个体，成为一个现实的、单个的社会存在物，同样地他也是主体、观念的总体、被思考和被感知的社会的主体的自为存在。"① 这样，"人"之概念与"民"之概念得到了一定程度的愈合，实现了最广泛的人的概念的"人民化"。这是世界人权发展史的一个重大贡献，必将载入世界人权发展的史册。

（三）从"人是万物的尺度"到"以人为本"

"人"的法律地位的普遍确立，是一个长期艰苦的过程，其间所经历的思想争鸣和思想演绎也是可圈可点的。直到今天，我们国家再次提出"以人为本"的执政理念，我们也可以从中领略到人作为地球主人和人对其他人以及一切人的立场的价值定位，这个过程也蕴涵了从"民"到"人"的意义转变的价值向度。

两千多年前，古希腊时期的著名学者普罗塔哥拉提出"人是万物的尺度，是存在者存在的尺度，也是不存在者不存在的尺度"。② 这意味着普罗塔哥拉强调从人的立场来看待万事万物，从人的个体的角度来看待事物的成长和发展。普罗塔哥拉喊出这个口号的本意是要反对以"神"为万物尺度的观念。在古代世界，由于人们对诸多自然现象的认识不是十分的熟悉或者说认识不清，如雷、电、风、雨等，他们常常会认为这是上帝或神的杰作，于是，在他们的世界观中，这些自然界的特殊现象就成了顶礼膜拜的对象。这时，一些理论家对这些自然现象进行进一步的理论抽象，认为

---

① 马克思、恩格斯：《马克思恩格斯全集》（第42卷），人民出版社1979年版，第122—123页。

② 转引自《西方哲学史原著选读》（上卷），商务印书馆1989年版，第172页。

自然是崇高而伟大的上帝。从而，自然界强烈地影响了人类，甚至几乎是控制了人类的生活。在许多民族宗教仪式和氏族图腾中，就发现了大自然"神圣"的踪影。后来，宗教仪式慢慢转化成为一种习俗和习惯，以便享受自然的恩泽。自然界被视为神圣的力量，成为人类行为规范的渊源。

    古希腊早期的赫拉克利特最早流露出自然法的观点；他认为"人类的一切法律都因那唯一的神的法律而存。神的法律随心所欲地支配一切，超过一切"。自此起，西方自然法学家们都深信宇宙中有一种普遍的力量。他们宣扬正义渊源于自然，是自然理性的产物。以斯多葛学派为代表的自然法学家们的理论贡献就是进一步肯定了这种观念。斯多葛学派把自然的概念置于他们哲学体系的核心位置。所谓自然，按他们的理解，就是支配性原则，他遍及整个宇宙。这种支配性原则在本质上具有一种理性的品格。自然法是人类法律正义的基础。① 斯多葛学派代表人物芝诺认为，宇宙是一个单一的活着的生命，具有一个也许可以称之为"神"或者"理性"的灵魂。作为一个整体，这个生命是自由的。"神"从一开始就决定了他自己要按照固定的普遍的法则而行动，但是他选择了那些能够产生最好的结果的法则。② "神"与世界是分不开的；他就是世界的灵魂，而我们每个人都包含有一部分神圣的火。一切事物都是那个叫做"自然"的单一体系的各个部分；个体的生命当与"自然"相和谐的时候，就是好的。就一种意义来说，每一个生命都与"自然"和谐，因为它的存在正是自然规律所造成的；但是就另一种意义来说，则唯有当个体意志的方向是朝着属于整个"自然"的目的之内的那些目的时，人的生命才是与"自然"相调和的。③ 与宇宙相和谐的生命才是美好的东西；而与宇宙相和谐又与服从"神"的意志是一回事。芝诺强调了个体的人只能在服从自然规律的时候，才是对自然的正确归属和认识。后来，古罗马皇帝、斯多葛主义者马勒可·奥勒留歌唱道："啊，宇宙，凡是与你相和谐的万物也就都与我和谐。凡是对你适合时宜的，对我也就都不迟不早。你的季节所带来的万物都是我的果实，啊，自然，万物都出自于你，万物都存在于你，万物都复归于

---

    ① ［美］E. 博登海默：《法理学—法律哲学及其方法》，邓正来译，中国政法大学出版社1999 年版，第13 页。
    ② ［英］罗素：《西方哲学史》，何兆武、李约瑟译，商务印书馆1963 年版，第337—338页。
    ③ 同上书，第322 页。

你。诗人们说'赛克洛普的亲爱的城市';难道你就不该说宙斯的亲爱的城了么。"① 正是基于人类对自然的理解,人们才开始对自然感恩戴德。也由于理论家的概括,把世界万物的起源都归于自然。这既是一种方法,也是一种仰慕的哲学之花。

对于这种观点和认识,普罗泰戈拉是持反对态度的。普氏认为,"人是万物的尺度"不只是一个哲学上的认识论的命题,从根本上说,"人是万物的尺度"还混合了有关道德、宗教、政治、法律、伦理等多种思想。只是,在人们的学术研究中,必须要围绕着人,围绕着人的心性,进而关注通过人而构建起来的生活方式问题,特别是文化制度、法律制度等制度命题。自然或者神也许是存在,但这不是我们能够借以观察问题的基本立场,它们的存在只构成我们进一步开始学术想象的前提。人本身就是一个世界,人本身就是这个世界的主要活动的参与者。再结合普罗泰戈拉在他的著作《论神》里所坚持的态度:"神是不能认识的,不知道是存在,还是不存在,也不知道它们是什么。由于这个问题的暧昧和人生的短促,给认识神带来了许多障碍。"我们可以推知的是,"人是万物的尺度"所表明和建构的是人在社会中的主体地位,特别是张扬了人作为世界万物主观判断者地位的价值,打击那种以虚无缥缈的神作为权威判断者的论断。是人,也只有人,才是衡量整个社会一切价值的尺度。当然,我们在这里还要认识到普罗塔哥拉所讲的人究竟是指什么人。普罗塔哥拉所指的"人",实际上就是指雅典民主制度下的公民。雅典民主制度中的公民,并不是每一个生物学意义上的人,而是那些有权参与政治生活,有权参与政治辩论的人。这些人才是衡量万物的尺度,所以,普罗塔哥拉的"人"是不完整的"人",是排除了其他更多、更普遍意义的人的"人"。

值得指出的是,从"人是万物的尺度"的论述中,我们已经看到了人本哲学和人本思想的最初起源和智慧之光。特别是在当代中国,执政党巧妙地吸收了"人是万物的尺度"的思想与中国古代的民本思想的精华,提出了面向新世纪、建设和谐社会的执政理念,即以人为本的理念。可以说,在今天,我们强调关注和改善民生,强调保障民生,实际上就是在落实以人为本的基本执政理念。

---

① [古希腊]马勒可·奥勒留:《沉思集》,转引自罗素《西方哲学史》,商务印书馆 1963 年版,第 366 页。

第一，理解以人为本关键在于理解以什么"人"为本。"人是万物的尺度"的古代论述从侧面说明了公民是尺度，在今天，我们将所有人都可以看做公民，因此，所有人也是"人"，我们不再严格区分生物学意义上的人和法律上的人，凡是生物学意义上的人都是法律意义上的人。即使是因为自身身体素质而无法进行法律意义上的行为，如植物人，也是全面意义上的人。所以，以人为本就是要以所有人为本。

第二，理解以人为本核心在于理解以人的什么为本。对于现实的人而言，存在和发展之所以能够进行的尺度就是"生"。所以，中国执政党在这种意义下所提出来的民生建设就回答了这一问题。质言之，以人为本核心在于以民生为本。民生才是关乎人的发展和进步的重要社会力量和政策的指向。

可见，从"人是万物的尺度"的论述中，我们发现了人的存在意义和价值；在以人为本的思想中我们发现了人的本体地位和价值地位。特别是在民生时代，重提"人是万物的尺度"，发现所有人作为尺度的意义，发现所有人作为本位而存在的意义，构成当前我们社会思想发展的一个重要进步。

二 民生之"生"

（一）"生"的含义

关于"生"，《古汉语常用词典》中给出了多种解释：（1）草木长出：如《荀子·劝学》中说："蓬生麻中，不扶而直。"（2）生育：如《列子·询问》中说："子又生孙，孙又生子，子又有子，子又有孙，子子孙孙无穷匮也。"（3）出生，诞生：如《左传·隐公文年》中说："庄公寤生。"（4）产生，发生：如《左传·僖公三十三年》中说："纵敌患生，违无不释。"（5）生产、制造：如《国语·晋语四》中说："调旃齿革，则君地生焉。"（6）生存，活着：如《论语·卫灵公》中说："志士仁人，无求生以害人。"（7）活养的，活的：如《孟子·万章上》中说："昔者有馈，生鱼于郑子产，子产使校人畜之池。"（8）生命，性命：如《鱼我所欲也》中说："生，我所欲也；义，亦我所欲也。"（9）一生，一辈子：如《路游·诉衷情》中说："昔此生谁料，心在天山，身在沧州。"（10）生活：如《楚辞·离骚》中说："长太息以掩涕泪分，哀民生之多艰。"（11）生的，与熟相对：如《鸿门宴》中说："则与一生彘肩。"（12）生疏而熟悉：如王建《村居即事》中说："因寻本里熏辛断，自别城中礼数生。"（13）对读书人的称谓：如《史记·秦始皇本纪》中说："今诸生不师今而学古，以非当事。"（14）甚，最。（15）语气助词。（16）通性，本性，性情：如《荀子·劝学》中说："君子生非异也，善假于物。"① 从以上"生"的16项解释来看，有作为名词的"生"，如（9）、（10）；也有作为动词的"生"，如（1）、（2）、（3）、（4）、（5）；还有作为形容词的"生"，如（6）、（11）。"民生"之"生"显然是一个名词，代表一种状态。与"民生"之"生"的意义比较接近的是（6）、（7）、（8）、（9）、（10）项。

从字面含义来看，"民生"之"生"所表达的是人之生存、生活的含义。民生之"生"表达了是一种基于民权的个人人权观念（当然，古人没有人权观念，但用人权观念可以还原古人的实际想法）。"古今一切人类之所以努力，就是因为要求生存，人类因为要有不间断的生存，所以社会才有不停止的进化。所以进化的定律是人类求生存。人类求生存，才是进化的原因。"② 没有了生存，那么人的一切其他价值和意义都是不存在的；人必须首先解决好吃、喝、住、穿的问题，然后才能从事政治、科学、艺术哲学、宗教等活动。也就是说，人们只有获得了生存权，才具有现实条件有效地行使其他权利。可以说，生存的实现是人之为人得以实现的基本前提。

然而，如果仅仅是从生存的意义上来理解民生之"生"，则显然是对民生的误解，也是对我们自身追求的囫囵吞枣似的搬用和套用。从当今时代的发展来看，"生"不仅仅是生命的延续和自然地存在，而且还应该包括基于"生"的其他意义，如尊严、发展等等。

（二）"生"与生命权

生存是保持人的生命的基本要求，重视"民"之"生"是尊重人的生命的体现。每个人都只有一条命，每个人的生命都是独一无二、不可重复的。在人生的一切价值中，生命的价值是最基本的价值，其余一切价值都以生命的价值之得到确认为前提。③ 因此，生命高于一切是不应该怀疑的道德逻辑，也是我们人类发展历史应该一以贯之的基本价值和原则，正如

---

① 陈涛主编：《古汉语常用词典》，语文出版社2006年版，第566—567页。
② 孙中山：《孙中山全集》（第9卷），中华书局1981年版，第369页。
③ 周国平：《尊重生命是最基本的觉悟》，《新京报》2005年10月16日。

古希腊历史学家所说，"我们应当悲痛的不是房屋或者土地的丧失，而是人民生命的丧失。人是第一重要的，其他的一切都是人的劳动成果。"①

从权利的角度来看，我们可以发现，在西方的历史上，源自古罗马的自然法传统把生命视为人最基本的权利。人的基本权利是生命权，客观上说，这其实也是一切生物的基本权利。人和其他生物一样，从出生起就有生存的愿望，要实现这个愿望，首先必须战胜自然，战胜其他生物的进攻。在人类漫长的进化、发展中，人类逐渐战胜自然、战胜其他生物，主宰了地球生物。人类在对自然、其他生物的斗争中取得生命生存的权利后，人类自身的竞争才成了威胁人类生存的主要因素。因此，人权的自然属性就是人的基本权利即生命权。②

生命权是一切人权的本源和基础，没有生命权，其他一切权利均无从谈起，其他任何权利也就没有意义，也不可能存在。世间最大的罪恶莫过于非法侵害或剥夺他人的生命权。可以说，生命权在公民权利体系中处于基础地位，是一种基础性的权利，是第一位的人权，是首要人权。③ 因此，到了近代资产阶级革命时代，当启蒙思想家们喊出"天赋人权"的口号的时候，生命权作为天赋的第一人权进入了近代法律体系和人权体系当中。洛克说："谁企图奴役另一个人，谁就同那人处于战争状态，这应被理解为对那人的生命有所企图的表示。"④ 为此，洛克把生命、自由与财产作为三项最基本的权利。布莱克斯通也指出，"人之绝对不可侵犯的权利有三，第一是为生命，第二是为个人自由，第三则为财产。"⑤ 为了保障人的生命权，资产阶级建构了民主法治模式，希望通过私有财产权制度保护"人"的生存不受到威胁。因为"如果我们承认人的生命权，亦即承认一个人拥有并且只有他自己才拥有他的人身权，我们实际上就同时承认了一个人对他的劳动及其结果的所有权。这是因为，一个人的劳动能力，在初始状态下，属于他的生命能力，劳动是他对自己的人身的一种运用。有人身权，

---

① ［古希腊］修昔底德：《伯罗奔尼撒战争史》，谢德风译，商务印书馆1978年版，第103页。

② 李新福：《关于人权法律领域超前应用倾向的思考》，《赤峰学院学报》2008年第4期。

③ 上官丕亮：《生命权应当首先入宪》，http：//www. lunwentianxia. com/product. free. 9638690. 1/，访问时间：2009年9月17日。

④ ［英］洛克：《政府论》，叶启芳、翟菊农译，商务印书馆1964年版，第19页。

⑤ ［英］威廉·布莱克斯通：《英国法释义》，游云庭、缪苗译，上海人民出版社2006年版，第73页。

就有对劳动（能力）的所有权。而劳动的所有权则表现为对劳动结果的所有权。任何人对其劳动结果的排他地占有，是其劳动所有权本身的实现方式，舍此便无所谓劳动的所有权。由此我们即可以看出，明白了财产是怎样形成的，也就可以明白，财产权实际是生命权、人身自由权在劳动过程中（通过劳动过程）的一个表现、一个延伸、一个结果。"①

同时，西方国家也通过建立合理、正当的逮捕、审判等司法模式来保护人的生命不受到国家的侵犯；通过建立社会保障制度、社会福利制度，建立起"人"因疾病、年老而获得社会资助的制度以实现正当生存的基本目的。通过对西方法治理论对人的关怀的历史梳理，周国平认为法治理论的终极出发点就是寻求一种能够最大限度保障每个人生命权利的社会秩序，由此而主张规则下的自由，即一方面人人享有实现其生命权利的充分自由，另一方面不允许任何人侵犯他人的此种相同自由。"如果说惟有健全的法治社会才能确保其绝大多数成员的生命得到尊重，那么，同样道理，惟有当社会绝大多数成员具备尊重生命的觉悟之时，才能建成健全的法治社会。"②

事实上，就中国而言，在过去两千年的专制政治下，不必说平民百姓，即使是朝廷命官，个人的生命也是毫无权利可言的。有的只有诸如"民为邦本，本固邦宁"之类的统治术。这样，"君命臣死，臣不得不死"，动辄满门抄斩，株连九族，这样的惨案不知发生了多少。其流毒之深远，在"文革"中也可常见，造成了许多夺命冤案。严格地说，在我们古老的文化传统中，始终没有确立生命尊严的普遍意识，因此，"一旦面对经济利益的诱惑，生命在权力面前等于零就很容易转变成了生命在金钱面前等于零。"③ 这就需要树立严格的生命权至上的观念，保证生命真正成为无价之"宝"。

（三）"生"与人性尊严

生存是保持人的生命的基本要求，但不是唯一要求。重视"民"之"生"还要维护人性尊严的神圣。人性尊严之意义，早在康德的哲学中就得到阐述，"目的王国中的一切，或者有价值，或者有尊严。一个有价值

---

① 周为民：《再论财产权利》，《理论前沿》2004年第11期。
② 周国平：《尊重生命是最基本的觉悟》，《新京报》2005年10月16日。
③ 同上。

的东西能被其他东西所代替，这是等价；与此相反，超越于一切价值之上，没有等价物可代替，才是尊严"。① 尊严是超越其他价值的，因而，尊严要求"每个人都有权要求他的同胞尊重自己，同样他也应当尊重其他每一个人"。

人性本身就是一种尊严，每个人都不能被他人当作纯粹的工具使用，而必须同时被当作目的看待。人的尊严（人格）就在于此，正是这样，"人才能使自己超越世上能被当作纯粹的工具使用的其他动物，同时也超越了任何无生命的事物"②。从人类历史上来看，对尊严的认可具有悠久的历史，如在西方，古希腊人认为人是当时世界上最优良的动物，而优良的原因在于"人的尊严和智慧"，因此，其人性尊严观念极其发达，有关人性尊严的思想也比较系统，并使得后代的思想家不时从这里发现尊严的实现依据和可能启示；甚至还可以说，"希腊可称为光荣，人类精神创造，自由思想，自由信仰之光荣"③。对于希腊人的这种高度评价的基本缘由是，"全部希腊文明的出发点和对象是人。它从人的需要出发，它注意的是人的利益和进步。为了求得人的利益和进步，它同时既探索世界也探索人，通过一方探索另一方，在希腊文明的观念中，人和世界都是一方对另一方的反映，即都是摆在彼此对面的、相互照映的镜子。"④ 但是，古希腊的这种对人性尊严观念极端重视的思想在中世纪时期被基督教教义所抛弃。在那时，一切都以基督教的名义被尘封，人也成为上帝的附庸，独立的人格没有意义而且毫无必要。人能够做的就是听从上帝（实际上是教会）的安排和吩咐，得到死后能够上天堂的"幸福机会"。"对中世纪的西欧人来说，失去公平正义的生活并非是最残酷的事，更可怕的是在基督教的神治泛滥中失去了自己。在精神上，中世纪的人们虽然获得了灵魂上的安顿和精神上的慰藉，但是他们却套上了专制和基督教神学的独断的双重枷锁，代价却是由上帝的主人变成了上帝的奴仆，不仅失去了自己的尊严和人格，也失去了思想和行为的自由。"⑤

直到启蒙运动时期，人性尊严的价值才进一步得到张扬和保证。到了

---

① ［德］康德：《道德形而上学原理》，苗力田译，上海人民出版社1986年版，第87页。
② 同上书，第209页。
③ ［美］桑达克：《西方文化史略》，陈守一译，台北华岗出版社1986年版，第8页。
④ 张广智：《克丽奥之路：历史长河中的西方史学》，复旦大学出版社1989年版，第9页。
⑤ 汪太贤：《西方法治主义的源与流》，法律出版社2001年版，第165页。

近现代，人们对如何实现人性尊严作出了较多的思考。如马克思认为，尊严要在社会关系中实现，因此，尊严实现的要求构成了一种较高的社会道德规范，"尊严是道德所固有的，就它的内容而言，尊严一定要以人对自己本能的支配为前提"。"通过道德力量统治本能，是精神的自由，而精神自由在现象中的表现就叫尊严。"① 对于人来说，尊严是构成人性的基本内在规定性，缺乏了尊严，人简直就是赤裸裸地出现在社会中，其本能的羞耻心会得到张扬，进而会掩盖尊严的价值和意义。没有了尊严，就是羞耻心垄断人性的可悲时刻，不仅找不到生命的方向，也失去了人性的现实衡量尺度。因而，有尊严的生活，是人之为人的起码要求，"人之作为人的要求和尊严……是内在于每个人自身，是人之天性、民之本性"。② 有人性尊严，其直接的一个结果就是在不知不觉中树立起了人的高尚品德感，"尊严就是最能使人高尚起来……并高出于众人之上的东西"③。马克思赋予了尊严伦理价值，并把尊严与人格连接，拔高了尊严的意义。萨拜因对人性尊严的评述是："每个人都应享有某种程度的人类尊严和尊敬；他是在伟大的人类集体之内，而不是在它之外，即使是奴隶，也不能像亚里士多德所说的那样是个工具，而是要像克里西波斯所说的那样，是一个终生受雇于人的雇佣劳动者，或者像一千八百年之后康德在重述一个古老的理想时所说的，一个人必须作为目的而不能作为手段加以对待。"④

人性尊严在人类社会中尽管得到了非同一般的关注，但是在古代社会却没有被写入法律，这不能不说是一件遗憾的事情。第二次世界大战以后，人们对以希特勒为首的法西斯分子草菅人命、杀害了600万犹太人的行为，对日本在侵华战争中杀害上百万中国人的行为等丧心病狂的极端案例进行了充分的反思，并渴望进一步在法律上高度重视人性尊严。这种要求最早在德国的基本法中得到了体现。随后，世界各国纷纷开始效仿德国，在宪法、基本法等最高法律中规定人性尊严。人性尊严开始从道德用语变成了法律语言，显示出了人们对法律的信任，也显示出了人们对自己

---

① ［德］弗里德利希·席勒：《秀美与尊严》，张玉能译，文化艺术出版社1961年版，第142—143页。

② 夏勇：《中国民权哲学》，生活·读书·新知三联书店2004年版，第49页。

③ 马克思、恩格斯：《马克思恩格斯全集》（第40卷），人民出版社1972年版，第6页。

④ ［美］萨拜因：《政治学说史》（上册），盛葵阳、崔妙因译，商务印书馆1986年版，第26页。

尊严保护的无限渴望。

通说认为，人是自然属性和社会属性的结合体，在关注人的自然属性方面，必须关照人的生存的本能或者说权利，在关注人的社会属性方面，必须关照人的尊严。而能够维持人性尊严的基本的前提条件，就是人的生存本能得到满足。作为宪法价值体系的基础，人性尊严是基本权利的概括条款，是基本权利的基准点、基本权利体系的出发点。这意味着，人性尊严是规范中的规范，基本权利中的基本权利，因为大部分的基本权利的重要目的之一，都在于使人性尊严获得保护与尊重。① 因此，从这个角度来说，关注民生就是关注人性尊严。

第二节　民生的内涵界定

一　孙中山先生对"民生"之界定

1905 年 11 月，孙中山在《民报》发刊词中，第一次把其革命纲领系统化地表述为三民主义，由此民生主义获得了历史的出场。

孙中山说："民生二字，为数千年已有之名词，至用之于政治经济上，则自本总理。非独中国向无所闻，即在外国亦属罕见。"② 民生主义的提出与中山先生开阔的视野和正确的研究方法有很大的联系。他注意到西方资本主义国家尽管经济发展迅速，国家综合实力强大，但是由于在发展资本主义经济之初、特别是在建设资产阶级民主的时候，就没有把广大人民在经济上如何过上幸福的生活作为一个重要的内容提出来，因此，西方国家两极分化严重，贫富差距巨大，由此导致社会并不稳定，"民生主义欧美所虑积重难返者，中国独受病未深，而去之易。是故或于人为既往之陈迹，或于我为方来之大患，要为缮吾群所有事，则不可不并时而弛张之。"③ 为了避免欧美国家民生不遂的覆辙，使得中国的贫富差距不显得过大，就必须要通过张扬民生来解决，所以，中山先生说，"18 世纪之末，19 世纪之初，专制仆而立宪政体殖焉，世界开化，人智益蒸，物质发舒，百年锐于千载，经济问题继政治问题之后，则民生主

---

① 李震山：《人性尊严与人权保障》，台北元照出版有限公司 2001 年版，第 8 页。

② 孙中山：《关于民生主义之说明》，《中山全书》第 3 集，新文化书社 2009 年版，第 95 页。

③ 孙中山：《孙中山全集》（第 1 卷），中华书局 1981 年版，第 288 页。

义跃跃然动，20 世纪不得不为民生主义之擅扬时代也。"① 中国的资产阶级革命，不应该学习欧美之方法，而要重视民生，"我们革命的目的是为众生谋幸福，因不愿少数满洲人专利，故要民族革命；不愿君主一人专利，故要政治革命；不愿少数富人专利，故要社会革命。这三样有一样做不到，也不是我们的本意。达了这三样目的之后，我们中国当成为至完美的国家"。② 可见，民生既是孙中山先生发动革命的旗帜，也是他矢志为民的象征。

孙中山先生之言委实诚恳正确，上面我们也考察过，古人讲民生含义仅指百姓生计，尚无人以之作为政治经济理想，唯中山先生以之作为哲学范畴，开历史先河。那么，在孙中山先生看来，到底民生的内涵是什么呢？经过今天的总结归纳，孙中山先生所讲的民生主要是两个方面的内容：

第一，就是要解决土地问题，实现平均地权。土地问题是中国民主革命进程中的核心问题，可以说，谁抓住了这个问题，谁就能够解开千年中国封建社会循环成败之谜，也就能够实现革命的胜利。中国历史上，农民往往很难获得土地的所有权，他们一辈子都只能够租种地主的土地，然后劳动成果的大部分都被地主所攫取。农民所获得的仅能够维持生计，如果收成不好，生计维持不了，因此，中国历史上饿死的农民不计其数。所以，谁解决了土地问题，谁就能够获得全国 80% 人口的压倒性支持。在民主制国家，能够取得 50% 以上的支持就已经占据了优势，何况是 80% 呢？

孙中山先生一经提出平均地权，就已经意味着他抓住了历史的命脉，抓住了近代中国的核心问题，因而也就抓住了改变历史的主动权。之所以孙中山能够看到这个问题，是因为他对现实的了解。他说，"古代农工诸业都是靠人力去做成，现时天然力发达，人力万万不能追及，因此农业诸业都在资本家手里。资本越大，利用天然力越厚，贫民怎能同他相争，自然弄到无立足地了。"③ "贫民无田可耕，都靠做工糊口，工业却全归资本家所握，工厂偶然停歇，贫民立时饥饿。"④ 这就是出现民生不遂的原因。

① 孙中山：《孙中山全集》（第 1 卷），中华书局 1981 年版，第 288 页。
② 同上书，第 329 页。
③ 同上书，第 327 页。
④ 同上书，第 328 页。

他说："民生主义真是达到目的，农民问题真是完全解决，是要耕者有其田，那才算是我们对于农民问题的最终结果……现在的农民却不是耕自己的田，都是替地主来耕田，所生产的产品，大半是被地主夺去了。这是一个很重大的问题。我们应该马上用政治和法律来解决，如果不能解决这个问题，民生问题无从解决。"①

平均地权的本质就是为了遏制农业资本的扩大和地主阶层的独大。孙中山先生在《中国同盟会革命方略》中完整地阐述了平均地权的内涵："文明之福祉，国民平等以享之。当改良社会经济组织，核定天下地价。其现有之地价，仍属原主所有；其革命后社会改良进步之增价，则归于国家，为国民所共享。肇造社会的国家，俾家给人足，四海之内无一夫不获其所。敢有垄断以制国民之生命者，与众弃之！"② 这段话所表明的就是将来革命成功以后，在核定地价的基础上，"照价收税，照价收买，增价归国。在地价上涨时，国家按较低的价格把私人所有的土地收买下来，使国家成为全国土地的主人，由国家收取地租，这实际上就是实行资产阶级的土地国有化政策。"③ 俄国十月革命胜利后，孙中山考察了俄国的土地改革经验，因此其平均地权思想进一步具体化，他希望中国能够学习俄国的经验，分田到户，"现在俄国……推翻一般大地主，把全国的田地，都分到一般农民，让耕者有其田，只对国家纳税，另外便没有地主来收租钱，这是一种最公平的办法。我们现在革命，要仿效俄国这种公平办法，也要耕者有其田，才算是彻底的革命。"④

第二个重要内容就是发展国家资本主义，节制私人资本。孙中山说："要解决民生问题，一定要发达资本，振兴实业。"⑤ 为什么解决民生问题就一定要发展资本主义呢？因为只有资本主义发展了，经济建设提上去，国家富裕了，人民的民生才能够得到保障和改善。孙中山所提到的民生主义，就是希望用国家强大的力量去开矿，开辟交通、振兴工业、发展商业、提倡农业，把中华民国变成一个黄金世界，从而实现要像英国、美国一样富足的目的。

---

① 孙中山：《孙中山全集》（第9卷），中华书局1981年版，第120页。
② 孙中山：《孙中山全集》（第1卷），中华书局1981年版，第297页。
③ 田海林：《中国近代政治思想史》，山东大学出版社1999年版，第288页。
④ 孙中山：《孙中山选集》（下卷），人民出版社1981年版，第867页。
⑤ 同上书，第802页。

但是，孙中山也看到了私人资本主义泛滥所造成的贫富差距大、公益设施建设无人问津、一切以唯利是图等的后果，"欧美改良政治之时……社会之流弊未生，彼以为政治良、百事皆良，遂不注意于社会事业；及至社会事业败坏，至于今日之欧美，则欲收拾之，而转无从。"① 这种情况的造成，一方面是资本的贪婪和愚蠢所导致，即资本家的自私和贪婪，"资本家者，以压抑平民为本分者也，对于人民之痛苦，全然不负责任者也。一言以蔽之：资本家者，无良心者也。"② 资本家都是没有良心的自私自利的人，他们会通过各种各样的方式来剥削和盘剥工人的利益，不顾工人的生死，所取得的财富均为血汗钱，这样导致的结果是资本家越来越富有，工人则越来越贫穷，"资本家既利用机器而增加产额，又以贱价雇佣良工，坐享利益之丰，对于工人饥寒死亡之痛楚漠然视之……全额之生产皆为人工血汗所成，地主与资本家坐享其全额三分之二之利，而工人所享三分之一之利，又析与多数之工人，则每一工人所得，较资本家所得者，其相去不亦远乎？宜乎富者愈富，贫者愈贫，阶级愈趋愈远，平民生计遂尽为资本家所夺矣！"③

另一方面，私人资本的过度泛滥也是导致资本异化的原因，需要节制。"产业勃兴，盖可预卜。然不可不防一种流弊，则资本家将从此以出是也……故一面图国家富强，一面当防资本家垄断之流弊。"④ 在中国发展资本主义的过程中，"如果不用国家的力量来经营，任由中国私人或者外国商人来经营，将来的结果，也不过是私人的资本发达，也要生出大富阶级的不平均。"⑤ 孙中山先生以一些控制国民命脉和在人民生活中处于主要地位的行业为例，说明私人资本的利害关系，"试以铁道论之，苟全国之铁道皆在一二资本家之手，则其力可以垄断交通，而制旅客、货商、铁道工人等之死命矣。土地若归少数富者之所有，则可以地价及所有权之故，而妨害公共之建设，平民将永无立锥地矣。"⑥

节制私人资本的就要发展国家资本主义。在中国，我们要解决民生问

① 孙中山：《孙中山选集》（下卷），人民出版社1981年版，第103页。
② 同上书，第104页。
③ 孙中山：《孙中山全集》（第1卷），中华书局1981年版，第512页。
④ 孙中山：《孙中山全集》（第2卷），中华书局1981年版，第322—323页。
⑤ 孙中山：《孙中山选集》（下卷），人民出版社1981年版，第593页。
⑥ 同上书，第802页。

题，想一劳永逸，"单靠节制资本的办法是不足的。现在外国所行的所得税，就是节制资本之一法……中国不能和外国比，单行节制资本是不足的。因为外国富，中国贫。外国生产过剩，中国生产不足。所以中国不但是节制私人资本，还要发达国家资本。"① 孙中山吸取了欧美国家中大的独占资本操纵国民生计的教训，强调"要用一种思患预防的办法来阻止私人的大资本，防备将来社会贫富不均的大毛病"②。而节制资本的关键在于，"凡本国及外国人之企业，或有独占的性质，或规模过大为私人之力所不能办者，如银行、铁道、航路之属，由国家经营管理之，使私有资本制度不能操纵国民的生计，此则节制资本之要旨也。"③

从孙中山的三民主义思想来看，发展民生，平均地权，节制资本的基本目的就是要使民众过上幸福的生活，实现中国范围内的"均富"，"实欲使世界人类同立于平等之地位，富则同富，乐则同乐，不宜有贫富苦乐之不同，而陷社会于竞争悲苦之境"，"我们的民生主义，是做全国大生利的事，要中国像英国、美国一样的富足；所得富足的利益，不归少数人，有穷人、富人的大分别，要归多数人，大家都可以平均受益。"④

从时代意义来看，孙中山把人们的衣、食、住、行等物质生活看作社会基础和社会进步的动力，从历史观的高度阐述民生在历史上的地位和作用，这不仅在当时具有不可忽视的革命意义，对今天的构建和谐社会也具有重要的现实意义。孙中山所提出的人类求生存这个社会发展的动力，具有深刻的哲理，关注人类的生存在今天显得尤其重要。社会之所以要生产、要发展，就是因为要满足人民生活的需要。他所指的人类求生存，并不只局限于人类要吃饭，而是泛指人类对物质文化生活的需求。正是这种自发的、永无止境的追求，才是推动社会不断发展的真正动力。⑤

从基本内容来看，孙中山先生的民生思想是丰富的，他建构起了以改善人民的生活、实现"均富"之目的的理论体系，这是他宅心仁厚、既具有世界眼光又能够回归本土的价值理念的体现。然而，需要指出的是，孙中山先生的民生主义思想存在有一定的局限性，这是我们今天提出改善和

① 孙中山：《孙中山全集》（第9卷），中华书局1981年版，第391—392页。
② 同上。
③ 同上书，第127页。
④ 孙中山：《孙中山全集》（第1卷），中华书局1981年版，第895页。
⑤ 肖飞：《孙中山民生史观的核心与当代价值》，《中山日报》2009年8月2日。

发展民生理念时必须要高度重视的。孙中山先生的民生思想以平均地权为核心内涵，着眼于人民的生计和生存。从中国历史上来说，关注百姓的生存和生计的思想家不在少数，并且也有一些切实可行的措施。但是，像孙中山先生那样建立起一整套关注民生的理论体系的思想家在其之前尚未出现，此其之发明，难怪他很"骄傲"。然而，无论是站在当时革命形势的立场上，还是站在其革命后的民生实践的立场上，我们都会发现，中山先生设计的民生几近空想。在辛亥革命后，他基本上没有改变农村的土地制度，核定地价等措施等都没有付诸实践，这不能不说是一个遗憾。中山先生还希望在中国消除贫富差距，消除西方资本主义国家的阴暗面，这是很美好的理念，因此中山先生也非常强调实业兴国，强调节制资本，但是事实上，在辛亥革命以后，中国的资本主义经济确实长足发展，然而，财富的集中程度则为中山先生所预料不到。因为许多能够攫取高额利润的"国家资本主义"变成了军阀的生财之道。

虽然如此，我们仍然不能够否定孙中山的民生思想对我们当代中国发展民生的积极意义和时代价值，只是我们需要在历史变迁的 100 余年后丰富和发展孙中山先生的民生内涵，构建出符合当代中国民众需要的民生理念。

二　当代学者对民生之界定

中国共产党作为一个以最广大人民的利益为福祉的政党，关注民生是其一贯的路线和宗旨。新中国成立以后，特别是在改革开放以后，解决民生问题一直是新中国的宗旨。[①] 在新的时代，重提民生问题不仅仅是对原有理论的一次重述，还是对原有概念所进行的细致反思和界定。按照一些学者理解，"对民生问题有一个比较准确、合理、恰当的界定，是一件十分重要的事情，因为这直接影响着具体民生政策的制定和实施。如果对民生的界定过于模糊或者是内涵过于宽泛的话，那么基于这种界定基础之上的民生政策也会不可避免地出现过于庞杂、模糊不清的状况。相反，如果对于民生的界定过于狭窄的话，那么基于这样基础之上的民生政策也不免

---

① 有关孙中山先生的民生革命为何未能彻底挽救中国，以及为何中国共产党的革命又是彻底挽救中国的民生革命之讨论，笔者已多有论述，可参见彭中礼《民权与民生——近现代中国社会变革之法理逻辑》，《中共中央党校学报》2008 年第 5 期；彭中礼《从民生救国到民生治国——新中国成立六十年来的法理逻辑》，《黑龙江社会科学》2009 年第 6 期。

会出现不到位、不全面的情形"。① 因此，在当今时代，已有学者对民生概念作出了较为深刻的讨论。

目前学术界比较通行的关于民生定义的说法是吴忠民教授的观点。吴忠民教授认为，现代意义上的民生概念有广义和狭义之分。广义上的民生概念是指：凡是与民生有关的，包括直接相关和间接相关的事情都属于民生范围内的事情。这个概念的优点是充分强调民生问题的高度重要性和高度综合性，但其明显的不足在于，概念范围太大。孙中山先生就是从广义来定义民生概念的。狭义上的民生概念主要是从社会层面上着眼的。吴忠民教授从狭义上对民生概念进行了界定②：

民生问题第一个层面的内容，主要是指民众基本生计状态的底线。这一层面上的民生问题主要侧重民众基本的"生存状态"问题，即：社会要保证每一个社会成员"能够有尊严地生存下去"。其具体内容包括：社会救济、最低生活保障状况、基础性的社会保障、义务教育、基础性的公共卫生、基础性的住房保障等等。

民生问题第二个层面的内容，主要是指民众基本的发展机会和发展能力。人不仅要有尊严地生存下去，而且还要有能力生存下去。这一层面上的民生问题主要侧重民众基本的"生计来源"问题，考虑每一个社会成员"要有能力和机会活下去"，即：一个社会在满足了社会成员基本生存问题之后，就应考虑社会成员基本的发展能力和发展机会问题，以期为民众提供起码的发展平台和发展前景。其具体内容包括：促进充分就业，进行基本的职业培训，消除歧视问题，提供公平合理的社会流动渠道以及与之相关的基本权益保护问题（如劳动权、财产权、社会事务参与权），等等。

民生问题第三个层面的内容，主要是指民众基本生存线以上的社会福利状况。这一层面上的民生问题主要侧重民众基本的"生活质量"问题，即：当一个社会解决了民众基本生存和基本发展机会、基本发展能力之后，随着经济发展水准和公共财力的大幅度提升，随着现代制度的全面确立，进一步需要考虑的问题应当是为全体社会成员提供生活质量得以全面提升的福利。

概而言之，吴忠民教授实际上所表达的民生概念是包括三层含义：一

---

① 吴忠民：《走向公正的中国社会》，山东人民出版社 2008 年版，第 311 页。
② 同上书，第 312—313 页。

是生存意义上的；二是发展意义上的；三是福利意义上的。在此基础上还有人提出了所谓的"民生层次理论"，具体包括生存的民生、发展的民生和全面发展的民生三个方面。①

上述定义应该说逻辑是比较清晰的，但是值得商榷的是，它们有一个共同的特征，即忽视了人的精神文化的需要。对于人来讲，个人的物质生存与精神生存是同样重要的，忽视了人的精神文化生存，实际上就是没有全面把握住人的生存、发展之面向，因此，其概念界定也是不完整的。

三 "民生"内涵的再分析

从上面的分析我们可以看出，民生的主体"民"在现代法律意义上特别是在权利观念的意义上，与"人"应该是具有同一性的。而"生"，则表达了一种人的生活状态、生命本质的要求与人性尊严的需要，由此我们在此基础上进一步地思考民生的概念及其内涵。

《现代汉语大词典》对"民生"一词给出了六种解释。（1）民众的生计生活。《左传·宣公十二年》："民生在勤，勤则不匮。"明何景明《应诏陈言治安疏》："民生已固，寇盗未息，兵马驰备，财力并竭。"章炳麟《訄书·商鞅》："国政陵夷，民生困敝，甚为不可终以饩。"（2）人的本性。《书君陈》："惟民生厚，因物有迁。违上所命，从厥攸好。尔克敬典在德，时乃罔不变。允升于大猷，惟予一人膺受多福，其尔之休，终有辞于永世。"《孔颖达疏》："言人自然之性敦厚，因所见所习之物有迁变之道，故必慎所以示之。"（3）人生。《楚天·离骚》："民生各有所乐兮，余独好修以为常。"《朱熹集注》："言人生各随气息，有所好乐。"（4）民生，民众。南朝梁沈约《均圣论》："自天地权兴，民生攸始，避哉渺邈，无得而习焉。"（5）明清的科举制度。（6）人口繁殖。严复："地产有限而民生无穷。"②

从民生的上述 6 个解释中可以看出，当今时代我们所强调的民生应该是与民众的生计、生活相关的社会事务和公共事务。孙中山先生曾说，"民生就是人民的生活——社会的生存、国民的生计、群众的生命便是。"③

---

① 林祖华：《民生概念辨析》，《经济研究导刊》2009 年第 22 期。
② 《现代汉语大词典》（第 6 册），汉语大词典出版社 1990 年版，第 1422 页。
③ 孙中山：《孙中山全集》（第 9 卷），中华书局 1981 年版，第 355 页。

关于民生的地位作用，孙中山认为："民生就是社会一切活动中的原动力。因为民生不遂，所以社会的文明不能发达，经济组织不能改良，和道德退步，以及发生种种不平的事情。像阶级战争和工人痛苦，那些种种压迫，都是由于民生不遂的问题没有解决。所以社会中的各种变态都是果，民生问题才是因。"① 孙中山还提出了比较系统的民生主义。但是，孙中山先生的民生主义所强调的内容与当今时代的民生尽管基本概念相同，但是内涵相去甚远。

经过上面的分析，我们可以发现，古代的民生概念、近代的民生概念和当代的民生概念应当属于不同层面的术语表达。也就是说，今天我们所说的民生显然应当有别于之前的民生。毕竟，"世易时移"，人民对民生的期待亦"移"。所以中国共产党的第十七次全国代表大会也把民生问题内涵定位于"使全体人民学有所教、劳有所得、病有所医、老有所养、住有所居"，这就概括了民生的基本内涵。

关心和保障民生，在实践层面上就要为民生提供法治保障；在理论层面上就要对民生之内涵进行适合当前中国发展语境的必然分析，使之为民生政策之制定与实施提供决策依据，从而进一步明确我国政府的现实责任和历史使命。在此基础上，我们认为，所谓民生，是以全体人们（民众）的物质产品需要为基本面向、以精神文化为内在需求、以良性发展为个体追求、以社会福利为现实保障的生活需要。

（一）物质产品需要：民生的基本面向

对于人而言，最基本的需求就是关于求生的能力，即自身作为肉体的人能够正常地存在，这是民生的第一层内涵。

自从人摆脱了动物的根本属性之后，或者说是还处在动物阶段的时候，物质生存就是很现实和残酷的主题，"在肉体上只有靠这些自然产品才能生活，不管这些产品是以食物、燃料、衣着的形式还是以住房等的形式表现出来。在实践上，人的普遍性正是表现为这样的普遍性，它把整个自然界——首先作为人的直接的生活资料，其次作为人的生命活动的对象（材料）和工作，变成人的无机的身体。"② 甚至还有人说，人类的历史，就是围绕物质生存而不断创造的历史，这不能说是没道理的。所以，马克

---

① 孙中山：《孙中山全集》（第9卷），中华书局1981年版，第355页。
② 马克思、恩格斯：《马克思恩格斯全集》（第3卷），人民出版社2002年版，第272页。

思说，"人们为了能够创造历史，必须能够生活。但是为了生活，首先就需要吃喝住穿以及其他一些东西。因此，第一个历史活动就是生产满足这些需要的资料，即生产物质生活本身。"①

从原始人类的生存来看，其能够进化的基本前提就是在不停地寻觅能够果腹的食物以及寻找能够不挨饿的更好的办法中获得了前进的动力。我们从历史著作中能够获得的信息是，人类区别于动物的几个要点是：是否会制造工具、是否会说话和是否会使用火，"这些本领使他们远远地胜过周围的其他动物"②。这些要点在其本质意义上说都是为了获得更多的食物，如制造工具是为了更多地捕获猎物，火可以使人们吃到更好的食物，语言可以标记食物和分配食物。即使如此，人类还得为了物质生存而发愁，"不过就下述这一基本方面而言，他们与其他动物仍是十分相近的。他们仍像猎食其他动物的野兽那样，靠捕捉小动物为生；仍像完全倚靠大自然施舍的无数生物那样，靠采集食物谋生。由于他们依赖大自然，所以就受大自然所支配。为了追猎动物、寻找野果地或渔猎场地，他们不得不经常过着流动的生活；由于一块地方所能供给的食物有限，他们只好分成小群行动。"③ 可见，为了食物，他们不得不回应大自然而做出一些必要的调整与改变，这也算是顺应天时而做出的变化，否则，他们的生存就会受到威胁。

到了新石器时代，人类获取食物的工具以及获取食物的方式发生了根本性的变化，"新石器时代的人不再是用打制法，而是用磨制法来制作石头工具；他们的食物来源大半甚至全部是靠栽培植物和畜养动物，而不是靠狩猎或采集。"④ 这种进步的结果是，"人类通过使用工具和制造工具的劳动，不断从自然的束缚中解脱出来，独立于自然并支配自然，这种创造性活动的展开，使原始人在精神上产生一种强大的冲动，这亦是人类生命本质的冲动。"⑤ 食物由采摘为主导转变到自己能够通过比较科学合理的方式进行耕种，由依靠大自然的恩惠转变到能够在一定程度上不受大自然的

① 马克思、恩格斯：《马克思恩格斯选集》（第 1 卷），人民出版社 1995 年版，第 75 页。
② ［美］斯塔夫理阿诺斯：《全球通史》（上），吴象婴、梁赤民、许企平译，北京大学出版社 2004 年版，第三章。
③ 同上。
④ 同上。
⑤ 陈建远：《中国社会——原型与演化》，辽宁人民出版社 1998 年版，第 18—19 页。

影响，这显然是一个历史性的进步。这么一个小小的转变，却造成了人类史上的一个巨大变化，即当人类不再整天为了生存而追逐的时候，特别是当有了剩余食物的时候——剩余食物就转变成剩余财产——原始的财产观念开始形成，社会的结构体系和组织体系也就随之发生了翻天覆地的变化。从某种意义上说，财产制度的确立，其基本目的就是为了使得人自身免于饥饿的威胁，免于因为暴力抢夺食物而遭受危害的威胁。但这并不是说，有了财产制度，有了进入国家的社会制度和组织结构形式，人类就免除了饥饿的威胁。

从历史的记载来看，对人的物质生活挑战最为激烈的是自然环境，如灾荒。邓拓在其《中国救荒史》中统计道："嬴秦、两汉四百四十年中，灾患之作，竟已达三百七十五次之多。计旱灾八十一次；水灾七十六次；地震六十八次；蝗灾五十次；雨雹之灾三十五次；风灾二十九次；大歉至饥十四次；疫灾十三次；霜雪为灾九次。"[①] 每一次灾荒都是对老百姓生命的一次大的威胁。汉代因为灾荒饿死的人只能用"不计其数"这个词来形容。如汉成帝永始年间，"灾异屡降，饥馑仍臻。流散冗食，馁死于道，以百万数"，"民大饥而死，死又不葬，为犬猪食"[②]。1920—1921 年华北四省区大饥荒：死 1000 多万人，灾民 3000 万（一说 5000 万）。1925 年川黔湘鄂赣五省大饥荒，死人数不详。1928—1930 年北方八省大饥荒：死 1300 多万人。这是一次以旱为主，蝗、风、雪、雹、水、疫并发的巨灾，以陕西、甘肃为中心，遍及当时的山西、绥远、河北、察哈尔、热河、河南八省，并波及当时的鲁、苏、皖、鄂、湘、川、桂等省的一部或大部，灾情从 1928 年延续到 1930 年，造成的逃荒人流无法数计，倒毙在荒原上的饿殍大约 1000 万。陕西原有人口 1300 万，在三年大荒中，沦为饿殍、死于疫病的 300 多万人，流离失所者 600 多万，两者合计占全省人口的 70%。难民估计达五千万左右。[③] 美国记者斯诺此时正在内蒙古旅行。他说："我目击数以千计的儿童死于饥荒。"他在晚上看到饿死的灾民，次日清晨就不见尸体的踪影，因为已经变成了另一部分饥民活命的口粮！斯诺说，亲眼目击的华北西北大灾荒，是他的一个"觉醒点"。他从这里认识

---

① 邓拓：《中国救荒史》，商务印书馆 1993 年版，第 11 页。
② 《汉书·王贡两龚鲍传》（第十册），中华书局 1962 年版，第 3070 页。
③ 关于此数据还可以参看宗鸣安《一场饿死二百万人的大灾荒》，《中国减灾》2009 年第 1 期。

到了人间的真相，了解了阶级、阶级斗争的由来。这就是他无保留地同情、支持中国人民革命斗争的思想基础。1942年中原大饥荒：仅河南一省就饿死300万人。1942年，"水旱蝗汤"四大灾害轮番袭击中原地区的110个县，1000万众的河南省，有300万人饿死，另有300万人西出潼关做流民，沿途饿死、病死、爬火车挤踩摔（天冷手僵从车顶上摔下来）轧而死者无数。妇女售价累跌至平时的十分之一，壮丁售价只及过去的三分之一。[①] 1943年广东大饥荒，300万人冻饿而亡。1945年当时的东北及湖南、河南、江西、山东、浙江、福建、山西、广东、安徽、广西等省灾民达一千九百万人。1946年和1947年南方大饥荒：两年间仅粤桂湘三省就饿死了1750万人。在湖南，1946年4—7月，饥荒遍及全省。饥民们始则挖草根、剥树皮为食，继以"观音土"充饥。截至8月，湖南饥荒祸及400万人，仅衡阳地区就饿死9万余人。[②] 这组数字可谓惨不忍睹、触目惊心。在中国进入现代以前，这种饿死人的事情是经常发生的，所谓"灾祸频仍、赤地千里、哀鸣遍野、饿殍载道之类记载，史不绝书"。

为什么会导致这样的情况呢？这就涉及社会分配制度的建构和组建问题。也就是说，在社会分配体制中，如果没有合理的解决食品分配的机制、天灾人祸的救济机制以及生活保障机制，则比较容易出现杜甫笔下所描述的"朱门酒肉臭，路有冻死骨"的真实场面。因此，由于缺乏合理的解决问题的办法，在中国历史上，能够成功地解决中国人民吃饭问题的政府少之又少。这样，我们就可以看见一部分人过着花天酒地、"朱门酒肉臭"的生活，另一部分人却依然挣扎在生存的边缘而出现"路有冻死骨"的残酷景象，民不聊生也就成了朝代更替、王朝兴衰的一个非常重要的因素。

对于这个问题，毛泽东是有清醒认识的。他说，"民以食为天。人们的辛勤劳作、革命造反以至作奸犯科，归根结底是吃饭问题。牺牲人性、人格、贞节、尊严等等俗称不要脸皮的劣行，也大多同肚皮有关。任何政

---

① 关于1942年的大灾的更详细的记载可以参见宋致新《1942：河南大饥荒》，湖北人民出版社2005年版。

② 以上数据来源于金丛林《大饥荒》，http://blog.wise111.com/blog.php? do-showone-tid-108086.html，访问日期：2009年12月10日。

权的长治久安，无不取决于民生问题解决得怎样。人口大国的中国尤其如此。"① 1949 年，新中国成立后，人民政府面临的主要经济问题，就是养活 4.75 亿中国人。美国国务卿艾奇逊预言，同历届中国政府一样，共产党政权也将因无力解决中国人的吃饭问题而垮台。艾奇逊的话有一半说对了。中国确实人多，但是，到了 20 世纪 90 年代，中国基本解决了人们的温饱问题。

值得指出的是，在当代中国，民众的物质生存问题尚未完全解决。据统计，中国城镇贫困人口人数的增长幅度是比较大的。对于城镇居民中的贫困人口数量的估计，基本上可以通过城镇居民最低生活保障制度所覆盖的人数统计出来。城镇居民最低生活保障制度是从 1997 年开始建立的，当时进入此范围的人数不超过 200 万人；到 1999 年底增至 281 万人；2000 年底增至 402 万人；2001 年底增至 1170 万人。2002 年，由于政府采取了力度较大的"应保尽保"的政策，因而使得低保人数迅速增加。根据民政部的统计，截至 2003 年 3 月 31 日，城镇居民最低生活保障人数为 2140.3 万人。② 2004 年 7 月 17 日报道，国务院扶贫开发领导小组副组长、扶贫办主任刘坚日前透露，我国去年未解决温饱（人均年收入 637 元以下）的贫困人口不但没有减少，反而增加了 80 万人。目前全国农村仍有 2365 万人没有解决温饱问题，处于年收入 683 元至 944 元的低收入群体还有 4067 万人，两者合计 6432 万人。这一数据表明，在当前我国加强民生建设，特别是加强保证贫苦人口的民生建设尚有许多工作要做。我们认为，所谓和谐社会，就是要建立一个以公平正义为目的的社会。但这并不说这是一个没有差别的社会，没有差别就意味着"平均主义"，那么我们又回到了原来的老路上去了。和谐之可能，就在于把"差别"控制在合理的范围之内，控制在人们可以接受的范围之内，而不是一边是"朱门酒肉臭"，另一边却是"路有冻死骨"。通过合理的差别，既可以激励暂时发展得慢的人们通过自己的努力和制度的保障去追求更加美好的生活，又可以让社会保持健康向上的活力，形成社会良性发展的和谐状态。

当代中国，对于民众的基本生存问题也需要给予时刻警惕。原因不仅

---

① 转引自曾子师《饿饭·温饱·觉醒点》，http：//www.hljdaily.com.cn/gb/content/2002 – 10/24/content_ 72245. htm，访问日期：2009 年 12 月 10 日。

② 《弱势群体义务教育的强力推进》，http：//hi. baidu. com/jlgjxh/blog/item/4a4545087 d1539a62eddd4bc. html，访问日期：2009 年 12 月 10 日。

仅在于主观的，也有客观的，如频繁发生的自然灾害在不停地破坏民生。根据 2009 年国家发布的《中国减灾行动》的论述："中国各省（自治区、直辖市）均不同程度地受到自然灾害影响，70% 以上的城市、50% 以上的人口分布在气象、地震、地质、海洋等自然灾害严重的地区。三分之二以上的国土面积受到洪涝灾害威胁。东部、南部沿海地区以及部分内陆省份经常遭受热带气旋侵袭。东北、西北、华北等地区旱灾频发，西南、华南等地的严重干旱时有发生。各省（自治区、直辖市）均发生过 5 级以上的破坏性地震。约占国土面积 69% 的山地、高原区域因地质构造复杂，滑坡、泥石流、山体崩塌等地质灾害频繁发生。" "1990—2008 年 19 年间，平均每年因各类自然灾害造成约 3 亿人次受灾，倒塌房屋 300 多万间，紧急转移安置人口 900 多万人次，直接经济损失约 2000 亿元人民币。特别是 1998 年发生在长江、松花江和嫩江流域的特大洪涝，2006 年发生在四川、重庆的特大干旱，2007 年发生在淮河流域的特大洪涝，2008 年发生在中国南方地区的特大低温雨雪冰冻灾害，以及 2008 年 5 月 12 日发生在四川、甘肃、陕西等地的汶川特大地震灾害等，均造成重大损失。"① 对于普通公民而言，一场洪水，一次地震，一次干旱，一场冰灾，都有可能严重影响民众的生活。甚至一次灾难就会把公民所有的财产毁于一旦。如四川汶川大地震，将近 2000 万人受灾，许多群众在震后由于恶劣天气的影响都很难获得食物等基本的生活必需品。

总之，民生就是要能够保证民众的基本生存，这是民生内涵的第一层意义，也是最根本的意义。我们要时刻注意的是，当今时代已经有许多人富裕起来了，他们可以过着比较幸福的生活，但是这不能够误导我们政府的决策，绝对不能以为大街小巷奔驰宝马车多而以为"人们都不吃饭而改吃肉"了。保护民众的基本生存，这是政府的第一要务。

（二）精神文化需要：民生的内在需求

上述在论及人的物质生存的需要的时候，我们所虑及的是人的存在的自然法则规律和一般性意义的基础性需要，因此，笔者称之为"民生"之基本面向，大体是符合人性特征的。在纯粹现实的世界中，不可能存在不需要依赖物质而生存的真实意义上的人。对于人的这种一般性需求，我们

---

① 中华人民共和国国务院新闻办公室：《中国减灾行动》，http://news.xinhuanet.com/news-center/2009 - 05/11/content_ 11351082. htm，访问日期：2009 年 12 月 10 日。

不妨称为"动物学意义上的人的属性需求",这种称呼的言外之意即作为人之前提的物质生存并不是"民生之全部",而仅仅只是其中之一小部分——尽管是很重要的一小部分。

由此,我们得出了我们所提倡的民生的第二个层面的内涵:精神文化需要。从某种程度上说,人之所以能与动物完全地区别开来,除了现实世界的一些显著特征,如能够制造工具、独立出双手、能够进行创造性的劳动等等,其他的一个标志是人有思想有感情,并能够以语言的形式表达出来,所以,民生也应该是一种与社会息息相关的文化事务,这样,人不仅仅是作为动物意义上的人而生存,而且能够作为一种有意识的、能够自省和自我反思的人而生存,特别是人有着对自己生活的需求安排,这种安排不仅是物质生活的,也是精神生活的。

在原始社会时期,当人还在为自身的生存绞尽脑汁的时候,人就发现自身有一种合群的需要,不仅是因为合群可以抵挡野兽,抗拒大自然的伤害,以及获得"集体智慧",更重要的因素是因为合群能够带来原始的精神慰藉,而不会出现天然的孤独感。在那个远古的时代,人们也在群居生活的基础上开始了音乐等艺术创作,"在远古的时候,由于生产力水平低下,原始人的个体独立劳动能力较弱,维系集体团结成为原始人最需要的精神活动。而原始歌舞就在精神上起到了维系团结的作用。"[1] 在声乐出现的最早的时候,它的最初形式是"为了协调劳动时的动作,减轻疲劳而创作的劳动号子。后来,伴随生产的发展,人的生活内容日益丰富,逐渐发展成为歌曲。歌曲是由诗歌和一定曲调组合而成,是人们进行娱乐的一种形式。"[2]

进入国家阶段以后,物质占有丰厚的"有闲阶级"因为不必要去考虑物质生存的问题,其主要活动就是沉浸在精神文化之中,所以诞生了较为系统的音乐、哲学、艺术等娱乐、思想与文化,从而也就获得了文明的长足发展。如古希腊柏拉图就是十分赞同阶级之间进行合理分工的先驱,他认为农民就应该认真地耕种,供应城邦的食品,而那些品德高尚的人就应该学哲学,学音乐,以治理国家。柏拉图强调以音乐教化人的心灵,鼓励以智慧和勇敢感染人。可见作为一种精神需要,其对人的意义是不可轻视

---

① 陈建远:《中国社会——原型与演化》,辽宁人民出版社1998年版,第285页。

② 宋兆麟等:《中国原始社会史》,文物出版社1983年版,第418页。

的。所以在古希腊能够诞生出奥林匹克运动这样影响全世界的体育竞技，人们通过这种竞技活动获得了各自的精神满足感。

同样，在古代中国也有类似的文化产品。在古时，斗鸡活动曾经风靡一时，尽管很残忍，但是也能反映出人们在追求物质生活之外的一种生活情趣，反映的是精神文化的特征。在宋代，蹴鞠运动比较流行，普通民众比较喜欢参与和观看这项运动。据说宋代大奸臣高俅就是因为蹴鞠活动比较擅长，深得高宗喜欢而被提拔重用的。另外，古时的中国礼仪发达、诗词昌盛。古时的中国人以能够饮酒作对、七步成诗而自豪，以精通琴棋书画为傲，一般的大户人家也追求读圣贤书、听圣人教。即使是衣不果腹的百姓也有自己独特的精神文化品格，如流传千年的"不食嗟来之食"的故事，反映的就是穷人的骨气，这也是一种难得的精神。到了元明清以后，坊间流行的娱乐活动更是逐渐增多，如听评书等一度红遍市井。再如元朝和明朝时的戏曲发达，如《窦娥冤》、《牡丹亭》等为当时的名剧，相传表演时"万人空巷，看者无不落泪"，这反映的也是人们的一种精神需求。

然而，最能够反映人的精神需求的莫过于宗教了。恩格斯说，"思维对存在，精神对自然界的关系问题，全部哲学的最高问题，像一切宗教一样，其根源在于蒙昧时代的愚昧无知的观念。"① 在原始社会，人类发现自己有很多现象是解释不了的，如天为什么会黑？为什么会刮风下雨？为什么会有闪电雷鸣？如此等的问题在困扰着他们，爱德华·克洛特（Edward Clodd）说："宗教是从恐惧中产生的，最早的人类，恐惧他们四围所发生的自然现象，大而神秘的可怕现象如狂风、暴雨、地震、雷电等，他们也惧于天上的日月星辰，白昼黑夜的不断交替临于人间，一切他们所看到的，遭遇的自然界事物和现象，都使他们不能明白，又时时惊恐，他们那时候虽没有鬼神的概念（鬼、神、灵魂的说法都是较后才有的），但一切大而可畏自然界事物，在他们看来，都是一种神秘力量。他们怕触怒它们，他们想要避免这神秘力量不致加害于他们身上，于是凭着自己的智慧来解决这问题，人类的宗教也是由此产生。"所以"最初的宗教表现是反映自然现象，季节更换等等的庆祝活动，一个部落或民族生活于其中的特定自然条件和自然产物，都被搬进了它的宗教里"②。自然界是千变万化

---

① 马克思、恩格斯：《马克思恩格斯选集》（第4卷），人民出版社1972年版，第220页。
② 马克思、恩格斯：《马克思恩格斯选集》（第27卷），人民出版社1972年版，第63页。

的，当原始人受到与他们相对立的外界力量的支配时，却不能理解这种力量，只能在这种力量面前感到一种困惑和恐惧，正是这种恐惧产生了神。①有了这种宗教的信仰和崇拜，他们的内心得到了一定的安详和抚慰。因此，可以把宗教的产生看成是人自身精神的一种需要，而不是无知。可见，即使是宗教这种我们今天看来比较"迷信"的信仰，实际上也是人的一种精神文化的需求。

在当代，我们可以更加明显地看到，百姓对于精神文化的渴望和需要。特别是在改革开放以后，电影、电视等行业异军突起，娱乐行业热闹非凡，出版行业也不甘落后，老百姓们自己也可以通过卡拉 OK、参与各种舞会活动等去获得精神愉悦。可以说，老百姓从不拒绝能够给他们的生活带来深刻共鸣或者能够让他们回归到生活本真的艺术文化，也从不拒绝那些真正体现人类精神的杰出艺术作品。只是需要指出的是，在当代中国，依然存在广大人民群众日益增长的文化需要同落后生产之间的矛盾，这说明我国在发展民生方面仍需努力。特别是在当代中国还有成千上万的人口徘徊在温饱线上，还有上亿的农民需要合适、恰当的精神文化的时候，民生的时代张力就应该继续彰显。

（三）良性发展需要：民生的个体追求

然则，如果说在原始社会和近代以前，人们的最大目标在于获得充分的物质产品，以及必要的精神食粮而获得最大的满足的话，那么在今天，以这种落后的观点解释民生已经不可能获得时代的认可了。在迅速发展的今天，大部分人已经不再满足于获得基本的物质需求，他们期待通过更多的途径去获得自我价值的实现，实现人生价值和社会价值的统一。这就是对个人的良性发展提出了更高的期待。对于社会来说，个人的发展是社会充满活力的源泉，也是当代社会是否具有合理的流动性和进步性的制度彰显。对于个人来说，是其价值能否得到确认和认可的重要表征。

民生要能赋予每个人都有向上一个阶层流动的机会。一个社会，必然存在一定的阶级或者阶层，这些阶级或者阶层的划分要么是从政治的角度来划分的，要么是从财产的占有多寡来划分的，这是一种尽管不是很正常但是也是很现实的社会状态。在社会资源分配不均的情况下，就会出现一

---

① ［法］沙利·安什林：《宗教的起源》，杨永等译，生活·读书·新知三联书店 1964 年版，第 12 页。

定的阶层分化。从一定程度上来说，阶层分化是各个不同利益集团的人在组合或者整合了利益之后的社会现象，实际上，阶层分化意味着各个阶层必然要在共同利益的基础上向其他阶级谈判、协商或者分配各种政治资源、经济资源、文化资源和社会资源。这个过程既是妥协与谈判的过程，也是利益博弈的过程，更是许多利益阶层利益必然受损的过程。在正常状态下，阶层分化并不是一件很可怕的事情，也不一定会给社会发展带来灾难，相反，可能带来社会发展的动力。但是，比较可怕的是，在上层阶层之间形成"阶层固化"——即利益集团控制了社会人员的正常的阶层流动，这是有可能造成社会的灾难的。在奴隶制社会，成为统治阶级的奴隶主基本上占有了所有的国家的统治权，奴隶和平民很难获得阶层上进的机会。这样所出现的后果就是奴隶永远是奴隶，他们没有希望，没有出头之日，整天处于被奴役状态之中。而奴隶主阶层通过家族传承和世袭，则越来越腐朽和固化。此时奴隶主采取了各种措施固化阶层人数，如把读书变成奴隶主阶层的事，奴隶被剥夺获得知识的机会。章学诚在《文史通义·原道》中说："盖官师治教合，而天下聪明范于一，故即器存道，而人心无越思；官师治教分，而聪明才智不入于范围，则一阴一阳入于受性之偏，而各以所见为固然，亦势也。夫礼司乐职，各守专官，虽有离娄之明，师旷之聪，不能不赴范而就律也。今云官守失传，而吾以道德明其教，则人人皆自以为道德矣。故夫子述而不作，而表章六艺，以存周公之旧典也，不敢舍器而言道也。而诸子纷纷则已言道矣……皆自以为至极，而思以其道易天下者也。"这段话的意思是说，春秋战国之前，在"官师治教合"而"天下聪明范于一"的情况下，"道"是不离"器"的；但到了春秋战国时代，王官之学散在民间，"官师治教分"，"道"和"器"就分离了。自此之后，诸子皆纷纷言"道"了。"自人有谓道者，而道始因人而异其名。仁见谓仁，智见谓智是也。人自率道而行，道非人之所能据而有也。"[①]知识的流动和传播，自然造成了获取知识的人的某种"异动"，这样，就会激起阶层流动的动力。

到了封建社会，这种阶层流动的机会得到了一定的发展，有才之人可以通过被举荐或者通过科举考试获得阶层上进的机会，因而在一定程度上

---

① 转引自林甘泉《中国古代知识阶层的原型及其早期历史行程》，《中国史研究》2003年第3期。

给予了人们许多圆梦的机会。如科举考试，凡读书人可以凭借自己的真才实学中举。我们可以从历史书上看到有许多穷苦人家的孩子通过多年的寒窗苦读而一举成名的故事或者史实，这就是对社会阶层流动的一个较好的诠释。总体而言，中国古代社会的阶层流动还是比较少的，农民被固定在土地上，除了读书，否则没有个人价值变化的希望。但是，读书并不是每个人农民都有足够的钱去读的，有的是几代人供养一个读书人，然而如果没有在朝廷获得"伯乐"的话则有可能一生都中不了举，出不了仕，如"范进"中举可资作为证明。这样的结果就必然是导致阶层分化加剧，农民阶级和封建地主阶级之间的矛盾激化，最终导致王朝覆灭。从中国历史来看，由于没有正确处理好农民和地主阶级之间的关系，农民揭竿起义发生暴动，推翻封建王朝的事情举不胜举，甚至可以说是中国封建王朝灭亡的规律了。

在当代中国，阶层流动不畅的现象依然存在。如在 20 世纪 90 年代之前，存在一种"顶职"现象，即父母的职业可以由儿子来顶替，尽管有其本身的意义，实际上却是封建社会流行的那一套的残留。即使到了 21 世纪，阶层合理流动依然是学术界在热烈探讨的话题。如农民以及农民子弟向上一个阶层流动的问题得到了无数人的关注。2009 年 1 月初，新华社播发了国务院总理温家宝的署名文章，温总理在文章中说了一句话，"过去我们上大学的时候，班里农村的孩子几乎占到 80%，甚至还要高，现在不同了，农村学生的比重下降了。这是我常想的一件事情。"因为我们国家在教育经费的投入方面导致的重城市、轻农村的政策，使得城市的重点中小学富丽堂皇、师资力量雄厚，而农村的中小学教育非常落后，农民子弟自然就考不过市民的子弟而失去获得高等教育的机会。再加上大学生扩招导致大学生多，就业竞争加剧，市民子弟通过各种各样的社会关系和资源抢先占据了就业的机会，农民的孩子因为资源缺失而失业率高，但是农民子弟本身需要交纳高昂的学杂费，而这和农民的低收入不成正比，导致了农民送子女读书的积极性严重受挫。没有受过高等教育的农民子弟就不得不进城打工，成为庞大的农民工的一员。农民工在城市没有具体的名分，并且还被当作城市的"不速之客"，尽管他们为城市的发展做出过巨大的贡献，但是依然徘徊在贫困交加的处境当中。他们没有医疗保险，没有养老保险，没有社会福利，更不用说有获得阶层流动的机会。因此，只有随着社会经济的发展，我们国家在制度上放开对特定人的约束和束缚，使得每个人都有向上流动的机会和希望，整个社会才能充满活力、充满希望，这正是民生所要期待的和渴望的，也是民生所提倡的。

民生还要求每一个人都有实现自己价值的机会，即每一个人都有自我发展的机会。自我发展（self-development）的主要理论基础是人必须：（1）强调自身的自由意志，人是自己的主人；（2）实现人自身的价值，即在生存与存在中提升自我，完善自我，实现人生目标。[①] 社会阶层具有流动性，自然就会让每一个社会的个体能够在合法的领域内充分发挥自己的智慧和能力。正如马克思所指出："首先应当避免重新把'社会'当作抽象的东西同个人对立起来。个人是社会存在物。因此，他的生命表现……也是社会生活的表现和确证……因此，人是一个特殊的个体，并且正是他的特殊性使他成为一个个体，成为一个现实的、单个的社会存在物，同样地他也是主体、观念的总体、被思考和被感知的社会的主体的自为存在。"[②] 人与社会是统一的，而不是对立的。社会对个人的发展应该给予积极支持和鼓励，而不是一种可以的限制，所以联合国通过的《发展权利宣言》把自我发展堪称是一种权利，并宣称："发展权利是一项不可剥夺的人权，由于这种权利，每个人和所有各国人民均有权参与、促进并享受经济、社会、文化和政治的发展，在这种发展中，所有人权和基本自由都能获得充分实现。"因此，民生所强调的就是作为社会个体的人，能够在自己"欲为"的领域内，由其根据自由意志来创造自己的价值。在这样的制度机制下，每一个人可以自由选择自己的职业，可以自由选择做调酒师、经理人还是做律师，可以自由选择做农民还是做工人。

制度只是提供给其发展的法律保障，而不是一种强制的状态，这就是民生所企求的新的发展境界。

（四）社会福利需要：民生的现实保障

在英语里，"福利"是 welfare，它是有 well 和 fare 两个词合成的，意思是"好的生活"。生活怎样才能好起来呢？前面已经指出过，民生要关注物质生存、精神文化和良性发展，但是，在当代社会，仅有此内容还不足以构成民生的全部内容。有学者认为，社会福利同自由、平等和公平一

---

① Lieberwitz, *Freedom of Speech in Public Sector Employment*: *The Deconstitutionlization of the Public Sector Workplace*, U. C. D. L Rev. 597, 602（1980）.

② 马克思、恩格斯：《马克思恩格斯全集》（第42卷），人民出版社1979年版，第122—123页。

样成为当代社会非常重要的概念。美国学者贝利（Barry）说，"福利概念以一种让 19 世纪评论家吃惊的方式主宰了当代社会思想和政治思想。"①从贝利（Barry）开门见山的叙述中我们也感受到了福利在当今世界的重要地位，特别是在 20 世纪以来，西方国家在法律领域迅速兴起的社会法，以国家强制力量对社会进行一定程度的扶持和救助，已经成为西方国家的"经典之作"。

为什么社会福利对人们的生活很重要呢？以色列学者麦克罗指出，"社会福利可界定为直接或间接地回应人类需要。"②麦克罗把社会福利与人的需要直接联系起来了，可以说是反映了人的需要本身的特征。人所生存的社会是一个由生产和消费结合起来的社会，生产创造出大量的经济物质财富，而消费在一定程度上耗费或者享受这些财富。人的需要的不断发展，使得人类社会的物质生产以追求效率为目的，而在消费时却又不得不关注公平。特别是追求效率的物质生产直接排斥一些不能参加社会工作的人，这只有通过消费领域中的公平政策给予重新的制度安排。也就是说，就人类自身来说，并不是每个人都参与了人类社会的直接生产和经营活动，如丧失劳动能力的人；也不是一辈子都是进行生产和经营活动，如儿童、老人甚至还有可能是失业的人。对于国家的分配政策而言，第一次分配所体现的就是效率，即对那些劳动水平高的和劳动能力强的人的社会需求给予充分的满足，但这并不是社会分配的全部。社会分配还得进行再分配，以满足上述所说的那些没有直接参加社会生产和经营活动的人的需要，这种再次分配就是以福利的形式出现的。

从制度层面说，西方国家关于社会福利的制度可以追溯到 17 世纪初期英国的《伊丽莎白济贫法》。英国《伊丽莎白济贫法》在世界上第一次把"济贫"作为国家的职责，开创了以法律的形式明确规定政府的社会福利管理职能的先河，真正意义上使得政府承担起用纳税人的钱财保障纳税人生活的责任，并将这一道德责任通过法律转变成法律责任，创造了一种新的解决社会问题的模式，成为其他国家遇到类似问题时进行参考的样本和路径。随着资本主义的发展，西方阶级矛盾日趋尖锐，社会贫困差距越来越大，阶级斗争也此起彼伏。人们认识到，工业社会的生活风险加大

---

① Barry, N., *Welfare.* Minneapolis: University of Minnesota Press, 1990, vii.

② Macarov, D., *Social Welfare Structure and Prac-tice.* California: Sage. 1995, p. 17.

了，贫困是涉及众多的劳动者家庭的社会性问题；解决贫困问题不能仅靠
个人的努力，更不能靠贫困发生后才给以救济的方式解决，必须由国家或
社会推行一种预防式的制度加以解决。在这样的时代背景下，为了稳定社
会，缓和阶级冲突，德国俾斯麦政府于1881—1889年间先后颁布了《社
会保险法令》、《疾病保险法》、《灾害保险法》、《残废和老年保险法》。①
这一系列法律在一定程度上缓和了阶级矛盾，也一度改善了穷人的生活。
到了1929年，资本主义史上最大的一次经济危机爆发了，无数的人失业，
无数的人为了生存而挣扎，无数的人流浪街头。失业的人们没有了工作，
没有生活的来源，不得不挖树根、剥树皮以充饥，"千百万人只因像畜牲
那样生活，才免于死亡。"《纽约时报》记者卡贝尔·菲利普斯所说，夜间
敲门讨饭的"可能几个月或一年前在银行里爽快地签发过你的贷款，或者
在你所读的报纸上写过社论，或者是某家房地产公司副经理"②。在这样的
背景下，罗斯福总统上台，他开始执行一系列的社会福利政策以缓和社会
矛盾，罗斯福深刻地认识到，社会动荡不安的根源在于人们的贫困和社会
的贫富分化。要稳定社会秩序，恢复人们自1929年经济危机以来已经丧
失的信心，重塑国家在人们和社会心目中的中坚形象，就必须改革当时的
制度，消除过于悬殊的贫富差距，消除绝对贫困。这时，社会福利政策就
成为罗斯福拯救美国的重要制度，并以此作为构筑社会安全之网、调控社
会矛盾的"松紧阀"。此后，美国的社会福利制度基本健全，美国人的民
生问题进一步得到了保障。罗斯福的社会福利政策包括保证美国国民的最
低生活标准、缩小收入差距、增加就业机会、保护环境和资源等等，通过
这些法律和政策杜绝了美国进入法西斯统治的危险。罗斯福的政策之所以
能够成功，是因为他看到了现代社会与古代社会的根本差异。古代社会的
人们以勤耕为主业，在一定程度上，耕种农田能够获得维持生计的生活资
源。而在现代社会，许多人们都已经远离了耕地，来到工业化和商业化了
的城市，通过出卖自己的劳动力（技能、知识、纯体力等），以获得工资。
如果一旦失业，那么他就会面临没有工资的境遇，也没有了用以交换获得
生活消费物资的交换物，生存问题即刻突显出来。可以说，现代社会中，

---

① 转引自陈颐《社会福利事业的发展与我国和谐社会建设》，《南京师范大学学报（社会科
学版）》2006年第6期。

② ［美］威廉·曼彻斯特：《光荣与梦想》，广州外国语学院翻译组，商务印书馆1978年版，
第25页。

失业成为"被工业化"的人们的最大危险之一。所以，罗斯福的社会福利政策不仅给政治稳定加上了保险栓，也给普通百姓的生活系上了安全带。

在我国，《宪法》明确规定，中华人民共和国公民在年老、疾病或者丧失劳动能力的情况下，有从国家和社会获得物质性帮助的权利。国家发展公民享受这些权利所需要的社会保险、社会救济和医疗卫生事业等。因此，人们享有社会福利的待遇既是法律规定的权利，也是应当享有的生存的现实保证。但是我们国家的福利发展却经历了复杂的历程，并且社会福利的概念也曾经一度被淹没。1949年以前的中国人民并没有福利概念一说，普通老百姓在遇到饥荒或者灾难的时候也有遇到过开仓放粮的历史，但是大部分的时候就只能等死。农民到了老到丧失劳动能力的时候只靠儿女养老，所以中国人自古就有养儿防老的观念和习俗。

1949年以后，中国社会发生了翻天覆地的变化，制度重组、生活重构成为解放初期的重要生活内容。社会福利制度和社会福利观念在制度的重大变革中，经历着前所未有的变化。在新中国成立的最初阶段，国家成为福利的唯一供给者，然而，由于生产力不发达，经济发展水平不高，国家福利的供应范围有限，只得在较为狭窄的范围内提供，形成了一种客观上不平等的社会福利制度。如，由于高度集中的计划经济体制，国家只给进入了所谓"城市的人"（下文称市民）提供福利。甚至一直到现在，市民的生老病死都是由国家承担的，因此，市民的生活是"无忧无虑"的，不需要担心丧失了劳动能力怎么办，老了以后怎么办等问题。与此对立的是广大的农村地区，农民一年四季在农田里耕种，获得了粮食还得无偿地提供给国家，直到最近几年才废除农业税；农民丧失劳动能力也没有国家福利照顾，农民老了就得由自己的儿女来养老，否则即使是到了80岁、90岁还要在田间做繁重的劳动。农民是不能够得病的，得病了就必须自己掏腰包治病，但是治病的花费之大超出了人们的想象，所谓"农民病不起，小病一去一万几；大病一去倾家荡产也治不起"，这就是国家福利分配不均所导致的后果。

中国在进入21世纪以后，党和国家采取了一系列英明的措施来发展社会福利事业，以加强和改善民生。一是逐步放开了城乡对立的政策，农民的流动性加强；二是废除了几千年压在农民头上的农业税，而且给予了农民一定的补贴；三是在农村普遍实行了农村合作医疗，农民每人每年交纳40元就可以获得一定的医疗费用报销；四是国家正在酝酿农民的养老保险问题。上述措施在一定程度上打破了农村与城市的根本对立，把农民当作中华人民共和国的国民来看待，使之享受应有的待遇，具有历史进步性。

但是，也应该看到，作为民生的一项重要内容，社会福利仍然是中国在经济发展的同时必须进一步加强的民生措施，从而实现中国共产党的第十七次全国代表大会报告中所强调的"病有所医，老有所养"的目标。

第三节 民生的法律价值

法律价值是法律对于主体的有用性，即法律之作用方式获得主体认可的程度与方式。"法律正在承受着各种价值的烦扰。其中的一些，例如秩序、公平和个人自由，已被人们视为应当通过法律来达到的价值而被普遍接受。它们基本上属于法律价值。另外一些，例如仁慈、爱、雅等等也得到了人们的普遍接受。"[①] 可以说，"在法律史的各个经典时期，无论在古代和近代世界里，对价值准则的论证、批判或合乎逻辑的适用，都曾是法学家们的主要活动。"[②] "任何值得被称为法律制度的制度，必须关注某些基本价值"。"一种完全无视或忽视上述基本价值的一个价值或多个价值的社会秩序，不能被认为是一种真正的法律秩序。"[③] 历史和现实都作出了说明，研究法的现象，包括法的规范、法的实施和法的秩序等在内的，与法有关的一切事实，都必须解决这样的问题，法为什么而存在，应具有什么样的意义，其最终的目的、追求和归宿应是什么？[④] 可见对法律价值的研究是构成进一步追问为什么这一主要理论深刻化的表现。对于民生而言，其对人生的关注，对于人的生活需要的关注，本身就是对人的存在本质的追问。从法哲学的视野来看，民生也有着深刻的法律价值，值得我们去深

---

① ［英］彼得·斯坦、约翰·香德：《西方社会的法律价值》，王献平译，中国法制出版社2004年版，结语。

② ［美］庞德：《通过法律的社会控制·法律的任务》，沈宗灵、董世忠译，商务印书馆1984年版，第55页。

③ ［美］E. 博登海默：《法理学—法哲学及其方法》，邓正来、姬敬武译，华夏出版社1987年版，作者致中文版前言。

④ 卓泽渊：《法的价值总论》，人民出版社2001年版，第1页。

化考量。概而言之，民生的法律价值可以表现为：民生是人权的具体表现，民生是自由的外在表征，民生是发展的现实需求。

一　民生的人权价值

从法哲学的视野来看，民生作为时代话语，本身充满了对价值的追问。同时其对人生的关注，对于人的生活需要的关注，本身就是对人的存在本质的思考，所以，也有对其从进行法律价值层面进行思考的必要，特别是由于民生充满对人性的关怀，从人权的角度来考量民生更突显其必要性和可行性。

（一）作为首要人权的民生

人权是什么？简言之即是人之为人的权利。我们知道，在当今世界的发展话语中，权利是一个既能够唤起人们同情，也能够获得人们瞩目的词汇。这绝不是因为权利成为虚有其表的"矫情"代名词，也不是因为权利是张牙舞爪的"统治工具"，更不是因为权利是披着时髦的"野兽外衣"，而是人之为人的制度彰显和理论需求。权利从诞生的那一刻开始，注定了其必然有永恒的生命力、超越时空的承续力和生生不息的接受力。因此，权利概念是当今时代最引人注目的政治辞藻之一，并且成为我们时代最强有力的呼声，正如美国著名学者路易斯·享金在《权利的时代》中所指出的那样："我们的时代是权利的时代。人权是我们的时代的观念，是已经得到普通接受的唯一的政治与道德观念。"① 这种重要性获取的基本缘由是权利能够为人类社会的发展带来进步的动力，能够为人类自身的发展带来政治的、道德的，最终归结为法律的保障，"没有权利就不可能存在任何人类社会，不论采取何种形式，享有权利乃是成为一个社会成员的必备要素……将人仅仅作为手段否定了属于他的一切东西，也就否定了他享有任何权利，如果他不仅仅被视为手段，而是被作为一个其自身具有内在价值的个人来看，他就必须享有权利。不仅仅是要有社会就要有权利，而且若是要遵从普遍的低度道德标准的要求，就必须让每个人类成员都享有权利。"② 享有充分的人权，是近代以来人类的追求。自从人权思想进入我们

---

① ［美］路易斯·享金：《权利的时代》，信春鹰等译，知识出版社1997年版，前言Ⅰ。
② ［美］米尔恩：《人的权利与人的多样性——人权哲学》，夏勇、张志铭译，中国大百科全书出版社1995年版，第23页。

的视野之后，我们就已经把人权作为一个价值标准，即认为一个保护人权的制度就是好制度，一个侵犯人权甚至根本不承认人权的制度便是坏制度。① 可见，人权概念和理论的发展，获得的不仅仅是知识上的极大丰富，而且是政治和道德实践的长足跨越，并成为一个时代改变现有政治、社会生活的基本价值标准。

1. 人权的位阶

首先要问的是，人权的权利体系中，有先后之分吗？我们知道，在法理学中，权利是存在位阶，是法的价值位阶的一部分。所谓法的价值位阶，指在不同位阶的法的价值发生冲突时，在先的价值优于在后的价值。法律是制约人们行为的规范，但规范并不是制定法律的目的。作为人类的行为规范，法律本身就承担了立法者的诸多期待和目的。这种期待和目的是一种包含了价值意味于其中的目的，如自由、秩序、人权、公平、正义、平等、效率等。可见，对于不同的部门法，甚至对于不同的国家来说，其价值取舍现象是十分明显的。在当代社会当中，通过法律保护权利已经成为立法者的共识。

对于权利而言，其体系是庞大的，在人类的行为中，就会存在权利的冲突。关于权利冲突的存在的原因，已有学者做过深入研究。从人的角度来，现代社会强调人生而平等，不存在等级差别。因此，每一个人在同等的意义上享有同等的权利，这是法律的义务，也是法律的明文宣示。但是，对于权利的享有者来说，其行使权利的时候，必然碰到诸如此类的情形，即享受自己的甲权利，可能在某种程度上就会侵犯别人的乙权利。这意味着，权利本身并不是清晰的，相反它的边界和范围都是模糊的，因此，就产生了权利与权利之间的冲突。

关键问题在于，权利之间是否会是平等的呢？也就是说，是不是不存在某种权利凌驾于他种权利之上的情形呢？从理论来看，权利之间存在平等几乎是不可能的事情，正如有学者所指出的那样，"无论从纯粹的法学理论上还是从实定法的实际运作上来看，权利类型之间的平等，恐怕都是一种独特的臆想。"② 当然，并不是所有的人都同意权利是存在位阶的，因

① ［美］米尔恩：《人的权利与人的多样性——人权哲学》，夏勇、张志铭译，中国大百科全书出版社1995年版，第1页。
② 林来梵、张卓明：《论权利冲突中的权利位阶》，《浙江大学学报（人文社会科学版）》2003年第6期。

为权利的利益可测量度是很难得到界定的。因此，我们也许很难凭借自己的主观意图为权利之间的关系进行各种高低的排列。正如博登海默所说，"人的确不可能凭据哲学方法对那些应当得到法律承认和保护的利益作出一种普遍有效的权威性的位序安排。"① 但这并不意味着法理学必须将所有利益都视为必定是位于同一水平上的，"亦不意味着任何质的评价都是行不通的。例如，生命的利益是保护其他利益（尤其是所有的个人利益）的正当前提条件，因此它就应当被宣称为高于财产方面的利益。健康方面的利益似乎在位序上要比享乐或娱乐的利益高。"② 从博登海默的话语来看，权利位阶在一定程度上是可能的，而且是应该的，并且具有相应的理论意义和实践意义。

首先，权利存在位阶表明人类对价值的认识有高低之分，因此，我们就没有必要对所有的价值一视同仁地给予对待。当然，严格认真地对待权利是应该的，也是必要的，但是如果在时机不成熟的时候以同样的方式对待所有的权利，这不仅不可能，而且也不会收到良好的效果。如在人类赤贫的状态下，你片面追求精神文化的享受就是一种错误，即所谓"吃不上老母鸡，怎能拥有计算机"，可见权利的拥有不具有同等性。只有在条件相同和全面具备的情况下，所有的权利才有可能同时实现，如在马克思所说的共产主义社会等理想社会当中。

其次，从理论来看，区分权利位阶可以在一定程度上解决权利冲突问题。刘作翔曾经提出过一个问题："权利类型能否得到平等保护？"刘作翔的具体设问是在一个权利体系中，各种权利在"学理上的以及法律上的划分，是否就意味着它们之间天然地有位阶关系？权利体系中的各个权利种类之间有无大小、高低、主次等分别？是否认为在发生权利冲突时，有些权利种类相对于另一些权利种类就显得重要，因而优于另一些权利"？③ 刘作翔还在事实上对权利冲突的存在做了认真的研讨。解决权利冲突的路径就是划分各种权利之间的位阶。只是要注意的是，"权利位阶之所以没有整体的确定性，最主要是由于涉及价值判断而很难确定，基于人类对价值问题认识的有限能力，我们无法脱离具体情形而先在地把每个权利正确地

---

① ［美］博登海默：《法理学—法律哲学与法律方法》，邓正来译，中国政法大学出版社1999年版，第399—400页。

② 同上书，第400页。

③ 刘作翔：《权利冲突的几个理论问题》，《中国法学》2002年第2期。

镶嵌在权利体系的图谱之上，以此解决任何可能出现的权利冲突。所以，在具体情形（包括具体个案）中进行具体的考量，就成为人们认识权利位阶，解决权利冲突的暂定方案。"①

2. 人权位阶的逻辑

既然权利存在位阶，那么作为人之为人的权利，定然也有位阶，这是一个明显的逻辑。上述我们在论及民生是人的需要之时，就已经讨论过人的生理需要、安全需要、社交需要、尊重的需要、自我实现的需要五种需要。人权作为人的需要的一个侧面的反应，我们也可以从人的需要的排序中对人权的价值位阶进行一番法理学意义上的探讨。我们可以这样来看，人的生理需要和人的安全需要所对应的人是生存权，人的社交需要、尊重的需要、自我实现等对应的则是人的发展权，其他的需要也相应地对应一些权利。

第一，对于人来说，能够成为人，特别是能够活着是最重要和最基本的，也是最关键的，否则，一切其他人权都是浪费和空洞。可见，从生物的角度来看，人的生命的存在首先不是因为人的意识的支撑，而是人的本能的支撑。人的意识不能够代替人在饥饿、干渴、疼痛时的自然需要，也只有满足这些最基本的自然需要，人的生命才能够得到维持。没有了食物、没有了水，人的一切都会"完蛋"。所以，从这个需要的层面来看，生存权是最为重要的。观之当代世界，许多人还在死亡线上苦苦挣扎，像非洲的一些黑人，他们没有食物，得了病没有药物可以治疗，没有防止野兽攻击的居所等等，他们的生命无时不受到威胁，在这样的境界下，我们还能够谈论其他的高层次的人权吗？不能。再如，在许多的时候，我们可以看到天灾给人带来的影响。如在古时候一场大旱造成许多民众颗粒无收，在食物并不发达的那个时代，这就意味着他们的生命将会受到最为严格的挑战。历史上，"白骨露于野，千里无鸡鸣"的惨剧经常摆在人们的面前。在这种情况下，如何维持生命成为大问题的时候，还能够谈论其他权利吗？不能。我国20世纪30年代，在日本帝国主义侵略下，中华民族要救亡图存，国家和民族的生存权是中国人民的首要的集体人权。新中国成立后，"大跃进"和人民公社时期的许多人挨饿，特别是农民的生存和

① 林来梵、张卓明：《论权利冲突中的权利位阶》，《浙江大学学报（人文社会科学版）》2003年第6期。

生存权受到严重威胁。当时人民群众、特别是农民的生存已成为问题，而一些基层党政干部在错误路线的误导下，不顾农民生活，还一味虚夸谎报"卫星"，大搞"一平二调"，使农民无米可炊，这时农民的生存受到社会势力（不是天灾而是人祸）的严重威胁，生存受到严重侵犯，生存权成为他们的首要人权。① 可见，在常态下，维护人的基本生存权利是人权的第一要务。

第二，当人的生存权得到了基本保障之后，如何使人类的心思不再完全花在如何活下去，即如何保证生存权的稳定成为第二层次的问题。从自然资源的获取来看，人类由于自身能力的限制，获取资源的数量有限；况且，即使人类的能力再强大，整个地球上的资源也是有限的，这已经形成了一种共识。由于人人都需要在生物学意义上生存下去，都需要获得能够生存的物质产品，所以，人类通过各种方式从自然界获得物质产品还可能面临其他人的争抢，这需要通过规则来制止这种同类之间的争夺。因此，在这种背景下，建立起一套维护生存权的附加权利体系就成为人权的基本目的。如：从我们的法律实践来看，主要设置了财产权、安全权等来保证人的生存权的稳定，这些权利设置之后，人们的心目中就有了"你的""我的"之区别，并且促进人们认识到不应该抢"你的"，但是也应该全力以赴保护"我的"，除非我愿意无偿贡献出来。

第三，当人已经摆脱了纯粹的物质生活需要以后，特别是当人脱离了野蛮生活给人类带来的基本状态之后，新的需要产生了。此时，人与动物的根本区别就体现了出来，因为人在基本生存权得到满足以后，就会寻找新的要求，如娱乐权利，如精神享受，如获得尊重，等等，这一切都可以与发展权的需要相衔接。如《汉城宣言》指出，作为国际公法一般法律原则的发展权，意味着各国彼此合作，基于对普遍承认的人权和关于建立各国友好关系及合作的国际法原则的共同理解，制定体现在《联合国宪章》和《国际人权法案》中的公民、文化、经济、政治和社会标准。各国在制定和实施其行政、立法政策和其他措施时应考虑这些标准，以便在国内和国际范围内实现发展权。有的学者指出，发展权是使人权与各国权利和义务相联系的法律努力，旨在创设个人享有公民、政治、经济、社会和文化权利的条件，对国家主权和国家利益的尊重，旨在促使国家通过有关行为

---

① 郭道晖：《人权的本性与价值位阶》，《政法论坛》2004 年第 2 期。

责任或效果责任严格遵守其有关人权的承诺。因此，发展权应视为国家为促进和保护人权的权利。① 这意味着，发展权作为当代世界国家对人权的新的认识成果，既是必要的，也是能够获得民众之认可的。对发展权的保障体现了人本质的一个基本转变，仅仅它的自然属性依然存在，但是作为社会学意义上的人的本质却得到了进一步的加强。

最后，值得指出的是，强调人权存在位阶，那是由于在不同的时代，不同的社会，由于生产力的发展水平不同、经济文化状况差异很大，人权的表现和实现程度也就不一样。并且从某种意义上说，人权在何种程度上得到了保障和实现，不仅与个人的追求和呵护有关，而且与国家有关。

总之，由于社会的变动性，人的发展性，人的需要基本上处于不断变更之中。历史处于螺旋式的发展之中，尽管会有经验性的重复，但是人的经验的扩张性会让人在不断的徘徊中前进。所以，生产力会极大地发展，精神成果也会基于前次成果而更为丰富，从而实现人的发展与历史的发展的契合。

3. 民生是首要人权

前面已经论证过，民生是关于人的生存、发展等方面的生活需要。它涉及的主要人权是人的生存权和发展权。

首先，民生关注"生"，即人们的生存和生活，从法理上看，解决的是生存权的问题。马克思指出："我们首先应该确立一切人类生存的第一个前提也就是一切历史的第一个前提，这个前提就是：人们为了能'创造历史'，必须能够生活，但是为了生活，首先就需要衣、食、住以及其他东西。"② 人必须首先解决好吃、喝、住、穿的问题，然后才能从事政治、科学、艺术哲学、宗教等活动。人们只有获得了生存权，才具有现实条件有效地行使其他人权。生存的实现是其他人权实现的基本前提。也就是说，只有人的肉身首先得以存在，人的更高意义的存在和自我发展才能够实现。可见，民生解决了人成之为人的根本性问题——生存问题，它是一种把人们的生存权放在社会发展首位的人权观念。

其次，民生关注不仅关注民之"生"，从法理上看，而且关注人的发展，以实现发展权为又一核心价值。对人来说，生存是第一核心要件，但

---

① 冯颜利：《主权与人权解读》，《政治学研究》2006年第3期。

② 马克思、恩格斯：《马克思恩格斯全集》（第3卷），人民出版社1971年版，第31页。

不是唯一的核心价值。人的物质问题得到满足以后，还需要在精神享受和精神世界方面得到升华。这是民生的又一境界的追求。这一追求实际上是一种世界性的趋势。1948 年，联合国制定的《世界人权宣言》第二十八条指出："人人有权要求一种社会的和国际的秩序，在这种秩序中，本宣言所载的权利和自由能获得充分实现。"第二十九条强调："人人对社会负有义务，因为只有在社会中他的个性才可能得到自由和充分的发展。"1969 年，联合国制定的《社会进步和发展宣言》第一条规定：每个人"均应有权在尊严和自由中生活和享受社会进步的成果，而他们本人则应对此作出贡献"，并在第二部分"目标"中指出，"社会进步和发展目的应在尊重与符合人权和基本自由的条件下……不断地提高所有社会成员的物质和精神生活水准"。1986 年，联合国的《发展权宣言》中明确确立了发展权的概念和内涵，该宣言第一条称："发展权是一项不可剥夺的权利，所有的个人和民族均有资格参与、从事和享有经济、社会、文化和政治的发展，从而能够充分实现一切人权和基本自由。""人是发展进程的主体"，"发展政策应使人成为发展的主要参与者和受益者"，而"创造有利于人民和个人发展的条件是国家的主要责任"。并且"由于这种权利，每个人和所有各国人民均有权参与、促进并享受经济、社会、文化和政治发展，在这种发展中，所有人权和基本自由都能获得充分实现"。可见，促进人的和谐发展，应该是一切社会发展的目标，或成为衡量社会进步的标尺。[1]在人类社会，人之为人的目的性活动是通过享有最充分的人权为表现方式的，但是在具体的人权实践中，却不是为了仅仅享有人权而去争取人权，人权的享有与行使是人为了发展自身而运用的一种方法，人权相对于主体性而言，就是实现目的的手段。[2]人是主体，他有能力承担加于他的行为。因此，道德的人格不是别的，它是受道德法则约束的一个有理性的人的自由。"只有一种天赋的权利，即与生俱来的自由……这是每个人生就有的品质，根据这种品质，通过权利的概念，他应该是自己的主人。"[3]从民生的角度来看，如何进一步提高民众精神上的"生"即幸福感，如何摆脱曾

① 夏勇：《人权概念的历史起源—权利的历史哲学》（修订版），中国政法大学出版社 2001 年版，第 176 页。

② 徐显明：《人权研究》（第一卷），山东人民 2001 年版，第 113 页。

③ ［德］康德：《法的形而上学原理——权利的科学》，商务印书馆 1991 年版，第 34—35 页。

经合理追求过的单纯的物质的"生",如何实现更进一步的发展,特别是实现自我价值和社会价值的统一,还需要民生的不断改善。只有这样,人的自我发展才能够在社会的发展中实现。

总之,从法理来看,生存问题和发展问题作为民生的两大核心价值,理顺了笔者在开篇中所提出的疑问的逻辑,是我们在新的历史起点上构建民生核心价值体系的法理基础,也是我们继往开来、承前启后的理论逻辑基础,并将进一步发挥其无可替代的价值功用。

(二)民生作为首要人权的意义

在当代中国,随着改革开放的推进,各种民生问题突出。其中有许多问题关涉民众的基本生存和发展,这不仅提醒我们改革已经到了纵深时期,而且也提醒我们这是解决民生问题的关键时期。这个问题解决好了,中国经济发展的国内环境会比较安稳;这个问题解决不好,将会带来一系列的困难。因此,将民生作为首要人权的法律意义是非常深刻的。

首先,将民生视为第一人权,具有学术层面的意义。在法学研究中,人们常常在某种程度上拒绝"政治词汇"。有些人甚至还觉得法理学研究政治词汇有损法理学的形象,担心别人将之归纳为"政法法学"系列。这种想法当然是必要的,法理学与政治学毕竟是两回事,政治上出现了新的词汇,法理学就去研究这个词汇,这似乎也不是很正常。并且有的时候,一些学者还喜欢用一些牵强词汇来生造理论。这些都是值得注意的。但是,我们认为,民生话语的提出,实际上点中了当代中国的社会问题,或者说是抓住了当代中国问题的根本之根本。对于很多人来说,民生需要就是生活之核心,离开了这个核心,民众就会陷于心慌与无根之中。从法理学的视角来看,形式上说,研究民生的法理学问题是"政治正确"的表现,但是实质上,这表明了一位学问追求者的学术良心。关心法理学,不仅仅是关心形而上的纯粹理论,更要结合当代中国发展的实际情况,解决当代中国的普遍社会问题,这也是一种学术上的贡献。就民生问题而言,当农民工在下午1点接受地面温度40度的炙烤而工资依然非常低的时候,当很多贫困人家因为没钱治病看着自己的亲人活活病死的时候,当很多人一辈子也买不起一套可以蜗居的房子的时候,这实际上都在考问学者们的良心。学者们该以怎么样的方式来对待这些现实问题,尽管未必是完全的标准,但至少在一定程度上也反映个人的价值追求。从这个角度讲,将民生视作首要人权,实际上表明的是法理学研究的一种学术态度和学术立场，当然更是为解决中国问题提供的一种思考路径和方式。这实际上也告诉我们，法理学不是多么深奥的知识，也不是那么的高不可攀，只要我们将之落实在具体的问题当中和具体的层面上，我们也能发现知识的真谛和生活的真理。

其次，将民生视为首要人权，具有法律层面的意义。民生问题已经成为我们这个时代的强音，但是这还不够。人们每天在嘴巴上念叨的就未必是真正被充分落实和贯彻了的。这是因为制度没有及时跟上或者没有法律作为补充，再美好的词汇也仅仅只是词汇，而不会成为法律上的真正制度；并且，如果一种美好的设想没有制度的保障和法律的长期稳定性的保证，还有可能因为领导人的变化而设想也随之变化，这样都会形成一种政随人在、人走政亡的局面。在世界性的人权话语下，讲民生视为首要人权不仅仅是一种追随大流，而是一种能够确实保证民生在法律上得到明确认可和保障的具体操作。特别是在当前的情形，我们讲的民生问题有一部分体现在无法可依上，有一部分问题本身就来自于法律制度的缺陷和不公正，还有一部分问题则是由于国家没有勇于承担起历史责任，因而造成了许多的民生问题。这些民生问题，如果能够权利化，从人权的角度来看待，则会促进国家对此高度重视。这有国际人权法作为说明例证。在国际人权法领域中，国家是保障和促进人权的主要义务承担者。当然，这种义务来自两个方面：一是向国际人权保护机构提供人权报告；二是在国内负有人权法律实施之职责。这意味着，从人权的角度来看待民生，则容易把该问题转变为法律问题，特别是通过立法承认、执法重视和司法认可结合起来进行，建立一个比较完整的民生保护的人权体系和组织结构体系。

最后，将民生视为首要人权，还具有政治层面的意义。中国共产党执政地位的正当性依据来源于"立党为公，执政为民"，其凭借对人民群众民生的深刻关注，获得了中国人民的广泛认同和支持。甚至可以说，中国共产党之所以能够获得中国革命的胜利，就在于把中国人民的根本利益放在首位，这是其获得中国人民民心的秘诀所在。但是中国共产党在领导中国革命的时候，没有打过为人民争取人权的政治口号，而是用中国人民都容易听懂和理解的词汇表达了这个最朴素的宗旨。这是一条有别于西方以人权为口号的革命历程。实际上，从中国共产党的宗旨和实践来看，其所作所为却在事实上从最广大人民的利益出发，维护了广大人民的利益，因此，实际上也是一场人权革命。在当今时代，人权成为干涉别国内政的幌子，中国共产党将民生作为首要人权，则在一定程度上说明中国是高度重视人权，比那些嘴巴上喊着要重视人权的国家更重视人权。只是，一直以来，由于有关人权的话语没有接轨，没有让世界其他国家看到中国是如何尊重和保障人权的，错失了话语权的掌握。在此种背景下，将民生视为首要人权也是政治上获得先发制人机会的战略性命题，这也是与我们国家最近多年以来的人权发展战略一脉相承。

总之，在当今时代，民生出场具有历史必然性。在理论层面，需要我们给予相应的理论支持和深化，以获得更大层面的历史意义和价值基础；在实践的层面上，民生是首要人权意味着此事之身体力行的必要性。因此，从人权这一价值的层面来考察民生，是把握民生脉搏、经纶时代问题的现实要求。脱离了民生的人权语境，也就无法进一步将之置于法律层面下进行品评和考量，这正是我们所要追求的时代任务。

二 民生的自由价值

从自由哲学的角度分析民生，可以为民生法理学的进步获得更深刻的理论基础。民生体现了法律上意志的自由、行为的自由和制度的自由。

（一）民生体现了法律上意志的自由

意志的自由表明了主体的自我存在。在人类的生活存在中，如果说其存在能够被自我掌握的话，意志的自由是最为重要的理念。自由在成为一个价值理念之前，首先需要成为一个关于人的精神的观念，这一转折是在基督教神学中"完成"的，而被称为"自由意志"。① 黑格尔认为，"自由是意志的根本规定，正如重量是物体的根本规定一样。当我们说物质是有重量的，我们可能认为这个谓语只是偶然的。然而并非如此，因为没有一种物质没有重量，其实物质就是重量本身，重量构成物体，而且就是物体。说到自由和意志也是一样，因为自由的东西就是意志。有意志而没有自由，只是一句空话；同时，自由只有作为意志，作为主体，才是现实的。"② 从否定性来看意志自由就是："意志这个要素所含有的是：我能摆脱一切东西，放弃一切目的，从一切东西中抽象出来。"③ 自由意志或任意

---

① 崔宜明：《"自由"的生活内涵和理论内涵》，《上海师范大学学报（哲学社会科学版）》2009 年第 4 期。
② ［德］黑格尔：《法哲学原理》，范扬、张企泰译，商务印书馆 1982 年版，第 11—12 页。
③ 同上书，第 15 页。

性有一种对人类文化、伦理道德和传统习俗的反叛和破坏性力量，但它同样也是建设性的：当它针对着野蛮、兽性、本能和惰性的力量时，它就是一切道德原则之所以能确立起来的原动力。自由之所以是自由，就在于它是自由选择、自由决定、自由争取而来的，而不是被人赐予的。自由意志的自发性和任意性选择还只是自由的一个初步的规定，进一步的探讨则发现，真正的自由意志乃是自律。真正自由意志是建立在它自身之上，这是一种自我循环，一种无限延伸，正因此它才成为了一条绝对的原则。①

　　就意志自由思想的历史来看，古希腊的哲学家并没有涉及该概念，只是在哲学讨论中有所涉及。直到中世纪时期，意志自由与基督教神学结合，成为基督教哲学的一个重要概念。但是，人的意志自由受到了上帝的严格的控制。实际上就是说，人的意志不是自由的，因为人出身就带来"原罪"，人的一辈子就是活在赎罪之中。尽管人的心灵可以与上帝沟通，但是沟通的桥梁不是人自己的理性，而是要通过神父来沟通。最终，人的自由意志既受到了上帝的启示，也受到了神父对《圣经》解释的掣肘。在文艺复兴时期，许多人文主义者高举人文主义的大旗，以人性反对神性，反对自由意志是上帝的赐予，强调自由意志是人本身所具有的选择能力，这是对人的价值和尊严的肯定，结束了人受到上帝制约的时代，开拓了人的自由的新时代。在当时的情形下，确立了人的自由意志，实际上就是确立人的主体地位。也就是说，在资本主义经济开始较快发展的时候，如果一味地强调人的意志受到上帝的控制和制约，则显然人失去了个性和独立性。唯有强调人的意志自由性，才能够建立起为资本主义发展的主体基础，为将来资产阶级启蒙运动时代的思想家们高喊"自由、民主、平等"等伟大旗帜奠定了心性基础。

　　可见，西方国家意志自由的发展与经济的发展有着千丝万缕的联系，失却了这种联系，不仅强调意志自由就没有基础，而且也使得意志自由成为主体之累。这告诉我们，在今天中国，我们强调改善和保障民生，强调关注民生问题，实际上我们应该强调的是人的意志自由，即强调人的主体地位的确立。

　　第一，意志自由是改善和保障民生的主体思想基础。改善和发展民生，最重要的莫过于要确立广大人民群众在社会发展和经济发展中的主体

_____

　　① 钱昌照：《自由意志探析》，《理论月刊》2007 年第 12 期。

地位，特别是要使之能够在市场经济和社会发展中自由进取，获得竞争实力。没有民众的意志自由，就没有民生主体思想基础，社会行为的基础就没有了本质性存在了。所谓"皮之不存，毛将焉附"就是这个道理。关于这一点，我们国家是有深刻历史教训的。在古代中国，几千年来奉行"民可使由之，不可使知之"的愚民哲学和"权威来自不可测"的教化，形成了封锁、阻碍信息资源传播的习惯做法，造成政府运作不公开，不透明。特别是中国自古就是一个大一统的国家，国土广阔，民众很难有机会去发表自己的意见和见解。在儒家思想的基础上，古代中国建立起一套限制中国民众意志自由的伦理道德规范。圣人教育国人，"非礼勿视，非礼勿听"。也就是说，凡是不符合儒家伦理的，都是不能够看的，都是不能够听的，自然也是不能够想的。老百姓能够想的，想了以后能够做的就是必须符合儒家伦理规范的。没有意志的自由，就不可能有思想的自由，没有思想的自由，就不可能有良好的创造力。中国人被一种种错综复杂的关系网所包围，如男人在家是儿子，受到父亲的制约；出外时臣子，受到皇帝的制约；女人出嫁之前是女儿，受到父母的制约，嫁出以后是妻子，受到丈夫的制约，丈夫死了以后作为寡妇还要受到儿子的制约，等等。在这里，人的意志自由和行动自由是不可欲的，一切都在一个网之中，无论怎么挣扎也逃脱不出这个网的束缚。所谓在中国"活着的从未摆脱死去的，死去的又总是缠绕活着的"，于是古代中国人中的大部分被限定在"君君、父父、臣臣、子子"的框架内而无法有所作为和创造。所以当自由在近代中国引入的时候，被当做"老鼠"，受到了许多人的痛打，但是又像是明星，得到了很多人的崇拜。这或许是人们对自由的误解之缘故。然而这种意志自由被限制的历史在中国再次得到了重演。

1958年以后的一段时间内，中国人的自由意志基本上被完全限定在"思想正确"、"政治正确"的范围内，人们不管是私下还是在公开场合都必须绝对地忠于伟大领袖，人们的行动一切都得听指挥，人们必须每天学习政治思想和领袖语录等等。在这样的环境下，人的一切多余思想都是"犯罪"，都是对领袖的不忠。在经济领域，由于意志自由被限定，人们不允许有属于自己的私有财产，谁家养鸡种菜就是资本主义尾巴，必须被无情地割掉。这种个人没有自由意志的时代所带来的后果就是人的一切似乎都很有意义但实际上却没有任何意义，人的一切都是充实的但又是空虚的，人有高尚的理想但是因为没有自己的私有财产权却又显得理想很渺小，一些都是集体的却又都是没效率的。没有自由的意志，人没有创造力，大家都在同一个起跑线上，平均主义大锅饭盛行。而改革开放就是要放开该放开的领域，让民众有自己的自由意志，有自己的创造力，提高工作效率。有了自由意志，就会有不同的劳动产出，这时，按劳分配就成了分配领域的第一分配原则，邓小平说，"这在社会主义建设中始终是一个很大的问题，大家都要动脑筋想一想。所谓物质鼓励，过去并不多。人的贡献不同，在待遇上是否应当有差别？同样是工人，但有的技术水平比别人高，要不要提高他的级别、待遇？技术人员的待遇是否也要提高？如果不管贡献大小、技术高低、能力强弱、劳动轻重，工资都是四五十块钱，表面上看来似乎大家是平等的，但实际上是不符合按劳分配原则的，这怎么能调动人们的积极性？我看高温、高空、井下、有毒的工种，待遇应当跟一般的工种有所不同。工资政策是个很复杂的问题，要研究。"① 可见，在改善和发展民生问题上，强调人的自由意志，特别是强调按照法律办事的自由意志，是提高民众的创造能力和首创精神的必要基础，也是发挥民众聪明才智的必要条件。如果人没有自己意志的自由，他的思想永远只会固化和僵固，最终导致严重的保守和落后。这就是民生强调法律上的意志自由的基本原因。

第二，意志自由是改善和保障民生的主体行为基础。按照叔本华的说法，"如果我们仔细考察的话，这一概念（指自由）是一个消极的概念。通过这一概念，我们想到的只是一切障碍的消除；而相反，在这一切障碍表现为力量的时候，它们必然是积极的。"② 在人的行为中，实现了意志自由，行为自由就不会受到意志的制约。在中国改善和保障民生的历史行动中，首要基础是要能够改革开放。特别是在 30 年前，中国的改革开放尽管是为了解放和发展生产力，但是却没有标准，没有现成的例子，没有模板摆在那里，一切都得靠摸索。这时，法律上的行为自由提供了理论依据。邓小平说，"中国要创造条件，发达国家的经济界也要创造条件，首先的一条就是不要怕冒风险，不必担心我们的政策会变，胆子放大一些，合作的步子更快一些。历史最终会证明，帮助了我们的人，得到的利益不

---

① 邓小平：《邓小平文选》（第二卷），人民出版社 1993 年版，第 30—31 页。
② ［德］亚瑟·叔本华：《伦理学的两个基本问题》，任立、孟庆时译，商务印书馆 1996 年版，第 43 页。

会小于他们对我们的帮助。至于政治上战略上的意义就更大了。"① 胆子大一点，意味着改革开放以后中国人不再受到某些教条的束缚，不再被教条主义碍手碍脚的捆住。这就是自由的进步。邓小平还指出，"改革是中国的第二次革命。这是一件很重要的必须做的事，尽管是有风险的事。六届人大三次会议的政府工作报告指出了我们已经遇到的一些风险。我们在确定做这件事的时候，就意识到会有这样的风险。我们的方针是，胆子要大，步子要稳，走一步，看一步。"② 没有大胆，就没有创新，人的思维就会固定和局限在"一根筋"上，没有开阔的空间，没有开阔的视野，没有活力和动力，一切都是原地踏步。所以需要大胆改革，"因为改革涉及人民的切身利害问题，每一步都会影响成亿的人。改革能否成功，再过几年就能看清了。农村的改革三年见效，包括城市、农村在内的全面改革更复杂了，我们设想要五年见效。这中间一定还会犯错误，还会出问题。关键是要善于总结经验，哪一步走得不妥当，就赶快改。最近出现的一些问题没有什么了不起，国际上有人把它看得比较严重，我们自己心里是踏实的。"③ 在改革开放30多年以后的今天，我们强调改善和保障民生，首先就要允许民众有追求自己行为自由的权利和能力。民众缺乏这种能力，即意味着民众的意志自由还存在较大的限制。事实上，民众的自由行为被限制的情况并不少见，特别是我们的一些政府还没有摆脱"父母官的习气"，喜欢对民众的行为瞎指挥，乱干涉。如前几年还流行的一些地方政府强制所有的村民集体种大棚蔬菜、集体养鱼、集体种白菜等大一统的行政指导行为还屡见不鲜，结果是政府的威望扫地，老百姓也没获得收益。④ 总之，在市场经济下，民众的行为是自由的，只要其行为是合法的，就有阻碍政府干涉的权利。民众的行为只有是自由的，其自我价值的选择等等才能够

---

① 邓小平:《邓小平文选》(第3卷)，人民出版社1993年版，第80页。
② 同上书，第114页。
③ 同上。
④ 2009年9月18日，人民网报道："河南漯河市郾城区裴城镇农民称收割自家玉米须先向镇政府缴费办'砍伐证'和'准运证'，否则将会被给予严重处罚直至追究刑事责任。目前，因绝大多数农户未办'两证'，致使数万亩成熟玉米无法收割。"后调查得知，2008年9月初，河南漯河市郾城区裴城镇政府每天派人派车赶赴该镇的所有村庄宣传，要求每亩玉米地缴费500元，农户在办理"砍伐证"、"准运证"后才能收割，否则将"给予严重处罚直至追究刑事责任"。参见《河南裴城农民割玉米须办证每亩收费500元》，http://news.sohu.com/20080918/n259613645.shtml，访问日期：2009年12月11日。

实现，民生也就能够获得前提性的保障了。

第三，意志自由是改善和保障民生的法律理念基础。对于法律而言，法律的出发点和归宿点就是人的意志。正如黑格尔在《法哲学原理》中所强调的："法的基地一般说来是精神的东西，它的确定的地位和出发点是意志。意志是自由的，所以自由就构成法的实体和规定性。至于法的体系是实现了的自由的王国，是从精神自身产生出来的、作为第二天性的精神的世界。""法的理念是自由，为了得到真正的理解，必须在法的概念及其定在中来认识法。"① 法律的基础是自由的理念。对于民生之改善与保障而言，法律保障是非常重要的。但是法律的价值定位却必须清楚明确，即首先要保证民众的自由。民众没有了自由，特别是意志自由，也会陷入民生不遂。当然，更值得注意的是，鉴于自由本身就是同法律存在不可分割的联系，一切自由都只有在法律的框架当中才有自由的意义，否则就会成为混乱。作为一个不争的史实，"自从古代希腊、罗马时期以来，法律之下的自由这一概念，便一直成为西方政治生活最为明显的特点。在许多高度文明的社会里面，人们也曾企图以伦理手段而非法律手段维持社会的秩序。这些社会当中的人，试图借训诫与榜样，造出些具有人为的高度伦理义务感的人；他们认为，靠这种培育，这些人便一定能够依据明智的判断治理同胞，而尽可能不援引固定的法律条文。这种思维模式，迥异于正常的西方习惯——后者乃是强调，政治的核心是法理而非伦理。大多数西方的思想家，其目标都是要建立这样的社会——每个人都能在现存的法定权利及义务框架下，享有自行决定其行为的特权与责任，而尽量不去依靠统治者进行裁断的权威……这乃是西方世界对人类历史的特殊贡献之一"②。因此，分析意志自由作为民生的法律理念基础，将具有法治意义。

（二）民生体现了法律上行为的自由

民生是一种权利，是首要人权，所以在今天，我们所讨论的自由常常与法律权利联系在一起，马克斯·韦伯所说，"'自由'在法的意义上揭示：有权利，现实的或潜在的权利……在法律制度的统治下，交换是一种'法律事务'：获得、转让、放弃、履行权利的要求。"③ 也就是说，如果

---

① ［德］黑格尔：《法哲学原理》，范扬、张企泰译，商务印书馆 1982 年版，第 1—2 页。

② ［美］弗里德曼·沃特金斯：《西方政治传统》，黄辉译，吉林人民出版社 2001 年版，第 2 页。

③ ［德］马克斯·韦伯：《经济与社会》，集体翻译，商务印书馆 1997 年，第 21 页。

说是在道德上来定义的话，自由是指一个人可以完全按照自己的意志确立自己要追求的目标而无论在别人看来多么卑鄙无耻或者荒唐可笑。进而，这还构成了对社会的道德要求，即社会还应当承认和保证他为追求自己的目标所必须具备的社会条件，如组织社团、发表言论、选择居住地，等等。显然，没有这一被理解为"权利"的自由，从自由交换、自由竞争到自主决策、自我负责等等都是不可想象的——作为"个人权利"的自由是市场经济制度的前提条件。① 实际上，这种体现为权利的自由，表明的就是一种行为自由的态度，这正是民生所追求和向往的自由。从民生对于人的重要意义以及实现民生的可能性来看，民生包含主体的自由、积极为某种行为的自由以及消极不为某种行为的自由。

第一，民生包含了主体为创造条件满足自我需要而积极为合法民事行为的自由。民生者，民之生计也。既然如此，民众必然要为自己的生计而奔波努力，此为其之根本价值方向。对于人类而言，能够较好地生存和发展的主体条件就是人的自我努力和不懈奋斗。特别是在当代社会，一切都是市场化的，一切都是竞争的，一切都处于变动之中，这更加需要民众自我行为的积极追求。当然，作为主体的精神状态还需要有一种制度的要求，即给予民众此种行为的自由。民众没有追求民生的自由，其民生就可能得不到保证，如我们国家在 20 世纪六十年代对农民种菜养鸡等行为的限制就是对主体自由的限制，是一种不甚合理的限制。特别是这种限制又在不经意间练就了主体对国家的依赖性，期待国家给饭吃，期待国家来改善生活，期待国家来拯救自己等等，最终的结果是集体的民生不遂。改革开放，说到底就是要消除人为的对主体自由的限制，鼓励广大民众参与到市场之中，进行创造和竞争，既磨炼其对生活的活力，也活跃市场。特别是要让民生主体参与市场中的自由竞争，进一步促使资源的合理分配和有效分配。当然，主体的行为自由还包含了在市场经济中，主体为满足自我需要可以选择某种行为的自由和不选择某种行为的自由。如：主体可以选择经商，可以不选择打工；可以选择开公司，可以不选择经营个体工商户；可以选择经营手表，也可以选择经营服装，等等，这都是主体行为自由选择的范畴。因为人的理性告诉他自己，如果哪一行能够盈利，那么他

① 崔宜明：《"自由"的生活内涵和理论内涵》，《上海师范大学学报（哲学社会科学版）》2009 年第 4 期。

就会自动选择哪一行。总之，没有主体的行为自由，民生只会成为空中楼阁而无法展现真正的魅力。

第二，民生包含了主体为满足自我需要消极不为民事行为的自由。功利主义告诉我们，人都有趋利避害的心理。人们发现，哪种行为对自己有利，他会很自觉的主张为这种行为，哪种行为对自己有害，他会想办法尽可能地避免这种可能的伤害发生，这一切都是理性在运作的结果。在民生的话语中，民生主体要能够获得民生之充分实现，也同样应当有不为某种行为的自由。这是民生主体所现实拥有的，不能够被任何其他外在力量所强制的。比方说，在市场经济制度下，我们的政府就不应当强制民众去做某种行为，如强制民众集体经商，强制民众集体买股票等等，这一切，对于民众来说，都是可以消极不为的主体行为自由，是不应该受到限制的，相反是应该获得提倡的。哈耶克认为自由就是"主体不受强制之状态"①，这也可以进一步说明自由的本质属性就是排除不受欢迎的强制。民生事务一方面是属于个人权利之属性，另一方面属于国家责任范围。从个人的角度来看，以一种消极的方式是能够对抗"强制"的。而外在于个人层面的对民生的干涉都应该得到排斥。

总而言之，从自由的角度来看民生，一定要鼓励民众的行为自由，这是民生实现的充分条件和主体条件，并为进一步的发展创造主体基础。

（三）民生体现了法律上制度的自由

所谓制度的自由，就是希望通过制度确立起与民生相应的发展的自由。这种自由的西方渊源是资本主义市场发展的自由，即资本主义要求从封建制度的束缚中解放出来的自由。对于资本主义而言，作为一种经济制度，可以在与小农经济、计划经济的对比中来描述市场经济的社会学形象。

与中国传统社会基本是自给自足的小农经济相比，市场经济是社会化的大生产；与同样可以是社会化大生产的计划经济相比，社会化大生产的市场经济却没有一个社会经济的组织者，这一角色的扮演者是"自然"：人们追求利益的自发活动在遵循公认的规则体系的条件下，能够自动达到平衡、协调并带来利益总量的不断扩大。尤其奇妙的是，这是在存在着利

---

① ［英］哈耶克：《自由秩序原理》（上），邓正来译，生活·读书·新知三联书店1997年版，第一章。

益竞争、冲突和抗衡的条件下，或者就是以此为基础而达到的。① 正如亚当·斯密所说，在市场之中，"各个人都不断地努力为他自己所能支配的资本找到最有利的用途。固然，他所考虑的不是社会的利益，而他对自身利益的研究自然会或者毋宁说必然会引导他选定最有利于社会的用途"②。只是说，资本主义发展下的自由必然带有一定的自利和功利的性质，因为在此种制度下的人们"所盘算的也只是他自己的利益。在这一场合，像在其他许多场合一样，他受着一只看不见的手的指导，去尽力达到一个并非他本意想要达到的一个目的。也并非因为事非出于本意，就对社会有害。他追求自己的利益，往往使他能比在真正出于本意的情况下更有效地促进社会的利益"③。这就意味着，市场经济建立起来的制度必然是一种自由竞争的制度，只要制度允许，他们就会把制度所能够赋予的利益赋予到最大值。这种对经济利益的追求，所带来的是经济的发展，也必然导致市场经济的繁荣。

这种理解为我们今天发展民生带来了一定的启示。民生的前提是以制度保障经济自由的发展，让资源配置在市场体制中获得最大化。因此，制度自由所要承担的功能不再是中国20世纪60年代和70年代所要的那种平均主义性质的功能，而是在一定的程度上借鉴西方资本主义发展模式带来经济发展的启示。邓小平同志对此的反思是很深刻的，他说："要坚持社会主义制度，最根本的是要发展社会生产力，这个问题长期以来我们并没有解决好。社会主义优越性最终要体现在生产力能够更好地发展上。多年的经验表明，要发展生产力，靠过去的经济体制不能解决问题。所以，我们吸收资本主义中一些有用的方法来发展生产力。现在看得很清楚，实行对外开放政策，搞计划经济和市场经济相结合，进行一系列的体制改革，这个路子是对的。"④ 特别是在20世纪90年代，面对部分人的"搞市场经济就是搞资本主义的论调"，邓小平说，当前（指20世纪90年代初期）"改革开放迈不开步子，不敢闯，说来说去就是怕资本主义的东西多了，

① 崔宜明：《"自由"的生活内涵和理论内涵》，《上海师范大学学报（哲学社会科学版）》2009年第4期。
② [英] 亚当·斯密：《国民财富的性质和原因的研究》，郭大力、王亚南译，商务印书馆1974年版，第25页。
③ 同上书，第27页。
④ 邓小平：《邓小平文选》（第3卷），人民出版社1993年版，第149页。

走了资本主义道路。要害是姓'资'还是姓'社'的问题。判断的标准，应该主要看是否有利于发展社会主义社会的生产力，是否有利于增强社会主义国家的综合国力，是否有利于提高人民的生活水平。""计划多一点还是市场多一点，不是社会主义与资本主义的本质区别。计划经济不等于社会主义，资本主义也有计划；市场经济不等于资本主义，社会主义也有市场。计划和市场都是经济手段。社会主义的本质，是解放生产力，发展生产力，消灭剥削，消除两极分化，最终达到共同富裕……社会主义要赢得与资本主义相比较的优势，就必须大胆吸收和借鉴人类社会创造的一切文明成果，吸收和借鉴当今世界各国包括资本主义发达国家的一切反映现代社会化生产规律的先进经营方式、管理方法。"① 邓小平所指出的关于社会主义市场经济与资本主义市场经济的相通性是对制度自由的深刻认识。从人类的发展来看，特别是处在中国社会的一个转折点来看，中国人要实现民富国强的伟大理想，绝对不是建立在精神上的自我安慰，而是要以经济发展作为后盾的实力较量。经济的发展，必须按照市场的规律办事，即该给市场自由的就得给其自由，该用制度保障自由的就得用制度保障自由。市场经济的发展就是制度不断保障其发展，而其发展自身又是不断修正的过程。

这个过程，我们可以从资本主义的发展对制度自由的争取历程窥出一点启示。9 世纪以后，在西欧各国形成了现代城市，"中世纪西欧作为工商业中心的城市，并不是从古代城市中现成的继承下来的，而是 10—11 世纪时由逃亡农奴组成的。"② 中世纪欧洲的城市和市民阶层在封建主义政治秩序的框架内悄然生长，其微弱但坚定的推进步伐逐渐撼动了欧洲封建制度的基石，为近代资本主义国家的兴起铺平了道路，它们在世界历史长河中的作用不容忽视。西欧城市从中世纪中期开始兴起，并逐渐与王权达成了充分的合作基础，市民阶层展开了积极的政治参与，对封建制度进行挑战，推动近代君主专制的出现。③ 城市兴起的必然结果是西方资本主义工商业的发展，并且导致了阶层的分裂。"市镇分裂为上层资产阶级和易于沾染恶习劣行的百姓。上层阶级夹在两面受挤的困境中，一面要管理下层

① 邓小平:《邓小平文选》（第 3 卷），人民出版社 1993 年版，第 373 页。
② 刘明翰:《世界史——中世纪史》，人民出版社 1986 年版，第 47 页。
③ 计秋枫:《市民社会的雏形》，《南京大学学报（哲学、人文科学、社会科学）》2005 年第 6 期。

民众，另一面要对付前领主企图重建权威的不断威胁。这是全欧洲，不仅是法国，一直到 16 世纪仍存在的局面。这也许是使得大多数国家，尤其是法国的自治市镇无法发挥在另一种情况下可以发生的重要政治影响的主要障碍。市镇内部两大主要力量之间争斗不停：在下层民众中有一种盲目、放肆、凶猛的民主精神；因此引起上层人士畏首畏尾，过于迁就的态度，无论对国王、前领主，或在市镇内部重建和平秩序方面都是如此。"①这样，促使了西方国家封建专制王朝的迅速形成，并建立起强大的世俗主权国家。强大的世俗国家可以为资本主义开拓统一的市场，可以开拓海外殖民地。但是，这种封建世俗国家却带来了另一个后果，即君主权力的过大，妨碍了新兴资产阶级要求建立自由市场的权利呼声。所以，在 16、17 世纪出现了近代西方国家的启蒙运动。启蒙运动的目标之一就是要确立自由在资本主义发展中的价值地位，以反对封建君主的专制统治。追求自由，是为资本主义的发展创造条件的向度之一，只有自由的、无障碍的资本主义的发展，才能在资本主义发展的初期获得制度性的保障，这也是近代资本主义被称为自由资本主义的原因之一。即使到了 20 世纪初期，资本主义进入垄断资本主义时代，开始强调国家对资本主义的限制。但是，自由的核心要求并没有变，只是得到了一定程度的限制。或者说，原来的个人自由本位进化到了社会本位，自由的思想内涵受到了一定的规制。可见，制度自由与市场经济具有紧密的相关性。

在当代中国，大力提倡改善和保障民生，就要建立起法律上制度的自由。这种自由既要强调在社会主义市场经济发展的初级阶段自由发展是重要的，也要强调社会主义本身所蕴涵的公正是基本的。换句话说，民生需要制度的自由来保障、促使民生获得充实的物质基础和分配资源，但是也要通过制度的自由来保证个人在社会的变迁之中有自己价值定位和价值实现的可能。第一，大力改善和保障民生，建立起法律制度上的自由，就必须建立起完善的社会保障制度。第二，大力改善和保障民生，建立起法律制度上的自由，就必须有民众迁徙的自由。对于市场经济的发展来说，迁徙自由是市场经济自由发展制度的首要保障制度。因为迁徙自由可以使得劳动力在统一的国家之内获得交流和沟通，甚至在全世界的范围实现交流。西方资本主义国家发展的进程也表明，在法律上赋予公民迁徙自由对于劳

---

① ［法］基佐：《欧洲文明史》，程洪逵等译，商务印书馆 1998 年版，第 131 页。

动力市场的资源配置、人才的交流等都有着非常重要的作用。1948 年《世界人权宣言》及 1966 年《公民权利和政治权利国际公约》干脆认为迁徙自由是公民的一项不可剥夺的人权。《经济、社会和文化权利国际公约》、《公民权利和政治权利国际公约》（这两个公约我国已经加入，后者有待全国人大批准）确认，保护公民的迁徙自由是国家不可推卸的国际义务。但是，我国的实际情况却有一定的差距。我们知道，自从 20 世纪 50 年代以来，我们国家通过严格的户籍制度，禁止农民向城市迁居和异地活动，严格限制农民由农业户口转为非农业户口。农民除非通过高考考入国家正规大专院校或参军提干两条途径步入仕途而改变其身份外，农民就永远是农民，并终生生活在农村。身份的不同，表现在就业、教育、社会地位等方面的差别是巨大的。改革开放后，国家放松了农民迁居城市的限制，取消了禁止农民异地活动的规定，但户籍制度仍未得到根本的改变，如当前普遍存在的农民工问题就是迁徙自由未获得法律认可的基本缘由。禁止迁徙自由不仅使劳动力流动成本增加，也无形中在人与人之间勾画出了一道由于户籍制度产生的鸿沟，影响平等的实现。在当前我国大力改善民生和保障民生的背景下，以改革户籍制度、确立迁徙自由权为改善市场经济秩序的重大制度变革，将具有重大意义。毕竟，"一个社会的现代化进程和市场经济建设过程，必定意味着这个社会的平等和自由的程度在不断地提高。从另外一个角度看，一个社会的平等和自由的具体状况，反映出各个社会群体相互间具体的互动方式，反映出社会分层体系的具体状况，也反映出这个社会的制度安排所允许、所容纳的社会成员利益结构改善的空间余地。"①

三　民生的发展价值

从法理学的角度来看，说民生具有发展价值，主要是基于民生是一个不断发展的过程这一简单论断。在运动中不断变迁的民生必然与法制存在某种客观性的关联。这种价值上的关联或者客观上的关联体现在三个方面：一是民生发展追求人的全面发展；二是民生发展促进法律的发展；三是民生发展需要法律的回应。

（一）民生发展追求人的全面发展

民生是强调人的生存和发展的时代主题话语。从其价值指向来看，生

---

① 吴忠民：《走向公正的中国社会》，山东人民出版社 2008 年版，第 99 页。

存是民生的物质基础，而发展则构成民生的主体需求。特别是在人类进入文明社会以后，尽管物质生存依然是人类寻求的重要主题，但是却变成了主题之一，因此已经不再是人寻求的主题的全部。如何更好地使人发展则适时而生成为一个新的主题。为什么会出现这种变化呢？发展吸引人的基本缘由何在呢？

我们认为，发展成为民生的时代价值的理由之一是"发展"是人的精神需要之最为重要的组成部分。从发展的含义来看，在经济上是指物质生产总量的进步与变迁；适用在人作为主体的话语中，发展是指人类个体社会阶层的流动、生活状态的改变、政治机会的多方获得等。如处于社会底层的人有改变自己生活境遇的公平机会；如没有政治权利的人有权获得民主选举权利的要求；如获得教育的机会；如参与某项公共职位竞争的机会等。可见，在理论上发展本身就是民生所蕴涵的价值之一。

在古代中国，其固有的礼法秩序决定了中国是一个等级森严的社会。从西周开始推行的宗法制始，政治权利和社会资源的分配基本上是由贵族世家和王室宗亲所垄断。这种依照祖宗的功过和荫庇分配资源的政治格局极大地限制了普通民众参与政治活动和改变自身境遇的机会。我们在《东周列国志》中可以看到，诸侯国的国公可以被臣下赶走和杀害，但是臣下自己绝对不敢取而代之，而是必须扶持王公的宗室或有血统流脉的人作为继任者，这样才具有合法性。否则，周王朝的其他诸侯国就会集体讨伐。对于那些犯政治罪的贵族，除非是遭遇了灭族之祸，否则其子弟也能够获得参政的机会。至于那些真正有才华的民间人士，除非有英明的国君或者有在朝的熟人推荐，才有可能入朝参政，改变自身境遇。否则，即使你再贤能、再有才，也只能一辈子在深山老林（古时贤人喜欢隐住在深山老林）中度过一生而长叹不能施展抱负与才华。更为甚者，在当时，受教育的机会并不是均等的，贵族世家的人垄断了教育资源，无权无势的人从出生开始就被注定了其低下的身份地位。这就是人的发展受到限制的表现，这样的格局在中国封建社会绵延数千年。

当然，此间，封建社会为了缓和民生而有过改变此种局面的政策努力。如兴起于隋朝的科举考试就是诸多穷人改变自身命运的重要政治制度。科举制度作为一种选拔人才的机制，在一定程度上打破了贵族对政治权利垄断的世袭性，扩大了人才选拔的狭窄范围，使得阶层之间有了相互流动的可能性。特别是处于社会底层的人通过读书有了改变命运的机会。

尽管在当时这种机会还只是比较渺茫的，但是无论如何也意味着人的发展获得了一定程度的制度认可，这不能不说是民生的进步。但是，如果我们为制度上的如此小的进步而欢欣鼓舞的话，那么这是我们认识上的渺小。毕竟对于人来说，发展的公平机会必须是建立在相同起跑线上的机会才能成为民生的终极价值。

历史给我们的昭示指出，一个社会要充满活力，一个社会要和谐有序，就绝对不能限制人的发展。相反，应该放开和鼓励人的发展。这就是我们关注民生发展价值的一个主要论题。从具体层面来看，当代中国关注民生之发展的区域要重点关注农村地区（所谓老少边贫困地区基本上指农村），关注农村地区就必须关注农民，特别是农民工的阶层流动机会和发展机会。农民工是我们社会的弱势群体，随着城市现代化进程的加快，市民生活水平的提高，社会经济的发展，他们有权利要求获得充分的权利保障，包括获得更高的收入，获得与市民平等的社会保障和主体人格地位等等。这些都是政府应该做的，也是能够做到的。在这样的理念下，政府从最初对待农民工出现的阻截、隔离态度转到了现在的引导、重视态度，政府对待农民工的责任意识不断强化。2000 年以来，中央人民政府、国务院各行政职能部门，最高人民法院、最高人民检察院等单位和部门颁布了一系列的规章条例、法律解释，试图在更为广阔的领域内解决农民工问题。从政府对农民工问题的疏导和关注的程度来看，其中具有标志意义的事件有两件：一是 2003 年废除了"收容遣送制度"。该制度的废除具有重大的历史意义：第一，它表明我国政策已从阻挠农民工进城转变为引导农民进城；第二，农民工在现代城市的生存环境将会逐步改善；第三，它同时也表明了政府力图解决农民工权益保障问题的决心和勇气。二是 2006 年 3 月 27 日国务院发布《关于解决农民工问题的若干意见》，这是中国政府第一次就解决农民工问题提出了一个比较系统的解决方式，表明政府并没有推卸自己的责任，而是勇于承担自己的历史责任。应该说，这种自下而上的呼吁与自上而下的回应已经成为我国社会在对待农民工问题的一种良性互动。一方面，这种互动对于农民工来说，将会产生更为宽松的社会氛围，从而使得农民工在现代化城市中更具有融洽性。另一方面，这种互动也表明了社会良知、政府作为已经形成了一种合意，这样将会对农民工所身处的制度环境有良好的改进作用，为实现制度正义提供民意基础。然则，面对这种自上而下的赋予，这是不够的，还需要农民工的发展得到更多的社会关注和制度关注。

对于当代社会的人来说，光有发展还不够，还需要人的全面发展。这正好与民生的追求相一致。从开篇我们对民生概念定义可知：第一，民生不仅仅追求满足人的物质产品方面的需求，也追求基于人自身的更多需求的满足；第二，当代中国谈论民生，更加注重发展意义上的民生。也就是说，我们正在逐步改变过去那种以身份来定地位和出身的做法，社会上关于个人地位的标准也开始多元化，即只要在该领域内能够获得认可都可以获得相应的社会地位，这一改过去那种"唯官"的价值衡量方法。即使是在公务员的选拔上，最近几年全国范围内的"逢进必考"，也是实现社会公平的一种具有通常意义的机制了。"逢进必考"一改以往谁有父母在检察院、法院和行政机关谁就可以进检察院、进法院和进行政机关的不合理的人才"就业分配"制度，为那些没有"好爸爸"的人也能够进入公务员序列建立了公正的社会制度。再如，在市场经济下，思想更加开放和活跃。以往万人上"独木桥"的局面在一定程度上得到了改观，因为"条条大路通罗马"，"三百六十行行行出状元"，只要制度公正、起点公平，干哪行也都能够实现自己的理想和价值。

人的全面发展是人在社会中存在的价值的再体现，也是人获取自身意义的基本途径和方式。民生作为现代社会的主题话语，它期待的是通过自身意义的全面突显来促进人的全面发展，因而也就能够为人的发展画上时代的伟大印记。

（二）民生发展促进法律的发展

民生问题是一个发展的问题。每一个问题的解决意味着可能会产生一些新的问题，这是社会发展运动的规律使然。例如，当我们人类还在为生存发愁的时候，大力解决生存问题是当时的首要问题。但是随着该问题的解决，进一步出现的问题是如何稳定生存的问题，使人类不再为生存而忧心忡忡。于是，人类社会就为之而努力，如此等等，人类的主题是不断变化的。值得注意的是，人类的民生问题有时是同步出现和同步解决的。尽管在理论上民生或许有层次，但是在实践中它们并没有规定必然的实现先后，这就是民生的发展历程。我们发现民生的发展是很容易促成法律发展的。

我们知道，法律的坚实土壤就是人类社会的生活。法律发展是我们的时代主题，"如果我们要确立当代中国法律实践中最具总括性、涵盖性的时代主题，那么法律发展问题无疑最具有资格作为这种主题"①。法律作为人类文化的重要组成部分是人的创造力的外化和表现，它的发展与人的发展息息相关。一个欲求建立法治国的国家必须要寻找人的发展这一主题。反过来说，法律的发展尽管有其自己的轨迹和规律，也可能有其自身的价值追求和基本精神，但是人的发展对于法律的发展却是决定性的。脱离了人的发展来谈法律的发展，要么会使法律陷于一种自话自语当中，要么就使法律成为不对人发生作用的摆设。因此，法律发展要依赖于人的发展，特别是不能够忽视社会对法律发展的影响。正如有学者所指出的："我坚信，法治的精神意蕴在于信仰，在于社会成员对法的宗教般虔诚的信仰。而欲求人们对法具有宗教般虔诚的信仰，法本身就必须表明它与人们的日常生活不仅没有脱节而且还息息相关。因为，作为人的客观的精神生活的信仰，它不可能完全是人的虚幻、错觉，或者冥想，它自有其根基和产床；作为人的存在的基本维度与生活方式的法，也不可能完全是人的主观设计、理性构想和人为制造，它自有其坚实的源头和丰厚肥沃的土壤。"②现代社会人的生存和存在的基本规律之一就是赋予法律的认可性，或者说，因为法律规定了人的生活场景和向度，所以人类的生活是一种规范的生活。这样，"人与社会存在的固有事实与本来逻辑显示，法律的存在是以现实的人的日常生活世界为前提和疆域的，法治的生成与运作必然依赖于现实的人的具体的生活场景。"③ 而且，从我们的法律发展来看，"现象与社会问题的探讨必须从人的日常生活世界开始。不仅如此，现实的人的日常生活世界是法律和法治存在、运行的背景，更是法律和法治存在和运行的产床与土壤、空间与环境。因此，法治的精神意蕴的养成，人们对法的神圣信仰的培育，必须也必然要在现实的人的日常生活世界中展开，必须也必然要在现实的人的具体的生活场景中进行。"④

然而，对于许多学者而言，这个生活立场却很容易被忽视，正如赵汀阳所说，"因为人的行为当然是为了构成某种生活。但是随着社会日益发达，人们变得很容易在生活中遗忘生活，甚至在生活中丑化生活。这在伦

---

① 黄文艺：《论中国法律发展研究的两大范式》，《法制与社会发展》2000 年第 3 期。
② 姚建宗：《生活的场景与法治的向度》，《吉林大学社会科学学报》2001 年第 1 期。
③ 同上。
④ 同上。

理学中表现为在面对生活事实时使用社会观点而不是使用生活观点。"① 也就是说,人的记忆并不是完整的、那么准确的,人也许有可能会为了其他的目的美化或者变化自己的生活,而不会去真实化自己的生活,"虽然生活事实总是社会性的,或至少是与社会性相关的……社会只是生活的必要手段,生活本身的质量才是生活的目的。在社会机制中生活决不意味着为了社会机制而生活。为了社会机制而生活,生活就会变得麻木或虚伪,而且终将不幸福。因为这样的生活违背了生活的本意,使生活失去了它本来的目的(telos)。在此我以目的论态度说出 telos 这一概念是为了指明这种目的是属于生活整体的目的,即本意。一个具体行为目的只是它的目标,一个目标总是可以有结局的,除非缺乏机会和条件,但在理论上我们不难设想所有的目标都是能够达到的。而本意性的目的在生活中是永远不会有结局的,它只能在生活中体现而不能最终达到。无论是个人生活,还是人类整体的生活都无法达到这一目的,只能是永远在追求它。能够称为 'te-los' 的追求只能是生活的永恒事业,或者是人类共同的事业,或者是每一个人都追求的事业,即那些构成幸福生活的必要条件。"② 赵汀阳指出,"尽管人们需要好社会,但从根本上必须为生活着想而不是为社会着想,因为社会的价值不是一种自足的价值。为社会而社会是难以想象的,为生活而生活却是理所当然的。如果一个社会不是有利于开展有意义的生活,它就是一个坏社会。可是就社会本身的倾向而言,社会性的机制要求却总是倾向于违背生活本性,也就是说,一个社会的机制越完善,生活的自由本性就越受到约束,当社会变成机器,生活就变成固定程序。"③ 对于伦理学而言,关心的是有社会的生活而不是有生活的社会,后者是政治、法律、经济学和社会学的主题。政治或法律之类的科学所考虑的是社会机制的运作效力,然而"一个高效的社会并不必然有良好的生活。伦理学,作为一种为生活着想的研究,理所当然是所有为社会着想的研究的元理论。政治、法律以及一切关于社会的观点的最终根据必须由伦理学来给出。凡是与社会观点缺乏距离感的'伦理学'都是反对生活的理论,它们总是劝导每一个人去过'标准'的生活,即他人的生活,这正是使生活变得没有

---

① 赵汀阳:《论可能生活》,生活·读书·新知三联书店 1994 年版,第 8 页。
② 同上。
③ 同上书,第 110 页。

意义的最主要原因。于是，不言自明的是，一种恰当的社会观点必须是生活观点的结果而不是相反"①。一切社会的生活都是有伦理意义的，但是失去了法律的保护，伦理意义只会成为水中月雾中花，很难找到生活的原型和现实的存在。

毋庸讳言，生活的发展是人类在不断追求的结果。换言之，是民生成为人类的生活的重要组成部分使然，这是不言自明的社会现象。当法律这种规制生活或者来源于真实生活的规则成为滞后或者保守的社会规则的时候，民生的发展必然会让法律发展。"法律的发展被认为具有一种内在逻辑……变化过程受某种规律支配，并且至少在事后认识到，这种过程反映一种内在需要。"② 这种内在需要就是人类的生计等的需要。对于法律而言，法律就要在合理的范围内禁止人们过度地放纵自己的欲求，特别是要禁止人们去为法律禁止的行为，使得人都有一种约束自己行为的理性。正因为人的这种理性，我们在社会的进步之中，才出现了对权利、正义、平等等的价值追求。但是，理性又是一种基于社会生活的思维方式，理性的进步源于社会自身生活的变化，因而，法律与民生同行，自是一种应然的姿态。

（三）民生发展需要法律的回应

法律来源于人类日常生活，是对现实生活的回应。从我们的发展现实来看，民生的发展需要法治的保障，失去了法治保障的民生就会是空洞无力的民生，是一种只道有今天无法想象明天的民生，因为其是极其脆弱的。按照上面的讨论，民生是不断发展的，它必然需要有法律的积极回应。

第一，现代生活是理性化的生活，关注民生也必然是理性化的选择，这必然要求法律文明和制度文明作为关注民生的基本路径。现代文化与精神生活的最基本的标志是理性，或者说现代文化的核心是理性文化。这种文化的标志之一，就是形成了以法律为形式的制度文明，制度文明排除了恣意和任意的专制。就民生的发展而言，民生不仅仅是人的生活的兜底性需求，而且也是人们理性生活的基本渴望。民生之实现主要有两个方面的

---

① 赵汀阳：《论可能生活》，生活·读书·新知三联书店 1994 年版，第8—10页。
② ［美］伯尔曼：《法律与革命》，贺卫芳等译，中国大百科全书出版社 1993 年版，第11页。

因素：一方面是主观的；另一方面是客观的。从主观方面来看，民生是作为理性主体的人自我努力和自我奋斗去争取实现的。这不仅仅是一种自我满足的行为和叙事方式，也是一种自己所期待的能力范围之内的事情。但是光有个人的努力是不够的。这就意味着民生之发展还有客观方面的追求。发展民生，还必须从法律制度上给予积极的回应和保障。排除了法律文明参与的民生，是不可能历时弥久的民生，也注定了是悲哀的民生。所以，在法律制度的基础上对民生给予恰当的肯定和保证，构成了人类理性之于民生的基本内容。人类发展固有的经验告诉我们，完全依靠于某种主观性的力量，如某个领导人的意志，是不可能获得民生之保障，完全依靠于一种政策性的力量也同样不会获得民生保障的基本生存力量。唯有限制了恣意和残暴的法治才有这种规制的力量，使民生在理性的范围内自由地获得认可。排除了法治的力量，一切又会恢复到专制与独裁的人治形式之中，进而民生也不会成为拥有自身话语权的主题。所以，在法律上明确民生的地位和重要意义，是保护民生的基本前提，也是民生获得发展的法律保证。

第二，法律是需要适应社会的，但是社会的发展也需要有回应型的法的回应，这就是民生发展对法律的基本要求。我们知道，"人性并不是一种实在体的东西，而是人自我塑造的一种过程；真正的人性无非就是人的无限创造性活动。"[1] 人的创造活动的充分展示，就会促使民生的发展与进步，使得人的需要得到一定的程序的满足，"法律与人的内在需求达到了最大限度的从内容到形式的一致，法律成为人性的一部分，法和人在本质上达到了某种契合与同一。"[2] 然则，社会的发展必须有法律的回应与及时的跟进。法律是从社会的土壤中产生的，社会是法律的知识渊源和前提条件。但是社会是变化的，那么法律也应该根据时代和语境的变化而变化，按照我们古人的说法就是"世易时移，变法易移"。当社会变化之后，我们能做的就是在传统的法律中挖掘能够为我们所用的资源，增加人们对法律的亲切感和历史厚度。如果法律是机械的和保守的，是过度抽象的和形式主义化的，那么法律就会失去与民众的沟通和交流，因而会出现很难适

---

① ［德］恩斯特·卡西尔：《人论》，甘阳译，上海译文出版社 1985 年版，中译本序，第 5 页。

② 姚建宗：《信仰：法治的精神意蕴》，载张文显、李步云主编《法理学论丛》，法律出版社 1999 年版，第 647 页。

应新的社会语境的情形。这种情形轻则使得法律本身在民众中丧失可接受性，重则可能在某种程度上会损害社会利益，甚至会妨碍社会事业的发展，影响法治的进程或法治的声誉，这是绝对不可取的。按照 P. 诺内特、P. 塞尔兹尼克的回应型法的理论，回应型法的"回应性"要求法律不是反应或适应的被动机制，而是"应该放弃自治型法通过与外在隔绝而获得的安全性，并成为社会调整和社会变化的更能动的工具，在这种重建过程中，能动主义、开放性和认知能力将作为基本特色而相互结合"①。但是，这种回应也不是盲目的，而是有目的的，即回应型法强调重视公共利益与实质正义，在回应型法中法律成为社会调整、社会变化的能动的工具，具有能动性、认知性、开放性。② 在这种意义上，我们可以确定民生之发展对于法律回应的意义。民生是关注民众生活需求的基本表达，这意味着，民生是基础性的。在历史的各个阶段，民众对民生的需求和渴望是不一样的，甚至还可能有对立的情形；进一步说，民生不是固定不变的，而是一个可变的函数。对于法律来说，法律规范的民生事务变化，其必然不能再苦守那三分地，而是应该根据规制的对象的变化而变化，实现对民生变化的回应。但要注意的是，法律对民生发展的回应的基本要求是全面回应，而不是部分回应。这意味着，立法者在立法的时候必须全面把握社会形态，而不是对社会的发展变化—知半解。建立在对民生发展一知半解基础上的立法必然是失败的立法，也必然不会对民生发展起到积极意义，这是必须要严肃注意的。

---

① ［美］诺内特、塞尔兹尼克：《转变中的法律与社会：迈向回应型法》，张志铭译，中国政法大学出版社 2004 年版，第 82 页。

② 同上书，第 81—128 页。

第二章　法治的民生向度

在当代中国，如果说存有能够获得人们的热切追求与期盼的话语，那么其中一个最重要的追求与期盼就是民生。民生作为当代中国人以资获得生活需求的现实追求，民生作为中国人在历史的不倦努力中不断获得丰盈和富裕的时代话题，既是最古老的命题，也是最崭新的命题；既是理论深刻的命题，也是实践关注的命题，并且获得了当前人们的首肯与前所未有的关切。特别是民生以关注所有人的生存、发展等作为基本研究对象，因而具有深刻的法学含义。

第一节　法治源于人的民生需要

民生事关民众的生计，关系到从生到死的若干人性的自然演化过程。在这个过程中，因为现代法治已经成为当前诸多事物发展中不可忽视的价值分析工具和考察向度，特别是涉及人之利益和权利的事物，由于其目标所指的针对性强，能够实现法律治理生态环境上的互动，其法治意义昭然若揭。由此，民生之关涉，自然具有法律上的价值和意义。并且，从法治的角度来考察民生，既是对民生的意义认识之深化，也是对法治关涉民生强度的纵深考察。

一　法治：规范民众生活需要之治

法治是人类维持自我生存和促进自身发展的理想选择。法治具有超越人治权威的精神品格，能够克服道德缺乏刚性的弱点，解决需要的互异性冲突，呵护人类的信任关系，关乎人性，关心人的物质和精神等需要。从人的需要视角出发，可以追溯法治可欲的本源，透出法治成为人们期许与理想本底的人性之光。

　　第一，需要的互异冲突使法治走进民众生活需要的场域。有足够的证据证明，从人存在的那一天开始，人就处于需要无法得到充分满足的状态之中，特别是当人超越了直接的肉体需要的时候，人的需要就会不断膨胀。这一方面促进了社会的进步，另一方面造成了某种社会需要秩序的紧张。紧张的原因，客观上是因为社会资源十分有限，无法从根本上满足人的需要；社会物质生活水平的制约，人的生产能力总难达到使人们的各种需要得到充分满足的程度。主观上，个体有为了满足自己的需要而掠夺了别人的资源的潜在可能。即使在公正、平等充斥的"原初状态"下，总有些人迫于生计或其他扩张性生存的欲望，违反平等的规则或者依靠自己的力量去霸占更多的原本属于别人的生存资源。这样，冲突产生。在无序的冲突场域里，充斥着弱肉强食的悲剧，演绎着生物达尔文主义的狂欢。在"霍布斯丛林"里，宗教的上帝缺场，道德戒律似乎儿戏，控制冲突程度、减少冲突量的法律萌动。需要的互异冲突引发人对法律的最初的、朦胧的需要。

　　实际上，在任何社会，每一个人即使是充满力量的强者都希望有一种统一的制度安排，使自己的权利有充分的保障，不被他人侵犯；使自己的正常需要有合理的预期，而这种合理预期的实现就必须依靠一种规范——或许，我们就称之为"法律"。法律以其规则性、稳定性、权威性和强制性的特点承载着人们的物质和精神期望。法律能够使人类免于相互杀戮、掠夺，因为法律通过诉讼等程序吸收不满，缓解冲突，"定纷止争"；法律能够满足人类过上有序、安定的社会生活的预期，因为法律本身是"使人类行为服从规则治理的事业"①，法律在规范运作中为人类觅到了秩序；法律能够满足人类希求生命和财产有保障的欲求，而这是人类最基本的要求。

　　法律能够为人类生命和财产提供保障，这一点是特别需要加以论述的。因为生命和财产是人类自身生存的第一需要。马克思从人与人之间的社会关系出发，分析了在经济关系中，人有一种对法律介入的内在需要。他认为，一个人的需要可以用另一个人的产品来满足，从而产生了由于产品交换需要的社会关系。在这种经济交往引起的社会关系中，平等与自由成为内在规定。但要想谁都不用暴力占有他人的财产，每个人都自愿地满

---

　　① Lon Fuller, *The Morality of Law*, Yale University Press, 1969, p. 106.

足需要，一种人人都期盼的"第三方"规则就必须介入。所以，马克思说，"在这里第一次出现了人的法律因素以及其中包含的自由的因素。"①而到了"社会发展的某个阶段，产生了这样一种需要：把每天重复着的生产、分配和交换产品的行为用一个共同规则概括起来，设法使个人服从生产和交换的一般条件。这个规则首先表现为习惯，后来便成了法律"②。如近代海商法的产生就典型地体现了地中海沿岸商人对交易安全和特殊的海事贸易规则的共同需要。

第二，通过人形成的社会关系的复杂性使法治走进民众生活需要的场域。在人与人的交往之中，许多社会关系必须借助于法律规则的形式才能进一步展开和发展，如市场经济，它如果不借助各种完善的法律法规，它便不可能超越狭小的地域空间而扩展，市场是一种自生自发的扩展秩序，法律便是市场的要素和催化剂。③市场经济实质上是一种最大限度满足需要的经济，法律通过私权神圣、契约自由、公平竞争、诚实信用等原则的确立和制度的建构，维护和促进了市场经济的运作和发展，满足了市场的可欲性。社会的有序和有规则之所以重要，并不是为了社会本身，而是为了个体在社会中的生活需要。

当然，更为重要的是，在人际交往中，人与人之间的不信任关系也是法治走进人类生活需要场景的原因之一。西格蒙德·弗洛伊德也从人的心理需要上分析了法律的产生。他认为，要求人与人之间关系有序的倾向，主要可以追溯到欲望或冲动，它们似乎深深地植根于人的精神之中：第一，人具有重复过去被认为是令人满意的经验和安排的先见取向；第二，人的一些倾向受瞬时兴致、任性和专横力量控制的，而不是受关于权利义务分配定理的合理稳定的控制。这样的心理倾向使得人对秩序有一种欲求，所以，马斯洛说："我们中的大多数成年者，一般都倾向于安全的、有序的、可预见的、合法的和有组织的世界，这一种世界是他所能依赖的，而且在他所倾向的这种世界里，出乎意料的、难以控制的、混乱的以

① 马克思、恩格斯：《马克思恩格斯全集》（第46卷），人民出版社1979年版，第195—196页。

② 马克思、恩格斯：《马克思恩格斯全集》（第2卷），人民出版社1972年版，第538—539页。

③ 哈耶克对此做过具体的论述。详细的论述主要集中在《法律、立法与自由》的第十章"市场秩序或偶合秩序"。参见［英］哈耶克《法律、立法与自由》（第二卷），邓正来译，中国大百科全书出版社2000年版。

及其他诸如此类的危险事情，都不会发生。"① "平平淡淡才是真"，人们对宁静生活的渴望从心理底层显示了人对无序和混乱的厌倦和抵制，以及对法律的需要。

其实，早在两千多年前，就有学者认识到了人性的本质。柏拉图认为，人是不值得充分信任的，"人类的本性将永远倾向于贪婪与自私、逃避与痛苦、追求快乐而无任何理性，人们会先考虑这些，然后才考虑到公正和善德，这样，人们的心灵是一片黑暗，他们的所作所为，最后使得他们本人和整个国家充满了罪行。"人对信任的渴求，对社会信用的需要，是法律的可欲路径之一。"任何规模、任何种类的社会生活——它的合作与交换——的前提（是信任），没有起码的信任就没有社会，丧失掉一切信任就是社会的瓦解。"② 法律获得了此种担当。在现实的"陌生人"世界里，当人们的相互信任度下降时，人们会选择适用于"陌生人"社会中的游戏规则的法律，他们需要法律来重塑有规则的社会信用关系，而法律在客观上具有建构社会信用的功能和作用。例如，诚实信用原则成为民法的帝王条款，就是法律对人们的信用社会欲求的反映。

从比较的角度看，作为外在戒律的法律之所以成为最值得信赖之物，是因为人的内在道德约束靠不住，人不值得充分信任。"如果有人根据理性和神的恩惠的阳光指导自己的行动，他们就用不着法律来支配自己，因为没有任何法律或秩序能比知识更有力量，理性不应受任何东西的束缚，它应该是万物的主宰者，如果它真的名副其实，而且本质上是自由的话。"③ 柏拉图曾经就是这种理论的追求者，他希望有一个道德超众的"哲学王"成为统治者，他甚至认为这是人类社会控制的第一等好的选择。但是柏拉图孜孜不倦地把他的这种政治哲学思想用于行将没落的古希腊城邦时，则被碰得头破血流。"哲学王"的理想只能存在于美好的设计之中，柏拉图不得不作"第二种最佳的选择"，"这就是法律和秩序。"④ 柏拉图的转向表明：（1）由于人并不值得被充分地信任，在地球上发现"哲学

---

① ［美］E. 博登海默：《法理学—法律哲学与法律方法》，邓正来译，中国政法大学出版社1999 年版，第 227 页。

② 郑也夫：《代价论——一个社会学的新视角》，生活·读书·新知三联书店 1995 年版，第44 页。

③ ［古希腊］柏拉图：《理想国》，转引自《西方法律思想史资料选编》，北京大学出版社1983 年版，第 27 页。

④ 同上。

王"来实施国家和社会治理是行不通的;(2)"哲学王"的统治是一种知识统治、道德统治、人的统治,在其治下的所有人们需要"以礼相让"或者完全"以德服人",这不现实。以道德的方式构建一种秩序社会的不可能性催生了法律的治理;(3)法律是"第二种最佳的选择",当第一种选择无法实现时,它是最好的。法律的治理走出了知识统治、道德统治和人的统治的困境,成为人们管理国家和社会的最佳预期。法律之所以可欲,是因为道德不可欲。

正如哈耶克所言,"人的社会生活,甚或社会动物的群体生活,之所以可能,乃是因为个体依照某些规则行事。随着智识的增长,这些规则从无意识的习惯(unconscious habits)渐渐发展成为清楚明确的陈述,同时又渐渐发展成更为抽象的且更具一般性的陈述",也就是发展成法律。① 萨维尼亦曾强调:"人生存于外在世界之中;对人来说,这个生存环境中最重要的因素便是与那些和他在天性及归宿方面相同的人之间的接触和交往。如果要让自由的人能在这种接触和交往中共存并互相促进,而不是互相阻碍对方的发展,那么只有通过接受一个看不见的界限方能实现。在这个限度中,每一个体的存在和作用都能获得一个安全的、自由的空间。决定这个界限和由这个界限所确定的空间的规则就是法律。"② 人的需要是人的行为动力之源,对行为的规范,就是对人的日常生活需要的规范,从而促使法治的诞生。

总之,对于人而言,人性中需要的强音呼唤着法律和法治的到来,法律走出道德的包围,控制着互异性的冲突,缓解紧张和危机,维系着人的信任和社会信用体系;法治避开人治的危险,维护和促进市场经济,规范和约束国家权力,保障公民的生命和财产等基本权利,满足人们的需要,成为人类治理国家与管理社会的可欲对象。并且,因为有许多像古希腊神话里所展示的有着爱恨情仇的天使(人),所以需要有法律;正是因为上帝也会跟他的子民开很残酷的"玩笑",所以需要有约定;或者更确切地说,因为没有天使,所以需要有法治。无论如何,法治是人的需求的产物。

① [英]哈耶克:《自由秩序原理》,邓正来译,生活·读书·新知三联书店1997年版,第184页。
② 同上书,第十章,注释1。

二　民生：作为民众生活需要的"通约"共性

需要是人的基本属性之一，也是人类活动的动力之源。从某种意义上讲，民生的真谛就是人的生活需要。

关于人的需要问题，马斯洛有详细的论证和研究。他认为人类基本需要有生理需要、安全需要、社交需要、尊重需要、自我实现的需要以及认知需要和审美需要。这五种基本需要构成一个层次结构，其强弱和先后出现的次序是：（一）生理需要。人类为维持生命、延续种族产生了最原始、最基本的需要，如吃、穿、住、性等。这是人类自然属性的体现，对人的行为具有最强大的原始推动力。只有在这些需要得到基本满足之后，其他需要才可能成为实际的需要，才能发挥激励作用。（二）安全需要。这是要求劳动安全、职业安全、生活稳定、希望免于灾难，希望未来有保障，要求劳动防护、社会保险、退休金等。假使一个人的生理需要已基本上获得满足，接下来就会出现新的需要的定势，这就是上述这些内容的安全的需要。（三）社交需要。即社会交往的需要。当前两项需要基本满足之后，社交需要就成为强烈的动机。个人总是生活在社会群体之中，需要与同伴保持良好的关系，渴望得到友谊、忠诚和爱情。每个人都需要相互关心，接受他人与被他人所接受，渴望被团体接纳，以获得归属感。（四）尊重需要。社会中的人有着这样一种愿望和需要，即自我尊重、自我评价以及尊重别人。尊重需要又可分为两种附属的成分：1. 渴望实力、成就、适合性和面向世界的自信心，以及渴望独立与自由。2. 渴望名誉与声望。声望来自于别人的尊重、受人赏识、注意和欣赏。（五）自我实现的需要以及认知需要和审美需要。就是促使自己的潜能得到实现的趋势。这种趋势是希望自己越来越成为所期望的人物，完成与自己的能力相称的一切。[①] 马斯洛意义上的生理需要、安全需要、社交需要、尊重需要、自我实现的需要以及认知需要和审美需要，都是人在日常生活中形成的生活需要。对上述需要的追求，构成了自我进步和发展的渊源之一。

实际上，关于人的需要的合理性与必然性的论述，马克思早就提及。他说："任何人如果不同时为了自己的某种需要和为了这种需要的器官而

---

① ［美］马斯洛：《动机与人格》，许金声译，华夏出版社 1987 年版，第 40—54 页。

做事，他就什么也不能做"①，"回避人的需要便不能对人的活动规律和人性有更深入的把握，同样也不能对作为人的活动重要方面之一的法的形成和发展有深入的把握。"② 具体的个体活动或行为是历史的出发点，而它们始于人的特定需要。需要是人的身体机能，是生理或者心理上与生俱来地对某种东西的渴望。"人不仅仅是自然存在物，而且是人的自然存在物，也就是说，是为自身而存在着的存在物，因而是类存在物。他必须既在自己的存在中也在自己的知识中确证并表明自身。"③ 在这个意义上，马克思指出："他们的需要即他们的本性。"④ 肯定人的需要，特别是生活需要，实际上是对人的本性进行了高度的概括和凝练，也给出了符合实际的总结。

　　但是，民众的需要尽管有着最大公倍数，但是这种公倍数只是一种理论的穷尽概括和对未来生活追求的完全性满足。甚至我们还可以说，所有民众需要的公倍数追求构成了人类自身发展的动力之一。对于实实在在的人来说，民众需要却又是各有特色的。按照一些学者的理解，马斯洛的"需要层次论"指出人的行为一般规律是：需要产生动机，动机支配和决定人的行为，而行为指向目标。当某一需要获得满足，此一动机便会消失，行为随之终止，并又产生新的需要。需要的层次理论似乎告诉我们人的所有需要都是有规律的并按一定顺序得到满足。如果就整个人类或某一群体的人来说，需要层次理论的观点往往是可以解释的，但是，若是针对个人来说，就会出现许多例外的情况。最明显的例子就是并非所有人都会为了满足生理上的需要而放弃自尊或自我实现的需要。实际上对不同事物的需求度的强弱因人而异。⑤ 也就是说，作为社会中生活中的人，由于自身能力的限制、生活环境的制约、理想信仰的差异、需求满足度的不同，还有年龄上的、体魄上的差异等，都会影响到个人生活需求的不同。如，从最基本的意义上讲，人对生存的需求度往往是很大的，但并不能说对所有人来讲生存的需求度就一定是最大的，因为一个人的生命过程中一旦形

---

　　① 马克思、恩格斯：《马克思恩格斯全集》（第 3 卷），人民出版社 1960 年版，第 342 页。

　　② 叶传星：《论人的法律需要》，《法制与社会发展》2003 年第 1 期。

　　③ 马克思、恩格斯：《马克思恩格斯全集》（第 42 卷），人民出版社 1979 年版，第 167—168 页。

　　④ 马克思、恩格斯：《马克思恩格斯全集》（第 3 卷），人民出版社 1960 年版，第 154 页。

　　⑤ 刘强、丁君营：《人权内容中的价值位阶》，《黑龙江省政法管理干部学院学报》2009 年第 2 期。

成有更大需求度的需求目标时，人往往把满足这一需要看做是生命的最终结果，或者说是自我实现需求的满足。所以他会做出以牺牲自己的生命换取自己最大愿望实现的抉择。这种抉择并不矛盾，而是体现了一个人的所有行为就是为了使自己获得最大需求度的满足的原则。人与动物在本质上的分开，人需要的自我意识起着关键作用。因此，马克思指出："任何人类历史的第一个前提无疑是有生命的个人的存在……任何历史记载都应当从这些自然基础以及它们在历史进程中由于人们的活动而发生的变更出发。一当人们自己开始生产所必需的生活资料的时候（这一步是由他们的肉体组织所决定的），它们就开始把自己和动物区别开来。"① "诚然，动物也生产……但是动物只生产它自己或它的幼仔所直接需要的东西；动物生产是片面的，而人的生产是全面的；动物只是在直接肉体需要的支配下生产，而人甚至不受肉体需要的影响也进行生产，并且只有不受这种需要的影响才进行真正的生产。"② 可见，动物的需要只是一种单单维持生存的简单的肉体需要，而人则超脱了肉体需要，他能够有意识、有主观能动性地使自身按照自己所规定的尺度合成需要。

尽管如此，但是作为一个在社会上生活的正常人，只要不存在精神障碍、大脑瘫痪或者植物人之类的例外情形，人的生活需要就包括物质产品、精神文化、良性发展和社会福利等共性内容。如果说古代社会的人对上述四种概括不甚清楚，乃是由于时代限度之故而无法全部了解的话，当今时代，人类对于自身社会价值和基本需要的完全认可，有关基本生活需要的追求已经得到了相当程度的认识和认知，因而也就唤起了对民生的追求。

第一，对于物质产品的需求是人类的基本共性。对于人而言，最基本的需求就是关于求生的能力，即使自身作为肉体的人能够正常地存在，这是民生的第一层内涵。人"在肉体上只有靠这些自然产品才能生活，不管这些产品是以食物、燃料、衣着的形式还是以住房等等的形式表现出来"③。甚至还有人说，人类的历史就是以求生存为主题的全部历史。马克思说，"人们为了能够创造历史，必须能够生活。但是为了生活，首先就

---

① 马克思、恩格斯：《马克思恩格斯全集》（第 1 卷），人民出版社 1972 年版，第 24—25 页。

② 马克思、恩格斯：《马克思恩格斯全集》（第 42 卷），人民出版社 1979 年版，第 95 页。

③ 马克思、恩格斯：《马克思恩格斯全集》（第 3 卷），人民出版社 2002 年版，第 272 页。

需要吃喝住穿以及其他一些东西。"①

第二，对精神文化渴望是人类的内在需求。在某种程度上说，人之所以与动物能够完全的区别开来，除了现实世界的一些显著特征，如能够制造工具、独立出双手、能够进行创造性的劳动等等，其他的一个重要标志是人有思想、有感情，并能够以语言的形式表达出来，这时，民生意味着人不再是以简单的动物式生存，而是变成了有意识的人类生命活动。精神文化给予了人类一种不同于动物的内在特征。

第三，对良性发展的追求是人类自我价值满足的基本面向。对于社会来说，个人的发展是社会充满活力的源泉，也是当代社会是否具有合理的流动性和进步性的制度彰显。而对于个人来说，其价值能否得到确认和认可，是民生是否得到改善和保证的重要表征。只有随着社会经济的发展，我们国家在制度上放开对特定人的约束和束缚，使得每个人都有向上流动的机会和希望，整个社会才能充满活力、充满希望，这正是民生所要期待的和渴望的，也是民生所提倡的。

第四，追求社会福利是人类生活追求安稳的现实保障。就人类自身来说，并不是每个人都参与了人类社会的直接生产和经营活动，如丧失劳动能力的人；也不是一辈子都是进行生产和经营活动，如儿童、老人甚至还有可能是失业的人。对于国家的分配政策而言，第一次分配所体现的就是效率，即对那些劳动水平高的和劳动能力强的人的社会需求给予充分的满足，但这并不是社会分配的全部。社会分配还得进行再分配，以满足上述所说的那些没有直接参加社会生产和经营活动的人的需要，这种再次分配就是以福利的形式出现的。社会福利给予了人类生活的"兜底"保证。

可见，作为人类生活需求的"通约"共性，民生是以全体人民（民众）追求物质产品为基本面向、以精神文化为内在需求、以良性发展为个体追求、以社会福利为现实保障的生活需要。

三　通过法治规范民生需要的意义

依上述逻辑，既然法治天然地把民生需要包括在其制度设计之中，似乎没有必要对民生之保障给予重新的审视和反思。实际上，人类思维的惰

---

① 马克思、恩格斯：《马克思恩格斯选集》（第1卷），人民出版社1995年版，第75页。

性就在于此。正如密尔所说，"人类一见事物不复有疑就放弃思考，这个致命的倾向是他所犯错误半数的原因。"① 如果不对我们固有的懒惰思维给予思考，那么我们对民生与法治关系的探究也就会止步不前。实际上，我们今天所出现的民生不遂之现象，就与我们固有的懒惰思维有关。长期以来，大家总以为解决了中国整体的发展问题，也就会解决中国人民的民生问题；总以为用法律规范了市场经济大生活问题，也就解决了中国人民日常生活需要问题。这种错误的见解把我们带向了民生问题的困境当中，但是也给予了我们进一步反思的余地。

从上述的论证来看，法律的产生是民众生活需要的回应，而民生本是民众生活通约之共性。所以，通过法治规范民生需要的第一重意义就是：民生是法治的民生。进一步说，法治规范着民生的本质，这是法治的基本意义和价值向度。对于人而言，"虽然一个好的社会与好的生活往往是一致的，但好的社会并不是好生活的目的，相反，好生活必定是好社会的目的。由此不难看出，由生活的角度去看问题与由社会的角度去看问题颇为不同，而且将导致不同的结果。"赵汀阳认为，"社会是达到秩序和福利的手段。在具体行为中有可能把社会当作目的，但却不是生活本意性的目的。尽管生活总是需要社会这一形式，但却不是为了服务于社会。恰恰相反，社会必须服务于生活。为社会而进行社会活动是背叛生活的不幸行为……伦理学关心的是有社会的生活而不是有生活的社会，后者是政治、法律、经济学和社会学的主题。政治或法律之类的科学所考虑的是社会机制的运作效力，然而一个高效的社会并不必然有良好的生活。伦理学，作为一种为生活着想的研究，理所当然是所有为社会着想的研究的元理论。政治、法律以及一切关于社会的观点的最终根据必须由伦理学来给出。凡是与社会观点缺乏距离感的'伦理学'都是反对生活的理论，它们总是劝导每一个人去过'标准'的生活，即他人的生活，这正是使生活变得没有意义的最主要原因。"于是，不言自明的是，"一种恰当的社会观点必须是生活观点的结果而不是相反。"② 从人性角度来看，在终极存在的本体意义上，我们认为法乃是人的存在及其本质的一个维度，从而也就成为人的生存式样之一；同时，作为与人在本质上同一而不可分割的（否则无以区别

① ［英］密尔：《论自由》，程崇华译，商务印书馆 1959 年版，第 46 页。
② 赵汀阳：《论可能生活》，生活·读书·新知三联书店 1994 年版，第 8—10 页。

于其他动物）人的法的生存式样，又有在人的生活之中显现的必然趋势，就其可能性而言，它自然表明，"法也是人的一种生活方式。然而，在本质上作为人的生存式样与生活方式的法，其在确定的时空维度之中的规范落实、制度安排、组织与机构设置，以及所有这些因素的组合方式及其实际操作和具体效果，却是千差万别的；也就是说，在本质上作为人的生存式样之一方面与人的生活方式之一形态的法，在由历史、现时和未来构成的人的现实生活世界之中具有多种可选择的现实可能性。"法这种生活方式，确实顾及时空选择的，"正因为如此，法治乃是现实的人对作为人的生存式样和生活方式之一的法的多种现实可能性的一种选择，正是这一兼顾了历史、现时和未来的时空因素的选择，使法治无可怀疑地成了现实的人的一种现实的生存形式与生活方式。所以，法治也就必然反映着现实的人的生活立场与人生态度。"① 生活中的法治因素必然决定着民生需要的法治因素，这当然是理论上的逻辑推导，但却是一种必要但不充分的推导。

通过法治规范民生需要的第二重意义应该是：法治是民生的法治。这重意义所讲的乃是法治只有在根本上触及了人类生活需要的通约共性，才能把握人类需求的本质，进而才能规范基于生活的社会秩序。燕树棠先生曾说，"所谓法律不外乎人情，人情便是社会常识。一个法律问题，都是人事问题，都是关于人干的事体的问题；所谓柴、米、油、盐、酱、醋、茶的开门七件事，所谓吸烟、吃饭、饮酒的问题，所谓住房、耕田的问题，买卖、借贷的问题，结婚、生小孩的问题，死亡分配财产的问题，骂人、打人、杀伤人的问题，偷鸡、摸鸭子的问题，大至国家大事，小至孩童争吵，都是人干的事情。"② 从这些日常生活需求之中产生的规则和法律，又被反过来运用于规范和调整日常生活。正是在处理这些日常生活琐事的过程中，法治潜滋暗长并在其中持存与展开。由此可见，"法治"的的确确就是你、我、他这样的普通人的必然的生存状态与生活方式。"从日常生活需求之中产生的规则和法律，又被反过来运用于规范和调整日常生活。正是在 20 世纪之末，'法治'才成了中国社会生活的主流话语之一，但由此我们却完全可以想见，'法治'必将成为 21 世纪我国社会生活的中心与亮点。尽管如今，法治的理论主要还是由'学者'来阐释和讲解

---

① 姚建宗、于莹：《法治的人生态度》，《现代法学》2002 年第 1 期。
② 转引自姚建宗《生活与法治》，《检察日报》2002 年 11 月 19 日。

的，法治的实践主要还是由'官员'来施行与推动的，一句话，从其现象与表面上看，似乎'法治'与我国普通百姓的生活即使不是毫无相干至少也相距遥远。然而事实恰好相反，'法治'始终离不开普通百姓的真实生活，它必然存在于普通人的日常生活之中并与其时刻相伴。'法治'离我们并不遥远，它就在我们的身边，就在我们琐碎的生活之中。'法治'之所以无法与生活分离，乃是因为'法治'就是从'法治'起步的。因此，寻求'法治'的生活，必须首先尊重'生活'的法治。"① 所以，真正的法治必定抱持这样一个基本的生活信条：尊重生活，尊重每一个作为常人的普通百姓。唯有从常人的日常生活开始的法治，才是可能获得成功的法治；也唯有立足于常人的生活、时刻关注并最终落实于常人的生活之中的法治，才是真正值得追求的法治。②

在这种双重促进的意义上，通过法治规范民生还可以获得基于国家层面的启示，即第三重启示：关心民生、保障民生和促进民生是政府义不容辞的责任和义务。从某种意义上说，我国正以建设法治政府为基本目标，而现代法治政府就是一个蕴涵民本理念的民生政府。民生是法治政府的内涵在改革开放的攻坚时期的逻辑延伸与演绎。因此，在新的时代，法治政府如何关切民生已成为在当代中国法治政府构建过程中必然涵摄的时代主题，更是法治政府自身扭转价值取向、塑造时代精神的发展向度。民生是一种把生存权放在社会发展首位的人权观念。而把这种奠基于民权并能够向人权展开的民生理念贯彻得最好的是中国共产党。中国共产党应该说是深谙广大人民群众的艰辛与贫困，深深地体味到了广大下层群众的悲哀，因此，它在党章中规定把争取广大贫困人民的解放作为历史目标之一。从共产党对于基本人权的实践来看，它把土地分给广大人民，使人民摆脱了对土地的奴隶般依赖，并获得了生存保障，逐步享有了其他民主政治权利，因此，中国共产党的革命是人权革命，更是民生革命。事实上，对于法治政府而言，保障民生就是保障宪法规定的公民权利和保护基本人权。法治政府作为现代文明政府的战略选择与治国方略，其必然关心、促进和保障民生，成就法治政府之精神价值的时代升华。

---

① 姚建宗：《生活与法治》，《检察日报》2002 年 11 月 19 日。
② 同上。

四 从民生发展推导法治发展

在当今时代的中国，乃至未来很长一段时间内的中国，关心民生问题、解决民生问题和保障民生问题都是中国人所要面对的头等问题和根本问题。这个问题解决好了，中国人们就会更加安居乐业、更加安定团结，社会也会更加和谐有序；这个问题解决不好，社会不仅不和谐，而且也会不稳定。已有的迹象正在印证着这样的说法和观点，如群体性事件、越来越尖锐的拆迁与被拆迁的对立、越来越尖锐的社会两极分化等矛盾，都在警醒我们，也在启示我们。我们认为，从其中提炼出民生法治发展模式是必要的，而且是能够为中国法治的发展提供强大动力，并有助于中国法治国家的实现。

在法治所关注的视域之内，其以人之为主体的价值关怀决定了法治必然把人作为关注的主要对象。而人都是现实的人，都是活生生的人，都是需要追求个体合理利益的人，所以在法治中关注民生自是非常正当之事。特别是在当代中国，社会的转型使得各种矛盾集中发生，如由于分配不均导致的社会不公，以及由此导致的一连串的社会问题，严重地影响到了社会和谐的实现，"对于一个社会来说，最大的潜在动荡因素是来自社会内部各个阶层之间的隔阂、不信任、抵触和冲突。通过对社会成员基本权利和基本尊严的保证，通过必要的社会调剂，社会各个阶层之间的隔阂可以得以最大限度的消除，至少是缓解，进而可以减少社会潜在的动荡因素。一个社会只要能够提升其公正的程度，那么，社会问题出现的种类与强度均会减少或减小，同时社会也可以增强解决已经出现的社会问题的力度。"[1] 在当前的情形下，问题越多，对公平的呼唤就越强烈，那么对法治的呼声就越高。只有通过法治才能够实现社会公平正义，才能够保障人民的各种需要，按照罗尔斯的说法就是，"一个社会，当它不仅被设计得旨在推进它的成员的利益，而且也有效地受着一种公开的正义观管理时，它就是组织良好的社会。亦即，它是一个这样的社会，在那里：（1）每个人都接受、也知道别人接受同样的正义原则；（2）基本的社会制度普遍地满足、也普遍为人所知地满足这些原则。"[2] 所以，在当前境况中，我们一方

---

① 吴忠民：《社会公正论》，山东人民出版社 2004 年版，第 2 页。
② ［美］罗尔斯：《正义论》，何怀宏等译，中国社会科学出版社 1988 年版，第 3 页。

面强调民生建设，一方面强调法治建设，这实际上隐含着一种新的法治发展模式的出现——笔者拟称之为民生法治发展模式。这正是本书的核心主旨所在，并将详细论证。

第二节 权利—义务视野中的民生

民生作为当前中国社会的时代话语，不仅仅形式是时髦的，更因为其内容的贴切性和反映人们需要的真实性，获得了人们的一致认可。从权利—义务的视野来看民生，民生是作为公民的基本权利与国家需要履行的义务的统一体而立足于法哲学的基本范畴之中。

一 作为公民权利的民生

我国宪法并没有明确的将民生作为公民的基本权利提出来，也没有给予其应有的法律地位，只是因为中国发展到了改革开放的攻坚期而获得了重新的认识。然则，需要追问的是，为什么民生是权利，在何种意义上是权利？

民生正是在权利理论获得充分发展的情况下出场的。从民生的定义来看，这个概念所体现的是一般的政治哲学或者社会学视野的内涵，不具有法哲学上的意义。然则，这并不是说，民生不可以从权利的视野给予分析，或者说不能够与法哲学实现概念的接通。

首先，民生所表明的本身就是一种权利。要强调民生的权利性质，首先涉及的是权利概念的界定问题，但是权利概念的界定是比较困难的。如大哲学家康德认为，问一位法学家什么是权利就像问一位逻辑学家什么是真理那样会让他感到为难。"他们的回答很可能是这样，且在回答中极力避免同义语的反复，而仅仅承认这样的事实，即指出某个国家在某个时期的法律认为唯一正确的东西是什么，而不正面解答问者提出来的那个普遍性的问题。"① 可见，怎样界定和解释"权利"一词，是法理学上的一个难题。在现代政治法律里，权利是一个受人尊重而又模糊不清的概念。② 尽管如此，并不妨碍学者们进行权利概念界定的努力。目前，关于权利的

---

① ［德］康德：《法的形而上学原理》，商务印书馆 1991 年版，第 39 页。
② 夏勇：《权利哲学的基本问题》，《法学研究》2004 年第 3 期。

概念，最具代表性的主要有资格说、主张说、自由说、利益说、法力说、可能说、规范说、选择说八种权利学说。① 这些概念实际上都是从某一个具体的视角或者一个特定的角度给权利所下的定义，在其自身所参照的语境中，上述八种学说无疑是有价值的，甚至说是"正确"的。"仅仅从某个特定的角度给权利下一个定义并不难，但这样做容易导致权利问题的简单化、庸俗化。"② 所以，夏勇认为，要全面、正确地理解权利概念，较为关键的是把握权利的要素，而不是权利的定义。他指出，权利主要包含五个要素，这些要素中的任何一个都可以用来阐释权利概念，表示权利的某种本质。第一个要素是利益（interest）。第二个要素是主张（claim）。第三个要素是资格（entitlement）。第四个要素是力量，它包括权威（power）和能力（capacity）。第五个要素是自由（freedom）。在这五要素的基础上，夏勇给权利下的定义是，权利是为道德、法律或习俗所认定为正当的利益、主张、资格、力量或自由。③ 我们认为，可以借鉴夏勇给权利定义的方法来论证民生也是一种权利。

第一，民生包含了人们的利益需求。一项权利之所以成立，是为了保护某种利益，是由于利在其中。在此意义上，也可以说，权利是受到保护的利益，是为道德和法律所确证的利益。利益既可能是个人的，也可能是群体的、社会的；既可能是物质的，也可能是精神的；既可能是权利主体自己的，又可能是与权利主体相关的他人的。④ 顺此思路，民生的利益是什么？民生所表达的利益乃是人们对自己生存、发展以及社会福利等的利益主张，这种主张是作为一个现实的人能够安身立命、能够实现自我价值、能够获得社会认可的基础。失去了这种基础，可能会危及人之为人的现实生存、或者人们的生存，或者危及人的精神需求以及发展需求。所以，民生的利益指向是明确的。

第二，民生包含了一种利益需求主张。夏勇认为，"一种利益若无人提出对它的主张或要求，就不可能成为权利。一种利益之所以要由利益主体通过表达意思或其他行为来主张，是因为它可能受到侵犯或随时处在受

① 范进学：《权利概念论》，《中国法学》2003 年第 2 期，第 15—22 页。
② 夏勇：《权利哲学的基本问题》，《法学研究》2004 年第 3 期，第 3—26 页。
③ 同上。
④ 同上。

侵犯的威胁中。"① 在现实世界中，社会并不是和谐相处、相安无事的，利益受到侵犯的事情随处可见。也正因为利益对某些人有着非常强烈的吸引力，所以就出现了利益冲突或者利益被损害。此时，权利人则可以要求侵权人给予法律上的补偿或者停止侵权行为。民生正是此种容易被侵害的利益之一。不管是人们赖以生存的物质基础，还是文化精神内容，抑或是发展的机会和应有的社会福利，都是可能成为被侵害对象。

第三，民生包含了一种主张资格。提出利益主张要有所凭据，即要有资格提出要求。资格有两种：一是道德资格；二是法律资格。专制社会里的民众没有主张言论自由的法律资格，但是具有提出这种要求的道德资格，这种道德资格是近代人权思想的核心，即所谓人之作为人所应有的权利。② 从此可以看出，民生既表明民众对自己的利益需求拥有道德资格，而且也拥有法律资格。只是在存在剥削和压迫或者分配不公的社会里，大多数人们的民生需求失却了法律上主张的资格，只剩下道德主张的资格。当然，由于经济发展的相异以及社会思想文化的变迁，我们今天谈论的民生内容超出了历史能够容纳的内涵，所以其主张的内容有一定的差距。但毫无疑问的是，作为人，生存是最基本的前提，那么人们对此就应该是具有主张的法律资格的。历史上因为缺乏物质资料而被饿死、冻死的人们不计其数，乃是其民生资格被剥夺之缘故，也是民生不受关注之缘故。所以，我们在今天谈论作为权利的民生，不仅要强调其拥有道德意义上的资格，更要强调其具有法律意义上的资格。道德资格意义上的民生有助于将民生这一权利构成一种历史文化传统而流传持久，深入人心，获得民众的内心支持和道德秉承。法律资格意义上的民生有助于现实中的人们凭此获得实际的权利实现，使之成为实践中的法律词汇。

第四，民生包含了一种维护自己利益、表达主张、强调资格的力量。夏勇指出，"一种利益、主张、资格必须具有力量才能成为权利。力量首先是从不容许侵犯的权威或强力意义上讲的，其次是从能力的意义上讲的。"③ 民生的力量在于，它既是个人生存和存在的基本前提，而且也是人民大众获取资源的基本信心向度。由此，民生既能够排斥侵权行为对本身

---

① 夏勇：《权利哲学的基本问题》，《法学研究》2004 年第 3 期，第 3—26 页。

② 同上。

③ 同上。

的侵犯，也呼吁国家对侵权给予惩戒，对权利人给予保护。这种力量是隐性的内涵，也是显现的价值。

第五，民生包含了一种自由。作为权利本质属性或构成要素的自由，通常指权利主体可以按个人意志去行使或放弃该项权利，不受外来的干预或胁迫。如果某人被强迫去主张或放弃某种利益、要求，那么就不是享有权利，而是履行义务。① 对于这点，比较容易理解。从民生的内容来看，其存在的前提是人必须有为之奋斗的决心、或者为之实现的追求。但是，人们是否可以放弃呢？毫无疑问，民生的所有内容在其意志能够完整、成熟、理性的控制自己行为的前提下，都是能够放弃的，不应该受到任何外在的干预，所以，其是一种自由。

总之，说民生是权利在理论上是成立的。在当代中国，将民生纳入权利的视野，既是社会主义初级阶段必须关注和保障民生的时代使命使然，也是真切保护个人生活幸福的制度要求使然。

二　作为公民基本权利的民生

在民生是权利的理论基础上，我们认为民生不仅是一种权利，而且还是现代社会中的人所必须享有的基本权利。《布莱克维尔政治学百科全书》提出，基本权利是"个人拥有的较为重要的权利；人们认为，这些权利应当受到保护，不容侵犯和剥夺……随着洛克个人主义学说的兴起，基本权利问题日益突出，引人关注"②。我国学者蒋碧昆教授也认为，"（1）公民的基本权利与义务是由宪法所确认的，其内容和范围都来自宪法的规定。（2）公民的基本权利和义务是公民最主要的，也是必不可少的权利和义务，同时也是其他一般法律规定公民权利和义务的依据和基础。（3）宪法所确定的公民的权利和义务主要反映了国家机关和公民的关系，而公民的其他权利和义务则调整公民同某具体的社会组织及公民之间的关系。"③ 基本权利对于人而言，意义重大，"人的基本权利是作为构成社会整体的自律的个人，为确保其自身的生存和发展、维护其作为人的尊严而享有的、并在人类社会历史过程中不断形成和发展的权利；从终极意义上说，这种

① 夏勇：《权利哲学的基本问题》，《法学研究》2004 年第 3 期。
② ［英］戴维·米勒、韦农·波格丹诺：《布莱克维尔政治学百科全书》，中国政法大学出版社 1992 年版，第 283 页。
③ 蒋碧昆：《宪法学》，中国政法大学出版社 1999 年版，第 263 页。

权利既不是造物主或君主赋予的，也不是国家或宪法赋予的，而是人本身固有的，同时又多为宪法所认可和保障。"① 可见，基本权利是最能反映人性需要、最能够维持权利体系稳定之权利。

民生之为公民的基本权利，主要理由是：第一，民生作为一种权利，具有本源性。前已述及，对于人而言，最首要也是最紧要的莫过于能够活在人间，是故有"好死不如赖活"、"留得青山在，不怕没柴烧"之说法。当然，有义无反顾为某崇高目的而英勇献身者，此乃人中之龙，另当别论。但是，人世间的大部分人是凡夫俗子，被生下来的第一件要事就是活着，才能够谈论其他可能更伟大的事情。失去了能够活下来的权利，则意味着人的生命可能随时被人结束或者随时被人剥夺，其他权利也就成为水中月雾中花，即使再美好，也没有任何的实际意义（当然，法律意义和学术意义还是存在的）。所以，民生的本源性特点在此彻底呈现。第二，民生作为一种权利，具有中坚性。前面已经指出，民生之所以能够应时而生，乃是由于人的物质性生存基础性地位得到巩固之后，精神文化层面的需要、发展的需求等就会呈现在人的面前。民生权利由于对人之生存之外的其他权利给予了足够的关注和热切的期盼，能够支持人们在一定的范围内或者非常大的范围内乃至是无障碍的范围内实现发展之价值、文化之需求和社会福利之需求，这些都是当代世界的人，特别是社会变化非常迅速中的人所高度期待的。一言以蔽之，民生的中坚性在于民生把握了当代人权利需求的核心内容，因而也奠定了民生作为基本权利的学术地位和历史地位。第三，民生作为一种权利，具有全局性。人之一生，如何生，如何防止在时机不当的时候死，如何享受到一定的物质幸福，如何享受到一定的精神幸福，如何享受人生各个阶段的价值快感，等等，这一系列的问题，都是民生所能够涵盖的，也是民生所关注的。换言之，民生能够包含人从生到发展再到死亡之权利需求演变和变化的过程，所具有的全局意义无疑是明晰的。

需要指出的是，民生作为公民的基本权利，所表达的却是权利的综合和集成体系。这一内在的集成如表 1 所示：

---

① 林来梵：《从宪法规范到规范宪法——规范宪法学的一种前言》，法律出版社 2001 年版，第 80 页。

表1		民生权利的不完全权利体系	
民生权利	生存权	获取食物权	
		居住权	
		最低人性尊严权	
	发展权	阶层流动权	
		自我发展权	
		价值实现权	
	经济权	享受物质生活权	
		创造物质条件权（劳动权）	
	文化权	受教育权	
		精神享受权	
		娱乐权	
	福利权	劳动保险权	
		生育保险权	
		安全保险权	
		疾病保险权	
		养老保险权	

　　从表1来看，民生权利在很大程度上容纳了社会权利体系。所以必须回答的问题是民生权利与社会权利的关系。我们认为，由于民生是在当代中国民生不遂的背景下所提出来的一个时代话语，其作为权利体系也必须有自己的权利特色。因此，我们谨慎认为民生权利包含了社会权利，是比社会权利范围略为广泛的与人的生存和发展相关的基本权利。这样，人权、民生权利与社会权利范围可以如图1所示：

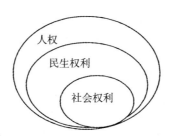

图1　人权、民生权利与社会权利范围图

三　需要国家履行义务的民生

民生乃时代的强音，但是民生绝对不是孤独徘徊在人们心中的一个"只能成为永远的梦想"。民众有权追求民生，民众也可以热切的盼望民生，而国家也负有保障和改善民生的诸多义务。

民生为什么需要国家履行相应的义务呢？这涉及以下三个层次的问题：

第一，从民生作为权利来看，国家负有保障和改善民生的义务。在当今时代，人之权利（人权）是解决人与国家问题的一个重要范式，是解决国家可能导致的对大多数民众进行"非人"统治的重要理论范畴，所以获得了全世界人们热烈的欢迎。权利话语对国家提出了相应的要求，对于国家的统治也给予了新的期待。如从宪法权利的角度来看，有学者认为与民生问题所涉及之宪法权利类型以及权利功能的多重面向相对应，国家在民生问题上负有多重义务。其中，宪法权利的防御权功能所防御的对象是违法侵害基本权利的国家行为，国家在此层面所负的义务是一种消极义务，或曰不作为义务。受益权功能则要求国家在宪法权利的实现中承担积极的角色，以促进乃至提供宪法权利的实现可能，因而要求国家承担某种积极义务、作为义务或曰给付义务。从立宪主义展开的历程看，防御权功能以及与之对应的国家不作为义务是基础性的，而受益权功能以及与之对应的国家作为义务具有更为复杂的情势。受益权功能除了积极受益权功能，还包括消极受益权功能。前者是指基本权利所具备的使公民从国家那里得到某种福利、服务和其他利益的功能；后者则是指在基本权利受到损害时，公民得向法院等相关国家机关提起诉讼或其他救济途径以要求保障的功能。相对应的，前者要求国家进行物质给付的义务，后者则要求国家提供司法救济的义务。如同防御权功能与受益权功能普遍存在于各项宪法权利中一样，在各项宪法权利中，国家不同程度地承担着上述各项义务，这同样适用于民生问题中的国家义务。① 进一步说，国家在关注民生问题时有三个义务层面：首先，尊重公民生命、健康，尊重公民在生活资料、生产资料、教育选择等方面自主选择的义务，节制并避免非法干涉，例如违反

---

① 郑磊：《民生问题的宪法权利之维》，《浙江大学学报（人文社会科学版）》2008年第6期。

征收。其次，保护公民所享有或具有的生命、健康、财产、社会保障、就业机会、教育资源、医疗资源、环境资源不受他人侵犯的义务。例如采取妥善的制度遏制相关主体做出就业歧视、教育不公平、环境污染等方面的行为。要实现我国宪法第 51 条所规定的各类主体之行为"不得损害国家的、社会的、集体的利益和其他公民的合法的自由和权利"的目标，则正有赖于整个层次上国家的保护义务。最后，营造合理的制度与途径，促进公民实现相关方面的利益。当以上努力仍不足以保障公民实现上述利益的情况时，直接向相关公民提供物资，使其免于厄乏，从而保障其生命与尊严。① 国家保障民生之三义务是具有启示意义的，也是我们理解民生之时代功能的基本方法之一。

第二，从现代国家产生的理论来看，国家负有保障和改善民生的义务。就国家产生的理论来看，历史有过自然产生论、社会分工论、阶级斗争论以及当今时代依然在西方具有影响的社会契约论。"自然法学派的国家观，特别是社会契约的思想，是人类国家学说的一个重要发展，是国家学说中的一个重要流派……时至今日，自然法学派的关于自然状态以及国家的社会契约论的描述在经受了许多学派的批判之后，已经被众多学者放弃。即使如此，那种关于国家是一种社会契约的思想仍然存活在西方许多思想家的著作中。更重要的是，这一观念已经融入西方政治法律活动的实践，并且成为一种信仰，而这种信仰是难以凭借理论的否证就能使人们对之加以拒斥的。"② 尽管如此，社会契约论仍然是我们分析国家诞生问题的一个非常重要的理论。契约常常被当作唯一可以概括近代几百年来一切社会进步的名词使用。它意味着当事人在平等基础上的自由选择，通过这种选择，人们可以建立正义的基本原则，从而为实证法的制定提供蓝本。而契约能够产生各种正义关系乃是因为社会各个成员利用契约对一切人开放的机会，把自己从各种身份关系中解脱出来。因此，契约是现代社会的基石，并且，这本身也是一种正义。古典自然法学家们把契约论推演到了国家的产生，即认为国家是社会上的人们订立契约的结果。既然国家是人们通过签订社会契约的结果，那么国家就有保护公民人身、自由、财产、生

---

① 郑磊：《民生问题的宪法权利之维》，《浙江大学学报（人文社会科学版）》2008 年第 6 期。

② 苏力：《从契约理论到社会契约理论》，《中国社会科学》1996 年第 3 期。

命安全等权利的义务，而这些正是民生所能够涵盖的内容。质言之，国家有保障和改善公民民生的义务。这种义务并不因为社会契约论作为理论的兴衰而被抛弃，反而随着资本主义国家经济社会的进步发展而不断加强。特别是在 19 世纪末 20 世纪初，西方国家社会法的兴起，实际上就是意味着国家在保障和改善民生方面已经抛弃了传统"守夜人"思想的束缚，承担起了更多民生义务。这是时代之所趋，也是国家义务理论之发展的新向度。

第三，从民生的本身特性来看，民生的脆弱性要求国家能够承担保障和改善民生的义务。我们已经知道，民生是有关人之生存、发展等生活需求的演绎，但是这种需求是很容易被摧毁，特别是在现代社会，生存竞争可谓到了白热化的程度，人仅仅只是现代化的一个工具或者只是成为社会发展的手段。如果离开了国家保障和改善民生的义务，人类的生存将是寸步难行。对于这个问题的理解可以从两个层面来思考：首先，从个人层面来看，人从一生下来，就面临着如何解决生存的问题。在人的幼年阶段，有着父母的照顾和抚育，这是一种常态；但是，如果在人之幼年阶段，父母没有能力抚育或者没有了父母，该怎么活下去呢？在这样的情况下民生问题就产生了。这就是民生之脆弱性的现实体现。没有人能够回避这个问题，也没有人能够不正视这个问题。而回答这个问题，我们有历史的借鉴。历史上，国家对民生不甚重视，孤寡鳏独者只能自生自灭或者靠一些爱心人士献爱心，所以古代的"孤寡鳏独皆有所养"只是一种无奈状态的理想诉求。只有到了近现代，人们已经意识到了民生问题之重要性，社会福利事业普遍发展，人的绝境生存问题得到了一定的保障。实际上，这表明，不管是古代社会还是近代社会，民生是脆弱的，个人自己是不可能获得充分的满足和自给。其次，从历史层面来看，民生是最容易受到侵害的。古诗有云："兴，百姓苦；亡，百姓苦。"从已有的经验来看，这句诗很明白地道出了历史发展的悲哀。战争时期，受伤最苦、最深的是老百姓，广大百姓缺吃少喝，生命经常受到威胁，此时人的生命是最宝贵的，但也是最容易受到伤害的。即使是在和平时期，百姓们的民生也常常受到政府的威胁，如秦始皇统一六国以后，人民本以为战争减少，生活会幸福美满，人民会安居乐业。但是，秦始皇为了满足一己私欲，大造皇陵，累死的人马不计其数；为了修建所谓的阻止战争的长城，可谓尸横遍野，最终又是逼得人民不得不起义，为了争得生存权而奋斗。可以说，中国历史上的许多农民起义都是由于生存权得不到保障而被逼爆发的。国家之不自制、有权势之人的滥用权力成为伤害民生之最大者。总之,历史经验与现实发展表明,人类太需要民生权利了。民生的脆弱性也进一步告诉我们,光有人自身的追求是不够的,还必须有外在的保障,这就是国家所必须承担起的责任和义务。

综上,权利—义务的分析模式解决了民生的性质问题。当然,由于权利义务的一致性,民生既然是民众应当享有的权利,其背后就是民众在有能力承担义务的时候必须履行纳税等义务,这是情理中之事,亦是法律之事,在此不做具体分析。然而,需要指出的是,民生作为一种权利,其实现程度是一个逐渐的过程,"权利永远不能超出社会的经济结构以及由经济结构所制约的社会的文化的发展。"① 即民生的实现有待于社会经济的发展和人类文明的进步。或者说,人类自身对民生要求也是渐进的,当生存要求基本解决之后,才有其他的要求,当然,民生并不排斥民生权利体系之各权利并行不悖地获得发展和满足。

第三节　国家—社会视野中的民生

一　作为分析模式的国家—社会进路

作为一种分析模式,国家—社会进路是理解和阐释民生问题的一把重要的钥匙。梁治平曾说:"'社会'与'国家'的概念早已成为人们必须使用的基本分析工具。这些概念的普遍运用业已达到这样一种程度,以至于绝大多数研究者不再保有(或者从来就没有)关于这些概念的历史与文化限度的足够意识。这种情形对于中国历史研究所产生的影响自然不容低估。"② 从理论渊源来看,关于国家与市民社会的关系问题,在近代西方主要出现过两种比较有代表性的观点:一是洛克的"市民社会高于国家"的模式;二是黑格尔的"国家高于市民社会"的模式。前者的本质在于市民社会决定国家,其理论核心在于通过社会力量对国家权力予以限制;后者则认为,国家代表不断发展的理性的理想和真正精神要素,并以此地位运用并超越市民社会。"市民社会高于国家"的观点往往趋于导致对市民社

---

① 马克思、恩格斯:《马克思恩格斯全集》(第3卷),人民出版社1973年版,第12页。

② 梁治平:《清代习惯法:社会与国家》,中国政法大学出版社1996年版,导言,第9页。

会自决于国家的天然权利的认定，并由此而走向极端，将国家吞并于市民社会，从而破坏市民社会与国家的关系；而"国家高于市民社会"的观点则极易导致政治上的独裁。① 这两种观点由于过分侧重了某一方的强势地位，很难获得力量之平衡，容易导致畸形。所以，邓正来提出了一种市民社会与国家关系的"良性互动说"。邓正来认为，一方面国家承认市民社会的独立性，并对市民社会进行必要的干预和调节；另一方面，市民社会具有制衡国家的力量。这种学说表达的是一种国家与市民社会双向的适度的制衡关系，透过这种相互制衡，双方能够较好地抑制各自的内在弊病，使国家所维护的普遍利益与市民社会所捍卫的特殊利益得到符合社会总体发展趋势的平衡。② 笔者以为，从维护社会和谐与民众根本利益的角度看，以现代国家与市民社会的互利和互补作为其理论基点，是比较合适和可行的。

从这一理论观点出发，通过现代国家与市民社会的理论视野，可以分析出民生的时代属性，特别是能够进一步明确责任归属，为有关民生决策之发展提供理论上的依据。

二　现代国家的民生责任

现代国家是指自西方资本主义兴起和发展而来的主权国家。由于西方经历了几个世纪的殖民和海外市场开拓，并且在世界上许多国家都留下了枪炮的痕迹和征服的足印，西方价值观和文化观也一度扩张，甚至一度是落后国家引以为鉴的模板和镜照。严格地说来，在今天的世界国家中，没有哪个国家在建立自己民族国家的过程中没有研究过西方的国家模式，没有哪个国家在组建自己的政治制度时没有认真考虑过西方国家政治制度的运行模式。因此，可以说，西方国家形态的"阴霾"一直笼罩在全世界的上空，似一朵"白云"或者一朵"黑云"，给予各个国家不同的启示亮度。

就中国来说，自 1840 年西方国家撬开中国紧闭的国门，西方文化就如潮水般涌入中国。西方人的民主、法治、人权观念不断地改造着中国

---

① 唐磊：《侦查目的的社会学考察——以国家与市民社会的关系为框架》，《贵州警官职业学院学报》2006 年第 6 期。

② 邓正来：《市民社会理论的研究》，中国政法大学出版社 2002 年版，第 26—54 页。

人。1911 年辛亥革命成功以后，孙中山组建的中华民国临时政府就是模仿了西方国家的国家组织形式，建立了西方式的三权分立制度。1949 年新中国成立时，尽管是按照马克思主义的国家观组建了中央人民政府，但是，西方国家组织形态对中国政府的影响依然能够找到。当代中国正处于法治建设时期，政府建设成为此中的一个重要课题，而政府建设的主题之一就是要高度重视保障和改善民生。甚至我们可以说，政府自身建设能否取得巨大成绩，关键是看民生改善和保障得如何。

首先，现代国家所缔造的政府必然是责任政府，因此，改善民生和保障民生是政府根本的责任和义务。从责任政府的词义来看，责任一词首先表明的是一种义务，这种义务是由于某种职责所带来的必须承担的或者必须完成的分内之事。具有某种职责的行为主体，"如果违反的是道德准则，就会产生一种道德责任；如果违反的是法律规则，就会产生一种法律责任。显然，在这种理论框架之中，责任与过错的概念都以一个有意志的人格主体为前提。一个自由意志对一条法律规则的有意违反将导致这一人格意志的主体承担一定的责任。"① 对于政府而言，"责任性是一个有关权力的问题，即人民不仅在官方决策过程中享有发言权，而且有权力使统治者对他们的所作所为负起责任来。他们可以要求官员们就有关决策和行动的问题做出回答。他们能够制裁没有负起责任的公共官员或公共机构。"② 在当代，作为民主政治时代的一种基本价值理念，责任政府要求政府认真地对待民众提出来的基本要求，通过积极地履行各种职责来回应民意，承担道义责任、政治责任、福利责任等多种责任，并接受来自政府内部和外部的各种监督和控制。在责任政府的模式下，政府的责任是要承担政治的、行政的、法律的和道义的职责和任务，以及实现这些目标任务的宪政方式。因此，责任政府要求政府对自身在社会经济发展中的地位和功能给予清醒的认识和明智的定位。只有这样，政府才能有承担起托起时代重任、抓住时代脉搏、引导社会发展、保护人们利益的责任。这是人类对政府责任的经典要求，也是政府自省的必然结果。政府失却了对责任担当的兴致，失却了对人们负责的耐心，将会站在人们和社会的对立面上。政府的

---

① ［法］莱昂·狄冀：《公法的变迁：法律与国家》，郑戈、冷静译，辽海出版社、春风文艺出版社 1999 年版，第 180—181 页。

② 联合国开发计划署组织编写：《2002 年人类发展报告，在碎裂的世界中深化民主》，中国财政经济出版社 2002 年版，第 55 页。

责任就是要保障"人权"，保障自由、财产、安全和反抗压迫，这是其神圣职责，也是其必然使命。当前，我们国家民生问题已经不是一件多么罕见的事情，许多工薪阶层一年的工资买不起1平方米的房子，大量的富翁占据了70%以上的财富，农民工依然生活在没有保障的境地中，农民的社会保障依然非常落后，如此等等，这些都在考问我们国家政府责任的现实担当。民生不遂问题的解决，必须有赖于责任政府之建设。在这种语境下，政府应该把自己理解成纳税人的财政资金的代管人，而不是施与者，财富是由纳税人创造的，而不是政府。因此，关注民生需要的是长久的制度保障，而不仅仅是"送温暖"。

其次，现代国家所缔造的政府必然是法治政府，因此，改善民生和保障民生必须纳入政府法治的框架。所谓法治政府，是指在现代民主政治和市场经济基础上，以实现人民的基本权利和自由为出发点和最终目的，使政府权力来源于法律并受制于法律，使政府成为严格依法履行职权并承担法律责任的政府。法治政府是法治国家的必然要求，也是法治国家的必然产物，它强调国家宪法和法律的至高权威和地位，要求政府的权力产生于人民制定的法律，政府权力的运行受制于法律实体的和程序的约束，政府违法同样要承担相应的法律责任，政府最基本同时又是最高的责任就是维护人民当家作主的民主权利和其他基本权利。① 对于民众而言，法治政府即意味着基本权利保障以及政府的职责法定，这是最核心的内容。从某种意义上说，现代法治政府就是一个蕴涵人本理念的民生政府。或者说，民生是法治政府的内涵在改革开放的攻坚时期的逻辑延伸与演绎。因此，在新的时代，法治政府如何关切民生成为当代中国法治政府构建过程中必然涵摄的时代主题，更是法治政府自身扭转价值取向、塑造时代精神的发展向度。第一，关心民生是法治政府的时代标尺。民生是生民之命，表达的是人类求生存的本能和理性的欲望，反映的是人民群众的物质精神文化生活需要。从上面所分析的民生之概念本身来看，我们应当认真地关注民生之"民"与"生"。民生之"民"应当是一个集合性的名词，因此，他是能够与民权之民相对应而存在的。"民"是一个集合性概念，其权利是集体本位，而非个体本位。在民族危机的形势下，社会动员是政治斗争的有力手段，在浓厚的民族主义情绪影响下，以国家为最高目的，以集权方式

① 刘丹等：《法治政府：基本理念与框架》，中国法制出版社2008年版，第3页。

组织集体力量、整合社会。"民"的范围扩展，逐步革命化，争民权的立场却大都是基于集体权利。孙中山对集体权利的阐述明显强于对个体权利的阐述。而在毛泽东的人民民主思想中，人民是指各革命阶级的联合群体，从阶级权利角度对工人、农民的集体权利的论述很丰富，而很少从公民个人权利角度来强调。也就是说，理解民权的"民"字，应该从"群"的角度来理解。如梁启超在《说群》中认为，治国之道应"以群为体，以变为用"。"民"所表达的"群"的含义，即一种国家权力关系，主张国家权力应向"民"所代表的"群"倾斜，其最高的目标是使国家的权力集中起来，以使国家发挥它的最大功效。也就是说，民生必然要求法治政府在合理使用权力的基础上，关注民生。实际上，社会契约论的立论过程也给予了我们同样的启示。在自然状态下（不管是战乱纷飞的自然状态还是和谐安详的自然状态），人民签订契约，组织政府建立国家的基本目的就是为了使得人民更加幸福。或者说，人民把自己的权利让渡出来给政府行使，其基本目的就是为了众参与者之民生。由此，政府关心民生乃其逻辑使命使然。第二，促进民生是法治政府的基本使命。民生关注广大人民的生存与发展，关涉广大人民群众的根本需要，因而最终是推动社会变革的伟大力量。基于民生是对人民群众最现实利益和需要的关切，它潜藏着一种呼唤对其永固存留的力量。这种永固存留，就是表达了对专制统治的排斥，内蕴了对基本人权的深深关注和渴望。民生之"民"并不要把个人与社会对立起来考察。正如马克思所指出："首先应当避免重新把'社会'当作抽象的东西同个人对立起来。个人是社会存在物。因此，他的生命表现……也是社会生活的表现和确证……因此，人是一个特殊的个体，并且正是他的特殊性使他成为一个个体，成为一个现实的、单个的社会存在物，同样他也是主体、观念的总体、被思考和被感知的社会的主体的自为存在。"① 质言之，光有集合性的民权仅仅只是解决了国家之作为结合体的前位性问题，民生之"生"还表达了一种基于民权的个人人权观念。民权是一种集体性的权利，民生基于民权而重视人权。所以孙中山先生说，"人类求生存是什么问题呢？就是民生问题。""古今一切人类之所以努力，就是因为要求生存，人类因为要有不间断的生存，所以社会才有不停止的

---

① 马克思、恩格斯：《马克思恩格斯全集》（第42卷），人民出版社1979年版，第123页。

进化。所以进化的定律是人类求生存。人类求生存，才是进化的原因。"①
但人权并不仅于此，国际人权会议于 1968 年 5 月 13 日宣布的《德黑兰宣
言》第十三款称："人权及基本自由既不容分割，若不同时享有经济、社
会及文化权利，则公民、政治权利决无实现之日。"是故，民生就是社会
一切活动中的原动力。因为民生不遂，所以社会的文明不能发达，经济组
织不能改良，道德退步，发生种种不平的事情。社会中的各种变态都是
果，民生问题才是因。就此，法治政府应当凭借自身的力量，借以法律权
力，发挥自己的道德优势，促进民生。第三，保障民生是法治政府的主题
要求。孙中山先生曾说，何谓民生呢？"民生就是人民的生活——社会的
生存、国民的生计，群众的生命便是"②。马克思、恩格斯在《德意志意识
形态》中也指出："我们首先应该确立一切人类生存的第一个前提也就是
一切历史的第一个前提，这个前提就是：人们为了能'创造历史'，必须
能够生活，但是为了生活，首先就需要衣、食、住以及其他东西。"③ 人必
须首先解决好吃、喝、住、穿的问题，然后才能从事政治、科学、艺术、
哲学、宗教等活动。人们只有获得了生存权，才具有现实条件有效地行使
其他人权。生存的实现是其他人权实现的基本前提。民生是一种把生存权
放在社会发展首位的人权观念。中国共产党深谙广大人民群众的艰辛与贫
困，因此，它在党章中规定把争取广大贫困人民的解放作为历史目标之
一。从中国共产党对于基本人权的实践来看，它把土地分给广大人民，使
人民摆脱了对土地的奴隶般依赖，并获得了生存保障，逐步享有了其他民
主政治权利，因此，中国共产党的革命是人权革命，更是民生革命。事实
上，对于法治政府而言，保障民生就是保障宪法规定的公民权利，保护基
本人权。总之，民生是检验人类物质文明、政治文明、精神文明和社会文
明发展程度的重要标尺，亦为公民权利社会中民众的发展之基点和公民权
利演绎的逻辑起点。社会是否稳定和谐、政治是否宽容昌明、国民精神是
否健康向上，关键要看民生问题解决得如何。法治政府在现代文明政府的
战略选择与治国方略上，必然关心、促进和保障民生，成就法治政府之精
神价值的时代升华。

---

① 孙中山：《孙中山选集》，人民出版社 1981 年版，第 819 页。
② 孙中山：《孙中山全集》（第 9 卷），中华书局 1986 年版，第 355 页。
③ 马克思、恩格斯：《马克思恩格斯全集》（第 3 卷），人民出版社 1960 年版，第 31 页。

再次，现代国家所缔造的政府必然是服务型政府，因此，改善民生和保障民生必然要求政府以服务民众为根本目的。服务型政府是在现代政治经济条件下产生的一种新型政府模式。这种新模式在政民关系上摒弃了传统管制型政府的官本位、管理本位和权力本位理念，向公民本位、社会本位和权利本位转变；在公民利益上强调以人为本，要求政府的一切行为都要围绕保护公民的利益，实现社会公共利益来进行；在政府职能上强调政府应通过直接和间接的方式，为人民提供更多和更加优质的服务；在管理手段上提倡采用行政指导、行政合同的等柔性的管理方式，更加强调公民的参与和政府、人民间的合作。① 建设服务型政府，是我国政府近年来对人们所允诺的重要承诺，也是我国行政体制改革和政府职能转变的一个重要价值目标。建设服务型政府，就应该在经济发展的基础上注重社会建设，发展民生事业，既让人们能够在改革开放的过程找到自己的价值，也要使人们能够享受到改革开放的成果。

可以说，以民生为核心的服务型政府建设，是当代中国政府建设的重中之重，也是服务型政府建设的基本标尺。第一，政府要服务于民众的基本民生需要。对于民众而言，衣、食、住、行、生、老、病、死等是其生活的最基本的内容，这可以在政府的相关文件中找到依据。温家宝总理在十一届全国人大一次会议上所作的政府工作报告中列出了一系列数字：在教育方面，全国财政用于教育支出五年累计 2.43 万亿元，比前五年增长1.26 倍；在卫生方面，全国财政用于医疗卫生支出五年累计 6294 亿元，比前五年增长 1.27 倍；在就业方面，中央财政安排就业补助资金五年累计 666 亿元，平均每年城镇新增就业 1000 多万人、农村劳动力转移就业800 万人；在社会保障方面，全国财政用于社会保障支出五年累计 1.95 万亿元，比前五年增长 1.41 倍；在文化和体育方面，全国财政用于文化体育事业支出五年累计 3104 亿元，比前五年增长 1.3 倍。这说明，我国政府是对于服务民众是有清醒认识的。第二，改善民生和保障民生是政府职能的必然要求。依政治学之通说，政府职能反映着公共行政的基本内容和活动方向，是公共行政的本质表现。政府职能的依据与公共产品密切相关。与公共利益和需求直接相关的公共产品是指公共享有的消费品，如国防、大型基础设施等。公共产品的基本特征是消费的非竞争性和非排他

_____

① 刘丹等：《法治政府：基本理念与框架》，中国法制出版社 2008 年版，第 3 页。

性。非竞争性是指一个消费者对一种公共产品的消费不影响其他消费者对该产品的消费和使用；非排他性是指公众的任何一员都不能被排除在对该公共产品的消费之外，都可以享受这种产品。公共产品的特性导致了对其供给的稀缺，因而只能依靠政府出面组织生产和供应才有可能得以解决，这是政府职能的基本依据。① 这也进一步表明，公共产品的配给需要政府的干预。有学者在谈论"国家干预"问题时指出："国家在必要需求品方面具有保障供给的义务，而在非必要需求品方面表现为不必要和无能为力。"② 政府职能一方面在于维护社会的稳定，另一方面也需要将民众的生活置之于头等大事之地位，方可获得德性之提高。

三　市民社会的民生向度

上面对民生的问题分析乃是基于国家层面所做的初步检讨，在对民生这一重大话语进行分析和追问时，"我们绝不能止步于对'国家与（市民）社会'这一对范畴之中的'国家'一味做出检视，我们也绝不能对'社会'这一范畴的理解采取简单化的方式"。③

从市民社会这一词语的语源来看，国家—市民社会框架的划分源自西方资本主义发展的进程。作为西方一个古老的概念，市民社会最初主要是用来描绘城邦制度和城邦的文明生活状态。17—18 世纪之后，洛克、卢梭、康德等伟大思想家通过对古老市民社会概念的改造，形成了"市民社会先于并决定国家、社会权利先于并决定国家权力的信念，从而成为资本主义革命的理论武器和思想先导"④。继此，黑格尔认为，市民社会是在现代世界中形成的介于家庭和国家之间特殊的社会组织形式。具体的、特殊的个人和维护其特殊利益的自治性团体，是构成市民社会及其活动的两大基本要素。⑤ 而事实上，"市民社会"并不是简单指称一个由"市民"组成的社会，而在根本上是指国家领域之外的特殊利益、个人（群体）权

---

① 《政府职能》，参见 http：//baike. baidu. com/view/113120. htm，访问日期：2010 年 1 月 8日。

② 张建平：《西方经济学的终结》，中国经济出版社 2005 年版，第 325 页。

③ 邓正来：《关于"国家与市民社会"框架的反思与批判》，《吉林大学社会科学学报》2006 年第 3 期。

④ 马长山：《当代中国的"市民社会"话语转换及其对法治进程的影响》，《求实学刊》2007 年第 2 期。

⑤ ［德］黑格尔：《法哲学原理》，范扬、张企泰译，商务印书馆 1982 年版，第 67 页。

利、私人领域的总和，因而与普遍利益、公共权力、公共活动等国家领域相界分的。它"反对国家对个人自由和社会生活的干预，主张私权神圣、契约自由、意思自治、责任归己和社会自治，并使得国家权力受到这种多元分化、纵横交错的个人权利、民间组织权利的分享、分割和有效制衡，消减了专权的土壤和基础，进而成为民主和法治进程的重要动力和支撑"①。由此，在资本主义上升时期，乃至到了垄断资本主义时期，市民社会成为西方资本主义国家对应于国家并获取社会资源的重要理论范式。

就中国而言，尽管中国当前市民社会程度并不高，但是中国当前的现实是：改革前重国家、轻社会的模式已经改变，一个相对独立的社会开始形成；社会结构由总体性社会向分化性社会转变，社会整合由行政性整合向契约性整合转变；国家与组织（单位）的关系由总体生存模式向独立生存模式转变；原有的城乡各种身份系列为一种新的、以职业身份为标志的身份系列所取代；全国一盘棋的区域僵局被打破，地方社区开始成为利益主体。也就是说，自改革开放以来，随着中国社会主义市场经济模式的确立，逐渐打破了旧的格局，即打破了由国家垄断全国社会资源，凭借政治权力进行行政整合的格局，一种以市场为资源配置中心，以自治性的契约性整合为特征的社会格局正在形成。② 由此可见，中国的市民社会作为一种正在发生的事实，其对中国经济社会的影响是不可避免的。因此从市民社会的角度反思和追问民生的理论根基是必要而且可行的。

首先，从权利的视角来看，市民社会关键不在于国家权利的扩张，而在于公民权的觉醒，民生作为人权之重要组成，其改善和保障构成了市民社会发展和进步的权利基础。前面已经指出，民生是一种权利，而且是具有丰富内涵的权利体系。民生作为权利，包含了人之生存与发展的所有权利，并且，民众一旦享有了这种权利，能够促进广阔范围内的意识觉醒。而如果民众没有这种权利，则会有一定程度范围内的权利抗争行为的出现。德国法学家鲁道夫·冯·耶林著有一本《为权利而斗争》的名著，在这本书中他明确提出了权利的获取需要人民的斗争。他认为，无论是个人的权利，还是民族的权利，大凡一切权利都面临着被侵害、被抑制的危

① 马长山：《当代中国的"市民社会"话语转换及其对法治进程的影响》，《求实学刊》2007 年第 2 期。

② 孙立平等：《改革以来中国社会结构的变迁》，《中国社会科学》1994 年第 2 期。

险——因为，权利人主张的利益常常与否定其利益主张的他人的利益相对抗。① 在这个时候，我们就可能看到了权利极其脆弱的一面。如果主张权利的人是弱者（身体弱、财产少、地位低或者身份高等等），而否定权利主张者的权利的是强者（与弱者相对），那么就完全有可能出现强者凭借自己的优势阻碍弱者的权利实现的可能。特别是当弱者的权利的实现将会妨碍到强者的某些利益的时候——尽管这些利益看起来是那么的自私，那么的蛮不讲理，甚至那么的不可思议——强者总会以一种不平衡的心理去阻止弱者的权利实现。当权利被侵害的时候，不管什么样的权利人都不得不直面如下问题，即必须斗争，抑或为逃避斗争而对权利见死不救？谁都不能够逃避这一论断。② 但是他没有提出的是，为权利而斗争的精神不一定是一种有法律素养的意识自觉，它更可能的是一种基于追求应当或者正当利益的本能反映。而民生正是民众为了自己的基本利益诉求可能出现的权利本能的反应。此种权利本能反应，在一定程度上和一定范围是能够促进公民权觉醒的。更何况，在当代中国，老百姓的这种民生权利的呼求和表达得到了国家的肯定和认可，因此形成了自上而下的政府推动与自下而上的民众诉求相对应吻合的时代潮流，从而达到了权利的彰显。特别是在中国这样一个民众不甚重视"权利"的国度，对民生的改善和保障确实深刻地感染了广大民众的权利观念，使之能够认识到国家与个人之法理差别，特别是认识到个人之权利要求与国家利益要求之差异性，从而再次出现了一种广泛的权利振兴。

其次，市民社会强调自治，不主张政府的"规制过度"，因此，民生作为民众生活的基本需求概括，既渴望政府保障，也渴望"自我发展"，但是这种帮助是适时的帮助，即自治是必要的，政府的规制是一种锦上添花似的补充。特别是当代中国处于激烈的社会转型期，在这样的大背景之下，中国市民社会论者一般都认为，中国现代化始终面临着一个严峻的结构性挑战：作为现代化的迟到—外发型国家，中国必须做出相当幅度的政治和社会结构调整，以现代化的发展。在这一结构的调整过程中，需要解决的核心问题被认为是如何改造传统的政治结构和权威形态，使其在新的

---

① 〔德〕鲁道夫·冯·耶林：《为权利而斗争》，胡宝海译，中国法制出版社 2004 年版，第15 页。

② 同上。

基础上重新获致合法性并转换成具有现代化导向的政治性。然而，正是这一挑战构成了中国现代化的两难困境。在学理上讲，上述转型过程的顺利形成，必须在一方面要避免立基于原有结构的政治权威在变革中过度流失，从而保证一定的社会秩序和政府动员的能力，而在另一方面为了保证这种权威真正具有"现代化导向"，又必须防止政治权威因其不具外部制约或社会失序而发生某种"回归"。① 这就意味着，中国必须要改变传统的管制型政治，走向服务型政治。民生的出场，为我国政府的这种转变提供了非常合适的契机，即民生要求政府改变以往充当"父权"角色的定位，转变为充当"管家"的角色地位。这种趋向显然会致使自治的力量进一步强化，政府的管制相应弱化。最终的结果是，该管的政府一定要管好，不该管的政府坚决不乱动。

最后，市民社会要求以公民的契约式思维作为政府与公民的合作基础。民生的出场为契约式合作思维提供了一个模范式样板。这就是国家和公民的关系问题。西方国家在启蒙运动时期已经通过契约理论解决了这个问题，确立了合作的理性基础。但是在我国，传统的国家理论认为国与家具有同一性，国是放大的家，家是缩小的国，因此政府的权威如同父母的权威那样巨大，所谓"父母官"所体现的就是这个意思吧。国家对民生的重视，体现的则是一种责任的担当，而不是恩赐，因为民众是纳税人，是国家赖以存在的物质基础和国民根基。实际上，如果以此为理解思路，则我们可以认为，国民给国家缴纳税款，其目的是与国家达成某种一致：既然，民众需要给国家纳税，那么国家也要给予民众民生之保障。这种契约式理念在当今世界所获得认可已经比较普遍了。

总之，国家与市民社会的两分，是对国家权力限制的理论需求，亦是国家制度建设的哲学进路。从此模型分析民生，将进一步定位民生的时代地位和价值坐标，有利于我们把握其理论意义和实践意义。当然，由于经济社会的发展，民生的内涵亦会有一定的变化，但是其基本内涵依然存在，这也使得国家—市民社会分析模型有了较为清晰的路径。

---

① 邓正来：《关于"国家与市民社会"框架的反思与批判》，《吉林大学社会科学学报》2006 年第 3 期。

第四节　公平—效率视野中的民生

一　作为分析模式的公平—效率

关心和保障民生，在实践层面上就要为民生提供法治保障；在理论层面上就要对民生之内涵进行适合当前中国发展语境的必然分析，使之为民生政策之制定与实施提供决策依据，从而进一步明确我国政府的现实责任和历史使命。从中国语境来看，民生作为问题之历史出场与我国在改革开放 30 年中所谈论到的"公平—效率"这一对范畴有着必然联系。在西方经济学理论中，效率和公平的关系问题可以这样解释：在理想的状态下，市场通过自由竞争可以使资源配置达到最合理的配置，因而这是一种资源配置的高效率方式；但是，由于市场的自利性，市场在对资源进行配置的同时，却会淘汰弱者，使强者更强，因此市场会忽视公平。西方学者认为，效率和公平作为社会发展的两种价值，应该是平衡的，并且只有同时反映了效率和公平的分配方式才能被社会所接受。

在当代中国，公平和效率问题依然是一个巨大的理论问题和现实问题，并一直伴随改革开放的进程而争论不断。甚至可以进一步说，我国目前所出现的民生问题是与公平—效率之关系没有处理好密切相关的。所以，从公平—效率的视野来反思作为问题的民生，是有积极意义的。

二　民生的公平追求

公平正义自古以来就是人类的价值追求，它使得人类为之不懈地奋斗，并将这种内涵深刻的价值观念生生不息地传承至今。从亚里士多德提出的分配正义和矫正正义的二分，到罗尔斯提出的"正义是制度的首要价值"；从中国古代的大同社会，到我们今天强调的和谐社会，实际上所蕴涵的就是公平的价值观念的彰显。

在当代中国，公平观念依然是国家兴国安邦的重要价值目标。2005 年 2 月 19 日胡锦涛同志在中央党校举办的"省部级主要领导干部提高构建社会主义和谐社会能力专题研讨班"的讲话中指出："要坚持把最广大人民的根本利益作为制定和贯彻党的方针政策的基本着眼点，正确反映和兼顾不同地区、不同部门、不同方面群众的利益，在促进发展的同时，把维护社会公平放到更加突出的位置，综合运用多种手段，依法逐步建立以权利公平、机会公平、规则公平、分配公平为主要内容的社会公平保障体系，使全体人民共享改革发展的成果，使全体人民朝着共同富裕的方向稳步前进。"温家宝同志在 2008 年 3 月 18 日答中外记者问时也明确指出："公平正义就是要尊重每一个人，维护每一个人的合法权益，在自由平等的条件下，为每一个人创造全面发展的机会。如果说发展经济、改善民生是政府的天职，那么推动社会公平正义就是政府的良心。"在此背景下，改善和保障民生就是保障社会的公平正义，就是保证人类绵延的价值观念得到较好的传承和发展。

从中国改革开放初期至今，国家在社会发展中关于公平与效率问题的表述有过变化。1978 年，中国进入了改革开放的历史新时期。然而，在当时，关于什么是改革，为什么改革，如何改革等问题都不清晰，一切都是"摸着石头过河"。当时的人们只有一个想法，即再也不能沿用 1978 年以前一段时间内的经济社会发展政策。1986 年，邓小平同志提出允许一部分地区、一部分人先富起来的大政策，希望促进中国的经济社会的大变化，以打破平均主义和大锅饭思想的束缚，并自此开始探索收入分配领域中如何处理公平和效率的问题。党的十三大对此作出了初步回答，强调"我们的分配政策，既要有利于善于经营的企业和诚实劳动的人先富起来，合理搞好收入差距，又要防止贫富悬殊，坚持共同富裕的方向，在促进效率提高的前提下体现社会公平"。在这个报告中，我党第一次提出实现社会公平的前提是要"促进效率的提高"。1992 年，党的十四大召开，在这次大会上，党第一次提出要发展社会主义市场经济，并提出"在分配制度上，以按劳分配为主体，其他分配方式为补充，兼顾效率与公平"。在此，效率和公平是并列的，但是按照中国人的阅读习惯和思维方式，效率是排在第一位的。随后，《中共中央关于建立社会主义市场经济体制若干问题的决定》指出："个人收入分配要坚持以按劳分配为主体、多种分配方式并存的制度，体现效率优先、兼顾公平的原则。""效率优先、兼顾公平"第一次被明确表述出来，并在十五大报告中再次给予了肯定，"坚持效率优先、兼顾公平，有利于优化资源配置，促进经济发展，保持社会稳定"。从语用逻辑上看，似乎效率与公平都得到了平等照顾，但是在实际操作中，只注重效率，不注重公平的分配政策已经成为当时的时代主流了。

从当时的时代背景来看，在我国经济建设实践中强调效率、确保效率的优先地位，是符合当时的国情状况的。因为长期以来，我国不顾现实一味强调平等、平均，其结果是穷人的公平和落后的公平，是没有效率的公平，而这种公平在面临资本主义社会科学技术日新月异而带来的经济迅速发展的冲击时显然是脆弱苍白的，不可能体现社会主义的优越性。为了克服长期以来的平均主义倾向，增长社会财富，必须强调效率优先，只有这样，才能对根深蒂固的计划经济思维的效率与公平观念进行比较强烈的冲击，借以为中国市场经济的发展打开一个新的思维领域。这实际上符合邓小平同志提出的"先让一部分人、一部分地区先富起来"的观点，在经济发展的基础上把社会财富的总量做大，再解决公平问题。邓小平的说法是，"农村、城市都要允许一部分人先富裕起来，勤劳致富是正当的。一部分人先富裕起来，一部分地区先富裕起来，是大家都拥护的新办法，新办法比老办法好"。"要让一部分地方先富裕起来，搞平均主义不行。"[①]但是，先富并不是实现资本主义，"我们提倡一部分地区先富裕起来，是为了激励和带动其他地区也富裕起来，并且使先富裕起来的地区帮助落后的地区更好地发展。提倡人民中有一部分人先富裕起来，也是同样的道理"。[②] 先富是为了实现"共同富裕"，这实际上就是打破此前一向把个人私有财产视为社会主义"天敌"的错误做法，也打破了平均主义大锅饭，从而最大限度地提高了人民工作积极性和创造性，人民的生活水平大幅度提高。

　　但是，从今天来看，这种"效率优先、兼顾公平"的原则，却在事实上损害了社会公平。今天出现的民生不遂就是这种原则横行的直接后果，如我们今天随处可见的严重悬殊的贫富差距。据世界银行的报告，中国是世界上基尼系数增长最快的国家之一，这显示中国经济高速增长的成果未能被社会各阶层共享，绝大部分财富聚集在少数人手里。中国国家统计局最新披露，内地最富裕的10%人口占有了全国财富的45%；而最贫穷的10%的人口所占有的财富仅为1.4%；财政部官员曾透露，银行60%的存款掌握在10%的存户手里。这些都显示出中国贫富不均的严重程度。统计局的报告预言，贫富差距在未来十年还将进一步扩大[③]。我国贫富差距加剧的现状和趋势，不能不说与我国在实践中过分重视效率而忽视公平有

---

　　① 邓小平：《邓小平文选》（第3卷），人民出版社1993年版，第23、52页。

　　② 同上书，第23、111页。

　　③ 资料来源参见蒋兆勇、马浩亮《学者：贫富差距超警戒线中国重新衡量效率公平》，中国新闻网，2005年7月14日。

关。我国在过去 30 年来的改革中，一直强调的是"效率优先、兼顾公平"的政策，这种观念从逻辑上道出了公平可有可没有的尴尬，而且在事实上，在社会的经济发展中，效率成为唯一的价值追求，而公平有意无意地被人们给遗忘了。这样，所出现的一个必然的结果是：一方面，主要是由社会不公所造成的社会问题越来越多，由此所产生的负面影响越来越大，直接危及社会经济的安全运行和健康发展；另一方面，经济发展的持续性动力开始呈现出疲弱的情形。现实的要求是，维护与促进社会公正已经成为一个十分迫切的现实问题；同时，经济不能滑坡、不能走偏，必须保持着一个持续而且是健康的发展态势。在这样的情形下，继续实施以往"效率优先、兼顾公平"的政策取向显然已经不能适应时代的需要。① 因为，以效率为先的原则"没有从宪政法治的基本理念出发'在效率中注入一些人道'，忽视了公民基本权利的保障，在引入市场竞争法则的同时忽视了平等权的优先性，设定社会进步经济指标时忽视了经济的道德标准。住房、教育、医疗体制改革就是政府通过再分配向公民提供社会保障和福利，以满足其生活需要与权利要求，但是这种国家义务并非'消极'的而是'积极'的，消极性的民生问题如救困济贫需要政府的积极作为，而积极性的民生问题如就业、创业、乐业需要政府提供平等的机会"。② 在这种情况下，民生适时出场。民生关注人之为人的根本问题，特别是在当前的语境下，关心人的就业、医疗、卫生、居住、教育等核心问题，从而，为实现社会的公平正义提出了时代的强音。

三　民生的效率之维

　　尽管前面已经对效率优先的问题做出过事实上的批判，但是，这并不意味着民生不注重效率或者视效率为天敌。实际上，在鼓励和提倡大力改善和保障民生的今天，要想使此目的得到执行和实施，却必须再次肯定效率问题。民生时代重提效率，要抛开原有的对公平—效率问题争论的老路，也不应该像当年那样片面地追求公平或者效率，而是应该在新的历史环境中来思考效率问题。简言之，我们今天所追求的效率是基于民生的效

---

① 吴忠民：《重视民生：公正和效率的最佳结合点》，《中国经济时报》2005 年 12 月 16 日。

② 路常青：《对民生问题的宪法拷问——以宪政为视角》，《黑龙江社会科学》2009 年第 1 期。

率、是能够促进民生的效率以及是建立在公平制度前提下的效率。

首先，当代中国物质产品比较丰富，人民的生活水平大大提高，但是依然有许多人的生活并不是那么的令人满意，因此，当前强调效率就应该是基于民生的效率。这主要是包括三层含义：一是当前我国社会的整体物质水平已经得到了极大的提高，但是鉴于前段时间在发展过程中发展理念的某些错位，导致了民生问题的产生，诸如贫富差距悬殊、住房问题、教育问题等，都在影响部分人的生活质量，因此，在当代中国重提民生问题就不得不以解决民生作为政府的基本责任和基本任务，实现社会的稳定与广大人民的安居乐业。二是在当代中国解决民生问题并不构成阻碍经济发展的理由，也就是说，在当前大力改善和保障民生依然需要物质产品的极大丰富，同时需要在改革开放取得巨大成就的基础上进一步发展经济，因此依然需要注重效率。注重效率意味着我们的经济建设是基础性的，生产力的发展是根本性的，这样，效率提高了，生产上去了，社会财富增多了，民生才有可能得到充分保障。所以有学者说，"宏观地看，生产效率越低下，社会公平实现得就越不充分，人们就越缺少自由、民主、公平；反之，生产效率越高，社会财富越丰富，在社会物质文明增强的基础上构建的人类社会秩序就越完善，人们所享有的自由、民主、公平就越充分，能实现自我、完善自我的机会也就越多。为社会创造的财富就越多，产生的效率就越大。"[1] 但需要指出的是，我们今天在谈论效率时，与改革开放初期片面地谈论效率不可同日而语，因为其追求效率的指向和基础将有所不同。三是在民生语境下强调效率，关注的是政府对民生负责前提下的效率。按照市场经济的逻辑，市场的基本规律是由市场来运作和进行的，政府只需为保证市场的规范运作提供基本的规则和保证即可。所以，效率本身是基于市场化的效率，而不应该是人为的效率。理解清楚这一点对于我们今天解开公平—效率的争议之结很是重要。也就是说，在当今时代，我们已经无须再提所谓"效率优先、兼顾公平"之类的口号，因为市场经济本身就是注重效率的，所以，效率的提高和增加是按照市场经济的方式去运作，这是情理之中的事情；所以，我们既不可能打击效率，也不可能排斥效率。这样，民生就对政府提出了新的时代要求，即政府要对民生负起责任。正如本书前文所指出的，关注民生需要的是政府的责任长久到位，

---

[1] 吴忠民：《重视民生：公正和效率的最佳结合点》，《中国经济时报》2005 年 12 月 16 日。

而不仅仅是"送温暖"。"送温暖"尽管是体现政府对民众之爱的一种行为，但是却因为其对象的不特定性和政府的指定性，因为其行为的偶然性和行为的功利性，其所真正蕴涵的并不是政府的责任。换言之，政府实际上在用纳税人的钱成政府之好。真正体现政府责任担当的应当是，有困难的群众依照宪法和法律规定的条件和程序，向政府申请资助。而相应地，政府该将纳税人的钱财"取之于民，用之于民"，以社会公共性财政支出的方式，加大财政对公共医疗卫生、社会保障、教育、住房、基础设施建设、社会保障体系等的支出，加大对弱势群体和社会最不利者的生活的倾向性帮助，在为整个社会的居民提供合理的基本保障的基础上，实现政府责任之现实跨越。

其次，在当代中国强调民生之所以并不与效率相矛盾，乃是由于我们追求的效率是能够促进民生的效率。换句话说，在当代中国，解决民生问题能够提高社会生产和社会发展的效率，同时，我们所追求的效率也是能够进一步发展民生的效率。民生问题得到了解决就意味着：第一，大量贫困人口减少，甚至在一定程度上消除了贫富差距，这有助于社会和谐，使得人民都团结于经济建设。中国目前是一个贫富差距较大的国度，按照上文引用的资料，中国社会的基尼系数已扩大至 0.458，已超过国际公认的 0.4 警戒线。这显示中国经济高速增长的成果未能被社会各阶层共享，绝大部分聚集在少数人手里。贫富差距扩大的直接后果是"富人越来越富，穷人越来越穷"。间接而又严重的后果是由社会不公所造成的社会问题越来越多，由此所产生的负面影响越来越大，危及社会经济的安全运行和健康发展，而且经济发展的持续性动力开始呈现出疲弱的情形。如果贫富差距得到合理的控制，国家消灭贫困的经济政策，就容易获得价值观念的认同和制度的变革，进而获得发展的动力和社会和谐的保证。第二，解决民生问题有助于社会成员各项基本权益的切实维护。保护社会成员的财产权、就业权、劳动保护权等基本权利，是重视并努力改善民生状况的重要内容。这一类内容，对于绝大多数社会成员来说是至关重要的。财产权的保护，不仅对于较为富裕的社会成员的合理利益至关重要，就是对于大多数社会成员的合理利益也是必不可少的——可以为之提供生存和发展的基本平台，可以直接杜绝类似于强行拆迁、强行征地等现象的发生。就业权的保护，不但可以使绝大多数社会成员能有一份稳定的收入，而且能够使绝大多数社会成员能够平等地参与社会生活。劳动保护权的保护，则能够确保劳动者的劳动投入与劳动收入之间的合理对应，使按照贡献进行分配的公正原则得到贯彻。① 第三，解决民生问题实际上进一步促使人们投入市场经济的竞争中去，中国的经济发展将会更加活跃。民生问题解决了，就解开了人民的心结，如社会保障制度建立得比较完好之后，人们进行消费行为时就没有了后顾之忧，消费的欲望增强了，实际上拉动了内需，扩大了市场资源，特别是中国有着 13 亿人口，这是一个无法想象的庞大市场。同时，市场的繁荣也会进一步催生人们获取利益的欲望，进一步投入市场经济活动当中去，促进社会的发展。这一切说明，民生与效率实际上是可以统一起来的，而不是两只刺猬不可以互相取长补短。同时，在基于民生的基础上大力强调效率，反过来也为进一步保障民生提供了物质基础和可能条件。

最后，在民生语境下强调效率，关注的是建立在公平制度前提下的效率。在当代中国，如果对民生问题为何会影响人们的生活质量和生活水平进行追根溯源的话，我们会发现造成民生之艰难的并不是效率造成的，相反，在一定程度上，其原因可以解读为：一是效率依然不够高，生产依然不甚发达；二是我国的社会制度没有跟上生产的发展。所以，在民生语境下探讨社会公平，我们就应该按照生产发展的原理，强调效率，特别是建立奠定在效率基础之上的公平的社会制度。也就是说，不公正的制度使得效率成为唯一的现实价值，公平被人们遗忘到了发展的角落。这使得日益成熟的人们逐渐把追求公正的目光投向了社会"背景公正"，即社会制度框架体系的公正。在人们的日常生活中，制度已经深深地嵌入了人们生活和各种行为之中，成为调整社会关系的重要"舵手"。失去了制度的保障，人们的行为不仅不会井然有序，而且还会陷入不断的纷争之中。但是，对于一个以法治为追求的国度，光有制度还不够，还必须有公正的制度。没有了制度的公正，人类的发展会再次失去方向——价值的方向，从而陷入一个新的迷茫之中。

在当代中国，要建立公正的分配制度就必然需要按照民生的要求建立健全保障民生基本生活的制度，如就业保险制度、廉租房制度、社会保障制度、医疗保险制度等等。整体而言，建立保障效率的公正分配制度，就是要建立公正的政治制度、公正的经济制度、公正的文化教育制度和公正

---

① 吴忠民：《重视民生：公正和效率的最佳结合点》，《中国经济时报》2005 年 12 月 16 日。

的社会保障制度。公正的政治制度就要保障人们参与政治生活的权利；公正的经济制度就要保证人们参与经济生活的权利，特别是要保障分配正义；公正的文化教育制度要使得所有的适龄儿童都享有必要的教育，获得必要的教育条件，使得他们能够站在同一起跑线上，实现起点公正；公正的社会保障制度就应该是建立一个包括全体社会成员的制度，而不是仅仅包括城市居民的制度，通过这样一个制度，可以为社会成员的生活提供基础性支撑，使人们在生活极其无依无靠的情况下寻找到制度的依靠，进而获得重获生机的信心，这也进一步建立起了人们对正义的感激和向往。

总之，在不同的历史阶段对不同的时代主题有不同的关注，这是符合社会发展原则的，所以，在某个具体的历史时段，就具体政策层面而言，公正和效率可能会出现不同的对待，以适应当时社会的需要。但需要强调的是，今天我们既然已经看到了当年片面追求某一目标所造成的后果，就应该给予及时的补救，为新一轮的中国的经济和社会发展创造更多的条件。在此种理念的基础上，民生问题出场，弥补了我们传统观念中的公平—效率是一对矛盾范畴的观念。也就是说，在当代中国，因为民生，我们可以结束旧有的是公平优先还是效率优先的观念；也正因为有了民生，我们可以重新审视公平和效率之关系，特别是审视将之二元对立的观念。总之，民生是融合公平和效率问题的最佳表达。

第三章　民生法治发展模式的历史证成

第一节　西方法治发展模式的历史演绎

在人类文明的发展历史中，法治在很长一段时间内即为和谐秩序追求之理想。特别是在西方文明传统中，自柏拉图在实践了"哲学王"治理模式后得出"法治比人治好"的结论，到亚里士多德认为"法治优于一人之治"，再到西方诸国法治的初步建立，法治作为制度构建体系的信念连绵不绝。并且，从某种意义上说，西方国家的法治建设是成功的。西方国家以法治为建国和治国核心价值的理论与实践深刻地影响了中国人民，促使近代以来部分先进的中国人民一直寻求一种与西方法治发展路径相同的模式去建构本土法治。然则，从中国近现代史的发展以及当代中国的法治建设进程可以得知，近代的腐朽落后，列强的频频侵略，丧权辱国的历史现状；新中国成立前中国的战乱，老百姓处于水深火热中的生活现实，稳定秩序的沦丧，乃至当代中国法治取得骄人成就后面的人治现实，可以说，中国的这种对西方法治发展模型亦步亦趋的模仿是极其不成功的。由此，引出了本书要解决的问题：西方是如何实践法治的？为什么在西方国家能够取得成功？为什么中国采取同样的进路却获得的只有历史的失落？我们又该如何去实践"基于中国"的法治？要回答这些问题，还得从研究西方开始，只是，我们不再纠缠于西方国家的法治如何先进这些陈旧的论题，我们所要做的是冷静地反思与总结。

一　西方法治发展模式的历史反思

关于法治理论特别是关于西方法治理论的论述已经汗牛充栋。人们对此得出的一个初步结论是，西方人用两千多年的时间构建了十分良好和精密的法治理论体系。对于本书而言，问题的核心在于，西方国家是如何实践法治理论的，换句话说，西方国家的法治发展模式是什么呢？

西方法治理论的开山鼻祖柏拉图一开始并不主张以法律治国的，在他的理想世界中，"哲学王"才是真正的能够给人们带来幸福安康的理想统治者。"哲学王"的智慧超群绝伦，品德非常高尚，能够使得所有的行为最正义、公正，所以，"哲学王"拥有绝对权力是理所当然的，哲学王会用绝对权力去创造绝对美好的世界。柏拉图借苏格拉底之口说："现行的政治制度我所以怨它们，正是因为其中没有一种是适合哲学本性的。哲学的本性也正是由于这个缘故而堕落变质的。正如种子被播种在异乡土地上，结果通常总是被当地水土所克服而失去本性那样，哲学的生长也如此，在不合适的制度下保不住自己的本性，而败坏变质了。哲学如果能找到如它本身一样最善的政治制度，那时可以看得很明白，哲学确实是神物，而其他的一切，无论天赋还是学习和工作，都不过是人事。"① 知识是具有极大号召力的，具有知识的人或许比没有知识的人要值得信任些，为此，柏拉图在《理想国》中写道："只有在某些必然性碰巧迫使当前被称为无用的那些极少数的未腐败的哲学家出来主管城邦（无论他们出于自愿与否），并使得公民服从他们管理时，或者，只有在正当权的那些人的儿子、国王的儿子或当权者本人、国王本人，受到神的感化，真正爱上了真哲学时——只有这时，无论城市、国家还是个人才能达到完善。"② 带着这种美好的想法，柏拉图曾经在西西里岛统治者的支持下实施过一段时间的法律新政，即按照柏拉图的《理想国》去设计理想国家。其结果是众所周知的，柏拉图被放逐，并差点成为奴隶。柏拉图的失败是法治实践中法学家与政治家合作的第一次重大失败，此后，在古罗马，法学家们与查士丁尼皇帝开创了伟大的罗马法时代，自此以后，很少再有伟大的法学家去与政治家合谋实践自己的法治思想，直到资本主义时代的到来。

但是资本主义时代的法治建设的成就并不必然就与资本主义同步的。英国如果将1688年"光荣革命"作为真正步入法治时代的起点的话，那么此前的历史则是为如何争取法治实践而努力的历史。可以说，在这里，英国的法治建设与争取民主是同步进行的，一方面是英国人向王室争民主要民权；另一方面与王室的斗争过程也就产生了法治的缓慢实践。在13

① ［古希腊］柏拉图：《理想国》，郭斌和、张竹明译，商务印书馆1986年版，第262页。
② 同上书，第259页。

世纪初期英国颁布《自由大宪章》之前，国王权力巨大，可以不经过议会同意而自由征税，甚至未经判决就对自由民给予刑事处罚，这严重地损害了贵族和教士的利益。为此，1215 年 6 月 15 日，英国贵族胁迫约翰王在兰尼米德草原签署了《自由大宪章》以维护贵族和教士的权力。《自由大宪章》的主要内容包括保障教会选举教职人员的自由、保护贵族和骑士的领地继承权，规定未经由贵族、教士和骑士组成的"王国大会议"的同意，国王不得向直属附庸征派补助金和盾牌钱等等。同时，《自由大宪章》的少数条款还涉及英国的城市的权利，如确认城市已享有的权利、保护商业自由、统一度量衡等。《自由大宪章》是对王权的限定，后来成为近代资产阶级建立法治的重要宪法性文件依据之一。因此，有人认为这是人类历史上"第一部成文宪法"。从《自由大宪章》的整个内容来看，它的核心就是要限制国王的权力，增加贵族和教士的权力，同时，加大议会在国家机构中的作用，改变议会仅仅是国王的摆设或者作为咨询机构的传统。在 14 世纪，英国议会开始具备了立法功能。议会最初是从下院开始提出有关财政使用的议案，这样的目的就是要促使国王在征收税款时，获得下院的同意。而议会上院的成员在中世纪又等同于法官，这样就出现了英国历史上最具有戏剧性的一幕，即下院的议员们成为事实上的请愿者，请求上院同意一些议案，那些获得了认可的议案就成为法律，久而久之，这样的行为形成了一种习惯。这样，立法权的逐步转移，使得国王既是立法者又是法律的执行者的角色开始变化，"法律或者法律的修正案，由议会制定并发布为正式文件，在没有议会权威的许可下不得改变，废除或延缓。并且在所有特殊的情况下都有效，直到被议会废除为止。"[①] 这意味着，议会的性质也正在发生变化，它不再受到国王的掣肘，而是成为能够代表民意的立法机构。到 1688 年光荣革命胜利，《权利法案》签订时，"无论是制定还是废除法律，没有人或任何机构拥有被英国法律承认的可以践踏或超越议会制定法律的权利的权力"[②]。至此英国已经成为一个现代意义上的法治国家。

与英国不同的是，美国法治建设是在独立战争胜利以后通过充分的协

---

① Dudley Julius Medley, English constitutional history, pp. 252—253. 转引自陈晓律《从习俗到法治——试析英国法治传统形成的历史渊源》，《历史世界》2005 年第 5 期。

② A. V. Dicey, An introduction to the study of the law of the constitution , pp. 39—40. 转引自陈晓律《从习俗到法治——试析英国法治传统形成的历史渊源》，《历史世界》2005 年第 5 期。

商、酝酿和妥协而开始的。美国 13 个英属殖民地因为受到英国的盘剥，而且自治权力受到了较大的限制，特别是税收等的增多，使得殖民地人民不堪忍受而发动了独立战争。但美国独立革命与后来大部分殖民地争取独立的造反或国内反抗暴政的革命不同，它不仅在于这场革命是由有钱有势的富人领头起事的，而且还在于他们能够使用法律的武器来争取革命的合法性。他们利用英国普通法的传统，强调"无（议会）代表不纳税"的原则，高喊"不自由毋宁死"的口号，让世人感觉到他们是作为英国人应该享有的权利来反对英国政府。在用和平请愿的方式无效的情况下，1776 年 7 月 4 日，北美 13 个殖民地的代表发表了脱离英国的《独立宣言》。① 独立战争胜利之后，美国最初建立的是一个邦联制国家。虽然这个邦联制国家有政府机构，并且各州还授予了邦联政府必要的外交、国防等权力，但是，各州严格地保留其主权和一切权力。正如布尔斯廷所说："相当奇怪的是这份国家出身证（指《独立宣言》）竟没有一处提到国家：所有提法是各个州（邦）"②。严格说来，独立战争刚刚胜利时的美国仅仅只是一个主权国家联盟而已，而邦联国会也"并不是一个立法议会。也不是一个代议议会，不过是一个外交大会而已"③。这样的后果必然导致各州与各州之间贸易摩擦、政府财政的混乱、经济发展缓慢等问题，甚至还出现了退伍老兵的起义，邦联政府权威的重建迫在眉睫。为此，1787 年，制宪会议召开，美国国内的政治精英们着手开始了宪法的制定和国家机构的建立。美国国父在经过长时间的争吵之后，基本达成了一致，即建立联邦国家，中央政府以三权分立作为建国基本宗旨，形成立法权、司法权与行政权分立的局面。对此，有人评论，这些代表"既能涵容政治哲学理论的精髓，又能深解人性和民情，不好高骛远，以奠定国政之基。那样的历史时刻，真是罕见"④。美国本土学者亦认为，"它不只是学术观点的产物，而是一部指导政府实践的宪章。"⑤ 而关于三权分立的宗旨，鉴于是美国的最先运

① 任东来：《美国宪法的形成：一个历史的考察》，《社会科学论坛》2004 年第 12 期。
② ［美］丹尼尔·布尔斯廷：《美国人：建国历程》，中国对外翻译出版公司译，生活·读书·新知三联书店 1989 年版，第 508 页。
③ ［美］丹尼尔·布尔斯廷：《美国人：殖民地的经历》，时殷弘等译，上海译文出版社 1989 年版，第 508 页。
④ 周天玮：《法治理想国：苏格拉底与孟子的虚拟对话》，商务印书馆 2000 年版，第 29 页。
⑤ 转引自［美］伯纳德·施瓦茨《美国法律史》，王军等译，中国政法大学出版社 1997 年版，第 30 页。

用，并无成熟的经验可供借鉴。比如联邦成立之后，第一任联邦最高法学院首席大法官杰伊因为嫌最高法院权力太小而拒绝上任，最高法院一度被人们认为是"鸡肋"。直到在"马伯里诉麦迪逊"案中确立了最高法院的违宪审查权之后，法院的地位才慢慢巩固。后经多次历史重大事件，最高法院才确立在人们心目中的最高权威的地位。

从表面上来看，西方法治国家发展历程有着不同的际遇和不同的模式。特别是在英国和美国之间，建构法治的路径存在着较大差异。乍一看，似乎确实是这样的。如英国的法治实际上是在长期的历史实践中磨砺形成的，许多习惯和制度的变迁都是历史选择的结果，因而能够获得合理性和接受性。而美国的法治则蕴涵了人的建构因素，美国的国父们以自己的智慧和学识促成了一个世界超级大国的诞生。但是，如果认真地分析英美两国法治建设的内在因素，我们会发现，实际上这两个国家在法治建设的过程中内涵了诸多共同的关键元素。正是这些共同点促成了英国和美国在发展模式上的相通性。其实，即使没有这种学理上的概括，我们也可以确认的是，美国人的精神文化和法治灵魂都渊源于其母国英国，尽管其后因为利益的驱使而分道扬镳，但是那种血脉上的一脉相承和文化传统上的藕断丝连，使得二者之间必不可免地具有通约性。

二　西方民主法治发展模式的基本要义

从上述英美两国法治建设的法治发展模式来看，该种法治发展模式以民众为核心，追求广泛的权利平等，因此，我姑且将这种法治实践模式称为"民主法治"发展模式。值得注意的是，我在这里所概括的"民主法治"模式中的"民主法治"与我们平时所讲的民主法治是有别的。在通常意义上，我们是把民主与法治当做一个平行的、并列的概念使用的，因此属于两个不同的范畴。我们知道，"民主"（demokratia）一词起源于古希腊文，基本含义是人民（demos）的统治权利（kratos）。在本书中，笔者以"民主"为核心词汇来概括西方法治的实践模式，理由有三：一是在西方人看来，民主作为一种人类组建自己的共同体的最优良的统治方式，是能够把握自身命运和利益的最佳选择，因而能够代表西方法治实践的核心。二是西方的法治基本上是围绕民主制度的构建进行的，因此，在这里，我所提出的"民主法治"可以理解为"围绕民主"的法治，也就是说，法治制度的一切设计都是为了保证民主制度的健康运行。三是西方的法治建设基本上是根据民主原则进行的，因此，在这里，我所提出的"民主法治"可以理解为"根据民主"的法治，也就是说，法治制度的一切设计都应该以民主制度的健康运行作为出发点和归宿。由此，我们认为，西方"民主法治"发展模式的基本要义为：以人民主权为理论基础，以普遍的代议制为实现路径，以保障自由人权为价值核心。

第一，从理论根基来看，民主法治发展模式奠定在人民主权理论之上。罗伯特·波比（Norberto Bobbio）说，民主"是众多政府可能采取的形式之一，在这种政府中，权力不属于某一个人或者某一部分人，而属于每一个人，或者更确切地说，属于大多数人"①。对于民主而言，其最重要的内容就是要保证人民有超越立法者和政府的最高主权。那么这种权利又从何而来？它的理论根基何在？人民主权理论的提出，适时地解决了这个问题。在漫长的封建社会时期，普通民众所面对的是封建主对土地的拥有和对国家权力的垄断。特别是一些封建君主为了加强对民众的控制，强调"主权在君"。如在 16 世纪的时候，法国著名学者博丹明确提出国家主权概念，他认为主权是天然的、不可剥夺的、永久的最高权利，但是这个权力属于君主所有。即使是格劳修斯也是非常赞同"主权在君"的。这样形成的局势是少数人控制了多数人的生存和未来，民众政治话语缺失，进而无法成为国家政治的主体。在卢梭看来，"主权在君"理论是极其错误的。因为国家是由全体民众为了追求自由而通过社会契约让渡权利而签订的。对于人而言，"人生来就是自由的，却无不处于枷锁之中"，"放弃自己的自由，就是放弃自己作为人的资格，就是放弃人类的权利甚至放弃自己的义务"②，社会契约所要解决的根本问题是"找到一种结合形式，它用全部共同的力量来捍卫和保护每个结合着的人身和财产，每个人虽与众人结合，却只服从他自己，并且和以前一样自由"③。强调"社会契约"理论的意义是，人是自我自觉的主体，能够在自己的范围决定自己的事务，强调社会契约，并不意味人需要"首领"，而是需要"管家"。签订契约是合作的契约，而不是卖身的契约，人既无法卖掉别人，也不应该卖掉自己。由此所得出的进一步推论是，既然是人们自己通过让渡权利来组建的

---

① Norberto Bobbio, *Liberalism and Democracy*, N. Y.：verso, 1990, p. 1.
② ［法］卢梭：《社会契约论》，何兆武译，商务印书馆 1980 年版，第 16 页。
③ 同上书，第 11 页。

国家，那么国家的主权不可能在君，而只可能是在民。对此，哈贝马斯以话语商谈理论给予了解读。哈贝马斯认为，"公民的联合起来的意志，因为只能表达于普遍和抽象的法规之中，本质上就必须按这种方式运作，排除一切不可能普遍化的利益，而只允许那些确保所有人平等自由的原则。人民主权的行使同时就确保了人权。"① 为什么说人民主权和人权能够联系起来呢？在哈贝马斯看来，公共的运用交往自由，依赖于话语商谈式协商过程和决策过程的那些受到法律保障的交往形式和程序，"这些形式和程序必须确保所有形式上正当、程序上正当的结果均被假定是具有合法性的。这样，每个人平等的基本政治权利，来源于所有法律同伴的交往自由获得对称的法律保障；而这种交往自由，又进一步要求特定形式的意见形成和意志形成过程——是根据公民权利来行使政治自主成为可能的那些商谈式意见形成和意志形成过程。"② 实际上，哈贝马斯所讲的是一种程序公正，即"只要关于协议的谈判是根据确保所有利益相关者以平等的参加谈判的机会的程序进行的，只要这种谈判允许有平等的机会彼此施加影响，并同时为所有有关的利益创造大致平等的实施机会，就有根据作出这样的假定：所达成的协议是公平的"③。这实际上体现的就是一种民主，也就是西方国家在近代以来所梦寐以求的东西，也就是西方法治的核心所在。哈贝马斯说得好："这样一种民主观的关键在于：民主程序通过运用各种交往形式而在商谈和谈判过程中被建制化，而那些交往形式则许诺所有按照该程序而得到的结果是合理的。"④ 可见，人民主权解决的不仅仅是"谁之权"的问题，而且从根本上触动了法治的核心渊源问题。只有把这个问题给解决掉，才能把民主法治实践到底。尽管英国在完成光荣革命时还并没有明确提出人民主权，而英国强调的也是议会主权，但是从洛克对议会主权的论述以及英国的政治运行来看，议会主权的精髓实质上就是人民主权。戴雪在《英国宪法》中说议会虽然"万能"和"至高无上"，却是从法律观点讲的；就政治观点讲，议会最后的主权仍在于"选民"或人民的"舆论"。而美国的建国，实实在在就是以卢梭的理论为蓝本的。所以《独

---

① ［德］哈贝马斯：《在事实与规范之间》，童世骏译，生活·读书·新知三联书店 2003 年版，第 631 页。

② 同上书，第 155 页。

③ 同上书，第 204 页。

④ 同上书，第 377 页。

立宣言》宣称："在任何形式的政府，只要危害上述目的的，人民就有权利改变或废除它，并建立新的政府。新政府的基本原则和政权组织形式，必须是更便于实现人民的安全和幸福。"可见，人民主权论解决了民主的合法性问题，从而使得法治实践能够是一种围绕民主和根据民主而进行的实践。而奠定在人民主权论基础之上的民主法治实践模式因为权利对政府的超越性，也在很大程度上获得了前所未有的民众基础，相应获得了合理性的支持，进而能够促进民主法治的深刻实践和现实表达。

第二，从实践路径来看，民主法治发展模式以普遍的代议制为实现路径。对于民主而言，其核心就要保证全体公民的权利，或者说，全体公民的权利必须要平等。但是，由于人民的"广大性"，简单地说就是人们的数目太多，已经不可能像古希腊那样实行直接民主制，"既然在面积和人口超过一个小市镇的社会，除公共事务的某些极次要的部分外，所有的人亲自参加公共事务是不可能的，从而就可得出结论说，一个完善政府的理想类型一定是代议制政府了。"[1] 因此，代议制被纳入了民主法治的视野。或者说，普遍的代议制就成了民主法治发展模式的实现路径。在西方法治国家，代议制被适用在各个领域和各个行业。在英国，代议制的主要代表就是英国议会议员的选举。英国议会的前身可以追溯到公元7世纪由国王和贵族代表组成的贤人会议。它由国王召开，参加者为大主教、主教、大修道院院长等教会贵族，郡长、塞恩等世俗贵族，还有王室成员和政府官员。会议的规模、时间和地点均无定制。[2] 贤人会议的参加者主要是采取自动取得制度，具有上述身份的人自动具有参与贤人会议的资格。后来，诺曼王朝（1066—1154年）在贤人会议的基础上建立起了"大会议"制度。大会议的参加者都是国王的直属封臣，参会的人员所凭借的是封臣身份，而不像贤人会议那样凭借财富与地位。另外，王室成员成婚、王子受封为骑士，也要召开会议。御前大会议的规模也较为固定，人数一般不超过75人，平均50人左右，主要为主教和伯爵等大贵族。[3] 可以看出，这时的"议会"的参加者范围是比较狭窄的，他们所作的决策从根本上说体

---

① ［英］约翰·密尔：《代议制政府》，王瑄译，商务印书馆1997年版，第55页。

② 刘鹏：《试论英国中央会议的演进：从贤人会议到御前大会议》，《岱宗学刊》2009年第1期。

③ B. Lyon, *A Constitutional and Legal History of Medieval England*, New York: W. W. Norton, 1980, p. 143.

现的也是本阶层的利益，因而不具有利益的普遍性。到了英国的安茹时期，与会者的阶层和地域逐步扩大，特别是小贵族能够出现在三大节日例会、有关战争的大型会议和能够发挥作用的特别会议上，同时，执事长（archdea-cons）、首席司祭（deans）、大修道院副院长和小修道院院长（priors）等中级教士时常作为主教或者国王的顾问参加会议。[①] 当时，王室的所有开支都要从国王的收入中支付。而国王征收封建捐税实际上是受限制的，其数量不得超过惯例所许可的限度。如遇紧急情况比如战争需要额外的财源时，国王就得寻求封建贵族们的大笔捐赠，其渠道就是"大会议"。到了13世纪，几代国王都感到税收和一般捐赠已不足以支付政府的开支，于是他们召集封建权贵以及各郡、城市、镇的代表开会，主要是为了让他们同意征收特别的税款。[②]《自由大宪章》签订以后，议会的组成人员逐步发生了变化。1295年英王爱德华一世邀请僧俗贵族、骑士和市民三个等级参加国会。1343年国会分为上、下两院。上院称为贵族院，下院称为平民院。贵族院议员由直接从国王那里领有土地的贵族担任，而平民院议员则由全部自由土地占有者投票选举产生。国王常常指示负责各郡选举工作的郡守，要求他们遵国王嘱托选举谁入平民院。同时，国王又以"特惠权"的形式赐予一些城市派出代表参加平民院的权利。整个都铎王朝时期由于国会很少召开，平民院议员的选举自然也就名存实亡。[③] 但16世纪以后，国王控制议会的职位和人员分配的权力也逐步削弱，到1510年时，"上院的成员共296名，他们之中的74名骑士代表着37个郡和222个议员则代表着110个自治城市或大学。国王已经不再给他们颁发选举令状了。"[④] 1688年光荣革命以后，选举范围逐步扩大，但是政权依然被贵族地主所把持。19世纪初英国工业革命初步完成之后，工业资产阶级和无产阶级开始争取普选权，要求参与政治，以获得社会资源的更多分配份额。1832年，英国实施了第一个选举制度改革法，重新分配了议会议员的席

---

① B. Lyon, *A Constitutional and Legal History of Medieval England*. New York: W. W. Norton, 1980, 326.

② 章剑青：《英国议会的历史演变》，《浙江人大》2003年第12期。

③ 上述历史可以参见蒋劲松《议会之母》，中国民主法制出版社1998年版；刘建飞、刘启云、朱艳圣（编著）《英国议会》，华夏出版社2002年版；施雪华《当代各国政治体制——英国》，兰州大学出版社1998年版。

④ 陈晓律：《从习俗到法治——试析英国法治传统形成的历史渊源》，《历史世界》2005年第5期。

位，降低了选民的财产资格限制。到了 1918 年，议会通过《人民代表选举法》规定，男性公民从 21 岁起，妇女从 30 岁起，享有普选权。1928年，妇女取得了与男子平等的选举权。1948 年，实行"一人一票、一票一价"的平等选举权制。1969 年的《人民代表选举法》规定，凡年满 18 岁的公民，依法均享有选举权。至此，英国现代代议制度的核心精神——自由、平等和普遍的选举才真正较为完整地确立起来。从英国代议制度的发展历程来看，其民主的完全实现与代议制度的普遍确立密不可分，从只有少数人可以参加的特权制议会到由普选选举出来的、任何人都有机会为自己利益集团代言的平权制议会，围绕民主的法治和根据民主的法治实践取得了历史的飞跃般的进步。

同样，美国代议制的发展也有类似的过程。在美国独立战争时期，美国的 13 个州之间除了有一个共同的母国英国之外，并没有一个统一的主权政府的存在。独立战争开始之前，这 13 个殖民地派出代表，举行大陆会议。独立战争胜利以后，各州通过了一个建立邦联国家的协定，组建了一个名义上是主权国家但是却很松散的联盟。1786 年，美国 13 个州的代表们在马里兰开会讨论如何加强各州之间的商贸联盟的时候，发现如果要加强商贸联盟的话就要修改原来的邦联宪法。于是，代表们一起合计召开制宪会议，成立真正的联邦。各州分别按照人口派出了共 55 名代表，在费城召开了制宪会议。这次制宪会议历经 100 多天，最后产出了《美国宪法》，确定了三权分立的基本原则，并就人民如何行使选举权和被选举权做了比较详细的规定。《美国宪法》第一条第二款规定，"众议院由各州人民每两年选举产生的议员组成，每州的选举人应具备该州州议会人数最多一院的选举人所需具备的资格。年龄未满 25 岁，为合众国公民未满 7 年以及当选时非其选出州居民者，不得为众议院议员。众议院人数和直接税税额均应按本联邦所辖各州的人口比例分配于各州，各州人口数目指自由人总数加上所有其他人口的 3/5。自由人总数包括必须在一定年限内服役的人，但不包括未被征税的印第安人……"从该条可以看出，当时的美国是没有普选的，参与选举存在财产等方面的资格限制。但值得一提的是，美国总统是通过有选举权的公民以海选的形式选举出来的，这种选举制度的确立，加深了人们对民主的根本印象。并且，按照托克维尔的说法，"当一个国家开始规定选举资格的时候，就可以预见总有一天要全部取消已做的规定，只是到来的时间有早有晚而已。这是支配社会发展的不变规律之一。选举权的范围越扩大，人们越想把它扩大，因为在每得到一次新的让步之后，民主的力量便有增加，而民主的要求又随其力量的增加而增加。没有选举资格的人奋起争取选举资格，其争取的劲头与有选举资格的人的多寡成正比。最后，例外终于成了常规，即接连让步，直到实行普选为止。"① 选举制度为实现人民的权利和保障人民的权利奠定了基础。

第三，从核心价值来看，民主法治发展模式的核心价值是保障自由和人权。从民主的内涵来看，其以保障自由和人权为内核，这与法治的价值追求是一致的。在西方国家的民主法治发展模式中，保障自由和人权是不变的主题。整个中世纪时期，基督教占据了领导地位，个人的一切在上帝面前都是可有可无的。随着资本主义商品经济的兴起和发展，以自然经济为基础的封建等级特权制度越来越不适应生产力的发展，新兴的资产阶级要求废除封建等级制度，取消贵族特权，建立自由市场体系，以便为资本主义发展开辟道路。所以，"近代欧美历史的要旨，就是谋求摆脱人的政治、经济和精神枷锁。渴望新自由的被压迫者，向维护特权的人们发动了争取自由的战斗。当某一个阶级为使自己从统治下获得解放而斗争之时，它自以为是在为整个人类的自由而斗争，从而可以诉诸某种理想，借以唤起深埋在所有被压迫者心中的对自由的向往。"② 因此，一大批启蒙思想家根据时代的需要，纷纷基于各自的理论视角，分别对自由、人权等价值目标的合理性进行精心的论证。

自由是生来就有的天赋权利③。在自由的问题上，孟德斯鸠认为没有比自由这个词被更多含义的词。在一个国家里，也就是说，在一个有法律的社会里，自由仅仅是：一个人能够做他应该做的事情，而不是被强迫去做他不应该做的事情。或者说，自由是做法律所许可的一切事情的权利。④他把自由分为哲学上的自由和政治上的自由。前者是相信自己能够行使自己的意志，而政治自由则是为了安全。为了实现政治自由，就必须要通过三权分立来实现。洛克认为人的自然自由，就是不受人间任何上级权力的

---

① ［法］托克维尔：《论美国的民主》，董果良译，商务印书馆 1993 年版，第 43 页。
② ［法］弗洛姆：《逃避自由》，载黄颂杰主编《弗洛姆著作精选》，上海人民出版社 1989 年版，第 54 页。
③ ［德］康德：《法律哲学》，载《西方法律思想史资料选编》，北京大学出版社 1983 年版，第 404 页。
④ ［法］孟德斯鸠：《论法的精神》（上），张雁深译，商务印书馆 1961 年版，第 154 页。

约束，不处在人们的意志和立法权之下，只以自然法作为它的准绳。① 卢梭以自由为一生奔走呐喊的主题。卢梭在《社会契约论》的开篇中就指出："人是生而自由的，但却无往不在枷锁之中。自以为是其他一切的主人的人，反而比其他一切更是奴隶。"② 换言之，在自然状态中的人是自由的，但在社会状态中，人却是不自由的。他在《爱弥儿》中又指出，"在自然的状态下，是存在着一种不可毁灭的真实的平等，因为单单是人和人的差别便不可能大到使一个人去依靠另一个人的程度。"③ 他认为，在人类社会中存在的权利平等是虚假的，因为用来保持这种平等的手段，其本身就是在摧毁这种平等，同时，公众的势力也有助于强者压迫弱者，从而打破了大自然在他们之间建立的平衡。但他宣称人与人之间本来就是平等的，"法律的条件下对人人都是同等的，因此既没有主人，也没有奴隶。"④当然，在卢梭看来，平等不外乎是人所追求的价值目标之一，然而，只有通过平等实现人的自由才是最重要的。因为"人是生而自由的，那就是说，人能够遵从自己的意向做任何有利于自我保全和追求舒适的事情"⑤。卢梭相信有一种既自由又不孤独，既具有批判的眼光又不怀疑一切，既独立又不与世界相脱离的社会状态。这正如他所说的那样："自然人完全是为他自己而生活的；他是数的单位，是绝对的统一体，只同他自己和他的同胞才有关系。公民只不过是一个分数的单位，是依赖于分母的，它的价值在于他同总体，即同社会的关系。好的社会制度是这样的制度：它知道如何才能够最好地使人改变他的天性，如何才能够剥夺他的绝对的存在，而给他以相对的存在，并且把'我'转移到共同体中去，以便使各个人不再把自己看作一个独立的人，而只看作共同体的一部分。"⑥ 这样一个"好"的社会制度无疑是通过缔结社会契约产生的。换言之，正义的社会制度是要保证人的自由，而不是剥夺人的自由。因而只有通过社会缔约产生的国家及其法律制度，才是自由的可靠保障。卢梭认为，自由"就是除经人民同意在国家内所建立的立法权以外，不受其他任何立法权的支配；

---

① [英]洛克：《政府论》，叶启芳、瞿菊农译，商务印书馆1960年版，第12页。
② [法]卢梭：《社会契约论》，何兆武译，商务印书馆1980年版，第4页。
③ [法]卢梭：《爱弥儿》（上），李平沤译，商务印书馆1978年版，第5页。
④ [法]卢梭：《社会契约论》，何兆武译，商务印书馆1980年版，第177页。
⑤ Allan Bloom , *Rousseau — The Turning Point*. p. 211.
⑥ [法]卢梭：《爱弥儿》（上），李平沤译，商务印书馆1978年版，第328页。

除了立法机关根据它的委托所制定的以外，不受任何意志的统辖或任何法律的约束"①。因为国家建立的依据是契约，人民的权利需要契约的保障，否则，契约的存在就会失去基础并难以实现最初的目的。处在政府之下的人们的自由，应有长期有效的规则作为生活的准则，这种准则为全体人们所遵守。在一个国家，谁"放弃了自己的自由，就是放弃了自己做人的资格，就是放弃了人类的权利"②，这样的一种弃权是不合人性的，是违背社会公约的，如果国家不保障作为权利的自由，就是不正义。不论是就自然理性来说，还是就上帝的启示来说，人类一出生即享有自由的权利，因而可以享用肉食和饮料以及自然所供应的以维持他们的生存的其他物品，也可以拥有财产③。虽然自然的东西是给人共有的，然而人既是自己的主人，自身和自身行动或劳动的所有者，本身就还具有财产的基本基础。所以，人是不能够被奴役的，人人都是平等的。因此，一些思想家明确地喊出了"天赋人权"的口号，"天赋的权利是每个人根据自然而享有的权利，它不是依赖于经验中的一些法律条例。"④ 人权平等的神圣原则不但同活着的人有关，而且同世代相继的人有关。根据每个人生下来在权利方面就和他同时代的人平等的同样原则，每一代人同他前一代人在权利上是平等的。⑤ 西方国家对自由人权的保障过程就是西方法治实践过程，也是法治的发展过程。当基本的自由和人权得到了充分的保障的时候，西方国家的法治也初步的确立。

三 西方法治发展模式成功的原因分析

从当今西方国家的法治运行状态来看，西方的民主法治发展模式是成功的。反思西方国家法治建设成功的原因，依然可以从民主法治的基本要义中得出答案。民主法治模式的基本要义符合西方经济社会发展的时代趋势，符合西方文明的历史传统，也符合西方人的规则需要和文化需要，因而能够成就西方的法治之梦。

---

① ［法］卢梭:《社会契约论》，何兆武译，商务印书馆1980年版，第55页。

② 同上书，第137页。

③ ［英］洛克:《政府论》，叶启芳、瞿菊农译，商务印书馆1960年版，第18页。

④ ［德］康德:《法律哲学》，载《西方法律思想史资料选编》，北京大学出版社1983年版，第404页。

⑤ ［美］潘恩:《潘恩选集》，吴运楠、武友任等译，商务印书馆1981年版，第140页。

　　第一，西方法治发展模式符合西方的历史文化传统。围绕民主的法治或者根据民主的法治都是重点在民主传统，这与西方人的法律精神是相符的。从古希腊时期的人们对直接民主进行实践开始，人们就已经意识到了建设法治对于民主实现的重要性。大约在 2500 年前，西方民主制度传统中诞生了一项引起后世关注的、由雅典城邦执政官克里斯提尼领导民众创造的政治法律制度，即后世学者所说的"贝壳放逐法"。该法律规定，在雅典召开国民大会时，雅典国民可以在陶片或者贝壳上写下不受欢迎之人，或者民众感觉到某人可能威胁到雅典民主制度时，也可以通过投票表决的方式放逐。这项制度是已知的西方历史上较早的以多数人的意志来治理国家或者决定国家大事的民主制度，因此，引起过无数人的关注。但是，由于当时的制约机制不发达，或者说法治不发达，"贝壳放逐法"在运作过程也存在一定的问题。如大多数民众有的时候对于即将要投票表决是否放逐的人，根本就不熟悉，也不了解其所作所为。对于大多数民众而言，投票行为仅仅只是表面自己有这种正当的资格，从而是行使一种表面上的权利，因此，一些无辜者没有逃脱被放逐的命运。这样，民主制度的初衷与制度的实际后果产生了矛盾。如雅典著名的平民领袖海柏波拉斯就被无辜放逐过，而且还在放逐途中被害，从而造成了极其恶劣的影响。可见，单纯的民主并不都是有利无弊的。这也难怪亚里士多德对民主非常反感了。亚里士多德将希腊的制度概括为僭主制、寡头制和民主制。在民主制下，每一个公民都有参与政治的权利和资格，但是，只有有智慧的人才能够正确地参与政治。没智慧的人是不配参与政治生活的，如农民，亚里士多德认为，"农民是最好的公民——因为没有太多的财产，所以他们总是忙于生产，极少参加公民大会。同样也由于他们缺少生活的必需品而不得不整天在田间劳作，他们也不贪图别人的东西，他们在劳动中获得更多的满足，只要从参与政治生活中得不到更多的好处，他们就对参与公共事务和统治国家没什么兴趣。他们中的大多数都只想赚钱而不是为了名和誉。"① 显然，农民缺乏智慧，而且太忙，农民是不适合参加政治的，要对"参与公共事务和统治国家没什么兴趣"的农民去参与政治肯定是勉强为之的行为，所以民主并不是最好的制度。为什么亚里士多德会反对民主呢？笔者以为，这是因为他把民主和法治断裂开来了，尽管亚里士多德

---

① Aristotle, *The Politics*, translated by T. A. Sinclair, Penguin Group, 1992, p. 368.

提出过"法治优于一人之治"，但是，如果法治不是民主的法治，也不可能是现代西方人所渴望促成的那种法治，也就漏掉了核心内涵和精髓。亚里士多德没有肯定民主，但是他对法治的坚持却被承继了下来了。值得一提的是，亚里士多德的法治传统通过基督教神学思想家们的发扬，柔和基督教信仰，为西方法律信仰的形成奠定了基础。① 正是由于有了这样的一种民主和法治传统，在中世纪后期，当西方人民发现封建君主专制制度严重地阻碍了资本主义经济发展的时候，他们就高喊恢复历史传统，尊重人性的口号，掀起了轰轰烈烈的"三R"运动。我们知道，无论是文艺复兴，还是罗马法复兴，甚或是宗教改革，总的来说是要走出一条能够实现西方人价值观念的发展道路。因此，当格劳修斯、洛克、孟德斯鸠、卢梭等著名的思想家阐述他们震撼人心的思想的时候，民主与法治就成为其中不可缺少的内容，并且确确实实达到了启蒙运动所要实现的目的——启蒙——即让西方人充满了对民主和法治的渴望。所以，当资产阶级夺取政权以后，按照当初的理想进行实践时，能够获得民众的支持。特别是当人们看到西方民主的运行不符合法治的需要时，或者法治不足以满足民主的发展事态时，改革就开始了，这也是西方法治能够取得成就的重要原因。

第二，在讨论上述原因的时候，我们一直回避了一个重要的问题，即为什么西方人愿意为追求民主和法治而努力奋斗，其外在的条件和动力是什么？简言之，就是经济的发展，私有财产的大幅度增加使得西方人有必要通过稳定的制度来保护"既得利益"（在这里不是贬义）以防止被封建君主非法剥夺。这种追求在中世纪后期开始全面出现。其时，西方资本主义商业迅速发展，商人（包括零贩、远航贸易商、银行家、工业家等各种不同身份的商人）对法律体系有着影响乃至改造着法律体系。他们总是在不同阶段利用蜕变中的法律体制来与当时的宰制或有力集团——先是封建领主，后是城市行会，最后是中央集权的君主——作顽强抗争，以达到建立本身宰制地位的至终目标。② 而资产阶级在建构符合自己经济体制发展相适应的制度时，"着重之点在于法和各种法律制度如何反映统治阶级的

---

① 具体论述可参见彭中礼《论中世纪自然法学的神学正义观》，《北方法学》2008年第5期。

② ［美］泰格、利维：《法律与资本主义的兴起》，纪琨译、刘锋校，学林出版社1996年版，代序。

利益，以及它们如何以新社会阶级逐渐取代旧有阶级的社会变革。"① 在当时的条件下，资本主义的主要要求是破除种种制度上的阻碍，期待通过合理的方式来发展商业贸易和资本主义经济。但是，当时的封建制度却对此加以肆意干涉。因此，新兴资产阶级必须抓到能够改变旧有制度的"救命草"，这时古时代的罗马法进入人们的视野，"法律意识形态是在一个特定时刻形成的，而所依据的社会关系却是经常不断改变的。其结果，意识形态易于变成空洞的形式——那些早期城市特许状所带有的种种民主性特性就是如此。而且，一个新兴阶级可以抓住某种旧有意识形态，将它转用于对付它的施行者：欧洲资产阶级就正是利用——已被教会半神圣化了的——罗马法，来破除各种贸易障碍的。"② 可见，资产阶级为了获得发展和巨额的商业利润，其争取民主法治是合理的，也是能够促成商业贸易进一步发展的合理预期所致，因此强烈要求以民主法治来变革社会成为当时的时代潮流，"法律意识形态已成为控制一般人的日常生活以及官方向他们施加暴力的通俗理由。社会变革的要求，都是作为法律意识形态表达出来的。"但是，"法律意识形态已带有错综复杂而又——随同资产阶级的得势——日益全面和高度形成结构的实在法体系的形式。这些体系都是与封建法律的'无政府状态'相抗衡的，封建法律不是主动敌视贸易，就是欠完备和过分紊乱，无从预知和信赖。就连年轻美国的自由放任理想主义，也只不过是一种上层意识形态，它接受并留心引用了高度精炼、历时已达数百年之久的商人习惯法。"关键问题在于，法律又怎样能够在现有体系以内加以利用，借以促成社会变革。泰格和利维明确指出，"我们的法律体系本身就适合于这一用途。在流行法律思想体系中得到维护的各种权利，不论是财产和契约权利，还是个人权利，都是用普遍通用词语表述的；它们可被社会一切分子要求享有。这个体系里面必然存在许多缺漏和模糊之处，是可以灵活运用的。法律制度的事实依据改变之后，法律常会产生脱节和矛盾，这就要求由变革来解决。"③ 由此可见，西方的民主法治发展模式之能够取得成就，其经济因素是不可忽视的，即经济的发展，新兴资产阶级要求通过以私有财权的保护制度为核心的法治来保护自己的权

---

① ［美］泰格、利维：《法律与资本主义的兴起》，纪琨译、刘锋校，学林出版社1996年版，前言。

② 同上书，第20页。

③ 同上书，前言。

利，从而形成了一种对民主的法治的内在的需要。而民主法治发展模式因
为对权利的保护和重视正好符合这样的历史需求，因此，能够使二者相得
益彰。

第三，民主法治实践模式符合西方人的规则需要。从民主法治发展模
式的基本要义可以看出，其主权论基础、代议制民主和人权、自由的价值
核心，都是近代西方人孜孜不倦所追求的。在西方人的精神世界中，规则
需要一直是其内在需要的核心。中世纪时期，从公元 312 年起，君士坦丁
一世通过一系列法令和措施，将基督教扶植为罗马帝国的唯一宗教，并竭
力解决各地基督教教派相互倾轧的问题，"意在将业已存在的全帝国范围
的基督教社会变成一个为其所辖区域内各类臣民提供必要凝聚力的重要工
具"①。基督教笼罩一切的强大使得西方人对上帝的信仰达到了无以复加的
地步。正如涂尔干在《宗教生活中的基本元素》中强调宗教具有的对人们
心理上的积极价值那样："宗教思想给人们带来一种热烈兴奋的精神状态，
它改变了人的心理状态，他不认识他自己了，他感到自己被转化升华了，
这样，他就在日常生活的世界之上发现了另一个更高的尊严，虽然这个世
界只存在于他的思想中。"② 当观念获得了信仰的存在，观念就成了力量，
掌握和控制这种观念就等于掌握了社会权力。于是，基督教通过人们对上
帝的信仰（对于上帝的信仰主要表现就是对《圣经》的信仰，《圣经》为
人民提供了一种规则行为图景），建立教会法律体系，以保证人们对上帝
的信仰的规范的建立，"教会的法律在很大程度上渗透了教会的生活——
渗透了它的权力结构和神学、它的道德戒律、它的礼拜仪式。"③ 甚至还可
以说，失却了对上帝信仰——转化为对教会法律的尊崇——这种规则指
南，就等于失去了精神世界行为的意义和价值。只是中世纪时期的规则秩
序是找不到"人"的，"人"在上帝面前是如此的渺小，是如此的卑微，
"人"的一切生活和存在意义都是为了上帝。经历了中世纪长期的禁锢和
压迫，随着文艺复兴运动的展开，人本主义成为当时的主潮流，开展了一
场对上帝的讨伐运动，人之为人的价值也被抬到了比较高的层面。它使得

① Trevor Gervasejlland, *The churchand the Papacy*, London. 1946, p. 195.

② The Theories of Society, *Foundations of Modern Sociological Theory*, The Free Press of Glencoe,
Inc 1961, p. 680.

③ ［美］伯尔曼：《法律与革命：西方法律传统的形成》，贺卫方等译，中国大百科全书出版
社 1993 年版，第 103 页。

"由信仰、幻想和幼稚的偏见织成的"、笼罩着人类意识的"内心自省和外界观察"两方面的"纱幕"烟消云散，赞美了人的高贵，提倡人性的解放，等等。使人们普遍认识到：人的一生，已不再是为追求来世幸福而进行艰难准备的一个阶段，应在现世摆脱宗教束缚，争取自由，造福此生。①但是，值得注意的是，文艺复兴运动，还仅仅只是从文学艺术作品来反映人们的需求，为此，尚必须在理论上剥掉披在封建制度身上的神圣的外衣，否定教权主义，从而否定"神授"下的专制主义。同时，只是依据"人性"来观察问题，解决问题，似乎也过于"单纯"和"任性"。只有以"理性"来思索和评判世间万物，才能真正驱散笼罩在已蕴涵了资本主义生机的欧洲上空的沉重阴霾，开启人们被蒙蔽的心智。为此，16、17世纪时期，启蒙运动思想家们高举"自由"、"平等"、"天赋人权"等宏大价值的旗帜，著书立说，呼吁新型社会价值观和规则观的确立，从规则体系上说就是以世俗法代替上帝法，建立体现自由平等的民主制度②。这种新型的社会价值观抛弃了上帝终极价值的意义，把人从被束缚中解放出来。然而，另一方面，启蒙思想家们却又没有抛弃基督教固有的规则观念，而是用理性反映人性的法律规则来给与悄悄的替换。所以，"上帝"换了，但是法律规则意识没有换。这种符合人性需要的规则体系成了西方近代民主法治发展模式实践能够取得成功的人性基础。

四　引申与反思

然而，值得思考的是，是不是西方国家的民主法治发展模式的成功实践就能够具有普适价值呢？也就是说，是不是所有其他正在追求法治的国家都可以不经筛选地复制，拿为己用呢？以中国来说，中国正在建设社会主义法治国家的进程，西方国家的成功经验我们是不是就可以熟视无睹，或者我们是不是就可以统统不需要消化而全盘接受它们的法律原则、法律理念、法律规则、法律的发展模式以及法治的实践模式等等呢？这是一个应该值得我们深刻反思和审视的命题。反思这个问题，还得从我们国家的历史选择开始。

---

① ［美］拜萨因：《政治学说史》，刘山等译、南木校，商务印书馆1986年版，第472页。

② 伯尔曼认为，"宗教理想是了解西方法学传统的关键；西方社会共同体的象征，即传统形象和隐喻，从来都是宗教性和法律性的。"参见［美］伯尔曼《法律与革命：西方法律传统的形成》，贺卫方等译，中国大百科全书出版社1993年版，序言。

第二节 西方民主法治发展模式在
近现代中国的失落

鸦片战争以后，面对清朝政府的失利，举国震惊，特别是鸦片战争爆发 10 年之后又爆发的太平天国运动，使得清政府陷入了一个内忧外患的困境之中。尽管太平天国运动最终被镇压，但是亡国的危险依然存在。在这样复杂的背景下，部分满族贵族和民间义士开始了基于救亡图存的反思。明智的思想家们意识到，鲁莽的仇视外国并不能够从根本上解决问题，也不可能完全把西方国家拒之于国门之外。于是，一些思想家开始追根溯源，寻找近代中国落后的根本原因。而这样的反思最早瞄向的就是西方。早期的一些杰出人物如林则徐、魏源等人，就已经开始比较系统地翻译西方的书籍，介绍西方国家的制度和思想。在与西方国家的比较以及对中国传统文化的反思中，近代思想家们终于发现了传统中华法律文化与西方法律文化的一个根本的区别点所在。他们很惊讶地发现了西方国家中所存在的与中国完全不一致的景象：在西方国家里，见了君主是不需要下跪的，国家元首是由选民选举的，法律是比皇上还大的"官"……他们进一步发现，西方国家的这一切完全可以归结为"权"字，也就是说，西方国家的"权"与传统中国的"权"的指向是不同的。西方国家的"权"是民权或者是"人权"，而不是"君权"。①"民"有了"权"，可以自由地发表言论，可以公开地批评政府，可以平等地与"长官"对话，这都是中国自古以来从未有过的。为什么西方的人会有"权"呢？因为西方人有民主。这是中国的仁人志士最早得出的结论，所以，从魏源"开眼望世界始"，中国人为追求民主作出了众多努力。

一 民主思想在近现代中国的传播

考察中国法治模式的历史渊源，还得从西方民主思想在中国的传播开始论述。民主思想在中国最早的传播者属于来华传教的外国传教士，如德国人最早在中国创办了《东西洋考每月统记传》，其中有专栏对外国的民主法律制度进行介绍。1835 年 6 月，《东西洋考每月统记传》发表了一节

---

① 彭中礼：《民权与民生》，《中共中央党校学报》2008 年第 5 期。

《新闻》，说："英吉利国之公会，甚推自主之理……倘国要旺相，必有自主之理。不然，民人无力，百工废，而士农商工，未知尽力竭力矣。"①1837年7月，《东西洋考每月统记传》又刊登文章介绍美国的宪政："容个人任言莫碍……每省良民立公会，自选人才忠烈缙绅代庶民……首领主在位四年遂退。倘民仰望之，欢声载道，复任四年……民齐平等……个人随意图利……效死执自主之理，由是国之列邦而兴也。"1838年4月该刊以《自主之理》为题，强调自由是"国基"。"英民说道，我国基为自主之理……自主之理者，按例任意而行也……自帝王至于庶人，各品必凛遵国之律例……设使国主任情偏执，藉势舞权，庶民恃其律例，可以即防范。倘律例不定人之罪，国主也不能定案判决矣。""至于自主之理，与纵情自用迥分别矣……欲守此自主之理，大开言路，任意无碍，各语其意，各著其志。至于国政之法度，可以议论慷慨。若官员错了，抑官行苛政，酷于猛虎，明然谏责，致申训诫敬，如此露皮漏肉，破衣露体，不可遏志妄行焉。"②尽管当时这些报告具有一定的影响力，但是，当时大部分中国士大夫和知识分子们还沉浸在"天朝上国"的幻想当中，对这种先进思想并没有给予充分有效的关注。直到鸦片战争爆发以后，国人在开始反思"天朝上国"战争失败原因的时候，才有魏源等人挺身而出，开始了救国之路的探索。

如上说言，中国最早找到的"良方"——实际上，现在依然有人在激励推介——就是民主。林则徐组织人员编译了《四洲志》，书中写道："国中有大事，王及官民俱至巴厘满衙门公议乃行。大事则三年始一会议，设有用兵和战之事，虽国王裁夺，亦必由巴厘满议允。国王行事有失，将承行之人交巴厘满议罪。"这就是对英国议会的介绍，"巴厘满"指的就是英国议会。魏源在《海国图志》中也说英国议会"大众可则可之，大众否则否之"③，说明民众在国家决策行为中占主导地位的真实情况。另一位先进的中国知识分子徐继畬的著作《瀛环志略》对欧美民主议会制度给予了充分介绍，如徐继畬对美国行政首长的选举做如下记载："兀兴腾（华盛顿）既得米利坚之地，与众议曰：得国而传子孙，是私也。牧民之任，宜择有

---

① 转引自袁伟时《中国宪政：曲折而凄惨的开篇》，《经济观察报》2007年3月5日。
② 同上。
③ 魏源：《海国图志》百卷本，卷五十。

德者为之。分其地为 26 州。每州正统领一，副统领一，以四年为任满。集州众议之，众皆曰贤，则再留四年（八年之后，不准再留）。否则推其副者为正。副或不协人望，则别行推择。乡邑之长，各以所推书姓名投瓯中，毕则启瓯，视所推独多者立之。或官吏，或庶民，不拘资格。退位之统领，依然与齐民齿，无所异也。26 州正统领之中，又推一总统领，居于京城，专主会盟战伐之事，各部皆听命。其推择之法，与推择各部统领同，亦以四年为任满，再任则八年。自兀兴腾至今，开国 60 馀年，总统领凡 9 人。"① 这段话说的就是美国民主选举的程序过程、本质特征和价值。如果魏源和徐继畬为中国民主思想的发展提供了路标的话，那么清朝政府资助出版的《万国公法》则进一步地引导人们审视西方。该书对西方的民主政治制度做了比较系统的介绍，如该书认为"国法""即言其国系君主之，系民主之，并君权之有限、无限者，非同寻常之律法也"。"美国合邦之大法，保各邦永归民主，无外敌侵伐。""立君举官，他国不得与闻：若民主之国，则公举首领、官长，均由自主，一循国法，他国亦不得行权势于其间也。"② 据统计，《万国公法》出现"国法"120 次，"大法"4 次，"民主"16 次，"权利"77 次，"人民权利"3 次，出现"主权"56次。任复兴先生认为，这些词汇的传播，为民主思想在中国的传播起了促进作用。③ 在此阶段，民主思想主要以介绍西方国家的制度及其制度所内涵的思想为主，人们尚未对民主思想如何在中国付诸实践进行深入的探讨。

　　洋务运动开始以后，作为一种时髦的思想。民主逐渐为激进的国人所熟悉，一些知识分子和民主斗士强调民主是立国之本、立国之基，强调以民主建构现代国家制度。此论最早可见于郭嵩焘于 1875 年的言论："西洋立国，有本有末，其本在朝廷政教，其末在商贾。造船、制器，相辅以益其强，又末中之一节也。""计英国之强……推原其立国之本，所以持久而国势益张者，则在巴力门议政院有维持国是之义……是以君与民交相维系……此其立之本也……中国秦汉以来二千余年适得其反。"④ 再如思想

---

　　① 徐继畬：《瀛环志略》卷下，台湾文海出版社影印本，第 210 页。

　　② 转引自任复兴《徐雅厦门对话与中国民主思想的开端刍议》，载 http://www.zmw.cn/bbs/thread-24547-1-1.html，访问日期，2009 年 9 月 15 日。

　　③ 同上。

　　④ 郭嵩焘：《郭嵩焘奏稿》，岳麓书社 1983 年版，第 345 页。

家黄遵宪也认为："自由者不为人所拘束之义也。其意谓人各有身，身各自由，为上者不能压抑之、束缚之也。"① 他观察到，西方人"无论尊卑，事无论大小，悉予之权，以使之无抑，复立之限，以使之无纵，肯全国上下同受制于法律之中"②。这种把民主视作建国基本思想的现实主张为后来中国民主宪政的实践提供了理论依据。

维新变法失败以后，民主思想的传播进入了一个新阶段，即进入清末立宪思潮阶段，此时通过宪法建构民主国家的思潮风起云涌。部分先进的中国人认识到，民主与宪法是密不可分的，他们期望通过制定中国的宪法来确定中国的法治发展道路。最早给宪法下定义的是梁启超，他写道："宪法者何物也？立万世不易之宪典，而一国之人，无论为君主、为官吏、为人民，皆共守之者也。为国家一切法度之根源，此后无论出何令，更何法，百变而不许离其宗者也。"③ 当时的人也认为，"夫所谓宪者何？法也。所谓立宪者何？立法也。立宪国者何？法治国也。法治国者何？以所立之法，为一国最高之主权之机关。一国之事皆归法以范围之，一国之人皆归法以统治之，无所谓贵，无所谓贱，无所谓尊，无所谓卑，无所谓君，无所谓臣，皆栖息于法之下，非法之所定者，不能有命令；非法之所定者，不得有服从。凡处一国主权之管辖者，皆同一阶级，而无不平等者。此立宪之定义也。"④ 宪法是一国之中处于最高地位的法律，可以制约君主的权力。这样，不再是君主拥有对臣民的生杀大权，而是宪法拥有对民众的权利保护，公民的权利是宪法的最大特征，也是宪法的基本价值取向，"民权自由，实为立宪政体之真精神。立宪政体之需民权自由也，若灯之需膏，鱼之需水，人之需蓄至精然。灯无膏则灭，鱼失水则殆，人不蓄至精则徒具形骸而将死。立宪政体而民权不克自由于法定范围中以预政权也，则有立宪政体之名而无其实。"⑤ 是故，宪法必须是以保障民权为价值归依的，否则，宪法就脱离了它的宗旨，这也是立宪政体与专制政体的根本区别，"立宪政体，亦名为有限权之政体，专制政体，亦名为无限权之政体。

　　① 《日本国志》卷三十七《礼俗志》四。
　　② 《日本国志》卷三《国统志》三。
　　③ 梁启超：《立宪法议》，《饮冰室文集之五》，载《梁启超合集》（第1卷），中华书局1988年版。
　　④ 恨海：《满政府之立宪问题》，《复报》第1期。
　　⑤ 白坚：《论蜀人由今当竭诚竭智竭力于立宪》，《蜀报》第2期。

有限权云者，君有君之权，权有限。官有官之权，权有限。"① 因此"宪法者，一国法治之准则也。其规定之纲要，壹以折衷全国上下之意向为归，非为拥护君上计，非为助长官吏计，亦非为腠䏲人民计。"②

但是，清末立宪运动也没有达到预想的效果，所以一部分仁人志士开始从改革和变法转向了革命的态度，一些人更是直接地主张以暴力推翻清政府，如孙中山、黄兴等人。孙中山的"三民主义"思想包含了丰富的民主理念，孙中山先生的民主共和思想奠定在他对欧美诸国的实地考察和广泛阅读西方的政治哲学著作之上，因此，他认识到民主制度的主要精神在"人群自治"，"余以人群自治为政治之极则，故于政治之精神，执共和主义"③。孙中山认为，资产阶级革命党人从革命完成到民主共和制度的实现，要经过军法时期、约法时期，最后到达宪法时期。"第一期为军法之治。军队与人民同受治于军法之下……地方行政，军政府总摄之。""第二期为约法之治。每一县既解军法之后，军政府以地方自治权归之其地之人民，地方座谈会议员及地方行政官皆由人民选举。凡军政府对于人民之权利义务，及人民对于军政府之权利义务，悉规定于宪法，军政府与地方议会及人民各循守之，有违法者，必负其责任。""以天下平定后六年为限，始解约法，布宪法。""此三期，第一期为军政府督率国民扫除旧污之时代；第二期为军政府授地方自治权于人民，而自总揽国事之时代；第三期为军政府解除权柄，宪法上国家机关分掌国事之时代。"④ 孙中山的"三步说"，是他民主共和思想中最基本也是最精彩的内容。同时，孙中山把国家的政治权力分为"政权"和"治权"，他说："政是众人之事，集合众人之事的大力量，便叫做政权；政权就可以说是民权。治是管理众人之事，集合管理众人之事的大力量，便叫做治权。所以政治之中，包含有两个力量：一个是政权，一个是治权。这两个力量，一个是管理政府的力量，一个是政府自身的力量。""在我们的计划之中，想造成的新国家，是要把国家的政治大权分成开两个。一个是政权，要把这个大权完全交到人民的手中，要人民有充分的政权可以直接去管理国事。这个政权便是民

---

① 梁启超：《立宪法议》，《饮冰室文集之五》，载《梁启超合集》（第1卷），中华书局1988年版。

② 苏楼：《宪法大纲刍议》，《民声》第1期。

③ 孙中山：《孙中山全集》（第1卷），中华书局1981年版，第172页。

④ 同上书，第298页。

权。一个是治权,要把这个权完全交到政府的机关之内,要政府有很大的力量治理全国事务。这个治权,便是政府权。"① "权能分治"的目的是为了造就一个为人民谋福利的万能政府,要使中国强盛起来,必须"建设一个很完全,很有能力的政府","要政府有很大的力量治理全国的事务"②。如何使得政府强大呢? 孙中山认为,要模仿西方,建立权力分立制度,只是孙中山提出的是"五权分立",即行政、立法、司法、监察、考试五权各自独立。孙中山论述了"权能分治"之后提出了"人民主权",即"得一个万能政府,完全归人民使用,为人民谋幸福"的思想。总之,孙中山先生的思想从根本上否定了封建特权思想,为资产阶级革命派指明了前进的方向。

二　近现代中国民主思想的基本特征

由上述对民主思想的传播史的初步论述,从其内容来看,我们可以发现近代中国的民主法治思想的传播具有以下特征:

第一,抨击封建君主制度的腐朽。如前所述,鸦片战争以后,中国被拖入近代,并融入了近代世界秩序的大变革之中。处于天朝上国的自我麻醉状态中的中国人此时惶恐万分,不知道"世道究竟是如何变了"。于是,湖南邵阳人魏源先行"开眼看世界"。他考察了西方诸国的法治,给予了充分肯定;他指责了封建社会的腐朽制度,进行了充分批判。魏源认为有治人才能立善法,有治人才能行善法,当下社会动荡、法制黑暗、民不聊生的根源上在统治者,下在文武官吏。作为皇权统治主要支撑力量的这些"行法之人",却"以持禄养骄为镇静,以深虑远计为狂愚,以繁文缛节为足献太平,以科条律例为足剔奸盘,甚至圈热为才,模棱为德,画饼为文,养疣为武","除富贵而外不知国计民生为何事,除私党而外不知人才为何物"③。不仅如此,他们在处理事务时,"徒知侈张中华,未睹寰演之大",虽与"岛夷通市二百载,茫茫昧昧竟安在"④。这样一支官僚队伍已经不能适应正在起着变化的世界了,除暴君昏庸外,"亡天下之患莫甚于此"。究其原因,魏源认为最终根源仍在于专制主义的集权政治。皇帝大

---

① 孙中山:《孙中山选集》(下卷),人民出版社1981年版,第791页。
② 孙中山:《孙中山全集》(第9卷),中华书局1985年版,第147页。
③ 魏源:《魏源集》,中华书局1976年版,第668页。
④ 同上书,第677页。

权总揽、朝纲独断，造就了一大批只知唯命是从、见风使舵的官员，使得吏治百弊丛生。他在为两江总督陶澍写的碑铭中感慨道："国家承明制，矫明弊，以内政归六部，外政归十七省总督、巡抚，而天子亲揽万几，一切取裁于上，百执事拱手受成。上无权臣方镇之搜命，下无刺史守令之专制，虽鬼琐中材，皆得容身养拙于其间。渐摩既久，以推诿为明哲，以因袭为老成，以奉行虚文故事为得体。"① 这就是朝廷高度集权之后整个官僚机构的现状的描述。② 也就是说，他已经发现了问题的根源在于封建君主制度已经完全背离了时代趋势。其实，对于封建君主制度的批判，早在此前的 200 多年前，另一位湖南人王夫之已经从理论上动摇了封建社会的法统基础。明末清初的大思想家王夫之肯定今胜于古，批判了"守其故物而不能自新"的守旧路线，论证了法律具有可变性。如他认为"事随势迁，而法必变"③。任何政治的立法、制度都只是它所从属的那个时代的立法和制度，"一代之治，各因其时，建一代之规模以相扶而成治"。法律的制度必须有利于国计民生，不能拘泥旧的制度不变。循此，他批判了封建君主制度，"以天下论者，必循天下之公，天下非一姓之私也。"这是对"普天之下，莫非王土；率土之滨，莫非王臣"的极力批判。因此，他主张要用法律来制约君主的权力，君臣上下之间必须以道相临，绝"以财相接"之交，"交绝而后法伸，法伸而后道建"④。也就是说，君臣之间的交往应该建立在法律的基础上，而不是建立在钱财之上。⑤ 王夫之对封建君主制度的批判以及对君臣关系的法律定位，第一次引领人们开始思考国与家、君与臣的法律关系，从而促使了中国古代法律思想向近代转型。循此进路，近代的另一位思想家王韬也揭露了封建制度的腐朽，他在《重民下》一文中分析说："三代以上，君与民近而世治；三代以下，君与民日远而治道遂不古若。至于尊君卑臣，则自秦制始。于是堂廉高深，舆情隔阂，民之视君如仰天然，九阍之远，谁得而叩之！虽疾痛惨怛，不得而知也；虽哀号呼吁，不得而闻也，灾歉频仍，赈施诏下，或蠲免租税，或拨币抚恤，

---

① 魏源：《魏源集》，中华书局 1976 年版，第 328 页。

② 沈大明：《魏源变革清代法制的思想》，《上海交通大学学报（哲学社会科学版）》，2007 年第 6 期。

③ 王夫之：《读通鉴论》卷八，载《船山全书》第 10 册，岳麓书社 1988 年版。

④ 王夫之：《春秋家说》卷下，载《船山全书》第 5 册，岳麓书社 1993 年版，第 1116 页。

⑤ 许苏民：《论王夫之法律思想中的近代性因素》，《吉首大学学报（社会科学版）》2006 年第 6 期。

官府徒视为惧文，吏胥又从而侵蚀，其得以实惠均沾者，十不逮一。天高听远，果孰得而告之？即使一二台谏风闻言事，而各省督抚或徇情袒庇，回护模棱，卒至含糊了事而已？惟知耗民财，殚民力，敲膏吸髓，无所不至，囊橐既饱，飞而扬去；其能实心为民者无有也。"① 这一切使得君臣关系、君民关系紧张，需要进行改革或者革新。所以，康有为反对君主专制政体，主张君主立宪。他认为君主权威无限"大背几何公理"，并从维新变法的立场来主张"立一议院以行政，并民主亦不立"。"君臣一伦，亦全从人立之法而出，有人立之法，然后有君臣。今此法权归于众，所谓以平等之意用人立之法者也，最有益于人道矣。"康有为还主张"凡君主专制、立宪、民主三法，必当一一循序行之，若紊其序，则必大乱"。他在向皇帝呈的折子中描述了他眼里的革命，"臣读各国史，至法国革命之际，君民争祸之剧，未尝不掩卷而流涕也。流血遍全国，巴黎百日而伏尸百二十九万，变革三次，君主再复，而绵祸八十年。"② 然而值得注意的是，我们可以发现，尽管这些思想家们已经找到当时社会问题产生的根源即封建君主制度，也希望能够通过适当的措施和方法给与变革以实现国之富强。但是，他们却没有对如何彻底贯彻"人民主权"提供创造性的制度建设。他们熟知了社会契约论、天赋人权论，却没有明确喊出"人民主权"，只有孙中山先生领导的临时中华民国进行了不甚成功的实践，不能不说是历史的遗憾。

第二，对议会制情有独钟。近代思想家们在观察到了西方诸国议会民主运行的实际情况以后，大为钦佩。1883 年，崔国因在《奏为国体不定后患方深请鉴前车速筹布置恭折》中，向清廷直接提出开设议院的建议。他主张由王公大臣组成上议院，由"各省民间公举之人士"组成下议院。据史家考察他是中国向皇上明确建议设议院的第一人。③ 1884 年，两广总督张树声也提出开设议院的主张，他说："夫西人立国，自有本末，虽礼乐教化，远逊中华，然驯致富强，具有体用。育才于学校，议政于议院，君民一体，上下一心，务实而戒虚，谋定而后动，此其体也。轮船、火炮、洋枪、水雷、铁路、电线此其用也。中国遗其体而求其用，无论竭蹶步

---

① 王韬：《弢园文录外编》卷三，"达民情"。
② 康有为：《进呈法国革命记序》，转引自程洁《康有为宪法思想述评》，《法商研究》1999年第 2 期。
③ 熊月之：《中国近代民主思想史》，上海人民出版社 1987 年版，第 128—130 页。

趋，常不相及，就令铁舰成行，铁路四达，果足恃欤?"是故需"采西人之体，以行其用"①。而何启、胡礼垣等人，不仅注重开议院，而且还设计了民选议院制度。具体为："县议员于秀才中选择其人，公举者平民主之"；"府议员于举人中选择其人，公举者秀才主之"；"省议员于进士中选择其人，公举者举人主之"。"各省议员一年一次会于都会，开院议事"，议员如有分歧则"以人多者为定"。"省议员意合，则详于君，君意合，则书名颁行，意不合，则令其再议。"② 开设议院的目的，就是为了仿照英制，实行君主立宪。中国现有的政治体制是皇帝"言出法随"，而"泰西列国则不然，其都城设有上、下议院。上院以国之宗室勋戚及各大员当之，以其近于君也。下院以绅耆士商、才优望重者充之，以其迩于民也。凡有国事，先令下院议定，详达上院。上院议定，奏闻国主。若两院意议符合，则国主决其从违。倘彼此参差，则或令停止不议，或覆议而后定。故泰西政事举国咸知，所以通上下之情，期措施之善也"③。因此，实行君主立宪，有利于下情上达，国富民强，"朝廷有兵刑礼乐赏罚诸大政，必集议于上下议院，君可而民否，不能行，民可而君否，亦不能行也，必君民意见相同，而后可颁之于远近。"④ 君主立宪的主张得到了维新派人士的积极支持。康有为说："今天下之言变者，曰铁路、曰矿务、曰学堂、曰商务，非不然也。然若是者，变事而已，非变法也。"⑤ 所以，康有为指出要"设议院"，使"政皆出于一堂"、"事皆本于众议"，"欲除壅蔽，莫如仿照泰西，设立议院……拟请设立上下议院，无事讲求时务，有事集群会议，议妥由总理衙门代奏，外省由督抚代奏。"⑥ 可见，这种渴望以议会来行使权力的君民共和途径，目的就是要使民主运行有利于制度建构。

第三，对民权大力提倡。汉语"民权"一词最早见于郭嵩焘于光绪四年四月（1878年5月）的日记："西洋政教以民为重，故一切取顺民意，即诸君主之国，大政一出之议绅，民权常重于君。"继有黄遵宪、薛福成

① 《张靖达公奏议》卷八，光绪年刊本。
② 中国史学会主编：《新政论议》，《戊戌变法》第一册，神州国光社1953年版，第196—198页。
③ 《易言·论议政》，《郑观应集》上册，上海人民出版社1982年版，第103页。
④ 王韬：《弢园文录外编》，中华书局1959年版，第23页。
⑤ 中国史学会主编：《戊戌变法》第二册，神州国光社1953年版，第216页。
⑥ 中国第一历史档案馆藏：阔普通武奏折。转引自赵洪刚《论戊戌时代康有为的君主立宪思想》，《辽宁师范大学学报（社会科学版）》1993年第4期。

分别于 1879 年、1890 年开始使用。① 此后，"民权"使用日兴。因为"民权是解决中国问题的一个扣结，它紧系着政治的振兴、国家的强盛。只要这个扣结被解开，中国的枷锁也就自然松脱了。这说明，面对越来越紧迫的西方压力，中国的知识者在欧、美、日纷繁的政治文化思潮中探寻着能够解释'富强'奥秘的一脉：西方人借以概括自身传统的种种概念被他们匆忙而热切地攫取"②。亦如张之洞所言："今日愤世嫉俗之士，恨外人之欺凌也、将士之不能战也、大臣之不变法也、官师之不兴学也、百司之不讲工商也，于是倡为民权之议，以求合群而自振。"③ 特别是中日甲午战争之后，以康有为等为代表的维新派人士日益认识到君权强大的弊端，"醉心民权革命论，日夕以此相鼓吹"④，把民权看做改造社会的主要理论利器。如梁启超认为"君权日益尊，民权日益衰，为中国政弱之根源"⑤，因此"民权兴则国权立，民权灭则国权亡……故言爱国必自兴民权始"⑥。维新派人士则猛烈的批判君主制，他们认为，"君主者何？私而已矣；民主者何？公而已矣。"⑦ 维新派人士以谭嗣同最为激进，他把矛头直接对准了封建专制的理论支柱——三纲五常，他指出，三纲之害，毒烈异常，"不唯关其口，使不敢昌言，乃并锢其心，使不敢涉想……三纲之慑人，足以破其胆而杀其灵魂"。⑧ "二千年来君主一伦，尤其黑暗否塞，无复人理"⑨，因此号召"冲决君主之网罗"⑩，但是，遗憾的是，维新派依然没有能够彻底摆脱"君权"思想的束缚，认为"未有去人君之权，能制其势者也"⑪。无法舍弃君权的民权是不彻底的民权，是一种掺杂有封建传统残余的民权，因此这使民权处于附属君权的尴尬地位。对君权的迁就，实际上已埋下了专制复活的隐忧，也注定了维新派的维新运动不可能取得成功。

----

① 参见熊月之《中国近代民主思想史》，上海社会科学院出版社 2002 年版，第 9—10 页。

② 王人博：《民权词义考论》，《政法论坛》2003 年第 1 期。

③ 张之洞：《劝学篇》。

④ 《梁启超年谱长编》，上海人民出版社 1983 年版，第 83 页。

⑤ 梁启超：《西学书目表后序》，《梁启超选集》，中国文联出版公司 2006 年版，第 38 页。

⑥ 梁启超：《饮冰室合集·文集》第二册，第三卷，中华书局 1989 年版，第 96 页。

⑦ 梁启超：《饮冰室合集·文集》第一册，中华书局 1989 年版，第 106 页。

⑧ 谭嗣同：《仁学》，《谭嗣同全集》下册，中华书局 1981 年版，第 348 页。

⑨ 同上书，第 337 页。

⑩ 谭嗣同：《谭嗣同全集》上册，中华书局 1981 年版，第 55 页。

⑪ 康有为：《康有为全集》第二册，上海古籍出版社 1990 年版，第 665 页。

从上述对近代中国民主制度的特征的概括来看，近代中国对西方民主制度的介绍和传播确实是热情的，并且也渴望借鉴西方的民主法治模式对中国社会进行改造。但是，值得注意的是，近代中国人在介绍民主制度时，却忽视了对法治理论的传播。我们从西方国家民主制度取得成就的历史进程来看，其民主的成功往往与法治的实践和建构是紧密联系在一起的，失去了法治的保障和规范，民主也往往容易流产，我们在希腊时期的"瓦片逐放"制中已经得到过相应的经验和启示。然而，近代中国人在介绍西方国家民主制度如何发达和先进时，也很少提及法治在建构西方民主制度的作用，这也为民主法治模式在近代中国的实践的失败埋下了隐忧。

三 民主法治发展模式在近现代中国的实践

由上述对民主思想在中国传播的历史进程及其特点可知，当时的国人对西方民主的实现以及民主制度较为崇拜和羡慕，也渴望能够以西方的"民主"来改造中国现有制度，以使得中国进入现代强国之列。也就是说，民主思想的广泛传播，必然带来近代中国的法治建设的变更。在近代中国，西方民主法治模式的中国实践以变法、改良的方式或者革命的方式相继出现，确实对中国社会产生了一系列的影响。

首先对民主法治模式进行实践的是维新派进行的"戊戌变法"。1894年中日甲午战争后，中国再次遭遇空前惨败，并且还对日给予了巨额赔款，这宣告洋务运动彻底失败，并导致了严重的民族危机。于是，以康有为、梁启超等为首的维新派走上了历史舞台。他们秉持西方国家的民主思想，主张对传统中国的政治体制等进行一定程度的改革，把中国引向资本主义发展道路，以挽救民族危机。1898年初，康有为上《大誓臣工开制度新政局折》，正式提出变法纲领："一、大誓群臣以革旧维新，而采天下舆论，取万国之良法；二、开制度局于宫中，征天下通才二十人参与，将一切政事制度重新商定；三、设待诏所，许天下人上书。"[1] 1898 年 4 月 10日，反对变法、位尊权重的恭亲王病逝，于是，康有为积极联络帝党，促成光绪帝立即变法。23 日，光绪帝接受维新派建议，毅然发布"明定国是诏"，宣布变法维新，号召大小诸臣努力向上，发愤为雄，"以圣贤义理之学植其根本"，"博采西学之切于时务者实力讲求"，切实举办新政，"不

---

① 中国史学会主编：《戊戌变法》第 2 册，神州国光社 1953 年版，第 199 页。

得敷衍因循"。变法新政的内容主要包括："一、经济方面：保护奖励农、工、商业，在北京设立农工商总局、铁路矿务总局，提倡实业。二、政治方面：令各衙门删改则例；中央裁撤詹事府、通政司、光禄寺等闲散衙门。三、军事方面：裁汰旧军，令八旗及各省军队一律改练洋操；筹办兵工厂，筹造兵轮。四、文教方面：改革科举，废除八股取士制度，改试策论；设立学堂，提倡西学。首先开办京师大学堂，令各省、府、厅、州、县，将现有大小书院一律改为兼习中西学的学堂；设立译书局，翻译外国新书；允许开设报馆，举办学会；派人出国游历、游学等等。"① 这次变革涉及政治、经济、军事和思想文化各个领域，是一次影响深远的资产阶级性质的社会改革。但是，变革也引起了顽固派的强烈抵抗，终因顽固派得到了慈禧太后的支持，维新变法在经历了近100天后宣告失败。

戊戌变法失败以后，中国人民更加清楚地看到了清朝政府的腐朽和麻木，因此各地对清朝政府的反抗亦越来越多。清朝政府迫于内忧外患的压力，开始了企图挽救覆没命运的"宪政"改革。1905年7月16日，清政府令载泽、戴鸿慈、端方、李盛锋、尚其亨为考察大臣，赴日、英、美、德、法、奥、意、俄、比九国进行政治考察，开始了清末立宪运动。1906年9月1日清朝政府正式发布上谕，宣布"预备立宪"："时至今日，惟有及时详晰甄核，仿行宪政，大权统于朝廷，庶政公诸于舆论，以立国家万年有道之基。但目前规制未备，民智未开，若操切从事，徒饰空文，何以对国民而昭大信。故廓清积弊，明定责成，必从官制入手，亟应先将官制分别议定，次第更张，并将各项法律详慎厘定，而又广兴教育，清理财务，整饬武备，普设巡警，使绅民明悉国政，以预备立宪基础。著内外臣工，切实振兴，力求成效，俟数年后规模初具，查看情形，参用各国成法，妥议立宪实行期限，再行宣布天下，视进步之迟速，定期限之远近，著各省将军，督抚晓谕庶人等发愤为学，各明忠君爱国之义，合群进化之理，勿以私见害公益，勿以小忿害大谋，尊崇秩序，保守和平，以预备立宪国民之资格，有厚望焉。"② 1908年，清朝政府命令宪政编查馆、资政院大臣督同馆院谙习法政人员，"甄采列邦之良规，折衷本国之成宪，迅

① 中国史学会主编：《戊戌变法》第2册，神州国光社1953年版，第200—201页。
② 故宫博物院明清档案部编：《清末筹备立宪档案史料》（上册），中华书局1979年版，第44页。

将君主宪法大纲暨议院、选举各法择要编辑，并将议院未开以前，逐年应
行筹备各事，分期拟议，罗列具奏呈览。俟朝廷亲裁后，当即将开设议院
年限钦定宣布，以立臣庶进行之准则，而副吾民望治之殷怀，并使天下臣
民咸晓然于朝廷因时制宜变法图强之至意。"① 同年，《钦定宪法大纲》、
《议院法要领》、《选举法要领》及议院未开以前《逐年筹备事宜清单》等
文件由宪政编查馆和资政院拟定并奏请清廷钦定。在这次会奏中，十分强
调宪法大纲在立宪运动中的重要性，并提出了宪政的精义 "不外乎三个方
面：一是君主神圣不可侵犯；二是君主总揽统治权。按照宪法行之；三是
臣民按照法律，有应得应尽之权利义务"②，"其余节目，皆以此为根本。
其必以政府受议院责难者，即由君主神圣不可侵犯之义而生，其必议院协
赞立法监察财政者，即由保障臣民权利义务之义而生，其必特设各级审判
官以行司法权者，即由保障法律之义而生，而立法、行政、司法，则皆综
揽于君上统治之大权，故一言以蔽之，宪法者，所以巩固君权，兼保护臣
民者也。臣等谨本斯义，辑成宪法大纲一章，首列大权事项，以明君为臣
纲之义，次列臣民权利义务事项，以示民为邦本之义。虽君民上下同处于
法律范围之内，而大权仍统于朝廷，虽兼采列邦之良规，而仍不悖本国之
成宪。"③《钦定宪法大纲》、《议院法要领》、《选举法要领》及议院未开以
前《逐年筹备事宜清单》等文件当天就被批准公布。但是，《钦定宪法大
纲》颁布后，立即惹出了无数人的批评。清廷内部的守旧势力攻击它 "窃
外国之皮毛，纷更制度，惑乱天下人心"④；资产阶级立宪派评判它 "其根
本处，仍不脱专制之遗臭也"⑤；而资产阶级革命派却抨击它 "其所以悬预
备立宪之招牌者，不过欲假此名义……以巩固万年无道之基而已"⑥。为什
么会有这么多不同的非议呢？我们来看《钦定宪法大纲》的主要内容。
《钦定宪法大纲》的第一部分是 "君上大权" 十四条，规定皇帝拥有颁行
法律，召集及解散议院，设官制禄、黜陟百司，统率海陆军、编定军制，

---

① 故宫博物院明清档案部编：《清末筹备立宪档案史料》（上册），中华书局1979年版，第
55页。

② 季金华：《宪政的理念与机制》，山东人民出版社2004年版，第270页。

③ 故宫博物院明清档案部编：《清末筹备立宪档案史料》（上册），中华书局1979年版，第
56—57页。

④ 同上书，第57页。

⑤ 张丹：《辛亥革命前十年间时论选集》第3卷，三联书店1960年版，第118页。

⑥ 《民报》第26号《满清政府预备立宪之阴谋》。

宣战讲和、订立条约，宣告戒严，爵赏恩赦，总揽司法等各种大权，虽然有人说皇帝的权力从此受到了宪法的制约，当然比较中国历史而言，具有一定的进步性。但是，就皇权的本质而言，其根本就没有受到限制，甚至还可以说是皇帝利用宪法明确了自己的权力范围，使之权力合法化。如《钦定宪法大纲》规定"凡法律虽经议院议决，而未奉诏命批准颁布者，不能见诸施行"。在这里，我们就看到，法律虽然是由议院议决的，但是，没有皇帝的批准就不能颁布，况且条文也没有规定如果皇帝不批准议院该如何救济等事项，可见，君主专制的实质依然未变。《钦定宪法大纲》的第二部分"臣民权利义务"中规定了九条，它规定："臣民中有合于法律命令所规定资格者，得为文武官吏及议员"；"臣民于法律范围以内，所有言论、著作、出版、结社等事准其自由"；"臣民非按照法律所定，不加以逮捕、监禁、处罚"；"臣民可以请法官审判其所呈诉之案件"；"臣民专受法律所定之审制衙门之审制"；"臣民之财产及居住无故不加侵扰"；这当然中国历史上之一大进步，但是，其范围是特别狭小的，民众最根本的权利如选举权、参政权等基本的政治权利没有被明确的规定。即使是《选举法要领》六条，其精神也是以限制选举为内容的。因此，该宪法性文件并未得到广大的支持。特别是资产阶级革命派更为激进，他们不仅对"预备立宪"持反对态度，而且对"君主宪制"更是不满，因而掀起了实实在在的暴力革命。清朝政府此时所面对的压力也就更大了，不得不加大立宪进程。1910 年，清朝政府颁布《重大信条十九条》，该文件较《钦定宪法大纲》有着较大的进步，特别是在限制君主权力、保障公民权利方面，作出了较多具体有效的规定。然而，时间再也没有给清朝政府任何机会，正如费正清所分析的："清廷企图实施有名的 1898 年百日维新时提出的许多改良办法，但已经太迟了。历史已经把他们扔在后面。他们的勉强的变革举动所得的惟一后果只是为革命准备了道路。"① 1911 年，辛亥革命爆发，清朝政府企图通过立宪挽救灭亡的梦想彻底破碎。

辛亥革命胜利后，中国进入了法治建设的一个崭新阶段。特别是以孙中山为首的革命党人开始以"三民主义"为指导，进行法治建设。1912年，南京临时政府成立，孙中山就任南京政府临时大总统。临时政府模仿西方国家的制度建设，进行了一系列的法律制度创造。在临时政府成立之

---

① 费正清：《美国与中国》，董乐山译，商务印书馆 1971 年版，第 153 页。

前，1911 年 12 月 3 日颁布《中华民国临时政府组织大纲》，规定了临时政府机构组织等一些原则问题。1912 年 3 月 11 日，临时政府颁布了《中华民国临时约法》，初步建立了近代资产阶级的宪政秩序。《中华民国临时约法》是"代替临时政府组织大纲的一种临时宪法，是由资产阶级革命派领导的南京参议院通过的"①。该约法的主要内容是：第一，规定人民的权利和义务。临时约法第一条到第十条规定了人民一律平等，无种族阶级宗教之区别的权利、七项自由权、请愿权、陈诉权、诉讼权、陈诉平政院之权、考试权、选举及被选举权等权利。第二，规定政府机构的组成以及临时大总统及副总统、国务院、法院之职权。第十八条规定了议员名额的分配，第十九条规定了议会的十二项职权。第五章和第六章则分别具体规定了国务院、法院之职权。在机构设置中，充分体现了美式的三权分立理论。从意义来看，《中华民国临时约法》是中国历史第一部资产阶级民主性质的宪法，是研究近代中国宪政运动的不可或缺的材料。特别是临时约法中规定了诸如人民主权原则、基本人权原则、法治原则、权力制约原则等西方法治的通用原则，体现了其思想的开放性和超前性。然而，当革命向纵深发展时，作为临时大总统的孙中山不得不顾全大局，辞去临时大总统职务，并向袁世凯移交政权。但孙中山对这种斗争的尖锐性和残酷性缺乏深刻的把握，希望用一纸《中华民国临时约法》去制约袁氏，使之成为一个民主国家的总统，强调"新总统必须遵守"《中华民国临时约法》。从法律形式上来看，《中华民国临时约法》"限制总统之处甚严……袁大总统已渐入于荆棘丛中，殊不易排解矣"②。然而，试图用一纸空文去控制袁世凯，把一个满脑子灌满了封建帝王思想的人变成一个民主国家的总统是"多么天真可笑的幻想"③。毛泽东同志也指出，在半殖民半封建的中国，"即使颁布一种好宪法，也必然被封建势力所阻碍，被顽固分子所障碍，要想顺畅实行，是不可能的。"④ 因此，最终临时约法被袁世凯的《中华民国约法》取代，民主革命的成果被封建势力所攫取，中国也进入了长达 37 年的内战与反侵略战争当中。这说明，民主法治发展模式在中国是失败的。

---

① 王世杰、钱端升：《比较宪法》，中国政法大学出版社 1997 年版，第 356 页。
② 孙中山：《中国问题的真解决》，《孙中山选集》（上卷），第 66、69 页。
③ 刘旺洪：《〈中华民国临时约法〉的文化透视》，《江苏社会科学》1991 年第 3 期。
④ 毛泽东：《毛泽东选集》（第 2 卷），人民出版社 1991 年版，第 735 页。

四　民主法治发展模式的失落

公允地说，一些先进的中国人对西方民主思想的传播是非常到位的，也是比较深刻的；即使是中国人自己在实践西方的民主法治发展模式，也是按照西方的模式或者制度进行的。然而，"有心栽花花不开"，中国的法治建设在百年时间里尽管起起伏伏，但是却没有很大的起色。到了蒋介石在形式上统一中国，中国还是一个半殖民地半封建社会国家，法治依然没有建立。从上面的论述也可以看出，"我们"真的尽力了！然而，此时，不得不追问，为什么西方的民主法治发展模式在中国让世人很"失落"呢？

考察西方民主模式在中国失败的成因，还得以西方传播到中国的理论作为研究的起点。从上述我们对近代中国对民主、法治思想的传播来看，西方国家的先进理论毫无疑问得到了中国仁人志士的高度赞赏和宣扬，也一度成为部分先进分子解决中国现实问题的"救命草"。当林则徐、魏源等人一接触到西方的民主法律制度的时候，就被深深地吸引。孙中山说："中国几千年以来，都是是独立国家，从前政治的发达、向来没有假借过外国材料的。中国在世界之中，文化是先进的国家，外国的材料，向来无可完全仿效。欧美近来的文化，才比中国进步，我们羡慕他们的新文明，才主张革命。此刻实行革命，当然要中国驾于欧美之，改造成世界上最新最进步的国家"[1]。尽管中山先生是隐晦地表达了一种自信的观念，但是同时也表达了自卑观念。中国几千年来都是文化先行者，都是以"天朝上国"自居的，也是不屑于与外国交流民主法律制度的，但是这种自大的观念在近代却丧失了自豪的资格，如中山先生所言"欧美近来的文化，才比中国进步，我们羡慕他们的新文明，才主张革命"，这种对西方文化的承认和认可，就是林则徐、魏源等人力图革除旧弊、再展国之雄风的基本渊源。特别是林则徐在鸦片战争期间亲眼看到了西方国家火器的厉害和发达程度，于是他组织了一大批人翻译外国的学术著作，开始了吹响向西方学习的号角。到了1863年有人向清政府上折："闻日本派遣幼童分往俄、美两国，学习船炮、铅药及一切军器之法，期以十年而回，此事如确，日本必强，有明倭患，可以预虑；学习制造船炮等法，我国亦宜行之。"洋务

---

[1]　孙中山：《孙中山选集》（下卷），人民出版社1981年版，第753页。

派的代表人物奕訢也认为："伏思购买外国船炮，由外国派员前来教习，若各省督抚处置不当，流弊原多，诚不若派员分往外国学习之便。"① 1846 年冬，香港马礼逊学堂美籍校长布朗博士携广东学生容闳、黄胜、黄宽 3 人前往美国留学，开始了近代中国的"留学潮"。根据《中国科学家辞典·现代卷》记载，在 869 名科学家中，1949 年之前有留学经历的 626 人，占总数的 72%，他们在新中国，有的是中国科学院的学部委员，有的是各个大学、科研机构和学术团体的学术带头人。当时，留学生把高校作为他们传播科学的主阵地，把西方的一些新兴学科移植到国内来。他们在大学里设置专系，开设课程，创办学术刊物，组织学术团体，使新兴学科很快在中国生根发芽。② 这些留学生也把先进的民主制度思想带回来了中国，如后来醉心传播民主理论的思想家王韬、严复、孙中山、胡适等人，都是在留学潮中成长起来的。这些人利用他们在西方的所学所闻，以"现身说法"般的模式传播民主理论，起到了非常好的效果。尽管如此，必须要思考的是，由于当时的中国深刻地认识到救国救亡的紧迫性和重要性，因此，当他们抓住了似乎能够挽救中国危难的"救命稻草"时，就忘记了自己应该用力试一下这根"稻草"所能够承受的力量，或者没有把这根"稻草"与其他更有利的"绳子"结合在一起，以便能够承受更大的压力。在当时的情境下，也确实容不得这些思想家花更多的时间来消化和慢慢琢磨西方民主制度的成长和使用环境，他们以为既然这套理论能够在西方的适用过程中产生恰当的效果，或者能够使得国家明显的富强，那么就必然能够在中国推广。因此，他们的主要工作是宣传和传播，而不是创造性的转化和对实施和应用条件及其可能性的正确评估。毛泽东就讲："任何国家的共产党，任何国家的思想界，都要创造新的理论，写出新的著作，产生自己的理论家，来为当前的政治服务。"不仅是共产党，任何一个有志于改革国家现有问题，成就国家繁荣昌盛之梦想的思想家，都必须能够对先进性的思想有一个创造性转化与适用的过程，否则，就是亦步亦趋、鹦鹉学舌似的生搬硬套。在近代中国的改革或者变革中，我们就能找到生搬硬套的痕迹。如，我们从当时的人们对于设置议院的态度可以看

———————————

① 《筹办夷务始末》（同治朝）卷 15，第 32 页。

② 王平：《近代中国第一批留学生对中国近代发展的历史影响》，《安徽工业大学学报（社会科学版）》2007 年第 1 期。

出，他们觉得只要设置了议院、只要有了议员就会建立起与西方匹敌的议会制度，就能够限制君主和当政者的权力，能够实现民主共和之良好愿望，能够维护和保障公民的基本权利，所以孙中山也就愿意"无怨无悔"地把政权移交给袁世凯。事实证明，这种未经消化、"囫囵吞枣"似的民主思想没有得到社会的认同和民众的认可。从这一点来看，民主模式的失败是势所必然。

进一步地说，这种民主模式是否真正地考虑到了中国人的现实需要呢？换句话说，西方的先进思想是否得到了中国人民的响应和认同呢？我们先来看民主模式在西方能够确立的经济基础和民众背景。前面已述，西方诸国从12世纪开始的罗马法复兴运动开始，到17、18世纪的启蒙运动，在这长达五六百年的过程中，西方国家所做的最主要的事情就是开发民众的心智，所谓"启蒙"，就是让民众有对民主、法治、自由、人权等价值的向往和最低限度的认同和同情，让世俗的法律观念代替旧有的宗教规范，使得封建专制缺乏民众基础，建立起能够促进资本主义发展的法律制度；从经济上来看，资产阶级势力迅速壮大，到了19世纪初期，西方国家已经基本实现了工业化。国家阶级和阶层区分缩小，农民已经被融入城市化和现代化的进程当中。尽管存在财富分配不均的情况，但是西方人民整体财产水平也在稳步提高，这样，广大人民表达自己政治权利的要求也就日益加强，因此，通过民主模式来巩固反封建专制所取得的成果，以及用民主模式深化争取权利的路径和经验，成为符合当时需要的法治发展模式。马克思经典作家曾经从哲学的角度阐述过哲学与时代的问题，他认为，"任何真正的哲学都是自己时代的精神上的精华"①。所谓"时代的精神上的精华"，在马克思看来，就是哲学"要代表自己的时代和自己所处时代的人民"，所以马克思说，"哲学是问：什么是真实的？而不是问：什么是有效的？它所关心的是一切人的真理，而不是个别人的真理……"②从法治发展的角度来看，法治也应该是"时代的精华"，而法治的发展模式更应该关心"一切人"，而不是"个别人"和"部分人"。所以，在西方，民主模式能够成功就与大多数人的需要紧密地结合起来了。而在近代中国，民主模式为什么却失灵了呢？马克思曾经提出科学研究所需要的方法

---

① 马克思、恩格斯：《马克思恩格斯全集》（第1卷），人民出版社1956年版，第121页。
② 同上书，第122页。

论原则："一个时代所提出的问题，和任何在内容上是正当的因而也是合理的问题，有着共同的命运，主要的困难不是答案，而是问题。因此，真正的批判要分析的不是答案，而是问题。""问题就是公开的、无畏的、左右一切个人的时代声音。问题就是时代的口号，是它表现自己精神状态的最实际的呼声。"① 因此，问题还得从近代中国中去寻找。

从近代中国的社会结构来看，"晚清的水平社会等级结构，在理论上分成四个职业等级，即士（士绅）、农、工、商。实际上，它更接近于灵活的两个等级的结构，少数受过教育的富有的上流阶层，即统治阶级（约占人口的5%），和主要在土地上或城市里从事体力劳动的广大多数"。② 说的更直接一点，在近代中国，掌握统治权和话语权的基本上都是知识分子，发动改革或者革命的也是知识分子，而处于社会下层的则是人口占绝大多数的农民，无论知识分子在前沿阵地发表了多少热血沸腾的演讲，无论他们写了多少鼓动人心的前沿理论文章，因为缺乏发动和普及，广大农民既看不懂也不愿意懂。所以，广大农民既不知道什么是民主，也不知道什么是维新变法；尽管广大农民知道有一个辛亥革命，但是到底什么是辛亥革命，他们也是茫然的。鲁迅在《阿Q正传》中描述了阿Q参加了辛亥革命，而他对革命的看法就是有娶老婆的优势——"想要谁就是谁"，甚至可能有一部分还存在有革命成功以后可以拥有三宫六院七十二妃嫔的"革命想法"。有这种想法的人不在少数，阿Q、袁世凯不就是典型吗？尽管当代中国农村开始步入转型期是从1840年的鸦片战争正式开始的，但由于西方文化的全面入侵，就使得中国传统文化面临解体的危险，即使这样，辛亥革命后的农民与上一阶段相比，其基本社会地位相同，农村也没有发生天翻地覆的变化。

从上述的分析来看，近代中国的仁人志士从西方学到了先进的思想武器，但是在没有充分消化，特别是在没有能够理解中国国情的基础上，急急忙忙地把民主模式进行了实践，其失败自是情理之中，而民生模式自然进入了我们的视野。

---

① 马克思、恩格斯：《马克思恩格斯全集》（第40卷），人民出版社1982年版，第48页。
② ［美］费正清、费维恺：《剑桥中华民国史》（下卷），刘敬坤等译，中国社会科学出版社1993年版，第34页。

第三节 民生法治发展模式在中国的出场

上述研究已经表明，民主模式已经不适应中国来发展法治。建构一种新的法治发展模式成为当代中国获取法治资源、成就以法治国梦想的新的起点。我们认为，从现代中国的历史出发，再到当代中国建设社会主义发展国家的这一段历史，可以廓清我们的追求在何方——即，民生法治发展模式的出场具有历史的必然性和现实性。

一 民主法治发展模式与现代中国的民生之痛

辛亥革命以后，中国进入了中华民国时期。前面已经指出，在辛亥革命后，中国社会并没有发生实质性的变化。到了蒋介石统治时期，依然沿袭了西方的民主模式发展法治。从 1927 年至 1949 年，国民党政府为了维持它的统治，制定了一系列的法典和法律，其中最为主要的是"六法全书"，希望以此实现南京临时政府立宪之时的"尽扫专治之毒瘤，确定共和，普利民生"之目标。

然而，当时的具体情形又是什么样子的呢？我们可以对占当时人口总数比例最大的农民的民生进行考察来反映当时的现实。在晚清时期，广大农民被剥夺了土地，不得不耕种经过任意分割而不足以维持生活的小块土地，还要负担增加的地租，同时又不能以手工产品来弥补其亏空；所有这些情况造成了农民逐渐贫穷，而农民的贫穷又造成了地主大量侵占和购买土地。费正清等人分析道："土地所有权变动的加速也许有利于富裕农民的增加，实际上，继承人平分土地的习惯做法导致地产遭到周期性分割以至小得不足以维持生计。连续的农业歉收、税收的增加，以及预测不到的市场波动，在清末四十年中经常发生，从而迫使小土地所有者往往低价出卖土地以偿还债务和勉强糊口。"由此可见，所谓的"富裕农民"就是通过这样的乘人之危的方式剥夺农民土地的，"根据少数地区的统计数字，二十世纪之初地价明显下跌而农产品价格上涨，安徽一个地主利用 1910 年洪水之灾，竟买了九千亩地。在困难时期，出卖土地的速度总是加快的。"① 除此

---

① ［美］费正清：《剑桥中国晚清史》（下），中国社会科学院历史研究所编译室译，中国社会科学出版社 1983 年版，第 641—642 页。

之外，还存在着大量旗田、屯田和皇庄①，这样基本上把中国农民的土地占光了。由于土地都被占光了，农民只好租种土地以维持生计，农民的"地租以货币或实物缴付；如果缴实物，地租一般为主要作物的50%。19世纪八十年代上报的现金地租每亩从白银0.6两到2.66两不等，这接近当地地价的5%到10%"②。并且，地方上层人物把朝廷增加税收而产生的负担转嫁给佃农，这样，农业制度的始终稳定，而不是偏离传统的标准而波动。这种平衡被维持在构成中国人口80%的绝大多数农户所过的很低的生活水平上。③然而，自1911年辛亥革命以后，中国农村稍稍有了一些变化，这种变化并不明显，这是因为孙中山先生领导的辛亥革命并没有发动和依靠农民，所以农村制度基本稳定。但是，孙中山建立的政府颁布了《中华民国临时约法》，吸收了严复翻译的"权利"概念，在形式上讲究人权，这是中国历史的巨大进步。依据这一约法，农民也有了人权，这是第一次对农民权利的肯定，但是这一宣言并没有实现。之后，由于军阀混战，农民的生活更加艰苦，社会地位更加低下，到了国民政府统治时期，农民的社会地位又有了新的变化。"民国时期，无论军阀专制，还是农民运动，以及国民政府统治，总的特征是城市政治强制性地进入乡村社会，强人和暴力是社会秩序的主导性力量。"④辛亥革命后，皇权被民权所取代，封建宗法性质的保甲制度在实质上被否定，国家推行具有西方资本主义政治色彩的"地方自治"。但是由于封建土地制度并没有改变，这种地方自治在事实上沦落为地主阶级专制。尽管孙中山也提出"平均地权"的设想，即三民主义中的民生主义，但按照孙中山先生的设想，平均地权的具体办法是核定天下地价，国家按价把私人的土地买下来，使国家成为全国土地的主人，由国家收取地租，这样就可以使没有土地的农民获得土地耕种。⑤然而，辛亥革命以后，局势的变化并没有如孙中山先生设想的那样美好，土地依然是落入"地主、官

---

①　[美] 费正清：《剑桥中国晚清史》（下），中国社会科学院历史研究所编译室译，中国社会科学出版社1983年版，第20页。

②　同上书，第21页。

③　同上书，第22页。

④　于建嵘：《岳村政治——转型期中国乡村政治结构的变迁》，商务印书馆2000年版，第135页。

⑤　杜虹：《20世纪中国农民问题》，中国社会科学出版社1995年，第2—3页。

僚、军阀手中，土地集中更为明显"①。农民并没有因为辛亥革命而受益。据一个比较权威的数据表明：在国民党统治区的中国农村，占乡村户数的5%左右的地主占有40%—50%以上的耕地；占乡村户数3%—5%的富农占耕地15%—20%；而占乡村户数的90%的贫民、雇农、中农等共仅占有耕地的20%—40%。② 土地的缺乏，必然导致生产资料的缺乏，从而使得农民具有较强的生活依附性，这种依附性必然使社会地位落入底谷。然而，当时的国民政府却从农民身上索取了相当多的财富，以满足私欲和战争的需要，掠夺农村和农民的政策使得农民无法逃出贫穷命运的掌心。据于建嵘在衡山县的调查，1929年，衡山县田赋附加高达28.43万元，其中常年附加1.45万元，临时附加26.98万元；1944年，以抗日为名，征收赋谷14万石，滥取损税竟达900多万元；1948年衡山征收的正杂捐税达37种，至于田赋、盐税、营业税和契税等正税的附加税，以及临时性的摊派，则名目繁多，不胜枚举，每亩田赋8.7市斗，为1941年的3.3倍。③现代中国非常著名的报纸《大公报》对于加在农民和普通百姓之上的苛捐杂税也有过非常激烈的批判，"民生困苦之根本，实在于苛捐杂税……中国人民之最大痛苦，为饱受苛虐之政而无从呼吁。"④ 沉重的负担，使农民难以维持生活，农民已无法进行简单再生产。

　　从上面的分析可以看出，尽管国民党政府在"六法全书"中以法律规则的形式规定了农民的一些权利，但是这些权利都是纸上写的文字，因为当时的农民根本没有享受过这些权利。总而言之，那是一个农民和普通百姓没有权利、生活痛苦交加的时代，是一个民生极其缺乏的时代。也就是说，民主法治发展模式尽管在中国得到了实践，但是，并没有改变中国人民特别是广大农民的生活境况。甚至我们还可以得出一个初步的结论，在当时的语境下，民主或许并不是广大农民迫切需要的，他们所需要的恰恰是西方没有提到过的、而被孙中山以民生主义概括过的民生。

　　① 方向新：《农村变迁论——当代中国农村变革与发展研究》，湖南人民出版社1998年，第3页。
　　② 董志凯：《解放战争时期的土地改革》，北京大学出版社1987年，第3页。
　　③ 于建嵘：《岳村政治——转型期中国乡村政治结构的变迁》，商务印书馆2000年版，第209—210页。
　　④《呜呼苛捐杂税》，天津《大公报》1929年12月17日，转引自任桐《徘徊在民本与民主之间》，生活·读书·新知三联书店2004年版，第91页。

二　民生法治发展模式之初步实践

面对生灵涂炭，面对内忧外患，如何找到一种有效的理论进一步推动社会革命，成了现代中国之一个重大课题。从今天来看当年的历史，我们可以得出一个基本的结论，即谁真正地关注了民生，谁真正地把人民当作了国家的主人，谁就真正地关注了民权，也就真正地践行了中国古代传统的民本思想，从而也就获得了民心，顺应了民意，这就是中国共产党夺取全国政权之最大秘诀。

中国共产党人在创新出新法治实践模式时，历史教训和现实抉择必然能促使之考虑到民生，并以民生作为革命思想的核心问题。我们可以从以下几例中得到证明：第一，从新民主主义革命的性质来看，新民主主义革命是资产阶级民主革命。毛泽东在 1948 年 3 月的《关于民族资产阶级和开明绅士问题》中明确指出："决定革命性质的力量是主要的敌人和主要的革命者。"中国新民主主义革命的主要敌人是帝国主义、封建主义和官僚资本主义，所以中国革命的性质不会是无产阶级的社会主义革命，只能是资产阶级性质的民主革命。这就意味着，中国共产党人与帝国主义、封建主义和官僚资本主义不是同一战壕的，其利益主张和权利诉求是相悖的。中国共产党人的革命就是要革掉那些站在广大劳动人民的头上作威作福的资本家、大地主等腐朽阶级的"命"，从而为广大的劳苦大众请命。第二，从新民主主义革命的目的来看，就是要取消帝国主义在中国的特权，消灭地主阶级和官僚资产阶级的剥削和压迫，改变买办的、封建的生产关系和腐朽的上层建筑，从根本上解放被束缚的生产力。实际上，它是要解救生活在水深火热中的广大人民群众，让他们为自己劳动，为社会劳动，而不是为了少数特权阶级、官僚资产阶级劳动。第三，从新民主主义革命的对象来看，是帝国主义、封建主义以及官僚资本主义和官僚资产阶级。帝国主义是中国革命的主要对象之一，这是因为，自近代以来，外国资本主义对中国的侵略给中国社会发展带来严重影响，帝国主义的侵略是近代中国贫穷落后的主要根源，是近代中国发展的最大障碍。而封建主义的统治是导致近代中国落后挨打的内在原因。封建剥削制度是帝国主义统治中国的主要支柱和中国封建军阀实行专制统治的社会基础；封建主义的统治是中国经济现代化和政治民主化的主要障碍。也就是说，从根本上说，帝国主义导致了中国的贫穷落后，封建主义导致了中国人民的贫穷落后，官僚资本主义和官僚资产阶级在不断地剥削和压迫广大人民，这就是民生的四大天然的敌人。正如毛泽东所说："在全中国卷入经济浩劫，数万万民众陷入饥寒交迫的困难地位的时候，我们人民的政府却不顾一切困难，为了革命战争，为了民族利益，认真地进行经济建设工作。事情是非常明白的，只有我们战胜了帝国主义和国民党，只有我们实行了有计划的有组织的经济建设工作，才能挽救全国人民出于空前的浩劫。"① 第四，从革命的依靠对象和动力来源来看，革命者是以工农联盟为主体的工人阶级同农民阶级以及城市小资产阶级等其他劳动人民的联盟，革命的领导权不再属于资产阶级，而是属于无产阶级及其政党。工人阶级、农民阶级、城市小资产阶级等阶级都是基本上没有财产的阶级，也是人数最多、受压迫最深、受影响最广泛的群体，其民生之苦前面已描述，因而能够成为革命的主力，所以，"我们对于广大群众的切身利益问题，群众的生活问题，就一点儿也不能疏忽，一点儿也不能看轻。因为革命战争是群众的战争，只有动员群众才能进行战争，只有依靠群众才能进行战争。"②

与民国政府不甚重视民生的剥削政策和压迫政策相比，中国共产党在加强民生建设方面可谓不遗余力。以最受人民群众关注的土地政策为例，中国共产党没收封建地主阶级的土地归农民所有，实行耕者有其田，这是中国共产党新民主主义三大经济纲领之一，也是中国共产党在民生建设方面的一个根本性措施。早在中国共产党成立之初，就明确提出要"消灭资本家私有制，没收机器、土地、厂房和半成品等生产资料归社会共有"（中共"一大"纲领）。中共"二大"进一步提出要"肃清军阀，没收军阀官僚的财产，将他们的田地分给贫苦农民"，"定限制租课率的法律"。1927年，中国进入土地革命时期以后，在井冈山等革命根据地相继进行了土地大革命。当时，中共中央强调："一切地主的土地无代价地没收，一切私有土地完全归组织成苏维埃国家的平民所共有。"在此时期，毛泽东主持制定了《井冈山土地法》，这是共产党的第一部较完整的土地法，该法明确规定："没收一切土地归苏维埃政府所有"。土地分配主要以乡为单位，以人口为标准，男女老幼平均分配。1930年，红四军前委规定，土地一经分配即为农民私有。1934年苏维埃政权在瑞金建立之后，中国共产党

---

① 毛泽东：《毛泽东选集》（第1卷），人民出版社1991年版，第131页。

② 同上书，第136页。

就在江西革命区进行了小范围的土地改革。正如毛泽东郑重地指出："一切群众的实际生活问题，都是我们应当注意的问题。假如我们对这些问题注意了，解决了，满足了群众的需要，我们就真正成了群众生活的组织者，群众就会真正围绕在我们的周围，热烈地拥护我们。"[1] 此后，在抗日战争时期，中国共产党的土地革命政策稍有调整。1945 年，毛泽东在《论联合政府》的报告中，把中国共产党的宗旨进一步概括为："共产党的一切言论行动，必须以合乎最广大人民群众的最大利益，为最广大人民群众所拥护为最高标准。他还指出，全心全意为人民服务，一刻也不能脱离群众；一切要从人民的利益出发，而不是从个人或小集团的利益出发；向人民负责和向党的领导机关负责的一致性；这就是我们的出发点。"毛泽东所言"人民"，并不是一个抽象的宽泛概念，它指的是活生生的以劳动阶级为主体的广大民众。抗日战争胜利后，中国共产党领导的解放区面积已达 240 万平方公里，约占全国土地面积的三分之一，解放区人口 1.4 亿，约占全国人口的三分之一。在解放区中，新解放区占总面积的一半以上。1946 年 5 月 4 日，中共中央开始稳定土地政策。《关于清算减租及土地问题指示》（即"五四指示"）指出，解决农民土地问题是目前最基本的历史任务，要坚决拥护农民一切正当的主张和正义的行动，批准农民获得和正在获得土地。1947 年 9 月，中共中央在河北省平山县西柏坡召开了全国土地会议，制定了《中国土地法大纲》，1947 年 10 月 10 日公布施行，从此，农民在真正意义上拥有了土地，获得了生存的基础，获得了改善民生的根本性资源。《中国土地法大纲》明确宣布："废除封建性及半封建性剥削的土地制度，实行耕者有其田的土地制度"，"废除一切地主的土地所有权"，"乡村中一切地主土地及公地，由乡村农会接收，连同乡村中其他一切土地，按乡村全部人口，不分男女老幼，统一平均分配。在土地数量上抽多补少，质量上抽肥补瘦，使全乡村人民均获得同等的土地，并归个人所有"。1948 年春，毛泽东完整地提出了中国共产党在新民主主义革命时期土地改革工作的总路线和总政策，"依靠贫农，团结中农，有步骤地、有分别地消灭封建剥削制度，发展农业生产。土地改革所依靠的基本力量，只能和必须是贫农。这个贫农阶层，和雇农在一起，占了中国农村人口的百分之七十左右。土地改革的主要的和直接的任务，就是满足贫雇农

---

① 毛泽东：《毛泽东选集》（第 1 卷），人民出版社 1991 年版，第 136 页。

群众的要求。"① 农民获得了土地，也就是获得了生活的资源保障，改变了那种靠租田为生，而且得不到保障的生活；改变了把人格寄托在地主的田上，把生活寄托在地主的仁慈上的那种境遇，农民的民生得到了极大的改善。

从中国共产党民生建设的理论与实践来看，民生以解决人民群众最关心、最直接、最现实的利益为重点，通过关心群众的各种利益问题，为群众排忧解难，以此团结人心，凝聚民力。

民生建设直接结果是，中国共产党人团结一切能够团结的进步力量，实践了为人民服务的价值。"领导农民的土地斗争，分土地给农民；提高农民的劳动热情，增加农业生产；保障工人的利益；建立合作社；发展对外贸易；解决群众的穿衣问题，吃饭问题，住房问题，柴米油盐问题，疾病卫生问题，婚姻问题。总之，一切群众的实际生活问题，都是我们应当注意的问题。假如我们对这些问题注意了，解决了，满足了群众的需要，我们就真正成了群众生活的组织者，群众就会真正围绕在我们的周围，热烈地拥护我们。"② 由此可见，正如笔者多次所说，中国共产党人大张旗鼓地推动民生，并且没有借助西方资产阶级大革命时期许多为人所熟悉的豪言壮语，没有天赋人权、自由、平等，没有"无自由毋宁死"的自由主义豪情，也没有系统提出所谓的民权或人权主义的权利理论，更没有一个注有所谓权利的宣言。但是，任何一个关注权利理论的人在考察了中国共产党关于土地变革中的土地政策之后，必然会得出与笔者感受相同的结论，即中国共产党关于民生的践行，实际上就是最伟大的法理学理论的逻辑运行和演绎。所以，中国能够以此为基，带来中国人民走向幸福安康，使得人民安居乐业。

从法理学的角度来看，中国共产党领导的土地改革是一份关注民生的权利宣言，它确认了广大农民作为土地所有者的权利，保证了广大人民实现了当家作主的愿意，并且使得农民不再像国民党统治时期受到高地租的剥削，可以自己享受自己的劳动成果。中国共产党初步实践了民生模式。

三　民生法治发展模式之深化发展

1949 年，新中国成立，掀起了历史发展新的一页。但是新中国的成立

---

① 毛泽东：《毛泽东选集》（第 4 卷），人民出版社 1991 年版，第 1314 页。

② 同上书，第 136—137 页。

并不意味着中国共产党以及中国人民从此永享太平，中国共产党所面临的历史任务也会更多。要实现从革命党到执政党的转变，需要党转变思想观念。正如毛泽东同志告诫党内同志时所说，"夺取全国胜利，这只是万里长征走完了第一步。如果这一步也值得骄傲，那是比较渺小的，更值得骄傲的还在后头。在过了几十年之后来看中国人民民主革命的胜利，就会使人们感觉那好像只是一出长剧的一个短小的序幕。长剧是必须从序幕开始的，但序幕还不是高潮。中国的革命是伟大的，但革命以后的路程更长，工作更伟大，更艰苦"。① 在当时，尽管新中国成立了，但是蒋介石留给中国人民的是一个千疮百孔的国家，是一个一穷二白的国家，所以，毛泽东所说"我们不但善于破坏一个旧世界，我们还将善于建设一个新世界"② 成为一个非常现实的问题，否则，就有可能重蹈李闯王进京的覆辙。也就是说，如何治国成为已经成为执政党的中国共产党所面临的最大问题。第一代中国共产党人对此的回答是：以民生治国。

（一）民生治国的初步成就

我们先从1949年中国的经济形势谈起。1949年新中国成立前，中国经济已经处于全面崩溃的境地。工厂关闭，农田荒芜。关内的铁路没有一条能够全线通车，有的路段连路基也荡然无存。城乡贸易停顿，市场物资奇缺。以1949年与历史上最高年份相比，工业总产值减少50%左右，其中重工业减少了70%，轻工业减少了30%，煤炭产量减少48%，钢铁产量减少80%以上，粮食产量减少25%，棉花产量减少48%。由于生产大幅度下降，财政赤字越来越大，通货膨胀加剧，市场物价猛涨。从1937年抗日战争爆发到1949年5月的12年间，国民党政府的通货增发了一千四百多亿倍，物价上涨了八万五千多亿倍。广大劳动人民贫困失业，生活下降到可怕的地步。③

为了让广大人民过上正常的生活，摆脱掉生活贫困潦倒、政府逆行倒施的阴影，重建广大劳动人们对国家的信任，民生问题成为迫切需要解决的问题。中国共产党通过以下措施对此进行了积极作为：首先，国家采取没收旧中国资本主义经济、官僚资本主义经济的政策，把它们改变为社会

---

① 毛泽东：《毛泽东选集》（第4卷），人民出版社1991年版，第1438页。

② 同上。

③ 中共中央文献研究室编：《关于建国以来党的若干历史问题的决议》，人民出版社1983年版，第214—216页。

主义的国营经济，为国民经济的恢复和发展奠定了重要的物质基础。1950年1月，人民政府作出了关于海关工作的决定，实行对外贸易的统制政策，很快控制了全国各海关，掌握了对外贸易，并且努力恢复交通，修复全国的铁路网，沟通全国城乡经济。其次，在全国范围内进行了土地改革。1950年6月，国家颁布了《中华人民共和国土地改革法草案》，土地改革的总路线是"依靠贫、雇农，团结中农，中立富农，有步骤有分别地消灭封建剥削制度，发展农业生产"，这条总路线是多年来我党进行土地改革运动经验的继承和总结，是符合新中国成立后农村的实际的，又是土地改革中各项具体政策和措施的总依据。再次，党和政府领导广大农民在基本完成土地改革的基础上，实行互助合作，兴修水利，改善生产条件，并且通过发放农业贷款，供给肥料、新式农具、农药和用合理的价格收购农副产品等办法，保证了农业生产的恢复和发展。1950年3月，当时的政务院通过并公布《关于统一国家财政经济工作的决定》，统一全国财政收支，统一全国物资调度，统一全国现金管理。最后，人民政府采取紧缩开支、发行公债、征收公粮和工商税以及加强市场管理、取缔投机活动等措施，接着又实行了统购棉纱的政策，从而迅速扭转了财政经济的困难局势，通货膨胀停止，金融物价趋于稳定。

经过三年的艰苦努力，胜利地完成了国民经济的恢复工作。到1952年底，全国工农业生产都超过了历史的最高水平。1952年，全国工农业总产值比1949年增长77.5%，其中工业总产值增长145%，农业总产值增长48.5%。随着工农业生产的恢复和发展，劳动人民的物质和文化生活水平也得到了明显的改善和提高。从1949年到1952年，全国职工的平均工资提高了70%左右，各地农民的收入一般增长了30%以上。[①] 到1957年我国完成第一个"五年计划"时，比1952年增长了33.9%，平均每年增长6%[②]。并且，此后，经过了"三反"、"五反"等社会运动，社会极其安定，刑事案件立案率达到了历史的最低点。所以，毛泽东同志在1957年在《关于正确处理人民内部矛盾的问题》中认为，"人民生活是稳定的，

---

① 中共中央文献研究室编：《关于建国以来党的若干历史问题的决议》，人民出版社1983年版，第214—216页。

② 转引自朱庆芳《建国以来社会经济发展水平的综合评价》，《当代中国史研究》1998年第6期。

并且逐步有所改善"①。

　　这就用事实批判了美国国务卿艾奇逊的最初错误判断。1949 年初，美国国务院发表了艾奇逊国务卿给杜鲁门总统的信，艾奇逊在信中说："中国人口在 18、19 世纪里增加了两倍，吃饭是每一个中国政府必然碰到的问题，一直到现在没有一个政府使这个问题得到了解决"，"国民政府之所以有今天的窘况，很大的一个原因是它没有使中国有足够的东西吃"②。艾奇逊道出了中国人口多、吃饭问题是个大问题的事实，但是，这个问题被中国共产党给解决了。毛泽东对此进行了批判："艾奇逊在这里寄予了很大的希望，这个希望他没有说出来，却被许多美国新闻记者经常地透露了出来，这就是所谓中国共产党解决不了自己的经济问题，中国将永远是天下大乱，只有靠美国的面粉，即是说变为美国的殖民地，才有出路。"对此，毛泽东认为，"中国人口众多是一件极大的好事。再增加多少倍人口也完全有办法，这办法就是生产"。"革命加生产即能解决吃饭问题……我们相信革命能改变一切，一个人口众多，物产丰富，生活优裕，文化昌盛的新中国，不要很久就可到来，一切悲观论调是完全没有根据的。"③毛泽东这个预言是正确的，打破了西方人的一些谬论，不仅中国共产党建立的新政权逐步稳定，长期处于战乱状态的中国人民可以过上了安定的生活，而且在政治上，农民获得了土地这一重要的生产资料，成为自己生活的主人，工人也摆脱了受压迫的命运。"主人翁"不再是少数几个人，而是曾经处于中下层的广大工人和农民。可见，民生治国取得了初步成效。

　　（二）民生治国的方法之痛

　　再辉煌的历史也有值得反思的插曲。1957 我国"第一个五年计划"胜利完成，在接下来如何进一步贯彻民生治国的路径上，毛泽东等一些主要领导人产生了急躁冒进思想。这种冒进思想主要表现在如何建设社会主义上。毛泽东认为，社会主义才真正是所有人都安居乐业、幸福发展的社会，因此必须要尽快建设成社会主义。为此，党中央在民生建设方面采取了一系列方法过头的做法。

----

① 毛泽东：《毛泽东选集》（第 5 卷），人民出版社 1977 年版，第 377 页。
② 转引自毛泽东《毛泽东选集》（第 4 卷），人民出版社 1991 年版，第 1510 页。
③ 同上书，第 1511 页。

第一，发动了"大跃进"运动。1958年5月，"中共八大二次会议"正式通过了"鼓足干劲、力争上游、多快好省地建设社会主义"的总路线。这条总路线的出发点是要尽快地改变我国经济文化落后的状况，提高广大人们的生活水平。但是，在落实这条总路线时，过分地强调了"快"，从而演变成了"大跃进"运动。1957年11月在莫斯科的一次国际会议上，毛泽东首次提出：15年后中国可能赶上和超过英国。在"大跃进"过程中，"超过英国"的口号，逐步演变为"超英赶美"的战略。这一战略的突出特点是盲目追求高速度，以实现工农业生产高指标为目标。要求工农业主要产品的产量成倍、几倍、甚至几十倍地增长。"大跃进"运动在建设上追求大规模，造成了严重的后果，不仅经济没有发展上去，而且浪费了大量的经济社会发展资源；不仅人为过度夸大了经济发展指标，而且造成了全民发展工业，忽视了农业。"这一切反映了中国人民渴望尽快改变'一穷二白'的落后面貌，早日把我国建设成为先进的工业强国的愿望。但是这个战略目标的提出，脱离了中国的客观实际，再加上国际环境的不利影响，使我国国民经济在1959—1961年发生了严重的困难。"[1]

第二，在生产关系上强调"一大二公"，人民生活被放在次要地位。所谓"一大二公"，指人民公社第一规模大，第二公有化程度高。1958年，原来的高级农业生产合作社，在极短的一个月时间，重新改组为"人民公社"。全国有99%的农民加入公社，体现出了人民公社的"一大"，即大规模化。人民公社的特点叫"一大二公"，实际上就是搞"一平二调"。所谓"大"，就是将原来一二百户的合作社合并成四五千户以至一二万户的人民公社。一般是一乡一社。所谓"公"，就是将几十上百个经济条件、贫富水平不同的合作社合并后，一切财产上交公社，多者不退，少者不补，在全社范围内统一核算，统一分配，实行部分的供给制，形成了各个合作社（合并后叫大队或小队）之间、社员与社员之间严重的平均主义。同时，社员的自留地、家畜、果树等，也都被收归社有。在各种"大办"中，政府和公社还经常无偿地调用生产队的土地、物资和劳动力，甚至调用社员的房屋、家具，纷纷杀猪宰羊，砍树伐木，造成生产力的很大破坏，给农业生产带来灾难性的后果。

第三，1965年后，发动了范围更大的"文化大革命"，经济发展被置

---

① 徐清照：《建国以来我国经济发展战略的历史回顾》，《发展论坛》2008年第1期。

于次要的地位。"文化大革命"期间，造反派们"踢开党委闹革命"，除野战部队外，各级党委陷入瘫痪，基层党组织停止活动。毛泽东专门主持召开以批判"资产阶级反动路线"为主题的工作会议，点名批判刘少奇、邓小平，强调让群众自己教育自己，自己解放自己。会后，全国掀起批判资产阶级反动路线的高潮。1971 年以后，林彪集团的反革命政变被粉碎后，周恩来在毛泽东支持下主持中央日常工作，在政治、经济、外交等方面采取了许多措施，使各方面的工作有了转机，但遭到江青一伙的攻击。毛泽东也认为当时的任务仍然是反对"极右"，从而使批"左"的正确意见被否定，"左"倾错误继续发展。1975 年，邓小平在毛泽东、周恩来支持下主持中央日常工作，他先后召开了军委扩大会议和解决工业、农业、交通、科技等方面的一系列会议，着手对许多方面的工作进行整顿，使形势有了明显好转。但是，毛泽东不能容忍邓小平系统地纠正"文化大革命"的错误，先是号召学习"无产阶级专政理论"，继而发动了"批邓、反击右倾翻案风"运动。"文化大革命"期间，"广大劳动群众停产闹革命，盲目搞三线建设、搞'山、散、洞'，1800 万知识青年上山下乡，大批干部被轰到'五七'干校，再度使生产的循环运转陷入困境，各种灾难性后果接踵而至，使经济生活几乎到了崩溃边缘。"[1]

上述做法造成的一个直接后果是：1958 年以后的 20 年间，人们的生活水平没有明显提高，国家的经济增长也比较慢。从 1958 年到 1978 年整整 20 年里，农民和工人的收入增加速度非常慢，生活水平相对较低，生产力发展也不快。1978 年人均国民生产总值不到 250 美元[2]。以建设共产主义为最终目标的中国共产党为什么会让人们的生活并不是那么的幸福安康呢？从措施来看，许多政策的出台其本意都是为了改善民生：如人民公社就是要大家都有饭吃，让中国人走到中国任何一个地方都不要花钱买饭吃。但是，结果是，很多人到最后没饭吃。这并不能够说中国共产党漠视民生建设，而只能说中国共产党采取了错误的方法来加强民生建设。目标与手段的相异和理想与现实的背道而驰告诉我们，光有良好的愿望是不行的，还必须有正确的方法。毕竟，社会主义是开天辟地的大事，没有现成

---

① 朱庆芳：《建国以来社会经济发展水平的综合评价》，《当代中国史研究》1998 年第 6 期。

② 资料来源参见朱庆芳《建国以来社会经济发展水平的综合评价》，《当代中国史研究》1998 年第 6 期。

的经验可以拿过来套，拿过来用。所以，这才引出了1978年以后中国共产党"摸着石头过河"的历史。

（三）民生治国的全新阐释

青山遮不住，毕竟东流去。痛定思痛，中国共产党人发现了民生治国过程中的方法问题，于是，在以邓小平同志为首的党中央的带领下，中国人民开始了民生治国的全新探索，并以改革开放这一新的形式作出了全新阐述和解释。

首先，中国共产党人开始认真对待贫穷与富裕问题。改革开放前的一段时间，有一种把贫穷视为社会主义的特征的论调，反对个人拥有私有财产权，反对按劳分配。邓小平对此指出，"农村、城市都要允许一部分人先富裕起来，勤劳致富是正当的。一部分人先富裕起来，一部分地区先富裕起来，是大家都拥护的新办法，新办法比老办法好。""要让一部分地方先富裕起来，搞平均主义不行。"① 但是，先富并不是实现资本主义，"我们提倡一部分地区先富裕起来，是为了激励和带动其他地区也富裕起来，并且使先富裕起来的地区帮助落后的地区更好地发展。提倡人民中有一部分人先富裕起来，也是同样的道理。对一部分先富裕起来的个人，也要有一些限制，例如，征收所得税。还有，提倡有的人富裕起来以后，自愿拿出钱来办教育、修路。"② 先富是为了实现"共同富裕"。允许有人先富最终实现共同富裕，实际上就是打破此前一向把个人私有财产视为社会主义"天敌"的错误做法，也打破了平均主义大锅饭，从而最大限度地提高了人民工作积极性和创造性，人民的生活水平大幅度提高。如改革开放初期，只有极其少数的人拥有彩电、冰箱、洗衣机。但是随着改革的深入，到改革开放20年之际（1998年），居民生活水平大幅度提高，主要家庭设备用品趋于饱和，彩电、冰箱、洗衣机百户拥有量分别为117.5台、101.3台和95台。居民家庭设备用品支出主要投向电子计算机、摄像机、汽车及其他部分耐用消费品的更新换代。到了改革开放30年之际（2008年），城市已经基本实现电脑家庭化，农村居民拥有的彩电、冰箱、洗衣机也大幅度增长。所以，邓小平同志说得好，"过去搞平均主义，吃'大锅饭'，实际上是共同落后，共同贫穷，我们就是吃了这个亏。改革首先

① 邓小平：《邓小平文选》（第3卷），人民出版社1993年版，第23、52页。
② 同上书，第23、111页。

要打破平均主义，打破'大锅饭'，现在看来这个路子是对的。"①

其次，中国共产党人认识到社会主义的本质就是要解放生产力和发展生产力。在改革开放的实践中，人们逐渐意识到，社会主义必须大力发展生产力，逐步消灭贫穷，不断提高人民的生活水平，"计划多一点还是市场多一点，不是社会主义与资本主义的本质区别。计划经济不等于社会主义，资本主义也有计划；市场经济不等于资本主义，社会主义也有市场。计划和市场都是经济手段。社会主义的本质，是解放生产力，发展生产力，消灭剥削，消除两极分化，最终达到共同富裕。"② 解放和发展生产力，从整体上来看，就是要大力发展经济，要大力提高国家的综合国力。也只有在国家富裕以后，人民群众才能够富裕起来，即所谓的"大河有水小河满，大河无水小河干"。

最后，提出了全面建设小康社会的构想。邓小平同志最初提出全面建设小康社会的构想，实质是让人们过上美好生活。邓小平同志说："这几年一直摆在我们脑子里的问题是，我们提出的到本世纪末翻两番的目标能不能实现，会不会落空？从提出到现在，五年过去了。从这五年看起来，这个目标不会落空。翻两番，国民生产总值人均达到八百美元，就是到本世纪末在中国建立一个小康社会。"③ 为此，邓小平同志提出了"三步走"的路径，"第一步在八十年代翻一番。以一九八○年为基数，当时国民生产总值人均只有二百五十美元，翻一番，达到五百美元。第二步是到本世纪末，再翻一番，人均达到一千美元。实现这个目标意味着我们进入小康社会，把贫困的中国变成小康的中国。那时国民生产总值超过一万亿美元，虽然人均数还很低，但是国家的力量有很大增加。我们制定的目标更重要的还是第三步，在下世纪用三十年到五十年再翻两番，大体上达到人均四千美元。做到这一步，中国就达到中等发达的水平。"④ 全面建设小康社会的实质就是解决民生难题，让人民一步一步提高生活水平。

总的来看，改革开放就是一场解决和改善民生问题的"革命"。判断姓"资"还是姓"社"的标准，应该主要看"是否有利于发展社会主义社会的生产力，是否有利于增强社会主义国家的综合国力，是否有利于提

---

① 邓小平：《邓小平文选》（第3卷），人民出版社1993年版，第23、155页。
② 同上书，第23、374页。
③ 同上书，第23、53—54页。
④ 同上书，第23、226页。

高人民的生活水平"①。在这里，邓小平把提高人民的生活水平提高到了一个终极价值的地位。尽管当时没有提到改善民生的高度，但其实质就是改善民生问题。实事求是地说，改革开放以来，我们党和政府立足国情及民情，针对改善民生工作中出现的现实问题，已找到了改善民生问题的突破口，就是要调整社会政策和公共财政政策，突出解决社会问题。这是我们今后要发扬光大、继续做好工作的成功经验。如，对 10 多年来社会保险制度的改革和探索，人民不是很满意。主要是社会政策和公共财政的改革不到位，配套措施不到位，进而使人民在"上学"、"住房"、"医疗"、"养老"等方面都面临难题。② 现在，党中央和国务院高度重视民生，并在中国共产党的"十七大"报告中单独设立"加快推进以改善民生为重点的社会建设"这一章节，提出要着力保障和改善民生，推进社会体制改革，扩大公共服务，完善社会管理，促进社会公平正义，努力使全体人民学有所教、劳有所得、病有所医、老有所养、住有所居，推动建设和谐社会。

四　民生法治发展模式之能

关于民生，孙中山实际上有过很好的论述，他说，"民生就是人民的生活——社会的生存、国民的生计、群众的生命便是。"③ 关于民生的地位作用，孙中山认为："民生就是社会一切活动中的原动力。因为民生不遂，所以社会的文明不能发达，经济组织不能改良和道德退步，以及发生种种不平的事情。像阶级战争和工人痛苦，那些种种压迫，都是由于民生不遂的问题没有解决。所以社会中的各种变态都是果，民生问题才是因。"④ 可惜的是，尽管孙中山本人看重民生之用，但是他自己本人在有意无意之间偏离了民生的路线，再加上孙中山去世之后的国民党政府也开始偏离三民主义的原意执行，因此，以民权为核心的三民主义并没有促使中国走向富强，也没有使中国人民走向幸福安康。比之于孙中山的民生之"无能"，中国共产党则是大张旗鼓地推动民生，并且没有借助西方资产阶级大革命时期的许多为人所熟悉的豪言壮语。中国共产党关于民生的践行，实际上就是最伟大的法理学理论的逻辑运行和演绎。所以，中国能够以此为基，

---

① 邓小平：《邓小平文选》（第 3 卷），人民出版社 1993 年版，第 23、372 页。
② 张红娣：《改革开放以来我党改善民生的基本经验》，《理论前沿》2009 年第 3 期。
③ 孙中山：《孙中山全集》（第 9 卷），中华书局 1981 年版，第 355 页。
④ 同上。

带领中国人民走向幸福安康，使得人民安居乐业。

　　民生关注广大人民的生存与发展，因而最终是推动社会变革的伟大力量。民生问题是应该解决关于人民更好生存的问题，是关涉广大人民最需要的根本问题。马克思恩格斯在《德意志意识形态》中指出："我们首先应该确立一切人类生存的第一个前提也就是一切历史的第一个前提，这个前提就是：人们为了能'创造历史'，必须能够生活，但是为了生活，首先就需要衣、食、住以及其他东西。"① 从这个角度来看，孙中山尽管极力地呼吁民生，把民生作为其整个"三民主义"思想的基础，并推翻了封建制度，建立了资产阶级的国家政权。但是，在资产阶级革命取得初步胜利以后，孙中山的平均地权的民生主义构想却无法实现，也就是说，广大人民并没有因此得到足够的实惠，反而使得一些新兴的大地主和大资产阶级趁机以资本为媒，控制了土地和其他诸多生活资源和生产资料，广大人民陷入了新的被剥削和被压迫的环境之中。于是，这种政权显现了明显的软弱性：它无法荡平零零整整的分割势力，无法平定大大小小的政治风波，更无法整合社会资源与力量，以改善艰难困苦的民生状况。更为不幸的是，此后的历史中，漠视民生的投机者篡夺了国家权力倒行逆施；最初赞同民生主义的军事强人也背弃了当初的信仰。正是由于政府架构的缺陷，也正是由于政权缺乏民众基础，所以近代中国的民生不仅没有改善，而且陷入了一个相当深的困境当中，造成了百姓生活极其苦难。

　　相反，从中国共产党取得中国革命胜利的经验来看，自中国共产党步入历史大潮，张扬革命本色，争取广大人民的根本利益开始，就把民生摆在革命的首位，以让更多的人获得民生为历史使命。让大多数的贫困人们获得了土地，摆脱了长达几千年的土地依赖，有史以来真正成为土地的主人。这实际上表明，民生以解决人民群众最关心、最直接、最现实的利益为重点，它通过关心群众的各种利益问题，为群众排忧解难，以此团结人心，凝聚民力。所以，以民生为命的中国共产党取得全国政权、建立一个新中国的历史必然性更加彰显。

---

　　① 马克思、恩格斯：《马克思恩格斯全集》（第3卷），人民出版社1960年版，第31页。

第四章　民生法治发展模式的理论证成

第一节　中国法治发展需要"中国特色"

一　法治发展模式的中国语境

否认西方法治发展模式在中国的不可复制性，就意味着在中国发展法治应该注意到"中国特色"。广义地说"中国特色"，不仅要比较西方法治发展模式在西方成功的经验及其基础，而且也要考虑到法治在中国发展的价值适用和主体适用问题。狭义地说"中国特色"实际上仅仅只是考虑法治的中国语境。鉴于西方法治发展模式促成了西方法治国的成功实现，我们认为西方模式是适合西方价值和主体需求的。我们重点要考虑的是法治在中国的语境问题。

第一，考虑法治发展模式的中国语境，就必须考虑到普世价值与特殊价值的殊异性。如果将法治作为一种价值观念，那么，在一定程度上，可以认为这种价值观念是普世性的。尽管有少数人未必会同意或相信它，但是，从古希腊以来的传统到今天大多数人的追求来看，这样的论断还是合适的——尽管有些人看来会很武断。在法治价值下，大多数普通百姓的生活获得了保障，也获得了可行为的预期。人们从法治价值中感受到了作为人的尊严，也获得安居乐业保障的心理安慰。所以，在正常状态下，普通百姓对法治是支持的，并期待合理秩序下的正当性和合理性的生活方式。国家通过法治治理社会、规制个人的日常行为，特别是规制政府行为，都表明了法治作为价值的可被认同性。但是，在实现法治的问题上，我们就必须清醒地认识到，普世价值的共通性给予我们的是一种抽象层面的追求，而不是具体层面的操作和行为。法治需要规制政府行为、规制个人的日常生活、规范权力的运行机制、规范恣意的表达等等，尽管是相同的话语，但是却又有不同的逻辑。所以，从这个层面来看，我们还要将法治看做是一种具有"地方性"的特殊价值。正如一些学者们所说,"隐蔽在法律理论和法律实践中的是一系列政治、社会和经济生活的不断重现或'地方志'。用同一种方式来说,法律以各种形式依赖于有关历史的主张,所以它既界定又依赖一系列复杂的地方志和区域理解"①。这种"地方性"的主张,实际上就是看到了法治的具体表达的特殊性所在。认识到了这种差异,实际上就认识到了一个法治建设的逻辑理论问题:不同国家建设自己的法治,需要有自己的知识储备和实现路径,而不仅仅是说"只要是别人有的我们就可以有"——更为重要的是,别人有的,我们还需要基于"中国"这一具体语境给予分析和思考。特别是在当代中国,法治成为我们的治国理念并没有很长的一段时间,甚至还可以说,在少数人的头脑中,所沉积的还有较多的人治思想和人治观念。这意味着法治作为普世价值并没有在中国获得深入人心的认同,更不可能会成为每一个人的处事指南和价值准则。我们今天的法治建设就是要在这样的价值差异下进行,这需要长时间的磨合与砥砺。

第二,考虑法治发展模式的中国语境,就必须考虑法律规则和法治原则的背景性。按照上述论述的逻辑,有人会认为不同国家的法治是相同的,特别是法律条文可能是相同的,因此法律规则和法治原则也是可以相同的。这种观点当然有其合理之处。人类社会生活的许多方面确实是存在着相同的认识,比如都要考虑生存、都要考虑发展,而且从法律规则来看,确实有许多法律都是内涵一致的,如禁止谋杀、禁止强奸、禁止抢劫他人合法财产等等,现代社会的发展更使得我们在国际经济贸易领域的规制出现了"趋同化"的特点;就法律原则来说,人类有许多共同的道德观念,如强调诚实守信、强调追求公平正义、强调自由平等。但是,在某些问题上的一致性不意味着所有其他法律就是一致的,更不意味着每一个国家的法治实现路径也是一样的。法律是基于地方性的日常生活的知识,在不同的地方的人们的生活会有差异性。当孟德斯鸠在说:"我并不否认,一个民族的法律、风俗和礼仪大部分是因气候环境而产生的。但是,我要指出的是,一个民族的风俗和礼仪同它的法律有密

---

① Nicholas Blomley, *law*, *space*, *and the Geographies of power*, New York: The Guilford Press, 1994, p. XI.

切的关系。"① 不仅如此，"法律应当和国家的自然状态有关系：和寒、热、温的气候有关系；和土地的质量，形势与面积有关系；和农、猎、牧各种人民的生活方式有关系。法律应该和政治所能容忍的自由程度有关系；和居民的宗教、性癖、财富、人口、贸易、风俗、习惯和适应。最后，法律和法律之间也有关系。法律和它们的渊源，和立法者的目的，以及和作为法律建立的基础的事物的秩序也有关系。"② 尽管孟德斯鸠的观点还需要进一步的细细琢磨，但是，其所表明的却是不同地区、不同国家的法律需要因地制宜，如戴维尔斯所说，"法律……通过许多层次、对许多人、通过许多人发挥不同作用……警察的活动、受害者的处境、法院发生的事件、家庭分离的经历、法学院的说教、法律工作者的咨询、法学会的工作等等，所有这些作为法律体系的层次和空间而存在，可以作为地方性的话语来研究和描述。"③ 这样，法律规则和法治原则的背景就进入了我们的视野。当代中国建设法治国家，必须考虑我们所制定的法律的可接受性和现实性，而不是按照"西方有的法律我们也就可以有"的思路进行。特别有些与法律相关的问题，看起来中西方的表象表达是一样的，但是实际上，其背后所包含的文化规则和行动逻辑完全不一样。如果因为表象的相同而挪用了西方的法律，那么就会造成"南橘北枳"的效果。这样的事例在中国已经比较多见了。20世纪初期清末立宪的历史表明，单纯地制定几部法律，而没有改变法律运行的权力环境，特别是没有改变法律规则的实施场域，法治建设自然举步维艰。即使是到了当代中国，我们还是会发现即使是同样的法律，在西方的运行效果与中国的运行效果是两码事。可见，没有把握住法律规则和法治原则运行的背景，没有仔细寻找法律背后的逻辑真谛，光靠复制他国的法律条文是没有任何实在价值和意义的。我们国家最近三十多年来所立之法已经够多的了，但是诸如食品安全问题、矿难问题、农民工问题、贪污腐败问题等的规制并没有取得实质性的成绩，可见立法之时不仅要考虑他国如何做，还要考虑我们国家的法律该如何才能够做好，实现应有的法律效果。所以，"中国特色"需要中国特色的法治。

---

① ［法］孟德斯鸠：《论法的精神》（上册），张雁深译，商务印书馆1997年版，第153页。

② 同上书，第7页。

③ Margaret Davies, *Asking The Law Question*, Sydney, the Law Book Company Ltd, 1994, p. 228.

　　第三，考虑法治发展模式的中国语境，就必须考虑主体行为的公共性与偏好性。法治所要治理的是在社会中作为主体的人的行为。对于社会中的个人来说，日常生活是相同的，但又是不同的。人的生活的相同之处就在于每一个人都会在日常生活的过程中，不可避免地碰到柴米油盐酱醋茶之类的类似问题，同时，不同国家、不同地区的人们之间都会有交往和接触。就法律最初目的而言，就是要处理好人与人之间的关系，或者说是规范人与人之间的交往秩序。直白地说，如果世界上只有一个人，那么规范存在是没有意义的；世界上有了经常交往的两个以上的多数人（如果两个人之间没有任何可能的交往或者现实的交往，法律规则也不会产生），不管是亲属关系还是非亲属关系，规则就构成行为的一部分。但是，面对相同的行为，主体之间的处理原则和处理方式是不一样的。同样，不同国家、不同种族之间的人们在相同行为上的处理原则和方式也会不一样。就像在中国，人们觉得来往串门是很正常的事情，但是在西方进入别人的居所需要获得主人的批准和认可；再比如，在中国亲情关系明显比美国等发达国家更为浓厚。所以，我国这样建设法治的国家就会考虑到中国人与西方人在行为上的共性和处理方式上的个性，这也进一步说明，主体的行为决定了我们不能够贸然地复制他国的法律，也不可能轻易地选择他国的法治发展模式。进一步来说，"中国的法治之路必须依靠中国人民的实践，而不仅仅是几位熟悉法律理论或外国法律的学者、专家的设计和规划，以及全国人大常委会的立法规划。中国人将在他们的社会生活中，运用他们的理性，寻求能够实现其利益最大化的解决各种纠纷和冲突的办法，并在此基础上在人们的互动中（即相互调整和适应）逐步形成一套与他们的发展变化的社会生活相适应的规则体系。"①

　　总之，我们认为，不同的国家有不同的实际情况，也就有不同的文化背景和法治语境，法治的实践也就必须要在其自身的传统和社会资源中获得自己的理论进路，而不仅仅是盲目的照搬照抄。中国过去30年发展法治的经验已经深刻的表明：什么时候盲目地跟随了西方的民主法治模式，什么时候就获得了适得其反的效应，关于这一点，已经有较多的学术成果给予了印证。所以，我们应当改变那种单纯地"亦步亦趋""人云亦云"的法治发展模式。当然，在刚刚起步建设初期，在我们还没有找到自己的

---

① 苏力：《法治及其本土资源》，中国政法大学出版社1996年版，第19页。

方向的时候，在一定程度上的模仿和学习是必要的，并且实践也证明我们的总体路径是符合发展趋势的。值得注意的是，30 年来的发展也证明，我们的法治发展模式尽管起到了一定的作用，但是还是没能达到我们所追求的理想境界，甚至还有人指出我国已经出现了"法律很多但是秩序很少"或者"有法律无秩序"的问题。如法律还不能够解决我们现实生活中的许多问题，从高房价、贫富差距悬殊，到利益垄断和利益部门化、农村人口生存状态越来越艰难等等，都在表明我们今天的法治建设需要思路的转换。历史与现实表明，"人类切不断历史，也离不开逻辑，对前者的尊重，构成经验主义的理想追求。前者是长度，累积人类历史之渊源，后者是宽幅，测量人类自由意志的极限，前者是纵向的积累，后者是横向的扩展。没有前者，即没有时间，没有后者，即失落空间，人类若要向第三维—高度飞跃，进入三维空间，必须经验历史与先验逻辑的共同扶持。"① 我们从中所能发现的是，作为经验的西方法治发展模式是可以启示我们心智的，但是，还要指出的是，我们的生活场景决定了我们的法治建设还需要有"基于中国"的逻辑。缺乏这种既要遵循经验又要符合逻辑的实践精神，我们很难获得法治发展的时代真谛。只有当我们从已有的经验和现实的生活中获取综合的知识之后，法治的未来之路才会明晰。

二 中国法治发展的具体背景与语境

看到了中国需要有"基于中国"的特色，还只是对中国法治发展道路问题给予了初步把握。关键问题是要了解中国法治发展的具体背景和语境到底是什么，即需要深刻地追寻"中国特色"是什么。最近 10 年以来，学术界在此方面做出了大量的努力，如著名学者谢晖教授和陈金钊教授共同主持的《民间法》② 就是此中的突出贡献者。挖掘民间资源，当然是寻找中国法治建设的具体语境的适用规则。但是，中国法治的实现路径还不仅仅是挖掘民间规则资源，最根本的，是要找出在我们法治实现路径中所需要依赖的资源，从而才能够进一步地发现我们到底需要什么样的发展路径。

第一，寻找中国的法治发展路径，就要思考中国的历史资源。数典忘

① 朱学勤：《道德理想国的覆灭》，上海三联书店 1994 年版，第 273 页。

② 参见谢晖、陈金钊主编《民间法》（第 1—9 卷），山东人民出版社出版。

祖不是我们追求的终极价值，但是想要彻底地割裂历史却又是不可能的事实。实现中国法治就是要在这种比较挣扎的历史传统中去获得具有生命活力的启示，老实说，这是一份比较难的清理工作。不过，幸运地是，自从西方文化大量涌入到了中国之后，经过了100多年的争论和激辩，我们似乎不再围绕着何为体、何为用之类的东西讨价还价。更多的时候，我们倾向于以意义明确性和价值可用性作为衡量的标准。尽管有人认为这是功利主义的做法或者说法，但是，如果认真体会的话，这又是实实在在的事实。较为具体的历史传统资源还有待于学者们的继续寻找和发现，但是抽象层面上的传承依然能够在我们的现实生活中找到影踪。

　　首先，与亲情血脉相关的历史传统并未根本性改变。法治似乎是除却了激情的理性规则，但是中国人血液中流淌的亲情伦理观念却从未疏远过。从历史来看，孟德斯鸠对此种文化有过概括："中国的立法者们把帝国的太平作为主要目标。在他们看来，服从是保持太平的最好方法。基于这种思想，他们认为应该激励人们孝敬父母，并且集中一切力量使人们这样做。他们制定了无数的仪式和礼节，使人对父母的生前和死后都能尽孝心。在父母生前不能恪守孝道，也就不可能在父母死后依礼敬奉他们。敬奉亡亲的仪式和宗教有密切的关系。孝敬在世父母的礼节则与法律、道德、礼仪的关系较为密切。不过，这些只是同一部法典的各个不同部分而已，这部法典涉及的内容是很广泛的。"① 从当今时代来看，有关孝的传统、有关敬奉亡亲的仪式等并未消亡。2008年，国务院颁布的《全国年节及纪念日放假办法》，再次肯定了清明节作为节日的合法地位，实际上这也是对中国人拜祖祭祖传统的一种法律意义上的肯定②。围绕着血脉亲情的，就是家族伦理，尽管当今时代有所淡化，但是在人际关系中却依然不可忽视。这种伦理再大一点就演变成了关系伦理——如师生、同学等等。这种与亲情伦理相关的历史，毫无疑问会促使我们在法治建设时要给予充分考虑。

　　其次，抽象意义上的传统法律文化传统依然在发挥一定的作用。中国的法律文化是基于自然经济和儒家文化而形成的，从一般意义上说，它不

---

　　① ［法］孟德斯鸠：《论法的精神》（上册），张雁深译，商务印书馆1997年版，第159页。
　　② 梁治平说："她（指中国）就是这样一个奇特的国家，在这里，死去的总要缠住活着的，活着的从未能摆脱死去的。"参见梁治平等著《新波斯人信札》，中国法制出版社2000年版，第3页。

讨论个人权利，但是崇尚政治首长的权威；它也不是很重视法律的力量，而是相信领导人的语录。这样的思想和观念在当今时代仍有所体现，甚至在某些领域还很突出。如"官本位"思想就是一个突出的例子。行政首长的权力基本不受到制约，政府行为很难受到法律的规制，人们也习惯于通过上访以求获得"青天大老爷"的开恩而解决冤狱，如此等等，都在困扰着中国人的行为方式和处世原则。

当然，中国法治建设要吸取的历史资源是很多的。只是我们要理解的是，不管我们是处于什么样的发展位置，历史是我们首先要考虑的背景和语境，而不是抛弃它们进而和它们彻底地割裂。正如有些学者所说，"正像许多大法学家所提醒的那样，一页历史往往抵得上一页逻辑。"① 这种历史当然是经得起时代推敲的历史，而不是已为人民所抛弃的历史。

第二，寻找中国的法治发展路径，就要思考中国现有的地区与民族结构特点。中国是一个有着960万平方公里，东西南北纵横数千公里的大国家。在这广袤的土地上，居住着56个民族。尽管汉民族是主要民族，但是其他民族也是我们国家的主人，法治应该是这56个民族共同的法治，而不是哪一个民族的法治。这就需要我们仔细考虑到法治发挥作用的边界以及其应有的路途。

首先，我们的法治要关心所有民族的风俗习惯。每一个不同的民族因自然环境、人文地理、生活习俗的不同，会形成不同的社会规则；有时，同一个民族的内部因为各种因素的影响都会出现不同的社会规则，我们可以把具有民族特色和地方特色的规则称之为风俗习惯。这些风俗习惯能够在他们生活的地区长期留存下来，在一定程度上说是符合他们基本生活需要的。当然，也许由于各种因素的影响，会存在一定的不符合时代的落后习俗，特别是残忍的习俗，这些习俗我们可以根据人性化理念强制清除。实际上，在新中国成立之后，非常残忍的风俗习惯基本没有了，能够留下来的还是符合当地人或本民族人的基本生活需要的，那么我们的法治就不是要强制地消除或者代替这些规则，而是应该在合乎中国法治发展的逻辑上来理顺和协调它们。这关键在于如何发挥民族地区和当地人们的风俗习惯的作用。我们认为，当代中国所建设的法治并不是排斥风俗习惯的法

_____

① ［澳］维拉曼特：《法律导引》，张智仁等译，上海人民出版社2003年版，第120页。

治，相反，我们可以通过立法肯定、司法积极适用等方式来给予其法律上的地位①，这样既没有放弃现代法律的基本原则，也照顾到了部分人的生活方式和行为特色。

其次，我们的法治要尊重不同民族的宗教信仰。宗教信仰是各民族人民自由选择的信念，我国一贯坚持的也是宗教信仰自由原则。宗教与法律的关系在法律思想史上一直是藕断丝连，甚至是难舍难分，如西方法治的形成，在很大程度上就与基督教长期统治西方有关②。当然，并不是我们建设法治就需要弘扬宗教，这不是我们的初衷，也不是我们的追求。但是我们要充分考虑到信教人群的特殊感受和特殊行为。法治强调的是尊重人，所以法治既要尊重信教的人们的行为，也要尊重不信教的人们的行为，这二者应该结合在一起的。

改革开放 30 多年的进程，法治建设 10 年的进程，已经可以让我们明白许多事情，特别是让我们总结我国社会治理政策的成败。我们无疑要总结成功的经验，如坚持法治建设的基本原则毫不放松；但是也要反省一些不足——如新疆爆发的"7·5事件"，它一方面与恐怖分子的组织和策划密切相关，另一方面也暴露出了我们的法治在处理民族问题上还需要进一步的努力。

第三，寻找中国的法治发展路径，就要思考中国现有经济发展特点。改革开放 30 多年来，我国的经济发展取得翻天覆地的变化，人们的平均生活水平也大幅度提高。但是，在国家综合实力的提高后，却还存在许多必须思考的现实问题。

首先，经济发展的区域差距非常明显。就东部沿海地区来说，政府财政财源滚滚，人们的生活水平也比较高，大部分人家庭进入了小康生活；

---

① 第一次通过系统的指导意见的形式来确定民间法在司法适用中的法律地位的是江苏泰州。2007 年 6 月 29 日，泰州市中级人民法院正式出台了《关于民事审判运用善良习俗的若干意见》，对婚约引起的财物纠纷、同居引起的相关纠纷等 7 个方面内容出台了意见。据泰州市中级人民法院介绍，从 2004 年善良民俗引入司法裁判以后，收效明显。与此前的 3 年相比较，调、撤案率上升了 14%，审理天数减少 54%，上诉率从 9% 降为零，申请执行率下降了 32%，没有一件需要采取人身或财产强制执行的（参见刁志华、王露露、赵晓勇《泰州民事审判尊重善良民俗——引入司法裁判 3 年上诉率从 9% 降为零》，《新华日报》2007 年 8 月 26 日）。从此，关于风俗习惯引入司法中的报道亦开始多见，如发生在山东青岛的"顶盆继承"案，判决依据就是民间风俗（具体可参见郑金雄《尊重善良风俗促进老有所养》，《人民法院报》2008 年 5 月 13 日）。

② 关于此问题，笔者曾做过详细分析。请见彭中礼《论中世纪的神学正义观》，《北方法学》2008 年第 5 期。

而在西部地区，地方政府财政紧张，许多人们还在过着艰难的生活。这样的对比是：一方面有人已经过上奢侈的现代化生活，而另一方面许多人还在贫困线上苦苦挣扎；一方面，经济发达地区的法律规则已经同国际上发达国家接轨，而另一方面，经济欠发达地区的人们还在固守旧有的规则。这种区域经济发展的严重不平衡性正在考量着我们国家法治的智慧。或者说，我们的法治该如何去应付和处理这样现象，是听之任之还是积极应对。实际上，已有的历史证明，不同的经济发展水平适用不同的法律规则是常态。这也就告诉我们，我们在建设法治时既要找到所有人们需求的共同点，也要根据区域的差异给以制度的适用和保障。

其次，从整体上看，我国的经济发展还处于初级发展水平，按照我国官方的提法就是还处于"社会主义初级阶段"。这个阶段的特点是我国经济发展的最大特征，也是我国法治发展必须要重点考虑的背景和语境。按照笔者的理解，"社会主义初级阶段"的基本含义是：我国经济发展已经取得了初步成就，人们生活水平也显著改善，但是这不是我们所要追求的终极目标，我们还应该在改善民生和保障民生方面做出进一步的贡献。从法治的角度来看，就是：我国法治建设应该基于已有的经济基础，设定恰当的社会规则，从而规范人们的行为，而不是追求过于进步的法律规则，也不是保守地遵守已有规则。可见，"社会主义初级阶段"对于法治发展的要求就是：规则的稳定和规则的适时改进。

第四，寻找中国的法治发展路径，就要思考中国现有社会结构特点。如果从1840年算起，中国逐步融进世界现代化进程的时间已经超过了150年。如果从改革开放算起，中国以非常主动的姿态融进世界现代化进程也超过了30年。在此过程中，中国的社会结构发生了巨大的变化。特别是自改革开放30多年来，中国的社会结构也因为经济的迅速发展而发生了巨大变化，有关中国现有社会阶层构成的学术著作已比较多见。一些学者将中国的社会阶层划分为十大类，也有一些学者划分为八大类。不管怎么样，这意味着在我国已经出现了较为严重的利益分化。在严重的利益分化面前，以"大一统"的法律为基准构建法治，是不合时宜的。这就是说，法律首先要能够找出所有人的共性，然后再在此基础上规范个性。民生是所有人需要的最小公约数，概括了人之为人的共性需求。如果法律不考虑这种共性需求，就会陷入民生问题的困境之中。在当前社会中，诸如贫富分化问题、房价问题、教育问题、地区发展不平衡问题、农民问题、医疗保障问题等等，都是没有考虑共性需求的结果。进一步说，如果我们的法律不考虑各个阶层的人们，一味地以现代化为法律建构的基本准则，实际上只考虑到了较早融入了现代化的那个阶层的少数人——富人和社会地位较高的人，因此所制定的法律反而无法适用大多数人。这样的社会结构决定了我们的法治必须是建立在全体中国人的共性需求之上的法律，而不仅仅是满足部分人需求的法律。

第五，寻找中国的法治发展路径，就要思考中国现有政治结构特点，这是当前中国法治建设面临的最需要仔细考虑的问题。中国人民在历史选择过程中，选择了以中国共产党来领导中国走独立自主的发展道路。当代中国建设社会主义法治国家，是党和政府的战略性决定。既然中国共产党是执政党，就必须考虑我们的党在法治建设中的特殊地位。从中国共产党的纲领来看，其基本宗旨和价值取向与我们今天的关注民生和保障民生路径是一致的。从最根本的意义上说，中国共产党的宗旨和纲领就是要保障最广大人民的利益，保障最广大人民的民生，所以，发展民生与坚持中国共产党的领导是不矛盾的。相反，发展民生、关注民生与中国共产党的根本价值取向是一致的。而坚持在中国共产党执政前提下的民生法治建设，最重要的是执政党要在法律的框架和范围内依法执政，特别是要坚持我党权力法定等基本原则。这样，从根本上来看，民生法治发展模式不仅加强了我党的执政地位，而且也进一步融合了党和人民的关系，有利于中国共产党进一步凝聚人心、聚集民意。

第六，寻找中国的法治发展路径，还要思考中国的人口特点。人口与法治的关系，很少有人认真地研究过。但是这并不意味着人口数量的多寡对法治没有多大影响甚至没有影响。我国古代大思想家老子在《道德经》第八十章中说，"小国寡民，使有什伯之器而不用；使民重死而不远徙。虽有舟舆，无所乘之；虽有甲兵，无所陈之。使民复结绳而用之，至治之极。甘其食，美其服。安其居，乐其俗。邻国相望，鸡犬之声相闻；民至老死，不相往来。"老子所描绘的理想国是"小国"，所谓"小"，就是人口小、疆域小，因为这样的小国寡民不仅人们的意愿容易得到一致，而且也极为容易治理。无独有偶，古希腊的大思想家柏拉图在《理想国》中也描述了他的"理想国"的状态——有着严格分工（即"各司其职，各得其所"），人们都积极为实现正义而努力，但是整个国家的规模却又不大的城邦。我们可以发现，在古希腊时期，城邦林立，许多城邦的面积大体与我们国家的一个县的面积相当，甚至更小。在这样的城邦国家内，人口数量不多，大家参与公共事务讨论的程序也不复杂，并且有权参与公共事务讨论的人更是少之又少（那时只有男性成年自由公民才有权参加城邦事务的管理），所以，古希腊时期的许多城邦直接民主都很发达。可见，从理论上看，法治是与人口有着密切的关系的。实际上，人口并不是在直接有效的意义上影响法治，而是通过资源配置和制度管理等方式来影响法治。即，人口过多，社会需要的种类就会更多，这时众口难调，法治的实现就更难；人口过多，在资源数量固定的情况下，每个人平均可获得的资源数量就会很少，也会很难满足人的需求，相反，如果人口少，资源充足，则平均人口所享有的资源相对就多，这就能够在一定程度上满足人的需求。在今天，我们谈论法治建设，不应该过分地把中国同美国或者英国等国家去比较，其中一个重要的因素就是人口与资源的关系问题。美国有930万平方公里的土地，平原占了70%，而人口只有2亿多；加拿大国土面积997万平方公里，人口才2000多万；中国960万平方公里的土地，75%的地区是山地，而人口超过13亿。从这样的数据就可以看出来，美国人和加拿大等国家相对人口数量少，而且人均占有的资源数量多。在中国，尽管经济发展迅速，但是技术含量不高，而且人均收入偏低，大量潜在失业人口多，以农民为主体的人口所占有的资源数量更少，求生、谋生是第一需要。在美国等发达国家，人口少，资源数量多，发展早，技术含量高，尽管他们也还存在许多要解决的民生问题，但是制度可以为解决这些问题提供保障。质言之，如果中国人口数量只有美国那么多人，中国的问题恐怕也就没那么复杂了。再设想一下，如果从中国移民5个亿到美国去，恐怕美国的法治也要头疼了吧！所以，我们今天建设法治国家，不能片面地去强调美国怎么样怎么样，我们还要考虑人口因素，否则，我们会陷入茫茫的汪洋大海之中找不到方向。

总之，只有把握住了中国现阶段的背景和语境，在此基础上发展中国的法治，我们才可能找到一条"基于中国特色"的法治发展路径。

三　"基于中国"的民生法治发展模式

所谓民生法治发展模式，是指在法治建设中，关心法治的终极制度价值，以民生建设为核心制度建设要求，以法治维护和发展广大人民群众的物质生存、精神文化、良性发展、社会福利等民生需要为目的，进而实现社会主义法治。在社会主义初级阶段，乃至在社会主义未来发展的一段较长的时间之内，民生法治发展模式都是我国现代化建设必须选择的模式。这种模式的具体含义是：

第一，民生法治发展模式以"法律保障民生"为实现路径。在社会主义初级阶段，发展民生问题始终是最大的问题。但是民生问题是脆弱的，容易受到来自各个方面的侵害，如农民工容易受到受到雇主和社会的歧视，农民容易受到制度的歧视，等等，这表明民生权利需要法治的保障。所以，要想把民生问题解决好，把民生问题发展好，把民生问题保护好，法治是最根本的手段和路径。对于这个问题的理解可以从两个层面来思考：首先，从个人层面来看，人从一生下来，就面临着如何解决生存的问题。在人的幼年阶段，有着父母的照顾和抚育，这是一种常态；但是，如果在人之幼年阶段，父母没有能力抚育或者没有了父母，该怎么活下去呢？在这样的情况下民生问题就产生了。这就是民生之脆弱性的现实体现。没有人能够回避这个问题，也没有人能够不正视这个问题。而回答这个问题，我们有历史的镜鉴。在历史上，国家对民生不甚重视，孤寡鳏独者只能自生自灭或者靠一些爱心人士献爱心，所以古代的"孤寡鳏独皆有所养"只是一种无奈状态的理想诉求。只有到了近现代，人们已经意识到了民生问题之重要性，社会福利事业普遍发展，人的绝境生存问题得到了一定的保障。这表明，不管是古代社会还是近代社会，民生是脆弱的，个人自己是不可能获得充分的满足和自给。其次，从历史层面来看，民生是最容易受到侵害的。古诗有云："兴，百姓苦；亡，百姓苦。"从已有的经验来看，这句诗很明白地道出了历史发展的悲哀。战争时期，受伤最苦、最深的是老百姓，广大百姓缺吃少喝，生命经常受到威胁，此时人的生命是最宝贵的，但也是最容易受到伤害的。即使是在和平时期，百姓们的民生也常常受到政府的威胁，如秦始皇统一六国以后，人们本以为战争减少，生活会幸福美满，人们会安居乐业。但是，秦始皇为了满足自己的一己私欲，大造皇陵，累死的人马不计其数；为了修建所谓的阻止战争的长城，可谓尸横遍野，最终又是逼得人们不得不造反，为了争得生存权而奋斗。可以说，中国历史上的许多农民起义都是由于生存权得不到保障而被逼爆发的。国家之不自制、有权势之人的滥用权力成为伤害民生之最大者。所以民生必须由国家通过法律的形式来保障，这是民生之福，亦是社稷之福。

第二，民生法治发展模式以"法律介入民生"为表达方式。换句话说，按照民生法治发展模式的要求，法治应该全部介入民生事务。民生是关乎人的物质生存、精神文化、良性发展、社会福利等需要的重大生存资源，这是人的需要的最低公约数。按理说，这些民生事务都应该属于个人自己积极争取和创造条件的事情，自己应该对自己的民生承担应有的责任。在当前市场经济条件下，我们所提倡和鼓励的就是要广大人民投入市场经济建设中去，发挥主观能动性。所以，我们一直强调按劳分配，强调有劳动能力者必须自食其力。但是，经过了改革开放一段时间的发展，尽管人们以前所未有的热情投入市场经济建设之中，但是却发现生存和发展并不是那么的容易。一些人在城市中的生存越来越艰难，如农民工，他们每天工作十几个小时，给别人创造了巨大的财富，获得的却只有微薄的工资。一些人越来越沉浸于金钱的快感之中，所有的行为都金钱化、功利化了，原来的社会价值理念随着经济的发展渐行渐远。人们在社会中追求自我价值实现的路程越来越艰难，特别是出身低微的人，跻身上层愈加困难，这意味着我们的社会阶层流动机制出现了前所未有的障碍。更值得关注的是，我们的社会缺乏激励人们更好生活的福利制度，许多人一旦得病，要么就倾家荡产，要么就在家等死；许多人失业了，要么不得不流离失所，要么不得不挨饿受冻。追问这一切发生的原因，在于民生事务缺乏法律回应。换句话说，我们的法律在规制经济发展和社会稳定方面起到了很大的作用，但是，对于如何让法律介入民生事务则没有仔细的思考和分析。要指出的是，法律介入民生并不是要法律去干涉个人正当的私生活，而是要规范民生事务的正常发展秩序。比如说，有关农民工工资很低的问题，我们的法律能不能起到中坚作用呢？当然是能的。这需要通过最低工资法、社会保险法、社会福利法等一系列的法律来保护和稳定。也有人会争论道：在当代中国，对各种企业用农民工进行生产活动，如果要求太高，会挫折企业用人的积极性，进而会影响经济的发展。例如，2008年《劳动合同法》颁布之后，就有人指责说这部法律对农民工的权利保护过高，对企业要求过严，并用经济学的分析方法来分析这部法律的出台不合时宜，会降低用人单位用人的积极性。对于这种观点，我们认为是错误的。首先，企业追求的是利润，只要有利润，企业从来就不拒绝进行社会生产。其次，关心民生的法律出台，确实会在一定程度上影响企业的利益，但是这只不过是国家通过法律的形式制止了企业的暴利，使其利润受到一定程度上的影响。再次，如果利润不是低于成本，企业都会有生产的积极性。最后，企业用人从来就是遵从经济学规律的，即使是其利润最高的时候，也是不会多用人而闲置劳动力。由此可见，在民生事务中，法律积极介入，可以帮助广大人民获得保障的最大砝码，从而为进一步发展自我提供平台。在民生的发展过程中，不管是公法、私法还是社会法，也不管是宪法、民法、刑法还是行政法等基本法，都要求以保护和促进民生作为其基本的制度价值之一。在整个法律体系中，法律介入民生，民生法治化，可以促使整个法律体系的完善，进而使得法律体系内部有效合理地运作。

第三，民生法治发展模式以"法律根据民生"为表达方式。如果说"法律介入民生"是一种方法论的话，那么"法律根据民生"就对法治建设提出了路径要求。这实际上包含了三层含义：一是从法律的来源上看，立法要注重以关注民生、保障民生和改善民生为最大价值取向。立法机关既要立民生之法，也要立保障民生之法，还要立改善民生之法。使得民生不仅仅只是一种口号，还必须是一种追求。如目前全国人民最为关注的房屋拆迁问题，我们就应该站在保障民生的立场上进行反思和追问。最近几年以来，许多地方政府为了加快发展速度，也跟进了房屋的拆迁速度，以期能旧貌换新颜。但是，政府在拆迁房屋的时候，没有注意到保护公民的私有财产，以低于市价的方式强制征收，造成了不好的社会影响，并造成了一系列的重大社会事件，如 2009 年发生在成都的"唐福珍"自焚死亡事件。其制度原因就在于原有的《城市房屋拆迁管理条例》，对于征收制度既没有合理的程序，也没有完善的价格评估机制，经常导致被拆迁房屋的补偿价格偏低。对于很多人来说，有一套房子安身立命是最基本的要求，政府在拆迁的时候必须要考虑到，补偿的价格要让被拆迁人能够在本城的任何一个地方能够买一套大小差不多的房子，这样，民生问题就解决了，也不会造成很多的社会矛盾。所以，我们期待国务院的《国有土地房屋征收与补偿条例（征求意见稿）》中大幅度修改与民生相悖的内容，为关注民生、保障民生确定法律规则。二是从法律的执行来看，行政机关的执法行为要关注民生、保障民生和改善民生。执法是对法律的实施，但是任何执法行为不可避免地存在自由裁量权，因此，执法也要"根据民生"。行政机关在多大的程度上重视了民生，法律就在多大的程度上获得了价值意义上的认同。如，有关城管在执法时经常使用暴力的新闻也是屡见不鲜。如果城管在执法时多考虑以民生为本，在执法方式上少用暴力，那么小商小贩们对城管执法行为就会采取较多的认可。三是从法律的实施来看，司法机关的司法行为也要关注民生、保障民生和改善民生。司法是正义的底线，守住了司法公正，或者司法高度重视了民生，那么民生保障就有了"兜底"制度。司法关注民生就是要求法官在裁断案件的时候将依法裁判与以民生为本结合起来进行价值衡量，特别是在个案上体现民生追求。总之，"法律根据民生"就是要求我们的法律在运行的各个阶段都能够贯彻以"民生为本"的理念，以促进人们的幸福生活和安居乐业为宗旨，以期获得社会的全面进步和发展。

第四，民生法治发展模式以保护民生权利、追求公平正义为终极价值。公平正义尽管是一个人言人殊的大词，但是确实又是一种鼓舞人心的力量。所以，有人说："尽管难下定义，但一切法律制度仍然把正义观念看做是一种永久性的鼓舞力量……形式化的法律制度在离开正义观念发挥作用时，这个有影响的文件及时提醒世界人民，法律制度是有局限的。"[①]这种力量在各个时代表现不同，但是鼓舞的力量确是一样的。在当代中国，通过"基于中国"来发展法治，通过"基于民生"来实现法治化，实际上就是要确立公平正义在整个社会价值观念中的终极意义。我们的法律制度如果是"根据民生"的，又能够全部介入民生事务，那么就意味着我们的法律制度真正奠定在广大人民的需要这一基础之上。可见，民生法治发展模式将法律制度"保障民生"、"基于民生"和"根据民生"联系起来，这实际是将民生与公平正义结合在一起，形成了一种关注人民利益和合理需求的良性互动。特别是我们的法治是保护民生权利的，进一步地说，民生之实现奠定在社会的公平分配、制度的公平保证、人民权利的公平享有、社会利益的公平共享、社会资源的公平配置等方面，这实际上也表明正义之面向不在于多么抽象的口号化表达，而在于制度保证和理念追求层面的具体执行和安排。只有这样，公平正义才能"比太阳更光辉"，也从而得以成为民生法治发展模式的终极价值。

① 〔澳大利亚〕维拉曼特：《法律导引》，张智仁等译，上海人民出版社 2003 年版，第 219 页。

第二节　民生法治发展模式彰显
法治发展的"中国特色"

法治发展需要本土特色，这是在人类发展过程中已经证实了的例子。中国法治发展需要中国特色，这不是对西方的排斥，而是借鉴固有成果的创造性转化。民生法治发展模式，正是对这种发展理念的实践和肯定。它以回应中国人民的基本需求为特征，彰显了法治发展的地方性色彩，突出了"基于中国"和"依据中国"的当下特性，因此是对法治发展"中国特色"的有力说明。

一　民生法治发展模式回应了中国人民的基本需求

回应"从某种意义上说是责任性的延伸。它的基本意义是，公共管理人员和管理机构必须对公民的要求作出及时的和负责的反应，不得无故拖延及或没有下文。在必要时还应当定期地、主动地向公民征询意见、解释政策和回答问题。回应性越大，善治的程度也就越高"①。有关回应的概念，格罗弗·斯塔林曾经对政府回应做过经典定义："回应意味着政府对民众对于政策变革的接纳和对民众要求做出的反应，并采取积极措施解决问题。"② 也就是说，"政府回应就是政府在公共管理过程中，对公众的需求和提出的问题做出积极敏感的反应和回复的过程。"③

在社会治理过程中，回应性较好地反映出了政府与民众之间的互动关系，特别是在媒体资讯比较发达的情况下，民情民意的表达比较有力也比较经济迅速，很容易地就把民生问题反映出来，这样"公众的满意度进入公共行政的中心，政府谋求秩序、效率的目标也被包含在公众的满意度之中，原先那种行政体系自我评价、自我判断变成了公众的评价和判断"④。这种努力也表明，在当代世界，想要以人民福祉为政府决策中心的话，那

---

① 俞可平：《治理与善治》，社会科学文献出版社 2000 年版，第 8—10 页。
② ［美］格罗弗·斯塔林：《公共部门管理》，陈宪等译，上海译文出版社 2003 年版，第 115 页。
③ 何祖坤：《关注政府回应》，《中国行政管理》2000 年第 7 期。
④ 张康之：《论政府的非管理化——关于"新公共管理"的趋势预测》，《教学与研究》2000 年第 2 期。

么"政府回应是政府与公众的一种双向互动过程，是公共管理的民主化的具体表现。政府管理的过程，不仅仅是政府自主性扩张和能力的展现过程，更重要的是，它是政府与社会、政府与公众之间互动的过程。也就是说，行政权力的运行不仅取决于自身的强制性、支配性和惩罚性，在某种意义上还取决于作为相对人即社会公众的同意"①。

从善治的角度来看，民生法治发展模式的实践本身就是为了回应民众的基本生活需要以及更好地提高人民的幸福指数，促进福祉。在当今世界，按照一些学者的看法，"市民与政府机构之间的密切联系被视为新千年国家走向成功的关键。因为未来会引导市民更多地投入到公共政策的制定中来，也因为市民要求更多的回应性公共服务，因此主要的政府机构将处于不断增长的改革压力之下。"② 也就是说，在新的世纪，我们要极力推进善治，而实现善治的途径在中国就是要积极地发展民生，关心民生。所以，莫汉·考尔的说法是很有意义的，"在新千年，有效的管理由于各国政治史、发展阶段、经济环境以及文化传统之不同而呈现为很不相同的意义……市民要求的不仅仅是更好和能负担得起的政府服务，而是更为实质地参与到与他们息息相关的政策制定中来。不能反映这种愿望就会使政府机构丧失市民的支持。"③ 回应本身所表明的不仅是国家和政府的态度，而且也表明回应本身必须是积极有效地作出，否则就是对民生的漠视，就是政府的自大，这是社会治理的大忌，也是一种很危险的傲慢。

在民生法治发展模式的实践过程中，首先我们要做的就是在立法上的对民生需要的积极回应。立法上的积极回应表明了国家对民意的诚恳态度，也是自我抑制的一种表现。例如，在 2007 年，随着人民对"五一"和"十一"两个黄金假期所带来的人流和车流的拥堵的诸多诟病，要求在传统节日休假的呼声也日趋高涨，特别是要求年休假法制化的主张也日趋增多。2007 年 12 月 1 日，国务院面向全民公开征求意见后的国家法定节假日调整方案公布实施，将原有的"五一"7 天假期缩短为 3 天，增设清明、端午、中秋三个假期，同步出台《职工带薪休假规定》，为全面落实职工休假权利提供法律保障，使广大职工可以更加人性化地安排家庭及个

① 陈水秘：《政府回应的理论分析和启迪》，《地方政府管理》2001 年第 2 期。
② 莫汉·考尔、詹宇国：《增进政府的责任性、回应性和效率》，《国家行政学院学报》2000年第 5 期。
③ 同上。

人休闲。休假制度的调整，可谓是民心所向、众望所归，既有利于形成具有中国特色的节假日制度，同时又兼顾了交通、食宿等公共资源现实和对生态环境的保护。再如，面对高房价问题，中国政府一方面采取积极有效的宏观调控措施进行应对，另一方面在吸纳民意、尊重民意的基础上高调出台廉租房政策，使得低收入群体对于"住有所居"又了新的期盼。2007年8月7日，国务院发布了《关于解决城市低收入家庭住房困难的若干意见》，其中廉租房被摆在了显要位置。廉租房政策的出台，是抑制房价过快上涨的有效举措，体现了广大人民群众"住有所居"的心声，是中国政府尊重民意的又一有力例证。对于回应性法律，美国学者诺内特和塞尔兹尼克有过深刻的认识，他们认为："我们称之为回应的而不是开放的或适应的，以表明一种负责任的、因而是有区别、有选择的适应的能力。一个回应的机构仍然把握着为其完整性所必不可少的东西，同时它也考虑在其所处环境中各种新的力量。为了做到这一点，它依靠各种方法使完整性和开放性恰恰在发生冲突时相互支撑。"① 按照科特威尔的理解，法律的发展会回应社会的发展，"法的发展反映出更大范围的社会发展，这是再也明显不过的。例如科学技术的发展是引起法的变化的一个直接因素：内燃机、汽车和空中运输的出现引起了法的原则的更新和新的部门法的诞生，以此适应现实生活中的这些新因素和它们带来的危险。但是当前西方法学在处理计算机的运用和信息革命所带来的种种后果方面所存在的问题证明，这个适应过程常是缓慢而又艰难的。"② 可见立法回应，既要回应民生，也要回应与民生相关的社会。值得指出的是，上述所说的住房问题已经成为严重影响中国民生的问题，尽管中央政府对此的态度是坚定的，但是各级地方政府却是态度暧昧，各种利益的交织使得地方政府对高房价问题模棱两可，甚至还有维护高房价的"小动作"，这是值得深思的。面对千夫所指，地方政府能够岿然不动，其中的奥妙就为可见，这说明我国的民生法治模式实践还得进一步推动，以满足利益多元化的需求。

其次，中国政府力推公民参与，科学决策问计于民，从而实现决策民主。让公民理性参与到国家事务中来，认真倾听群众的呼声，沟通民

① ［美］诺内特、塞尔兹尼克：《转变中的法律与社会：迈向回应型法》，张志铭译，中国政法大学出版社1994年版，第85页。

② ［英］罗杰·科特威尔：《法律社会学导论》，潘大松等译，华夏出版社1989年版，第57页。

意于官意，必然有利于社会的和谐和民意的疏通。这在 2007 年的"厦门
PX 事件"中得到了鲜明的体现。2007 年 12 月 14 日厦门召开 PX 区域环
评公众座谈会，邀请了民间代表参见，讨论极其激烈。厦门市政府官员
称，从 2006 年 6 月的"PX 风波"到 2007 年 12 月的"公众参与"环节，
厦门民众日趋理性，政府执政能力得到了锻炼提高。①"PX 事件"最终走
向良性轨道，正是市民广泛参与、媒体充分讨论、知识分子负责任地发
言、地方政府兼听则明的结果。所以有学者评论说："厦门 PX 事件，或
许是中国进入现代民意政治社会的一个开端，一个标志性事件。"② 就在
厦门市政府进行彰显民本执政理念的时候，2007 年 12 月 8 日，《北京市
轨道交通运营安全管理办法（送审稿）》在北京市政府网站"首都之窗"
上征询市民意见。同时北京市政府还决定出台《北京市外地建筑企业在
京施工监督管理规定（讨论稿）》，使外地建筑企业能够获得与本地企业
平等待遇。这两项决定不管将来是出台何种内容，但它能够把政府将要
出台的政策挂在网上，公开征询广大人民的意见，本身就是一个进步。
事实上，如何更好地让公众参与到国家管理的事务中去，一直是政府决
策的主题程序之一。为了推进立法的科学化、民主化，2007 年，国务院
先后通过《人民日报》、新华社、《法制日报》、中央电视台等新闻媒体，
就《生猪屠宰管理条例（修订草案）》等 11 部与人民群众切身利益密切
相关的法律和行政法规草案，向社会公开征求意见，各方面普遍关注，
反响热烈。如《殡葬管理条例（修订草案）》公布 20 天，国务院法制办
共收到社会各界来信来函超过 1000 件、建议 1.2 万余条；《职工带薪年
休假条例（草案）》公开征求意见 11 天，共收到群众意见 1.5 万余条。③
因此，我们应当看到，厦门的"PX 事件"和北京市政府网上征询意见并
不是个案，也不一定就是政府为显示亲民形象而"作秀"，更不是一种偶
尔为之的行为。这些标示着尽可能地让公众参与已经成为政府行为的习
惯性话语。但是，也要指出的是，民生法治的回应性要求是广泛的参与，
这是实现民生法治的基本要求。

①　朱红军、苏永通：《民意与智慧改变厦门》，《南方周末》2007 年 12 月 20 日。
②　《厦门 PX：在尊重民意中学习现代执政》，《新京报》2007 年 12 月 21 日。
③　人民日报社记者吴兢、黄庆畅：《国务院法制工作综述：谱写法治政府建设新篇章》，《法
制日报》2007 年 12 月 29 日。

二　民生法治发展模式是对"作为地方话语"的法治的追求

西方一些法律人类学者的研究告诉我们，法律（文化）是"地方性知识"①，正如有学者所言："隐蔽在法律理论和法律实践中的是一系列政治、社会和经济生活的不断重现或'地方志'。用同一种方式来说，法律以各种形式依赖于有关历史的主张，所以它既界定又依赖一系列复杂的地方志和区域理解。"② 对法律的理解，必须把法律置于一种区域性的图标中去理解，而不是从所谓的"全球"来理解，宏大的叙事方式是霸气的，但也是一种忽略了人类自身真实生存环境的叙事，因而是一种危险的叙事。毕竟"法律世界就是在我们头脑和行为中填加、渗透、混合的不同法律空间的世界。我们的法律生活，是由不同法律秩序的交叉片断即交叉法域构成的"③。法律是"我们的"，也只有我们才能够真正地拥有我们自己的法律。从法律的功能来看，法律作为地方性知识还告诉我们，"法律……通过许多层次、对许多人、通过许多人发挥不同作用……警察的活动、受害者的处境、法院发生的事件、家庭分离的经历、法学院的说教、法律工作者的咨询、法学会的工作等等，所有这些作为法律体系的层次和空间而存在，可以作为地方性的话语来研究和描述"。"像'自我'经验法律一样，我们存在于各种'节点'或支撑物上，每天从各种各样的权威、制度和其他法律知识的影响来接受各种类型的信息。"④ "法律的'意义'不仅通过法官和立法者的宣告而产生，而且通过复杂的不可全部描述的话语网络和权力关系而产生，这些网络和关系包括法官的社会背景、流行的社会价值、学术与实践网络之间的区别和联系的要点、警察的运作和其他制度。"⑤ 地方性知识历史叙述关注民间社会的法律知识，关注不同于西方的

---

① ［美］吉尔茨：《地方性知识：事实与法律的比较透视》，载梁治平主编《法律的文化解释》，生活·读书·新知三联书店1994年版，第73页以下；《地方性知识——阐释人类学论文集》，王海龙等译，中央编译出版社2000年版。

② Nicholas Blomley, *law, space, and the Geographies of power*, New York: The Guilford Press, 1994, p. xi.

③ Boaventura de Santos, *law: A Map of Misreading*, Journal of law and society, 14 (1987), pp. 297—298.

④ Margaret Davies, *Asking The Law Question*, *Sydney*, the Law Book Company Ltd, 1994, p. 228.

⑤ Ibid., p. 264.

法律知识，进一步说，每一种文明在进化和发展过程中都是独立的，并不存在一种能够凌驾于其他文明之上的高级文明。从这个角度来看，西方法治文明也是一种地方性知识的合成产品，只是因为一种偶然的因素促使西方国家成为现代意义上的强国，所以导致了西方国家对其法律文化的过分自信和误解，这种误解使他们能够自信地推销自己的法律文明。

西方法律文明为什么能够成功，特别是为什么在西方能够形成笔者所称的"民主法治模式"，前面已经有了基本的论述。实际上，西方民主法治发展模式是对西方问题的回应，也是对西方话语的逻辑表达。西方法治建设成功当然是奠定在西方文化、国情、环境、经济、人文地理等多方面因素综合的基础上。我们今天来看西方的文化，既需要看到西方法治文化的"地方性知识"的一面，也需要有批判借鉴的精神。也就是说，西方民主法治模式有一些基本的原则是可以消化借鉴的。如俞可平在总结西方善治对法治的要求中就对西方法治有过一个简单概括："法治的基本意义是，法律是公共政治管理的最高准则，任何政府官员和公民都必须依法行事，在法律面前人人平等。法治的直接目标是规范公民的行为，管理社会事务，维持正常的社会生活秩序；但其最终目标在于保护公民的自由、平等及其他基本政治权利。从这个意义上说，法治与人治相对立，它既规范公民的行为，但更制约政府的行为，它是政治专制的死敌。法治是善治的基本要求，没有健全的法制，没有对法律的充分尊重，没有建立在法律之上的社会秩序，就没有善治。"① 这是基本原则层面，很难具有操作层面上的意义，所以我们强调，我们今天建设中国的法治，就应该有中国自己的话语，按照西方一些人的认识，我们也同样可以有与此相似的理解，"制定法、委托立法、行政立法及裁决、司法及准司法判决的千奇百怪、制度和人事机构的多种形式，争议避免及解决的方法多元形式，无论如何不可能被一致的封闭的规则或价值的整体所统一。法律语言游戏不断扩散，不可能被视为公共的善、一般意志、主权者愿望或某种统一原则体系的体现。后现代性的条件注定消除了法律统一性和不同之间的妥协的可能性"。② 可见，作为世界图景的法律语言是消逝了，对地方性图景的法律正在发展

---

① 俞可平：《治理与善治》，社会科学文献出版社 2000 年版，第 8 页。

② Douzinas, Warrington and McVeigh, *Postmodern Jurisprudence: The Law of Text in the Texts of Law*, New York: Routledge, 1991, p. 27.

之中。

尽管民生法治模式所走的是一条与西方一开始就强调的"天赋人权"、"自由民主"之大词不同的法治发展模式，但是，我们的民生法治模式追求的也是"天赋人权"、"自由民主"，只是我们所讲的这些"价值大词"是在中国实践的语境中完成的，因此是有不同于西方语境大词的内容的。

第一，在民生法治发展模式中，其看重的要素就是要重视对民众基本生活体系的保障。"民以食为天"，中国的古话概括了历史上人民对良好生存的期望——这是对当时生存环境的一种强调，甚至是对执政者的一种价值诉求。这种诉求在今天依然是成立的。中国以 13 亿人口高居世界人口排行榜的首位，既是人力资源最丰富的国家，也是生存压力和竞争最大的国家；既是"人多力量大"的世界，也是人多拥挤的世界。人口数量多是中国在建设法治国家的进程中必须要重视的问题。我们看美国，美国到现在也不过是 2 亿多人口，但是其国土面积和中国差不多，而且其土地的可利用率比中国要高很多，从人均所占有的自然资源来看，美国也比中国要多，不管美国怎么强调法治发展，美国人总是比中国人在竞争中容易生存和发展。所以，美国在建国之初的时候，可以大肆强调民主法治发展模式，可以让民众以自救的方式解决一些基本生存问题。而在中国，人口问题是一把"双刃剑"，思路正确，方案可行，则可能会有效地发挥其优势；思路错误，方案错误，则人口众多的劣势就会体现出来。所以，目前中国所走的民生法治之路是适合中国国情的。同时，所走的民生法治之路，实际上也是强调对民众生活更好的优化，提高幸福指数，提高对社会的归属度，提高社会的和谐度，这事实上正是人们所追求的。

第二，在民生法治发展模式中，其构成要素就是要排除个人生活和社会生活的政治化。法治要求排除专断和恣意。在中国，特别是在新中国成立后的前几十年中，个人的生活政治化，政治运动个人化，这是一种常态。尽管在当时，人们对政治的参与度很高，但是生活水平却很低。特别是政治问题深深地控制到个人生活的各个角落，包括恋爱、结婚以及个人的其他私生活。而社会生活便成为政治运动的简单附和者，人们缺乏了进一步思考的能力。人被贴上政治标签，成为政治上的三六九等，生活就按照三六九等进行。这样的生活看似有"激情"，但是忽视人的个体的差异，并且以出身来论"英雄"的出身论造就了一种新的不平等，导致了个人的集体无意识，也导致了社会的崩溃。所以，中国政府在改革开放初期就已经深刻地意识到了这个问题，并努力通过各种方式来改变，改变的途径就是法律，按照邓小平的说法就是"没有法制不行"①，"搞法制靠得住些"②，"必须使民主制度化、法律化，使这种制度和法律不因领导人的改变而改变，不因领导人的看法和注意力的改变而改变"③。所以，民生法治发展模式就是希望通过对民众个人生活的关注，排除政治对民众的干扰，排除政治对社会的干扰，把个人生活、社会生活通过法治联系起来，形成一个良性循环系统。

第三，在民生法治发展模式中，其强调的核心价值就是要重视社会公平正义，这是基本的价值导向。在当前，社会公平正义作为一个核心价值观念被提出来，与民众的现实呼吁有关。正如我们在前面所理解和分析的那样，面对各种各样的社会不公，包括分配不公、利益失衡、参与不够、政策不足，等等，民众希望建构一种能够保证公平正义实现民众利益的有效机制。邓小平同志也说过，"我们是允许存在差别的。像过去那样搞平均主义，也发展不了经济。但是，经济发展到一定程度，必须搞共同富裕。我们要的是共同富裕，这样社会就稳定了"。"中国情况是非常特殊的，即使百分之五十一的人先富裕起来了，还有百分之四十九，也就是六亿多人仍处于贫困之中，也不会有稳定"。④ 针对当时已经开始出现的两极分化问题，他说，"少部分人获得那么多财富，大多数人没有，这样发展下去总有一天会出问题。分配不公，会导致两极分化，到一定时候问题就会出来。这个问题要解决。过去我们讲发展。现在看，发展起来以后的问题不比不发展时少"。"要利用各种手段、各种方法、各种方案来解决这些问题。"⑤ 对此，邓小平还说，"如果两极分化了，改革就算失败了"。⑥ "什么时候突出地提出和解决这个问题，在什么基础上提出和解决这个问题，要研究。可以设想，在本世纪末达到小康水平的时候，就要突出地提出和解决这个问题"。⑦ 可见，在民生法治的发展模式当中，最重要也是最根本的问题是要解决差别悬殊问题，过分的差别悬殊不是社会公正，而是

---

① 邓小平：《邓小平文选》第三卷，人民出版社 1993 年版，第 164 页。

② 同上书，第 397 页。

③ 邓小平：《邓小平文选》第二卷，人民出版社 1993 年版，第 146 页。

④ 冷溶等主编：《邓小平年谱》，人民出版社 2004 年版，第 1312 页。

⑤ 同上。

⑥ 邓小平：《邓小平文选》第三卷，人民出版社 1993 年版，第 139 页。

⑦ 同上书，第 374 页。

对社会公正的伤害；合理差别却是社会公正的基本要求。如罗尔斯所言，"一个社会，当它不仅被设计得旨在推进它的成员的利益，而且也有效地受着一种公开的正义观管理时，它就是组织良好的社会。亦即，它是一个这样的社会，在那里：（1）每个人都接受、也知道别人接受同样的正义原则；（2）基本的社会制度普遍地满足、也普遍为人所知地满足这些原则。"① 善治之善，也正在于社会公正成为"善"之组成，所以二者依然是理念重合的。

三 民生法治发展模式突出了"基于中国"和"依据中国"的当下特性

法治发展不仅仅是规则的简单罗列，而是对人类各种不同特性生活方式的必然反映。这时，我们不由自主地想起了德国伟大法学家萨维尼和他的历史法学派。在 19 世纪西欧狂热的法典化运动时代，人们以为，理性建构法律就可以完成法治建设的重大使命，呼吁"必须用完全符合人的理性或人性的法律来代替旧法律或者对后者进行深刻的改造，并认为新的法律应当是成文形式、内容完备详尽、表达明确和编排合乎逻辑的，能使每个公民都能理解和掌握的法律"。② 而这种美好局面的出现，"只要通过理性的努力，法学家们便能塑造出一部作为最高立法智慧而由法官机械地运用的完美无缺的法典……所有的要求都可由理性独立完成，唯一需要做的是调动起国内最有力的理性，通过运用这一理性获得一部完美的法典，并使那些具有较弱理性的人服从于法典的内容"。③ 这样，约在 18 世纪中叶，人们启动了一场立法运动。它的第一项成果就是《普鲁士腓特烈大帝法典》。该法典中包含了克利斯蒂安·沃尔夫所提出的仁慈的、家长式的法律哲学中的重要成分。这场立法运动的最高成就之一，则是 1804 年的《拿破仑法典》，它至今在法国有效。④ 但是，这场运动在德国受到了以萨维尼等历史法学派的法学家们的坚决反对。萨维尼认为，法律并不是简单的规则制定的结果，而是深深藏在人类行为之中的"民族精神"。他说：

---

① ［美］罗尔斯：《正义论》，何怀宏等译，中国社会科学出版社 1988 年版，第 3 页。
② 沈宗灵：《比较法研究》，北京大学出版社 1998 年版，第 107—108 页。
③ ［美］罗斯科·庞德：《法律史解释》，曹玉堂等译，华夏出版社 1989 年版，第 13 页。
④ ［美］E. 博登海默：《法理学—法律哲学及法律方法》，邓正来译，中国政法大学出版社 1999 年版，第 64 页。

"毋宁说，是在所有具体成员中都共同存在和作用的民族精神产生了实在法，对于所有具体成员的意识而言，此实在法并非偶然而必然相同的法。"① 同样，萨维尼在《论立法和法理学在当代的使命》一书中认为法律是一种"内在的，默默地起作用的力量的产物"。"法律是土生土长的和几乎是盲目地发展的，不能通过正式理性的立法手段来创建"。"在人类信史展开的最为远古的时代，可以看出，法律已然秉有自身确定的特性，其为一定民族所特有，如同其语言、行为方式和基本的社会组织体制。不仅如此，凡此现象并非各自孤立存在，它们实际乃为一个独特的民族所特有的根本不可分割的禀赋和取向，而向我们展现出一幅特立独行的景貌。将其联结一体的，乃是排除了一切偶然与任意其所由来的意图的这个民族的共同信念，对其内在必然性的共同意识"。② 也就是说，法律的真正渊源是"民族精神"，是基于历史的传统而形成的时间的产物，而不是人的理性的建构的产物。立法者只能够认识法律和揭示法律，而不能够去改变法律。萨维尼认为："法律堪与语言相比。对于法律来说，一如语言，并无绝然断裂的时刻；如同民族之存在和性格中的其他的一般性取向一般，法律亦同样受制于此运动和发展。此种发展，如同其最为始初的情形，循随同一内在必然性规律。法律随着民族的成长而成长，随着民族的壮大而壮大，最后，随着民族对于其民族性的丧失而消亡。"③ 既然法律源自民族精神，而不同的民族有不同的民族精神，因此法律对于一个民族而言是独特的，属于一个民族的法律当然不能适用于另一个民族。法律是社会产物，是社会制度之一，是社会规范之一。它与风俗习惯有密切的关系，它维护现存的制度与道德、伦理等价值观念，它反映某一时期、某一社会的社会结构，法律与社会的关系极为密切。任何社会的法律都是为了维护并巩固其社会制度和社会秩序而制定的，只有充分了解产生某一种法律的社会背景，才能了解这些法律的意义和作用。④ 尽管萨维尼等学者的声音没能阻止德国民法典的制定，但是却深深地影响了每一个追求移植他国法律的学

---

①　［德］萨维尼：《当代罗马法体系（第一卷）》，朱虎译，中国法制出版社 2010 年版，第17 页。

②　［德］萨维尼：《论立法和法学的当代使命》，许章润译，中国法制出版社 2001 年版，第7 页。

③　同上书，第 9 页。

④　瞿同祖：《中国法律与中国社会》，中华书局 2003 年版，导论。

者必须注重本国——即基于本国和依据本国的进路。这已经成为法治发展模式不可缺少思路。就我国而言，发展"中国特色"的法治，就必须体现"基于中国"和"依据中国"的特性。

第一，民生法治发展模式突出了"基于中国"的特性。正如本书一直所强调的那样，民生法治发展模式关注中国人民的基本生活需要，关注围绕民生的法治发展，而这正是中国13亿人民所面临的核心问题。所以，强调民生法治发展模式"基于中国"，强调的是基于中国人民需要的特性，强调的是基于中国目前发展状态和阶段的特性。这是我们在考虑中国法治发展过程中所不可缺乏的。试想一下，中国和美国有着相差不多的国土面积，却有着完全不对称的人口；中国和美国有着智力水平相同的国民，却有着完全不同的文化背景和历史传统，如此等等，这都说明，我们发展法治，必然不能够完全按照西方的那一套来进行，而只能够按照中国的现实需求和发展需要来进行。我们的法治建设需要建立在对我们伟大祖国的彻底认识的基础之上，建立在对我国国情的充分把握之上，建立在我们人民的基本需要之上。没有对自己祖国的认知，没有对自己文化因子的认知，没有对自己人民的认知，盲目推行某种信念，就会变成教条主义和本本主义，就会失败在认识不清的立场之上。所以，苏力说得好："现代社会已不可能没有对于未来的一般设想和追求目标了，处在不断变动中的中国为保持法律的相对稳定，法律有时也必须有某种'提前量'。然而，如果法律的兴废、修改首先关注并集中关注的是如何实现国家的'现代化'，如何满足未来的需要，法律势必不再是经验性的了，而是成为某个理想的社会、经济制度的逻辑需求的延展，成为一种普适性并且在理论上不容许地方性知识的原则。这样一来，法学家必然以法条为中心，以书本为中心，以对外国法条之知代替对中国社会之知，法律所必须回应的社会现实问题势必会被遮蔽，甚至被有意识地牺牲了。这也势必造成许多法律制定出来之后，难以在社会中实际发挥有效的和积极的作用，而只是一种看上去漂亮的'间架性结构'。"①——这就是对民生法治发展模式"基于中国"的最好阐述。

第二，民生法治发展模式突出了"依据中国"的特性。法治发展靠什么来支持？是靠完全抄袭外国的法律来实现自己的发展，是靠从本土生长起来的规则来支撑社会的变化，还是靠认同力量的建构去促成法治的历时

① 苏力：《现代化视野中的中国法治》，载苏力《阅读秩序》，山东教育出版社1999年版。

性变革？这是影响人们对中国法治期盼的重大问题。正如前面在批判我们完全复制西方的民主法治发展模式的论述中所指出的那样，西方的发展模式尽管有许多提供启发之处，但并不是万能的灵丹妙药，更不是"打遍天下无敌手"的"神拳"，而只是西方人在自我追求发展的过程中建立起来的逻辑体系。我们已经在近代西欧城市自治发展过程当中，特别是在商人法的发展过程当中深刻地感受到了。富勒说，"法律是使人类服从规则治理的事业"，所谓"法律的事业"是指法律的承认和执行、法律的变革和纠纷解决等机制的产生。需要指出的是，这些机制可能采取我们称之为政府的这些熟知的形式，但民族国家并非法律的先决条件。虽然法律实证主义者认为，法律需要被确认，因而它仰赖于某些绝对权威的支持，这一权威即使被滥用也不得撤销，他们的观念清楚地暗示了国家强制力，但是，由于权威可能以表现为归属于个体（精英们）或组织（立法机构、法院）的面目出现，事实上，这些表象就是法律权威真实渊源的明白无误的表达。正如哈耶克所解释的，这些以拥有解决法律争议权威的面目出现的机构（组织、个人）无须去决定某一特定行为是否对国家意志的滥用；但必须裁决这些行为是否符合别的团体的预期，这些预期是团体成员通过日常行为实践的调适所自然形成的。习惯和实践引发了预期，而预期反过来又指导人们的行为，故而，人们依靠观察所发现的一些实践经常就被视为法律。法律体系的权威，或者对法律体系的支持，最终源自一种"正确"（right）的感觉，由于它证实了人们的预期。① 行为预期只有建立在主体自身的日常习惯和行为的基础之上，才能发挥建立规则的作用。而主体自身的日常习惯和行为预期则完全有可能是相反的，因此所发展的规则体系也不可能是相同的。这样，中国发展法治就不可能依据他国人民的日常行为，而只能依据中国本国人民的行为预期——这是对民生法治发展模式"依据中国"的较好诠释。

　　第三，民生法治发展模式突出了法治发展的"当下"特性。所谓"当下"是对法治发展"历时性"的回应。不同时代的人们会有不同的规则选择，就好比古时候的人们崇尚私力救济，崇尚复仇，崇尚决斗，而现在的

---

① Bruce L. Benson, "*The Spontaneous Evolution of Commercial Law*", in klein, Daniel B. (eds.), *Reputation: Studies in the Voluntary Elicitation of Good Conduct*, The University of Michigan Press, 1997. pp. 165—189.

人们趋向于公力救济，趋向于司法，趋向于诉讼一样，不同时代的人们会有不同行为方式。民主法治发展模式尽管提出了一些普遍性的法治原则，但是更多的是对当时的人们需要的回应，也是对时代历时使命的回答。而中国在建构民生法治发展模式时，就必须回答当下中国人民最关注的问题，解决最需要解决的问题，否则一切都会陷入"揠苗助长"或者"空想"的境地之中——这是我们已经面对过的问题。所以，民生法治发展模式关注"当下"，关注的是当前人们，关注的是未来的人们，而不仅仅是停留在过去、停留在历史。

第三节　作为中国法治建设有效路径的民生法治发展模式

　　民生法治发展模式是我国在社会主义现代化建设的实践过程中发展起来的法治实践模式，在一定意义上是符合中国国情和中国人的现实需要的，也能够有力地促进中国的法治建设。总结和深化民生法治发展模式，是厘清中国特色社会主义法治发展道路的必然要求，能促使广大民众自觉成为法治建设的基本推动力量。特别是因为民生法治发展模式触及了法治发展的几个核心问题，回答了法治发展的几个原则，因此，必将成为中国法治发展的有效路径，进而促使中国现代法治得以真正实现。

一　民生法治发展模式关注到了真实的中国"人"

　　人是法治发展的核心。人诞生伊始就是自然的存在物，具有动物的生命本性，遵循着某些动物本身的规律性。但是，人也是社会的存在物，他具有社会关系的属性。而法律在某种意义上整合和重建了社会关系。依据亚里士多德的理论，人是天生的政治动物，趋向于过一种城邦的生活。人有合群的天性，因此人的本质在于社会性和政治性。人类社会先有家庭（人的结合），然后发展为村坊（家庭的结合），最后到城邦（村坊的结合）。家庭和村坊被看做是城邦演化发展中的过程。换言之，城邦（国家）是人性演化的结果，即城邦是人性的"高级组合"。在亚里士多德时代，社会的基本结构是城邦制度，政治就是城邦生活，人不能离开城邦而独立生活，而必须结成社会过有组织的生活。法律在维系城邦生活过程中发挥着极其重要的作用，亚里士多德认为，法律根据政体而制定，体现政体宗旨，真正的法律"应该是促成全邦人民都能进于正义和善德的永久制度"。① 而关于法律中人的形象，在西方国家也多有变迁，如近代西方法学理论较为统一地认为，人是理性的，这个"人"是一个抽象出来的人的形象，无论是作为立法、执法和司法的主体，还是守法的主体，都具有完全的理性，因而是一种"强而智"的人。② 但是，随之而来的发展却表明，人并不是理论中所设想的那样，是那么的"强理性"和"多智慧"，相反，当代理论研究告诉我们，"这个世界确是由哈姆雷特、麦克白、李尔王和奥赛罗组成的。冷静的理性范例充满了我们的教科书，但是，现实世界却更为丰富多彩"。③ 这样，从法律的视野来看，我们谈论到"人"的问题时，特别是谈到"中国人"的问题时，所需要解决的问题接踵而来。

第一个问题是，如何从法律的视野来看待人性。康德曾说过：人是一种理性的动物，有选择自己行为的能力。这种人是可以自治的、有自觉意识的，是抽象的带有类（群体）特征的，是超越个体的人也是模仿商人形象建立的人，即完全的追求利益的精于计算的人。这种人是可以认识自己的一切利益的。④ 理性的人拥有完全的自由，即康德所说的："人只有一种天赋的权利，即与生俱来的自由，自由是独立于别人的强制意志，而且根据普遍的法则，它能与所有人的自由并存，它是每个人由于他的人性而具有的独一无二的、原生的、与生俱来的权利。人只服从于他给自己规定的法律——或者是给他单独规定的或者是给他与别人共同规定的法律。"⑤ 人是理性的，但又是有权利的，这说明，人会理想地为自己的利益去考虑。正如我们在前面分析的那样，法律本身就是人的需要的产物，因此，人性是围绕需要而展开的。不管是正常人，还是"不正常"人，固有的某些需求会促使他为某些行为，这样，从法律的角度来看，合理规制人的行为就变成了主题。

第二个问题是，法治发展关心什么人。不同的时代，人的范围和定义是不同的。在古代社会，许多奴隶不是人，而只是"会说话"的工具；在

---

① ［古希腊］亚里士多德：《政治学》，吴寿澎译，商务印书馆1981年版，第148页。

② ［日］星野英一：《私法中的人》，王闯译，中国法制出版社2004年版，第8页。

③ ［印］阿玛蒂亚·森：《伦理学与经济学》，王宇、王文玉译，商务印书馆2000年版，第7—10页。

④ ［德］康德：《法的形而上学原理》，沈叔平译，商务印书馆1991年版，第26页。

⑤ 转引自［爱尔兰］J. M. 凯利《西方法律思想简史》，王笑红译，法律出版社2002年版，第305页。

古罗马法上，"人"的法律地位有巨大差别；近现代法律制度将所有的人都纳入到权利平等的视野当中，拓展了法治关心的范围。这时可以说，所有的人都是法治所关心的对象。这种关心一方面是对其权利的保护，另一方面是对非法行为的打击。对权利的保护在很大程度上就是对普通人正常生活的关注，而不仅仅停留在口号上。这样，对人的关注不再只是理论上的设想，也不是一相情愿地给"人"贴上各种各样的标签，更不是非得逼着人自身为自己烙印"分类"的痕迹，相反，我们更应该为人的"真实性"负责。这表明：首先，法治发展是关心人发展的法治。其次，人是所有法治行为的主体，而不是功利的对象，更不是管制的客体；只能在参与与治理的互动当中，实现行为的规制——这应该成为法治的前提。最后，法治是生活的规则之治，因此，有关法治的关注点必然落在真实的人之上，而不是虚拟的人之上，只有这样，才能够感觉到人的丰富的情感和多元化的需求，才能够保证人不会变异。

第三个问题是，民生法治发展模式是关注哪些人。在当代中国，提倡民生法治发展模式，所强调的关注对象就是全体中国人。法治发展不是国家对法治的垄断，而是全体真实的人民通过参与构建国家管理的大事，实现人的生活与规则的生活的有机统一。民生法治关心中国人的"真实"，实际上关注的就是他们的真实的生活：既关注黄土高原上人民的豪迈慷慨，也关注江南水乡人民的柔情万种；既关注城市居民的现代气息，也关注乡村居民的乡土本色；既关注青藏高原上藏民对佛祖的崇拜，也关注平原草地上的人民对内心信仰的真实回归。在这里，没有高下之分，也不存在贵贱之分，更没有价值取向意义上的标签，只有法治的真实感。因此，我们可以说，民生法治发展模式是对真实中国人的真实生活的现实描绘。

二 民生法治发展模式强调政府责任担当性

民生法治发展模式强调政府责任的担当，实际上也是对责任政府建设的要求。在英语世界里面，"责任"的英文单词为 liability、duty、responsibility 等，而政府责任的"责任"在英文中的对应译法是"responsibility"①，responsibility 有两种意思：一是责任，负责；二是职责，任务，义

---

① 北京外国语大学英语系词典组编：《汉英词典》，外语教学与研究出版社 1998 年版，第1573 页。

务。在 responsibility 与其他词语进行组合使用时多为形容词 responsible。Responsible 有多种用法，一是用作表语，与 for sb. \ sth. 固定搭配使用时既是指（在法律上或道义上）须负责任、承担责任，又是指应对自己的行为负责，也是指作为（某事物的）原因应归咎或归功（于某事物），与 to sb. \ sth. 固定搭配使用作表语时指对自己的行动向主管者或上级承担责任；二是用作定语时指（指工作等）需可靠的人来做的，责任重大的；三是（指人）可靠的、可信赖的。responsible government（责任政府）在英语中是一个合成词语，中心词为 government（政府），定语修饰词为 responsible（责任的，负责的，可靠的，可信赖的，责任重大的……），其意思为负责任的政府，政府责任重大。根据布莱克维尔政治学百科全书解释，责任（responsibility）在政治活动和公共管理中最一般的含义是指与某个特定的职位或机构相联系的职责。①

由此，我们认为，责任一词首先表明的是一种义务，这种义务是由于某种职责所带来的必须承担的或者必须完成的分内之事。具有某种职责的行为主体，"如果违反的是道德准则，就会产生一种道德责任；如果违反的是法律规则，就会产生一种法律责任。显然，在这种理论框架之中，责任与过错的概念都以一个有意志的人格主体为前提。一个自由意志对一条法律规则的有意违反将导致这一人格意志的主体承担一定的责任。"② 对于政府而言，"责任性是一个有关权力的问题，即人民不仅在官方决策过程中享有发言权，而且有权力使统治者对他们的所作所为负起责任来。他们可以要求官员们就有关决策和行动的问题作出回答。他们能够制裁没有负起责任的公共官员或公共机构"。③

那么，什么是责任政府呢？事实上，责任政府的概念也是充满争议的。从理论的层面看，公共行政学发展史的两位举足轻重的人物卡尔·弗瑞德里奇（Carl Frederiek）和芬纳（Herman Finer）对于行政责任（administrativ eresponsibility）的争论将"责任政府"的研究引入了学界的视野。芬纳把职责感（asenseofduty）即责任感理解为一个行政官员感觉或理解义

---

① 陈建先、王春利：《"政府责任"的语义辨析》，《探索》2007 年第 4 期。
② ［法］莱昂·狄冀：《公法与变迁，法律与国家》，郑戈、冷静译，辽海出版社、春风文艺出版社 1999 年版，第 180—181 页。
③ 联合国开发计划署：《2002 年人类发展报告，在碎裂的世界中深化民主》，中国财政经济出版社 2002 年版，第 55 页。

务（an-obligation），此为责任的主观形态，与一个责任主体承担的法律责任相对；弗瑞德里奇则认为，在现代大型的、关系越来越复杂的政府体系中，外在约束并不能成为有效促使政府及其官员承担责任的条件，相反，内在的主观道德在监督政府及其行政人员负责时发挥了立竿见影的效果。可见，二者对于如何确保行政责任的论述实质上从监控官僚政治的角度界分了行政责任的两种形式，即主观责任和客观责任。主观责任是指忠诚、良心以及认同。它强调行政责任主体自身对责任的感受，表现为一种内趋力；客观责任意指法律规章以及上级交付的客观应尽的义务责任，它来自法律的、组织的与社会的需求，表现为一种外促力。行政管理学者斯塔林（Grover Starling）从一般意义上挖掘出了具有普适性的行政责任内涵。他解释说，政府责任与行政责任所涵盖的基本价值在于：（1）回应。政府必须对公民的正当诉求做出积极有效的回应。（2）弹性。在政策的形成和执行中，政府不能忽略不同群体、不同地域对政策目标达成的情景差异。（3）能力。政策的形成和执行须受恰当的目标标准的引导，政府行为须谨慎高效。（4）正当程序。政府行为须受法律约束，不经过合法程序，不得侵害正当权利。（5）责任。做错事情时必须负责，承担相应责任。（6）诚实。政府和公务员必须遵循伦理规范恪守道德。① 行政学者库普尔（T. Cooper）认为，行政责任实际上由客观上的责任行为和公务员个人伦理自主性两个方面构成。客观上的责任行为意味着：在现有规则及伦理、法律内的行为；维持及提高专业领域系统的知识；维持及发展组织政策领域的知识；将精力和时间致力于组织及其目的；决定要与组织合法指示的任务相互配合；对组织的层级结构责任要有所认知；做最好的技术判断；配合组织非正式的规范及程序；在专业化的组织中工作。个人伦理自主性的内涵包括：在政治团体的价值与个人良知范围内行为；维持及发展当前政治、经济社会系统的知识；维持及发展个人价值、信仰、信念、世界观及生活的顺序之知识；维持、塑造家庭及社会、团体关系；基于大众喜好、需求及利益，对组织任务、立法变迁提出建议；对不符合组织任务、专业守则及政治良知的价值加以质疑；基于大众喜好、需求利益及专业判断个人良知，来对规范、规则、约束及程序提出改变；鼓励与其他组织单

---

① Graverstarling, *Manging the public sector*, The Dorsey press, 1986, pp. 115—125. 转引自张成福《责任政府论》，《中国人民大学学报》2000 年第 2 期。

位，民选官员及大众合作。①

从制度的层面分析，责任政府亦有狭义和广义之分。从狭义的角度来看，责任政府就是指实行责任内阁制的政府。这种政府体制发轫于近代，最早诞生于英国，是代议政府的别称，其主旨在于政府应对议会负责。如《布莱克法律词典》对责任政府的解释是："这个术语通常用来指这样的政府制度，在这种政府制度里，政府必须对其公共政策和国家行为负责，当议会对其投不信任票或他们提出的重要政策遭到失败，表明其大政方针不能令人满意时，他们必须辞职。"英国人韦德（E. C. S. Wade）和菲利浦（G. Godfrey Phillips）合著的《宪法和行政法》一书对责任政府的理解也侧重于"内阁制"政府，他们认为："在民主国家里，统治者应该是有责任的，应该对被统治者负责。既然，人民直接统治是不切合实际的，那么，宪法设置了一个机构，在这个机构里，统治者应该对人民选举的代表负责。"而我国在介绍责任政府这个外来名词的含义时，更是直接将其限定在"内阁制"政府这个特定领域。如在《中国大百科全书（法律）》中，没有责任政府的词条，但在"内阁"的词条中将"内阁"称为"责任内阁"。在《新编法学词典》中，"责任政府"的词条解释见"内阁制"，而在"内阁制"词条中将"内阁制"直接解释为"责任内阁"、"责任政府"。② 从广义的角度来看，责任政府既是现代民主政治的一种基本理念，又是一种对政府公共行政进行民主控制的制度安排。作为民主政治时代的一种基本价值理念，它要求政府必须回应社会和民众的基本要求并积极采取行动加以满足；政府必须积极地履行其社会义务和职责；必须承担道义上的、政治上的、法律上的责任；政府必须接受来自内部的和外部的控制以保证责任的实现。③

由此可见，狭义的责任政府一般与特定政府体制——内阁制政府相联系，往往成为解释内阁制政府的特定名词，"在内容上侧重于政府对其公共政策和国家行为所承担的责任，其中主要是政府的政治义务和政治责任；此外，政府的这种责任主要是针对议会而言，着重强调内阁向议会

---

① Terry L. Cooper, *The Responsible Administrator An Approach to Ethics for Adiministrative Role*, San Francisco、Oxford，1990，p. 228. 转引自张成福《责任政府论》，《中国人民大学学报》2000 年第 2 期。

② 刘丹：《责任政府与政府责任》，《湖南行政学院学报》2000 年第 3 期。

③ 张成福：《责任政府论》，《中国人民大学学报》2000 年第 2 期。

（或者议员）负责"。① 因此，狭义的责任政府概念具有相当的局限性，有待于扩展。而广义的责任政府概念在囊括狭义的责任政府概念的基础上，作为一种制度安排，强调保证政府责任实现的责任控制机制，这种控制机制既包括内部的，也包括外部的。内部的政府责任机制或形式（internal forms of administrative responsibility）至少包括职业主义的作用、代表性的重要性及其伦理道德的考虑。外部责任机制（external mechanism of responsibility）在现代政府体系中，至少包括组织的或监督的义务，行政控制、立法监督以及司法争议的解决。"如此定义便廓清了责任政府与传统专制政府的价值边界，责任政府扭转了传统专制政府向上归责（对封建帝王负责）的责任倾向，并使其价值重心发生位移——立足为民服务的价值立场。"② 因此，在本书中，我们采用了广义的责任政府的概念。

政府责任的内涵是广泛的，从政府责任的性质看，政府责任包括政府的政治责任、法律责任、行政责任和道德责任，这些责任之间既相互区别，又相互渗透、相互影响、相互转化，从而形成一个具有内在联系的政府责任体系。而从政府行为的方式看，政府责任主要包括抽象行政行为的责任和具体行政行为的责任。从本书的主旨来看，强调民生法治，就是要政府承担关注民生、改善民生和保护民生的责任。

第一，民生法治发展模式要求政府关注民生、改善民生和保护民生，维护社会正义。关注民生、改善民生和保护民生是在民生发展过程中最为重要的问题。特别是在当前中国，高房价居高不下，看病就医困难，教育水平发展参差不齐，两极分化过分严重，等等，这意味着社会公平正义在一定层面上的丧失。这也表明民众的民生权利尚未完全实现。值得注意的是，民生权利与我们平时所讨论的个人权利一样，"并不是天赋人权论者所说的人与生俱来的权利，也不是诺齐克所以为的是通过财产的获取、转移的正当化程序而享有的权利，而是由客观的社会历史条件所决定的、随着社会发展而不断地扩大其内容的权利，是由国家法律所保障的权利"。③ 也就是说，政府的责任就是要保护民生权利，这是政府责任的必然要求。通过保护民生权利来实现社会正义。实际上，我们政府也是这么努力做

---

① 刘丹：《责任政府与政府责任》，《湖南行政学院学报》2000 年第 3 期。
② 张成福：《责任政府论》，《中国人民大学学报》2000 年第 2 期。
③ 彭定光：《论政府的道德责任》，《中南大学学报（社会科学版）》2006 年第 3 期。

的。如在 2008 年，国家拿出更多的财力物力来改善人民生活。一是改革医疗卫生体制，扩大城镇居民基本医疗保险试点，新型农村合作医疗制度基本实现全覆盖。国家加大资金投入，支持建设覆盖城乡居民的公共卫生体系、医疗服务体系、医疗保障体系和药品供应保障体系四大体系，推动解决看病难、看病贵问题。同时，我国政府还决定提高对新型农村合作医疗和城镇居民基本医疗保险的财政补助水平，财政补助标准将从现行的 40元提高到 80 元，其中中央财政补助标准从 20 元提高到 40 元。二是在2008 年我国政府全面实施城乡免费义务教育，这是我国教育发展史上具有里程碑意义的大事情。三是我国政府完善住房保障体系，加快廉租住房建设，改进和规范加强经济适用房制度，将成为政府解决城市低收入家庭住房难问题的有力举措。[1]

　　第二，民生法治发展模式要求政府提供公共服务，服务社会。服务性是民众对政府的天然要求，在国家条件下，没有政府的服务性，人类很难解决复杂社会问题；没有政府的服务性，人类很难形成发展社会公共利益事业的动力，而实现公共利益的最大化恰恰就是善治的基本要求。一般来说，人类的生活领域可以分为公共领域与私人领域。公共领域是每个人都离不开的不同于市场的场所，是人们追求积极生活的空间。人们在此领域中生活是需要一定条件的。给人们提供这种条件或者公共物品的不是市场，而是政府。政府正是在市场失灵之处确立了自己存在的空间，也使其对社会生活的干预具有合理化的理由。政府由于是公共物品的唯一提供者，因而它责无旁贷。它有义务维护国家的安全（如国土安全、主权安全、资源安全、信息安全等），处理国家与国家之间的关系，制定和执行各种各样的法律、政策和规章，建立和维持良好的社会秩序，调节市场供求关系，建设道路、交通等公共设施，建立社会保障体系，抓好教育，搞好医疗卫生服务，预防疾病流行，防灾减灾，保持生态平衡等等。[2] 通过各种公共利益设施的建设，通过对民生权利的关注，政府在服务中体现了责任的担当。实际上，政府通过法律规制行政机关的自由裁量权也是对服务的新诠释。如 2008 年 4 月 9 日，湖南省长周强主持召开省政府第 4 次常务会议，讨论通过《湖南省行政程序规定》，并于 2008 年 10 月 1 日起正

---

① 刘丹、彭中礼：《2008 年中国法治政府建设大盘点》，《行政法学研究》2009 年第 2 期。
② 彭定光：《论政府的道德责任》，《中南大学学报（社会科学版）》2006 年第 3 期。

式实施。这是中国首部地方行政程序法。这部地方行政程序法的实施，改写了中国行政程序的实践话语。按照湖南省法制办主任贺安杰的说法就是，"《湖南省行政程序规定》是一部专门规范政府行为的规章，就是治官、治权，是政府的一场自我革命!"在法治政府理念迅速发展的当今时代，行政过程需要行政程序，行政程序限制行政过程，已经成为权力制约理念的主要方式和路径之一①。这种行政程序的限权理念就是一种新的服务理念。

第三，民生法治发展模式要求政府严于自律，诚信廉洁。民生法治发展模式要通过对公民知情权等的保障，增强政府的公信力。如我国政府对非典疫情的公布制度，公安部门向社会通报社会治安情况，对政府官员腐败案件的严厉惩治，对侵害群众利益的不正之风的制止与纠正，有些地方政府还制定行政失信补偿制度等等，都体现了人民政府的诚信品格和道德勇气。② 各级地方政府还应重视本地区的社会诚信建设，大力开展诚实守信的思想道德和社会主义市场经济伦理知识的教育，形成全社会强烈的信用意识和氛围。值得一提的是，2008 年 5 月 1 日起施行了《中华人民共和国政府信息公开条例》，这是我国信息公开的主要法源。政府信息公开制度的理念是"以公开为原则、以不公开为例外"。《中华人民共和国政府信息公开条例》开宗明义指出，"为了保障公民、法人和其他组织依法获取政府信息，提高政府工作的透明度，促进依法行政，充分发挥政府信息对人民群众生产、生活和经济社会活动的服务作用，制定本条例"。可见，政府信息公开制度是透明政府建设的重要制度。因此，有人说，政务信息是一种公共资源和社会财富，而不是一种垄断资源。在一个封闭的社会，政府往往将政务公开作为行使权力的一种方式，公民完全处于被动地位，没有人敢要求政府公开什么；而在一个开放的社会，政务公开是政府的一种法定义务，也是公民的一项基本权利。除了政府主动公开的信息外，公民可以依法申请公开其他公共信息，政府无正当理由不履行义务就要受到追究。2008 年的深圳公民吴君亮、李德涛和万宇涵的"公共预算之旅"可谓见证了信息公开制度的"威力"。48 岁的吴君亮是深圳君亮资产管理

---

① 贺安杰：《湖南行政程序规定就是治官治权》，《潇湘晨报》2008 年 4 月 18 日。

② 高元庆：《政府道德责任的内涵、特征及价值取向》，《四川行政学院学报》2004 年第 3 期。

公司的 CEO，李德涛和万宇涵是该公司的两位财务分析人员，他们从 2006 年起，在深圳开始了"不务正业"的公共预算之旅。他们向十几个中央部委、十几个地方政府提出了查看预算案的申请，但都遭到了拒绝。2008 年颁布的《中华人民共和国政府信息公开条例》明确规定：各级政府的预算和决算报告是需要主动公开的"重点政府信息"，必须向公众开放并提供便利的查阅条件。此规定一出，三人犹如枯木逢春，开始耐心地等待。2008 年 5 月 1 日，该条例正式实施，他们立即开始了申请预算查看之旅。按照网上查到的政府部门联系方式，吴君亮团队向财政部、卫生部、发改委、教育部、科技部、农业部、国家统计局、人民银行等十多个部委，以及上海、北京、广州、重庆、成都等十几个城市的地方政府发出了申请，除了证监会之外，基本都有回复。2008 年 5 月 27 日，他们终于看到了深圳市政府的 2008 年度部门预算草案；2008 年 10 月 27 日，卫生部向他们公布了一份接近完备的本级部门预算。在新中国的历史上，这两次回应都是第一次①。《法制日报》曾发表评论《真实是政府信息公开的基本前提》，该评论说："知情权是宪政发展的产物，没有知情权，民主制度也就失去了基础。""只有建立起信息透明的制度，才能把政府和政府官员置于公众的监督之下。"②

三　民生法治发展模式强调社会治理的正当性

在当前世界，由于西方国家通过民主法治理论的最先崛起，其以法律为核心价值的发展方式获得了许多不发达国家的青睐。在 20 世纪 50—70 年代，西方发达国家如美国派专家到不发达国家从事援助工作，以期帮助这些不发达国家摆脱经济困境。这样，在美国本土就掀起了一股"法律与发展运动"研究的思潮。"他们看来，要想使这些国家经济和社会发展，引进西方国家的法律制度是必不可少的条件。有人甚至提出，法律改革不应该屈从于落后的社会现实，恰恰相反，社会现实应该受到法律的指引。只有这样，不发达国家才能迅速地发展为西方那样的发达国家。20 世纪 70 年代，'法律与发展运动'连同西方国家对不发达国家的援助一起走入低谷，除了政治原因，如'水门事件'和'越战'失败的影响之外，他们

---

① 黄河：《深圳公民的"公共预算之旅"》，《南方周末》2008 年 11 月 5 日。
② 李益民：《真实是政府信息公开的基本前提》，《法制日报》2008 年 11 月 25 日。

所宣扬的西方的法治模式，脱离不发达国家的现实，不了解受援国的实际
法律在这些国家的社会生活中远远不像在西方国家那样发挥作用。因此，
在总结'法律与发展运动'失败的教训时，有的学者把它称为'法律帝国
主义'。"① 20 世纪 90 年代初，世界银行、国际货币基金组织和一些西方
国家又开始了新一轮的对不发达国家的援助活动，这次援助活动依然是照
搬西方国家的民主法治模式，因而也引起了一些有识之士的反思与思考，
他们认为，单纯地依靠西方的民主法治发展模式是很难获得援助成功的，
"这些反思主要集中在这样几个问题上，反对西方中心主义的法治观念，
主张多元主义的治理模式；法律移植不是把西方模式强加给第三世界国
家，而是来源于这些国家根据自己国情并掌握充分信息的基础上的自由选
择；各个国家的法律改革不可能有统一的预先制定好的模式，而必须根据
自己国家的特点进行。"② 这种观点是很有见地的，对于我们中国的发展而
言，照搬民主法治模式也是一种不明智的做法，因此本书也提出了民生法
治模式的实践进路，以此解决自己的问题。所以，我们今天所强调和构建
的民生法治模式就是中国在自己的经济社会发展模式下的一个努力、探索
和创造，也是中国人用自己的智慧所贡献的一个理论努力。

　　第一，民生法治模式强调的是通过法律的社会治理。党的"十七大"
报告指出，我国政治体制改革必须与人民的政治参与的积极性不断提高相
适应。这告诉我们，社会治理不仅仅是政府的事务，它必须包括人民广泛
的政治参与。按照朱景文先生的理解，我们国家由于历史传统，民主和法
治不健全，国家治理的方式远非法治，人治起着很大的作用。把法治作为
国家管理的主要方式不是过头了，而是远远不够。但是法治观念所揭示的
问题却是我们必须注意的，即治理不仅仅依赖于政府，而且需要利用一切
社会力量；治理不仅仅需要法律，而且需要其他各种手段；治理不仅需要
强行性的方法，而且需要沟通、协调、谅解。这对于一个利益和价值多元
化的社会更为重要。中国共产党的"十六大"报告提出依法治国与以德治
国相结合的问题，它告诉我们，除了法治之外，道德在治理国家方面也起
着重要的作用。③ 但没有法治又实在不行，否则我们又会回到"无法无天"

---

① 朱景文：《从法治到善治》，《法治日报》2008 年 1 月 28 日。
② 同上。
③ 同上。

的过去，那就变成了历史的倒退。所以，民生法治发展模式既要强调通过法律的治理来实现善治，又要注重其他多种有效的治理方式，只要这种治理方式是低成本的、有效的而且能够符合社会发展和人民需要的就是合适的。

第二，民生法治发展模式所强调的社会治理的内容重点在于民生建设。关于这点，我们已经在前面反复提及。我们正处于社会主义现代化建设初级阶段，在物质产品并不是非常丰富的情况下，社会对人们所需要的物质产品还不能完全实现充分供给，这就意味着中国有许多人依然会在贫困线上挣扎，这样，关于贫困与反贫困的斗争是一个非常重要而长期的课题。特别是由于社会是发展的，人们的需要是变化的，关于民生需要的内容随着社会的发展又会进一步地变化。特别是在当前，按照吴忠民先生的分析，"在中国现阶段，从整个社会的行为趋向来看，已经完全改变了以往的禁欲主义生活方式的行为取向，而开始注重日常生活，注重生活方式的多样性，注重生活质量的不断提高。民众对于自己的美好生活具有一种比较普遍的强烈追求、一种比较强烈的心理渴望。人们对于现实生活越来越看重，对于切身的合理利益以及相应的利益诉求越来越重视。人们希望通过努力，在当下就能过上好的生活，在现阶段就过上与这个时代生产水准相适应的一种比较好的生活、人们越来越不满足把这种美好的生活放到一个遥远的未来，而是放到了行为预期可及的'中近期'。在这30年间，社会成员的生活观念、维权意识以及日常生活的内容方式均发生了空前的变化，迈上了一个巨大的台阶。"① 所以，对民生问题的关注在一段时期内，甚至是一段很长时期内，是国家和政府必须关注的问题，这也就决定了民生法治发展模式能够在较长时间内成为社会主流治理方式的基本原因所在。

① 吴忠民：《走向公正的中国社会》，山东人民出版社2008年版，第310页。

第五章 民生法治发展模式中的
宏观制度建构

人类对法律的选择经过了长期的磨炼与痛苦的争斗。因为"法律的作用在于保护自由、人身不可侵犯、最低限度的物质满足，以使个人得以发展其人格、实现其'真正的'使命"①。特别是当人类的文明发展越来越获得法律的强大支持的时候，文明对法律的依赖更加突出；正如福泽谕吉所说："就目前情况而论，促进世界文明的工具，除了法制之外并无其他更好的办法。"② 可见，"法律的作用是促进人类价值的实现。"③ 民生是当代中国在发展过程中所碰到的一个有关国人生计的问题，也是一个必然会长期存在且深刻影响中华文明发展的问题。解决这个问题，不仅需要国家的大力重视，而且也需要社会的高度关注，当然，从根本上看，需要法律的制度保障。可以说，法律是解决民生的基础性手段，在经济发展、体制变革的过程中，必须重视用法律制度解决民生问题，从而实现民生法治发展模式在中国的夯实。

第一节 建构围绕民生发展的立法制度

从法律上保障法律，首要的基本前提就是在立法上要对民生之内容给予合理关注和适当安排。也就是说，在价值取向上，立法应当把关注民生作为立法的基本价值目标之一，要为了全体民众的民生立法，为了弱势群

---

① ［美］E. 博登海默：《法理学—法哲学及其方法》，邓正来、姬敬武译，华夏出版社1987年版，第139页。

② ［日］福泽谕吉：《文明论概略》，商务印书馆1959年版，第8章。

③ ［美］E. 博登海默：《法理学—法哲学及其方法》，邓正来、姬敬武译，华夏出版社1987年版，第197页。

体的民生立法，为了社会主义经济的发展立民生之法。

一　民生时代呼唤民生立法

在法律中，要使中国特色社会主义法律体系充满丰富的民生内容，要使得法律充满着对人民生存和发展地深刻关注，就离不开立法的民生导向。所谓民生立法，立的是什么法呢？民生立法主要立的是保护公民的经济、社会和文化权利的法律，这些权利的保护与一个国家的经济和社会发展的情况紧密相关。① 在当前的时代背景下，强调民生立法，具有历史必然性和现实必要性。

第一，从历史来看，我国过去的立法基本上都是围绕经济建设进行的，民生立法欠缺。有数据表明，截至 2008 年，全国人大及其常委会制定的现行有效法律共计 229 件，依照各门类立法数量的多少来排序，可以看出它们的百分比分别是：行政法 79 件，占全国人大及其常委会立法总数的 34.49%；经济法 54 件，占 23.58%；宪法及宪法相关法 39 件，占 17.03%；民商法 32 件，占 13.97%；社会法 17 件，占 7.42%；诉讼与非诉讼程序法 7 件，占 3.0%；刑法 1 件，占 0.43%。自改革开放以来，经济立法始终是中国立法工作的重点，而社会立法则处于相对滞后状态。事实上，"十一届三中全会以来，全国人大常委会共制定 300 多部法律和有关法律问题的决定，其中三分之一以上是经济法律"。在地方立法中，重视经济立法、轻视社会立法的现象依然存在。例如，江苏省人大常委会 1993 年至 1997 年共制定和批准了 76 件经济法规，占立法总数的 55%；安徽省九届人大制定、修改、批准经济类法规 70 件，占立法总数的 54.7%。② 为什么会出现这种偏重于经济立法而不重视社会立法的现象呢？其中一个最重要的原因与当时的基本工作重心密切相关。

1978 年以后，我国进入了改革开放的历史新时期。鉴于"文化大革命"中以阶级斗争为中心而造成重大经济损失的深刻教训，在这一时期，经济发展成为我国一切工作的中心。正如邓小平同志所说的，20 世纪 80 年代的三件大事，"第一件事，是在国际事务中反对霸权主义，维护世界

---

① 信春鹰语，见《民生立法是当下人大立法重点与现实需求仍存差距》，china. com. cn/news，2009 年 9 月 22 日。

② 李林：《改革开放 30 年中国立法的主要经验》，《学习时报》2008 年 8 月 16 日。

和平。第二件事，是台湾回归祖国，实现祖国统一。第三件事，要加紧经济建设，就是加紧四个现代化建设。三件事的核心是现代化建设。这是我们解决国际问题、国内问题的最主要的条件。"① 在邓小平看来，中国的发展取决于中国经济建设所取得的成绩，这既是外交胜利的前提，也是国富民强的前提，所以他说，"一切决定于我们自己的事情干得好不好。我们在国际事务中起的作用的大小，要看我们自己经济建设成就的大小。如果我们国家发展了，更加兴旺发达了，我们在国际事务中的作用就会大。现在我们在国际事务中起的作用并不小，但是，如果我们的物质基础、物质力量强大起来，起的作用就会更大……当然，其他许多事情都要搞好，但是主要是必须把经济建设搞好。"② 这就是说，在改革开放的最初 20 多年间，一切都是围绕经济建设进行的。邓小平同志是非常强调法制的权威的，认为"法制靠得住些"，"政治体制改革包括民主和法制。我们的民主同法制是相关联的。"但是，他所讲的民主法制也是以经济建设为中心的，"中国的主要目标是发展，是摆脱落后，使国家的力量增强起来，人民的生活逐步得到改善。要做这样的事，必须有安定的政治环境。没有安定的政治环境，什么事情都干不成。"③

由于当时的法律并不多，所以"特别要抓紧立法，包括集会、结社、游行、示威、新闻、出版等方面的法律和法规。违法的就要取缔。中国不能允许随便示威游行，如果三百六十五天，天天游行，什么事也不要干了，外国资金也不会进来了。我们在这方面控制得严一点，不会影响外商来华投资，恰恰相反，外商会更放心。我们要让国内外明白，加强控制是为了稳定，是为了更好地改革开放，进行现代化建设"。④ "现代化建设的任务是多方面的，各个方面需要综合平衡，不能单打一。但是说到最后，还是要把经济建设当作中心。离开了经济建设这个中心，就有丧失物质基础的危险。其他一切任务都要服从这个中心，围绕这个中心，绝不能干扰它，冲击它"。⑤ 既然当时工作任务的重心是经济立法，但是我国又落后于西方很多年，没有现成的经验可供足够借鉴，所以"立法的工作量很大，

---

① 邓小平：《邓小平文选》（第 3 卷），人民出版社 1993 年版，第 239—240 页。
② 同上书，第 240—241 页。
③ 同上书，第 244—245 页。
④ 同上书，第 286—287 页。
⑤ 同上书，第 250 页。

人力很不够，因此法律条文开始可以粗一点，逐步完善，有的法规地方可以先搞，然后经过总结提高，制定全国通行的法律。修改补充法律，成熟一条就修改补充一条，不要等待成套设备，总之，有比没有好，快搞比慢搞好"①。

在这样的大环境下，当时的立法工作紧紧围绕经济建设而展开就毫不奇怪了。1982 年通过的《中华人民共和国宪法》确立了经济立法的重要地位。宪法直接提到要制定的法律有 39 个，而其中经济方面的法律 12 个。1984 年中国共产党的十二届三中全会通过的《关于经济体制改革的决定》进一步指出："经济体制的改革和国民经济发展，使越来越多的经济关系和经济活动准则需要用法律的形式固定下来，国家立法机关要加快经济立法。"从此，中国的经济立法工作驶上了快车道。1993 年八届全国人大共通过法律和有关法律问题的决定 33 件，其中经济法方面 12 件。八届全国人大常委会于 1993 年 12 月召开座谈会，确立人大常委会立法规划。该规划共列入立法项目 152 件，其中列入第一类属于在本届内审议的经济立法 53 件；列入第二类属于研究起草阶段的经济立法 37 件。1994 年八届全国人大又通过经济法律 20 件。② 如 1986 年我国颁布的《民法通则》就是最先制定出来规范经济生活和社会生活的基本法律（当然，也规范了民事法律关系）。随后，我国又颁布了《中华人民共和国经济合同法》、《中华人民共和国涉外经济合同法》、《中华人民共和国技术合同法》等法律，来规范经济生活中的各项行为。这些都是与市场经济制度的法律密切相关的。有学者评论说，"1978 年以来，中国经济立法呈现出空前繁荣的景象，其规模之宏大，影响之深远，堪称中国法制史上一次伟大的立法运动。"③ 即使在刑事法的立法领域，我们也看到了刑法对市场经济反应的影子，如 1979 年刑法所立的投机倒把罪。在计划经济向市场经济转型初期，"投机倒把"一度成为刑事司法中的专业术语。不仅"79 刑法"中明确规定了"投机倒把"罪，1987 年还专门出台了《投机倒把行政处罚暂行条例》的行政法规。而随着社会经济的发展，对"投机倒把"的治罪严重压抑了民众创富的激情。"97 刑法"的修改与实施，使"投机倒把罪"正式

---

① 邓小平：《邓小平文选》（第 2 卷），人民出版社 1993 年版，第 147 页。

② 范健、王涌、张晨：《当代中国经济立法的回顾与展望》，中国民商法律网，访问日期 2009 年 10 月 19 日。

③ 同上。

从刑法典中隐退，被分解为非法经营罪，倒卖文物罪，非法转让、倒卖土地使用权罪等新罪名。① 这些也都是经济制度发展之初的表现。在改革开放初期，由于我国法律制度的不完善，各个方面都需要有法律来规制，因此迫切需要建立市场经济的法律框架，那个时候的立法更多围绕经济领域进行也是可以理解的，并且也是具有历史必然性的，并且确实推进了中国的经济发展，使得中国在短短三十年内出现了翻天覆地的变化。

第二，从现实来看，民生问题成为当前我国的最大问题，但是法律保障依据匮乏。民生为什么会成为问题呢？一个比较直接浅显的答案是，只要在可供需求的食物和金钱非常匮乏的时候，民生就会成为最大的问题。也就是说，物质之丰富与民生之保障之间有直接的联系。"这个答案有其合理的一面，民生与金钱、物品的关系实在是太深了，如果能把低保金额、最低工资、养老金提高几个等级，使所有社会成员都具有小康生活所需的收入，或者在收入没法很快提高的情况下，大大增加社会福利，也一样可以保证人们的小康生活，这样，好多社会问题也就解决了。金钱与物品对民生的这种作用，在理论上可以表述为：当钱与物的匮乏超过了人的基本需求的底线，从而超出了老百姓的心理承受能力，也超出了政府和社会的调控、消化能力，并且难以迅速改变这种局面时，民生就成了社会问题。"② 这种观点论述到了民生的一个方面，即物质的匮乏与民生的关系问题。但是，这实际上是一种不全面的概括。如有学者对于此观点提供了一个反面的证明来证伪，"第一，这种匮乏并不一定使民生成为社会问题，这方面的例证在红军时期、延安时期及共和国早期都能找到；第二，只有在政府和社会不能迅速改变这种匮乏时，民生才会变成社会问题"。③ 就当前中国的现实来看，中国经过了 30 多年的经济的发展，用"日新月异"来形容一点也不为过。1978 年，我国 GDP 为 3645.2 亿元，财政总收入为 1121 亿元，进出口总额为 206.4 亿美元。2002 年，我国 GDP 首次突破 10 万亿元，为 102398 亿元；2006 年，我国 GDP 又突破 20 万亿元，为 211923 亿元，折 2.7 万亿美元。2007 年我国经济发展的新成就：（1）GDP 已达 249530 亿元，比 2006 年增长 11.9%，突破 3.6 万亿美元，世界

① 杜海英：《刑法"罪名变迁"见证经济发展历程》，《山东法制报》2009 年 9 月 16 日。
② 陆震：《民生何以成为社会问题》，《上海城市管理职业技术学院学报》2008 年第 4 期。
③ 同上。

第四。（2）财政收入突破 5 万亿元，达到 5.13 万亿元，同比增长 32%。财政增幅几乎等于 GDP 增幅的 3 倍。（3）对外贸易快速增长，全年进出口总额达到 21738 亿美元，增长 23.5%。居世界第三。进出口相抵，外贸顺差达 2622 亿美元，比上年增加 847 亿美元。（4）国家外汇储备余额大幅增加，达到 15282 亿美元，比上年增长 43.3%。居世界第一。（5）外商直接投资继续增长，全年实际使用非金融机构外商直接投资 748 亿美元，比上年增长 13.6%。居世界第一。30 年中，我国经济保持年均 9.7% 的增长速度，居世界第一。最近 5 年中，我国 GDP 占世界经济的份额不断提高，2002 年为 4.4%，2007 年为 5.5%。① 可见，30 多年来的发展，我国已经成为一个经济大国，这意味着，在当代中国，钱财等物质资料不存在匮乏的问题，物质产品不丰富已经不是中国的主要问题了。

所以，把民生变成社会问题归因于缺少足够的金钱与物品是说不通的。理由可以归纳为三点：其一，人的一切生产物质行为与社会、政府，以及置身其中的外部环境息息相关。其二，老百姓的钱和政府的钱是两码事，"老百姓自己不可能有足够的钱与物，就只能指望政府了，假如政府即使有了巨量财富，可就是不愿给老百姓用，就是不许老百姓富起来，你有办法吗？你还认为是钱、物的问题吗？"② 其三，足够的物质生产没有一个明确的标准。"像一个家庭，钱多有钱多的开支方法，钱少有钱少的开支方法，最怕的是开支不当。古巴是当今世界上公认的穷国，人均 GDP 之低举世闻名，国家最高领导人的月薪才 300 元人民币，全国平均月薪不到 200 元人民币。可是古巴的教育经费、医疗经费的投入都是世界一流的，其占 GDP 的比重超过了英美诸国，学生从小学到大学全部免费，居民求医全部免费，全国最好的医疗设备都在社区医院，所以在古巴，教育与医疗根本不是社会问题。而同样的局面，在 20 世纪 60 年代，我们不是也曾拥有过吗？那时教育与医疗都居世界先进水平，有限的钱与物主要用在老百姓身上，人人上得起学，即使在农村，85% 的孩子也能顺利地读到高中毕业；人人看得起病，即使在农村，也有合作医疗保障，政府花大力气根治了农村血吸虫病，几乎 100% 的孕妇都能在医院生育，创造了穷人办世界

---

① 以上数据分别来源于相关年份的《中国经济年鉴》。
② 陆震：《民生何以成为社会问题》，《上海城市管理职业技术学院学报》2008 年第 4 期。

一流农村医疗水平的奇迹，被世界卫生组织作为榜样向世界各国推荐。"①

　　需要进一步追问的是，为什么在经济社会巨大发展的境地中还会出现民生不遂之现象呢？依法国古典社会学家涂尔干的看法，一种社会现象一旦具备了两个特征，就会转化为社会问题：其一，这种社会现象蔚成风气，对社会成员形成一种强制性力量，左右社会成员的思想与行为；其二，这种强制性力量的影响是负面的，它不利于正常的社会秩序、社会生活、社会运转与社会发展。② 从涂尔干的所谓理论来看，在我国民生成为问题，其根本原因就出现在法律制度上。一是公平的分配制度没有得到法律的支持和回应；二是民生的法律保障制度没有得到立法的支持。上面已经指出，在中国的法律体系中，有关民生保障的立法和法律非常之少，即使有一些相关的法律，也很难完全执行到位。如，在劳资关系中，工会的地位和作用显得相当尴尬。我们知道，在国外一些国家，工会都是工人的真正利益代言人，能够以及敢于代表工人的利益。但是，在我们国家，工会具有行政机关的性质，属于行政权力领导的范围，它的职责也变得模糊起来，既不能完全替工人说话，也没有与用人单位或者国家对抗的权力和能力。工人特别是农民工没有自己的利益代言人，没有表达自己利益的途径，也没有能够以其他方式获取政治权利的途径；他们的政治前途是灰暗的，他们的法律保护基本上只能靠自上而下的强制推行。这种"恩赐"的法律制度，却往往形同虚设。比方说，在我国新颁布的《劳动合同法》中，有关给劳动力购买劳动保险和社会福利的条款，基本上形同虚设，一些执法机关对此也是睁一只眼闭一只眼。特别是有些地方的领导干部尚未形成真正的民生观念，还是处于以经济发展为目标的旧思想阶段，也不愿意"得罪"投资方或者大老板们。再比方说，民众非常多见的治病难问题，也是没有法律直接关注的结果。改革开放前，医疗领域由国家统一保障，一直运转得比较平稳。"但在所谓的市场化改革的潮流中，对人的关注很快变成了对钱的关注：政府想在医疗上少花钱，医院医生想在医疗上多赚钱，老百姓被迫在医疗上花大钱。最终，金钱成了医疗领域最大的杠杆甚至是唯一的杠杆，以致'先救人还是先付钱'都成了必须重新讨论的

---

① 陆震：《民生何以成为社会问题》，《上海城市管理职业技术学院学报》2008 年第 4 期。
② 同上。

问题。"① 更令人扼腕的是，许多贫困人家得不起病，一病就会回到"解放前"。

以上种种，表明我们国家的民生问题凸显法律困境。法律必须把立法价值回归到以人为本的取向上来，重新奠立人在经济发展中的主体地位，重新确立人的发展才是经济社会发展的核心的观点，才能真正实现好、发展好民生。

第三，从理论上看，立关注民生之法，是各种冲突利益和谐共存的法律制度渊源。马克思说："一个人奋斗的一切都与自己的利益有关。"可以毫不夸张地说，正当合法的利益是驱使人类自我发展的基本因素之一。我们知道，市场要求以竞争方式对资源进行有效的配置，而竞争的展开前提就是存在不同的利益主体，而主体不同根本的就是利益不同。因此，要竞争，就必须保护各种多元的利益主体。可以说，利益多元是市场展开竞争的前提条件。而我们所要建设的和谐社会是一个利益多元的社会，不同的利益交互作用：和而不同，活而不乱。和谐社会的利益体系源于差别又高于差别，利益存在源于多元又高于多元。利益的单一和纯粹，不是和谐，更构不成和谐社会。因此，建立和谐社会的唯一可能性，在于我们能够形成一个多元化的现代社会。由于"和谐社会是一个多元社会"，又是一个差别与变化的社会，而作为现代社会范畴的和谐社会，不仅是一个伦理共同体，更是一个利益共同体。由是观之，和谐社会必定是一个经济利益多元的社会。② 要和谐，必须要有利益的协调，即和谐实际上是多元利益妥协、协调而得到的和谐，而不是政治强态下的和谐。多元利益如果失去平衡，则社会矛盾就诞生，所以，"社会矛盾的产生源自利益的失衡，而法律作为调整人与人之间权利义务关系的重要工具，可以对社会利益作出'再调节'"。③ 特别是随着改革开放的深入，社会阶层分化非常严重，各种各样的利益集团开始出现，正如马克思所说："不同的人们，就会有不同的利益，不同的利益就会有不同利益的代言人。"于是，他们的利益诉

---

① 陆震：《民生何以成为社会问题》，《上海城市管理职业技术学院学报》2008 年第 4 期。

② 所谓经济利益多元，是指社会经济利益结构的多元，含经济利益主体的多元、利益分配方式的多元、社会成员利益所得的多元。它是商品经济条件下利益分化的结果，是与利益平均化格局相对立的新的经济利益格局。参见卢代富、肖顺武《论和谐社会利益均衡的法律控制》，《经济法论坛》第六卷，群众出版社 2009 年版。

③ 毛磊：《民生立法彰显以人为本》，《人民日报》2009 年 3 月 6 日。

求开始在法律层面上有了积极的呼求。当人们的利益因为法律的不健全而受到了不公平的对待时，就必然会对我国的立法重心产生冲击，促使我国的立法重心从经济立法转向民生立法。对于法律而言，"法律的平衡是全体社会成员和谐相处的最佳途径，它的终级目的是和谐共存，共同发展，因为我们在生活当中无时无刻不关心水的质量、空气的质量，我们更应该关注人的质量，要更关注人的环境。因为人在社会当中，人和自然的关系、人和社会的关系如果处理不好，将比自然给你带来的危害更大。"①"以改善民生为重点"加强立法工作，就要求在立法项目的确定上、法律条文的制定上以改善民生为着眼点，切实解决群众最关心、最直接、最现实的利益问题。②

二　建构完善的民生法律体系

由上述的讨论可知，要通过民生立法实现民生保障的法治化，就必须构建完善的民生法律体系。法律体系是国家制度的载体，同时也是国家价值观的载体。社会主义制度的根本价值是公平正义，法律体系的构建对应着社会公平正义体系的构建。30多年来我国法制建设成就斐然：从党的十一届三中全会后的1979年五届全国人大起至2008年2月的十届全国人大止，全国人大及其常委会共制定了现行有效的法律220余件；国务院共制定了现行有效的行政法规近700件；地方人大及其常委会共制定了现行有效的地方性法规7000余件；民族自治地方人大共制定了现行有效的自治条例和单行条例600余件；5个经济特区共制定了现行有效的法规200余件。它们和谐一致地构成了中国特色社会主义法律体系。从立法总体情况看，现有法律能够与全面建设小康社会和构建和谐社会的要求相适应，中国特色的社会主义法律体系基本形成，其主要标志为：（1）法律部门已经齐备。（2）法律部门中基本的、主要的法律已经齐备。（3）与法律相配套的附属性规范已经基本齐备。③然而，正如我们上面所分析的那样，中国目前的法律体系还存在以经济立法为主，民生法律体系不完整的严重缺陷。从民生法律体系来看，我国已经有了一些着眼于改善和保护民生的法

①　黎建飞：《法律是社会不同利益群体的平衡器》，《中国新闻周刊》2006年4月28日。

②　毛磊：《民生立法彰显以人为本》，《人民日报》2009年3月6日。

③　徐显明：《论中国特色社会主义法律体系的形成和完善》，《人民日报》2009年3月12日。

律，如《宪法》、《物权法》、《劳动合同法》、《劳动保险条例》、《妇女权益保障法》、《未成年人保护法》、《残疾人保障法》、《社会力量办学管理条例》、《城市居民最低生活保障条例》、《乡镇企业职工养老保险办法》、《安全生产法》、《职业病防治法》、《公益事业捐赠法》、《工伤保险条例》、《工会法》、《最低工资规定》、《城镇最低收入家庭廉租住房管理办法》、《劳动保障监察条例》、《残疾人就业条例》等。但是，这些法律依然不能够满足民生改善的制度需求。因此，如何完善我国的民生法律体系，是解决民生问题的宏观制度基础。

第一，完善民生权利保护法律体系。在法律上确立民生权利的地位是改善和保障民生的基本法律路径。民生权利法律体系主要包括：（1）社会保障法律体系。主要是指"失业保险法"、"养老保险法"、"工伤保险法"、"生育保险法"、"医疗保险法"、"疾病保险法"等保险法律；值得注意的是，社会法律保障体系是不分户口籍贯的，也不应该区分农村居民和城市居民，更不应该区分没有城市户口的农民和农民工。因此，这种法律体系应该是一视同仁的适用主体。（2）弱势群体权利体系。主要指要制定"工会法"、"安全生产法"、"职业病防治法"、"矿山安全法"、"残疾人保障法"等法律。（3）民众基本生活保障法。主要指"居民住宅法"、"受教育权保障法"、"卫生法"等。在住宅法中，鉴于目前中国人口多，只要住房还是以市场调节为主，那么住宅供不应求的情况肯定会存在的。解决这一问题的方法主要是税收控制，即第一套的契税等可以免税，但是同一家庭购买第二套房可以加收高额契税、资源闲置税等，第三套则应当在第二套基础上翻倍；直至50%以上。同时，对于房屋转让也要根据不同情况进行契税控制。其中最为关键的是要征收遗产税，并且要规定遗产越多，税率越高。（4）公益事业法体系。主要是由"公益事业捐赠法"、"科学技术普及法"、"人口法"等具体法律制度来加以调整。

第二，完善民生权利服务法律体系。主要包括"就业服务法"、"就业人口登记法"、"就业促进法"。这是当前我国社会最缺乏也是最应该立即完善的法律。中国目前进入了一个就业高峰时期，每年都有500万以上的大学生就业，每年有将近1亿左右的农民工进城就业，所以，要建立健全比较完善的法律服务体系，特别是国家要通过各种途径促进就业，消除就业领域中的歧视，实现失业的稳步下降。

第三，完善民生权利救济法律体系。主要包括"社会救济法"、"社会救助法"、"失业管理法"、"法律援助法"等。当前中国每年毕业的大学生达到了 600 万人，但是能够完全就业的大约是 80% 左右，这意味着每年有 100 万人找不到工作或者找不到合适的工作，从而形成了当前的社会问题"啃老族"。这实际上暗含的是，我国的大学生在毕业之后的出路困境问题。没有失业保险，没有就业服务，没有任何其他社会保障措施。大学生一旦因为工作没有着落，就会失去生存的机会，最后的结果要么就是饿死，要么就是铤而走险。完善了民生权利救济体系，就可以为这些暂时落入困境的人提供最起码的帮助，不仅可以促使他们获得心理上的安慰，也可以获得民生意义上的生存基础。

值得注意的是，民生问题的解决，并不完全等同于社会福利的保障。所谓社会福利，有学者认为，"制度化的福利是真正意义上的社会福利，它使福利保障的范围从针对少数人的反贫困方案扩展到全民的教育、医疗保健、住房、就业、养老和收入保障等关系人们生活安全和生活质量诸方面的政策措施和服务上"。① 社会福利体系主要由政策性和制度化的社会保障、专业性和职业化的社会工作、多元化和网络化的社会服务、政府公共福利这几个子系统构成，其内容涉及保障社会成员的基本生活、帮助社会成员解决问题，提供公共福利如教育和医疗、提升他们的生活质量和福利水平等方面，囊括了社会成员的物质生活需求和精神生活追求，也涉及社会及其成员的发展与进步，是一个较为系统和全面的福利体系。② 可见，社会福利也应当包括精神保障、专业性保障等等，如果是从这个意义上来说的话，社会福利是包括权利服务的，因此民生问题的解决等同于社会福利加上权利救济。

三　民生立法需要公众参与

完善民生法律体系，制定民生法律，其中一项重要内容和途径就是需要充分的公众参与。公众参与民主立法历史悠久，如果从古希腊的直接民主制开始算起的话，距今已有 2000 年的历史了。在那个城邦林立的时代，每个城邦有权参与政治生活的人的数量不多，而且城邦地域面积也不大，

---

① 钱宁主编：《现代社会福利思想》，高等教育出版社 2006 年版，第 5 页。
② 周沛：《论社会福利的体系构建》，《南京大学学报（哲学·人文科学·社会科学）》2007年第 6 期。

因此，其时的公众参与实际上是一种"全民"参与。公元前5世纪，在雅典发展极盛的伯里克利时代，其"公民大会"是最高的立法机关，全国公民都要出席参加，它有权解决城邦内的一切重大问题。实际上，在当时，除了公民全体大会以外，并没有所谓的议会或代议团体，这样，公民团体就不仅是最高的立法机关，也是唯一的立法机关。① 只是，正如我们在前面所提到过的一样，当时能够参加国民大会的只有具有自由民资格的成年男子，妇女、奴隶等是没有参与政治的权力的。到了近代，西方民族国家开始形成，那种地域狭小、人口疏密的状态已经不复存在。在这种自然、历史条件下，直接民主制已经变得不可能了，于是包括立法在内的政治事件以代议制的形式体现了出来。代议制是一种由一定数量的民众选举出自己利益代言人的民主形式。在一定的意义上，它解决了由于人口、地域等带来的高成本问题，而且由于所选举出来的代表为了政治上的成功，基本上能够代表选民的利益。这样，间接民主制代替了直接民主制，成为当前民主形式的主流。"在现代国家中，'直接民主'是不可能的，代议制就成了唯一可以采用的形式。这一制度通过使用普选权、代表的委任和免职以及议会来使统治者准确地反映人民的利益。多数选举决定和秘密投票将产生与私人利益对立的公共利益。"② 但是，这并不妨碍公众参与到包括立法在内的各种各样的政治活动中去。如民众可以组成各种各样的政治利益集团来游说那些能够影响政策制定的人；民众可以通过听证会等形式来表达自己的观点。而且在当前，新闻媒体发达，信息传递速度快，民众可以在网上发表言论，表达观点等等。公众参与的这些特点表明，目前我国大力改善和发展民生，以法律制度来维护和保障民生十分重要。可见，能够制定出保护民生的法律，公众参与是必要程序。

第一，公众参与民生立法是保证民众民生权利的有效形式。作为人民生活方式的法治传统，法治成为生活中不可或缺的组成部分，这种生活方式习惯成自然之后，使我们依赖于它，一刻也不能离开它。③ 因为法治提供给人民的是民主，是对现代生活民主的享受。"民主是一种社会管理体

---

① 王世杰、钱端升：《比较宪法》，范忠信校勘，中国政法大学出版社1997年版，第197页。

② Norman P. Barry, *An Introduction to Modern Political Thought*, London and Basing Stoke：The Macmillan Press Ltd, 1981. 216.

③ 孙笑侠、胡瓷红：《法治发展的差异与中国式进路》，《浙江社会科学》2003年第5期。

制，在该体制中社会成员大体上能直接或间接地参与或可以参与影响全体成员的决策。"① 立法民主是民主的一个重要的内容，也是民主的主要表现形式，在法治中，"明智的创制者也并不从制定良好的法律本身着手，而是要事先考察一下，他要为之而立法的那些人民是否适于接受那些法律。"② 法律如何被人们接受呢？这就要求立法者审慎地制定法律，"审慎地制定法律，已被恰如其分地描述为人类所有发明中隐含着最严峻后果的发明之一，其影响甚至比火的发现和弹药的发明还要深远……立法被人们操纵成一种威力巨大的工具，人们需要运用它使之产生巨大的恶。"③ 正所谓"不观时俗，不察国本，则其法立而民乱，事剧而功寡"④。

　　如何才算是真正的审慎呢？在当前民主制度的时代潮流下，放开民众参与途径，或者让民众充分参与到立法过程中来，是其必由之路。这样，"公众参与立法成为立法直接民主的渠道，它一头连接着立法机关，另一头连接着人民，各种利益冲突将通过这个渠道进行交流和对话，用文明、宽容的但又批判的方式进行利益博弈。公众参与立法同时满足了立法民主化所必备的全部条件，即立法主体的广泛性，立法行为的制约性，立法内容的公平性和立法过程的程序性。"⑤ 立法过程实际上是利益的博弈过程，而民生正是事关民众生存和发展的事，因此，需要民众在立法过程中能够充分参与，发表自己的见解和看法。

　　从当代中国的一些民生问题来看，它们之所以成为问题，基本原因在于在政策制定过程中的公众参与不足，或者说是大部分民众在不知不觉中被少数人所代表而同意了某项妨碍民生实现的法律或者政策，如农民工的政治权利问题。我们知道，在许多地方，特别是像深圳等改革开放的前沿城市，是中国使用农民工最多的城市之一，可以说，深圳能够有今天的成就，农民工功不可没。深圳每年都会出台最低工资法规，但是，深圳在出台最低工资法规的时候，基本上没有征求过农民工的意见，也没有召开过听证会，都是深圳市政府按照自己的理解对最低工资给予了确定。2009 年深圳特区内外的最低工资标准分别为 850 元/月和 750 元/月。试问制订最

①　[美] 卡尔·科恩：《论民主》，聂崇信、朱秀贤译，商务印书馆 1988 年版，第 10 页。

②　[法] 卢梭：《社会契约论》，何兆武译，商务印书馆 1985 年版，第 59 页。

③　Hayek, *Law legislation and liberty*, The University of Chicago Press 1973, vol. 1. ch. g, ch. 4.

④　高亨：《商君书注释》，中华书局 1974 年版，第 69 页。

⑤　梁太波：《公众参与立法问题研究》，《桂海论丛》2007 年第 2 期。

低工资的政府，在深圳，农民工每一个月拿七八百元钱该如何生活？我们可以计算一下，以最低标准计算，在深圳每顿饭是 8 元（很多地方都是 10 元乃至 15 元，去过深圳的人都知道），早餐算 2 元，每天就是 18 元，每月是 540 元。租房子是租不起的。这意味着什么？意味着此最低工资可以让农民工每月只有两三百多元钱的剩余，他们怎么培养下一代、怎么去更好地发展民生？当然，有人会说，并不是每个企业所开的工资都是按照最低标准进行的，都会高于最低标准的。然而，真实的情况是，如果去过农民工工作的企业或者认真地了解过农民工就业情况的人都知道，有很多人的工资就是在最低工资水平徘徊，即使高点，也高不到哪里去。出现这种现象的原因之一就是农民工没有自己的利益代言人，不能够参与立法所致。将农民工问题推而广之，中国农民的民生也是一样的问题成堆，缘由何在？还是由于农民没有能够很好地参与立法所致。按照波尔比斯的说法，"人们已普遍接受这一看法，即传统社会与现代社会的主要政治差别，在于政治参与的规模和程度，在较富裕和较工业化、城市化的复杂社会里，更多的人以多于他们在欠发达、农业的、乡村、更为原始的经济和社会体系下所拥有的方式，卷入政治中去"。[①] 可见，保障农民的民生，保障他们的立法参与是很重要的一环。总而言之，在当代中国，要保护好、发展好民生，就是必须通过民众参与民生立法，表达自己的利益，获得民生权利的立法保证。

第二，公众参与民生立法是民生利益协调和妥协的有效途径。前面已经指出，当代社会是一个利益多元化的社会，也是一个需要利益协调的社会。目前，中国的社会转型已经到了关键时期，各种不同利益集团之间的矛盾已经浮出了水面，法律更不应该是某一个部门就可制定出来的从上而下"管理人民"的专政的东西。换句话说，今后的中国，再精美的法律，如果没有多少民意支持和参与，人们都将无视它的存在，他们将以自己的规矩来重定秩序。[②] 更值得关注的是，在多元利益社会，利益冲突是及其常见的事情。如劳资双方中，资本家希望通过剥削更多的劳动力以攫取更多的利益，因此渴望限制劳动保护法；而劳动者则希望更多地获得通过出

①　[美] 格林斯坦·波尔比斯：《政治学手册精选》，竺乾威等译，商务印书馆 1996 年版，第 18 页。

②　田成有：《国家法在乡土社会中取得成功的条件与保证》，《江苏行政学院学报》2003 年第 1 期。

卖劳动而获得的利益，保护自己的权益，因此资本家和劳动者就是潜在的利益的冲突者。如何在劳动保护立法的过程中，使得劳资双方达致可能的共赢，则是一个很现实的问题。这个问题从民主角度来看，就需要通过多元的公众参与来解决。所以，一般来说，在复杂的现代社会中，社会秩序的关键是协调，人们的看法不一样，追求不一样，相互之间只能靠协调与妥协，为了一些人的特权地位和特殊利益去压制或消灭另一些人，这是不合宪政精神的，也是注定行不通的。立法是一个多元利益群体相互博弈和妥协作出的制度安排，在参与这个游戏规则的制定过程中，官员、专家、群众都应该发挥其应有的作用。我们必须让不同利益群体都能拥有畅通的利益表达机制，做到广开言路，从源头上把法律"弄"好……我们也要尊重少数人的利益和意见，避免在民主的旗帜下，实行集体的专制。① 民生利益从某种意义上说并不是全体人的利益，尽管全体人都有需要民生利益的可能。比方说，当前影响民生的一个重大问题就是房价过高的问题。如在北京，一个普通的工薪阶层的工资是每月 5000 元到 10000 元，而现在北京的房价平均都已经是 2 万多元/平方米，这意味着一对夫妻每个月的工资刚好能够支付 1 平方米的房子甚至是支付不起。许多人一辈子辛辛苦苦都在为了买一套房子省吃俭用，甚至这样也不能支付起房款。这就是民生不遂的表现。如果改善和促进民生成为时代议题，法律拟希望解决住房民生问题，这时，对于开发商而言，肯定不是该法律的潜在受益者，因为其暴利会受到限制，所以就出现了买房者和开发商之间的利益博弈。这时，通过广泛的公众参与立法则成为必然。

可以看到的是，各种参与促进民生立法已经成为我国立法中的常见现象。其最主要、最典型的案例就是《物权法》的起草与审议工作。我国物权法起草工作始于 20 世纪 90 年代初，历时 13 年之久。从一审稿、二审稿到六审稿、七审稿，不断刷新全国人大立法史上单部法律草案审议次数纪录；期间召开了 100 多次座谈会听取意见，同样创造了全国人大立法方面的纪录。全国人大常委会还向社会全文公布草案征求意见，并认真吸纳各界意见，收到了来自社会各界的建议几万条。可以说，我国于 2007 年通过的《物权法》凝聚了全体中国人民的智慧。从地方立法来看，有些地方

---

① 田成有：《国家法在乡土社会中取得成功的条件与保证》，《江苏行政学院学报》2003 年第 1 期。

对公众参与立法作出了更加明确的规定，如甘肃省第十届人大常委会第三十一次会议日前审议通过了《甘肃省人民代表大会及其常务委员会立法程序规则修正案》，增加了公民可直接提出立法建议项目等内容，此举引起了社会各界的广泛关注。此次修正案还规定，对于"列入常务委员会会议议程的关系公民、法人和其他组织重要权益的法规案"，公民可参与"听证会"和提出"意见"①。当前，各种各样的听证会、网上征求意见已经不再是新鲜事了。可以预见，随着中国民生立法的发展，公众参与必然将会更加完善。

第二节　打造勇担民生责任的政府

从法律上保障民生，实现民生之法治化，最重要的是，政府对民生建设承担应有的责任。这意味着，政府必须合理地利用人民赋予的行政权力，关心民生、改善民生和保障民生。

一　政府对民生促进的责任担当

民生的实现，必须依赖于政府的责任承担。我们可以社会福利的实现来例证。德沃金说："在建构我们的法律原则以使其反映我们的道德原则的过程中，我们创造了权利。权利即是来源于政治道德原则的法律原则……权利保证法律不会引导或者允许政府去做它的道德身份之外的事情；权利保证法律能够使政府对其行为负道德责任。"② 恩金也指出，"许多权利首先是作为实践而出现的，然后才作为一种地位体现在法律之中"③。作为一种权利，社会福利权利也是一种实在权利，因为它是通过宪法或其他法律法规予以确认的。在价值上，它低于自然权利，检验与判断它的正当性及实施范围的依据是自然权利。也就是说，在具体的情境中，它之存在与实施应与自然权利保持一致。更进一步说，自由应该成为检验社会福利权利的标准。社会福利权利的存在与实施不能与保障公民的自由

---

① 《成都商报》2007年10月9日。

② ［美］罗纳德·德沃金：《认真对待权利》，信春鹰、吴玉章译，中国大百科全书出版社1998年版，中文版序言，第21页。

③ Engin F. Isin and Patricia K. Wood, *Citizenship and identity*, Sage Publications Inc, 1999, p. 4.

相冲突。如果有损于自由，那么社会福利权利就不具备充分的正当性。①一般来说，社会福利涉及社会民众生活的各个方面，从日常生活到工作，从生存到发展，从心里满足感到外在保障，都是以一种制度化的形式体现着政府的责任，构成了一张范围广、基础厚的安全之网。因此，社会福利是推进民生建设的重要组成部分。甚至可以说，没有行政权力的合理运作，就没有社会福利的民众拥有。

　　社会福利的实现需要国家行政权力的强力合作和推行。前面已经提到，社会福利包括社会保障法律体系、弱势群体权利体系、民众基本生活保障法体系、公益事业法体系以及权利服务体系。"对国家而言，社会保障是社会经济发展进程中的维系、润滑和稳定机制，属于国家宏观调控机制的范畴；对于社会成员而言，社会保障则是其生存与发展的安全保障机制。因此，社会保障理论的核心即是讨论社会保障制度与社会发展、经济发展、现实政治乃至道德文化之间的相互关系，而社会保障实践的关键无疑是尽可能地妥善处理好这些涉及全局与整体的宏观关系。"② 这就意味着，行政权力对民众的失业、丧失劳动力、受工伤、患重疾等必须承担责任。就失业保险而言，人们失业以后，国家就应该在合理的时间之内提供尽可能的援助和资助，这种资助不仅仅是精神方面，更重要的是物质方面的。即国家应该通过掏财政的腰包，建立起每个人的失业保险体系。同样，其他的如"养老保险法"、"工伤保险法"、"生育保险法"、"医疗保险法"、"疾病保险法"等都是需要政府积极投入的，政府的积极投入才是保障民生的权力后盾。如果没有行政权力的强力推行以及负责任的积极干预，上述保险是很难得到推行的。关键是，政府该如何承担社会福利的保障责任呢？

　　在当前，强调政府对社会福利的保障，主要是要做到两点：第一，坚持将国家制定的有关民生的法律法规所规定的关于社会福利的内容予以贯彻实施。实际上，中央政府在此方面是非常诚恳和严肃的。如从 2007 年以来，中央政府主要为以下民生事项作出了积极努力：（1）国家通过制定合理政策，让两亿多城镇居民受惠医保。2007 年 7 月 10 日，国务院印发

---

　　① 欧阳景根：《作为一种法律权利的社会福利权及其限度》，《浙江学刊》2007 年第 4 期。
　　② 郑功成：《社会保障学——理念、制度、实践与思辨》，北京：商务印书馆 2004 年版，第 179—180 页。

《关于开展城镇居民基本医疗保险试点的指导意见》，建立城镇居民基本医疗保险制度。这是我国在建立城镇职工基本医疗保险制度和新型农村合作医疗制度之后的又一重大举措，主要解决城镇非从业人员，特别是中小学生、少年儿童、老年人、残疾人等群体看病就医问题，共惠及两亿多城镇居民。（2）两千多万农民纳入低保。2007 年 7 月 11 日，国务院发出《关于在全国建立农村最低生活保障制度的通知》，要求将符合条件的农村贫困人口全部纳入保障范围，稳定、持久、有效地解决全国农村贫困人口的温饱问题。2007 年我国基本上全面建立农村低保制度，目前纳入农村低保的人口超过两千万人。城乡低保制度的全面建立，意味着长期以来城乡之间存在的又一道"二元结构"鸿沟被抹平，城乡一体化再次提速。一些地方还逐步提高了农村低保的标准，并形成了以农村低保制度为核心的农村社会救助体系。（3）加大基础教育投入，保障贫困农民的民生。在 2007年的十届全国人大五次会议上，温家宝总理在政府工作报告中明确表示要加大对基础教育的投入。如 2007 年国家免除全国农村地区义务教育阶段学生学杂费。与此同时，政府还启动了免费师范生教育计划，并增加财政拨款 140 多亿元完善国家助学体系。这些惠民政策对于解决"三农"问题，促进农民的民生，具有历史性的意义。

　　第二，地方政府在制度上要积极跟进中央决策，特别是在财政上要加大对民生的投入力度。这是有现成的例子可以追寻的。在 2002 年 12 月 26日，李克强从河南调任辽宁后，被住在劳工棚里艰难度日的老百姓深深震撼了，他带领省委一班人，下决心解决这 120 万辽宁民众的苦难。李克强决定，不要说牺牲 GDP，就是砸锅卖铁，也要在三年时间里让这 120 万人住进新居。结果两年多就实现了目标。2007 年 9 月 18 日在上海迎战台风"韦帕"时，时任市委书记习近平下令不惜一切代价，确保不死一个人，一天之内领导各部门转移 291000 人，为了老百姓的安全，"不怕兴师动众，不怕劳民伤财，不怕十防九空"。① 有了中央政府的大力支持，再加上地方财政的不断努力，民生问题的解决是迟早的事情。关键是，有些地方政府以财政紧张为由，在一定的程度上消极抵制中央的民生政策，这是对民生的最大妨碍。其实，有些地方政府不是真缺钱，而是把钱花在了不该

――――――――――

　　① 资料来源于陆震《民生何以成为社会问题》，《上海城市管理职业技术学院学报》2008 年第 4 期。

花的地方。如行政经费居高不下，特别是请客吃饭的成本高、公款消费高等等，这些都是可以节省和控制的。

总之，民生的实现与政府的权力运行密切相关，必须促使政府行政权力的合理运行以改善和保障民生，这是政府的道德责任和法律责任使然。

二　政府担当民生责任的进路

政府的行政权力作为与立法权、司法权并列的国家权力，其主要的表现形式就是政府职能。在西方行政权力理论中，自由资本主义最初发展的一百多年间，由于受到亚当·斯密的"看得见的手"和"看不见的手"的理论划分的影响，认为资本主义市场经济就是放任的自由竞争的经济，民众对政府的期望是其消极参与社会经济事务的管理，人们所推崇的是"管得最少的政府是最好的政府"，政府所扮演的是"守夜人"的角色。这种理念在第一次资本主义经济危机中破产，政府开始全面积极地介入经济生活的方方面面，并起到了非常重要的作用。但是，从法律的角度来看，政府行政权力介入社会生活并不意味着政府可以为所欲为，而是受到了法律的严格限制，并且其根本目的乃是以促进民众的福利为宗旨。此时，西方国家贯有的法治政府理论、有限政府理论、责任政府理论、服务政府理论等发挥了作用。

就我国当前的民生法治建设而言，如何积极发挥政府行政权力的积极作用，限制行政权力的消极作用，是非常重要的环节。我们认为，当前要发展民生，就要对行政权力进行积极合理引导，完成政府职能转变，实现政府形式及其理念的革新。

第一，政府要促进民生发展，必须要实现从放任政府到责任政府的积极转变。在法治社会中，责任是法律的必然，责任是法律的生命，违法不究必然导致有法不依，法律也会失去其价值和意义。在民主法治社会，遵守法律不仅是公民的责任，更是政府的责任，并且政府责任是法律责任的主导方面。没有政府责任，公权力的运行就没有监督，公民权的行使就没有保障，违法行政就不可能受到追究，依法行政就不可能真正被推进①，法治政府就不可能真正建立。因此，建设法治政府的一个重要维度就是建设负责任的政府，让政府承担更多的责任，提供更多的服务；让公民享受

---

① 袁曙宏：《建设法治政府当前需强化政府政治责任》，载 http：//www.jrj.com。

更多的权利，得到更多的实惠。在当前，政府的最大责任就是保证民生，改善民生和服务于民生。这就是要实现政府从对民生的自由放任转变到对民生承担积极的责任，"责任性是一个有关权力的问题，即人民不仅在官方决策过程中享有发言权，而且有权力使统治者对他们的所作所为负起责任来。他们可以要求官员们就有关决策和行动的问题作出回答。他们能够制裁没有负起责任的公共官员或公共机构。"① 我国政府在过去的几十年间尽管也关注民生建设，但是由于工作的中心一直在于如何促进经济发展，即为民生提供物质基础，所以实质上对民生保障相对来说并不重视。特别是在许多关系民生的重大问题上，政府一方面没有积极履行自己为民生谋福利的责任，另一方面甚至对加重民生负担还起到了推波助澜的作用，这都是值得反思的。而政府作为最大的权力享有者，也确实具备了比任何个人、社会团体、利益组织更为强大的调配资源的能力，政府应积极地承担责任，充分利用好、发挥好人民转让的权力，在行政法治原则的前提下，按照人民的根本利益管理国家各项事务，并自觉地树立自律意识，主动接受人民监督。因此从这个角度出发，政府以执掌的行政权力为依据（尽管只是权力的代理角色），承担有效地调配社会资源，调和社会领域中不和谐因素；理性地干预社会经济、生活等各个领域，恰到好处地涉入经济领域中的"薄弱环节"；宏观调控国家与社会的整体走向，迎接国际化的挑战等责任。营造健康的经济发展环境，维护有序的公共秩序，提供社会需要的公共产品不仅是政府自身发展与进步的需要，更是政府对社会负责、对人民负责的需要。政府凭借易于获取资源和调动其他力量的优势，处理公共领域的事务，为社会全体人民的共同利益而积极建立良好的公共秩序、公共安全以及较好的卫生、环境、市政、教育等条件。

第二，政府要促进民生发展，必须要实现从管制政府到服务政府的积极转变。从历史来看，管制型政府是人类社会发展的基本常态。在农业社会时期，政府管理是附属于阶级统治的，是从属于阶级统治的需要和为阶级统治服务的。根据这些特征，我们把传统社会的行政行为及其模式称为"统治行政"。② 张康之先生认为，统治行政以统治意志为中心，一切行政

---

① 联合国开发计划署组织编写：《2002 年人类发展报告，在碎裂的世界中深化民主》，中国财政经济出版社 2002 年版，第 55 页。

② 张康之：《寻找公共行政的伦理视角》，中国人民大学出版社 2002 年版，第 4 页。

行为及其制度安排都是从属于贯彻统治意志的要求的。因而，统治行政是一种强制性的行政，统治者总是把强制性的压迫施加于被统治者。至于被统治者的愿望和利益要求，是不可能直接反映在行政行为中的，即使行政行为有时可以使被统治者的愿望和利益要求得以实现，也是从属于维护统治的目的的。进入近代，统治行政日益式微，新型的管理形态即管理行政逐渐生成。在这个时期，基于长期以来政府的胡作非为和对政府的强烈的不信任，同时，出于从封建专制社会进入资本主义民主社会的现实需求，传统的无所不能的政府理念被颠覆，政府被重新定义为"守夜人"的角色，人民拒绝政府过多地干预社会及其经济运行，而让经济运行接受市场这只"看不见的手"的调节，实现社会的自我治理。① 但是在当代，这种放任型政府已经不再符合经济社会发展的需要，人们对政府职能的要求已经超越了这种简单直接的阶段。人们要求政府利用行政权力，积极服务民众。在此种背景下，服务型政府建设就成为一个重要话题。就民生建设而言，民生一方面需要民众本身的努力和创造，另一方面，更需要政府利用行政权力积极作为，为民生提供权力基础。服务政府是指"在公民本位、社会本位理念指导下，在整个社会民主秩序的框架下，通过法定程序，按照公民意志组建起来，以为公民服务为宗旨，实现着服务职能并承担着服务责任的政府"。② 而服务型政府的本质就如美国学者詹姆斯·安德森所说"政府的任务是服务和增进公共利益"③。服务型政府"更加注重社会管理和公共服务，维护社会公正和社会秩序，促进基本公共服务均等化"。总之，以行政民主化为基础的服务行政模式，体现了人民政府的价值取向和亲民政策，符合加强人权保障、坚持以人为本的历史潮流和现实需要，有助于政府机关与行政相对人的互系互动和协调一致，充分实现现代政府的公共服务职能。④

第三，政府要促进民生发展，必须要实现从神秘政府向透明政府的积极转变。关于政府的职责，阿奎那说，"就像一个人总是受到他的理性灵

---

① 张康之：《论行政发展的历史脉络》，《四川大学学报（哲学社会科学版）》2006 年第 2 期。

② 刘熙瑞：《服务型政府——经济全球化背景下中国政府改革的目标选择》，《中国行政管理》2002 年第 7 期。

③ ［美］詹姆斯·安德森：《公共决策》，唐亮译，华夏出版社 1990 年版，第 222 页。

④ 莫于川：《有限政府·有效政府·亲民政府·透明政府》，《政治与法律》2006 年第 3 期。

魂的支配一样，一个社会也总是会受到某个人的智慧的统治。而这就是君主的职责。因此，一位君主应该认识到：他对他的国家所承担的职责，实际上就类似于灵魂对于肉体、上帝对于宇宙所承担的那种职责。如果他对这一点能有充分的认识，他就会一方面感到自己是被指派以上帝的名义对他的国家实施仁政，从而激发他的为政以德的热诚，另一方面又会在品行上日益敦厚，把受其统治的人们看做是他自己身体的各个部分"。"关于一个城市或是一个国家的统治权力的正当安排，首先应该注意的是，每一个人都应该以某种方式参与到管理之中，因为这种政体的形式可以保障人们之间的和平安宁，把社会交付给所有的人，并且由所有的人来保卫社会"①。当然，现代社会已经没有了君主，也没有了国王，只有行政权受到宪法规制的国家元首。但是政府的行政权力的"为政以德"，依然是不变的真理。行政权力之"德"，莫过于彻底揭开政府权力的神秘面纱，使之呈现透明之状。民生建设最需要政府之公开透明，只有这样，才能够完全使行政权力获得监督与监控。没有监督的权力必然是会导致专制的权力，从而也必然会对民生造成破坏性影响，这是历史已经告诉给我们的经验。民生之发展和促进，必须要求行政权力做到"为政以德"，"为政以明"，最终使得"民生连着民心，民心凝聚民力"，促成民生建设之大业。

三　民生时代重提依法行政

2004 年 4 月 20 日国务院发布《全面推进依法行政实施纲要》，提出了坚持执政为民，全面推进依法行政，建设法治政府的要求。依法行政从学术话语走向了政治实践。2008 年，刚刚召开的中国共产党的十七大提出要"全面落实依法治国基本方略，加快建设社会主义法治国家"，并明确提出"推进依法行政"。2010 年 11 月 9 日，国务院颁发了《国务院关于加强法治政府建设的意见》，强调要"进一步加大《纲要》实施力度，以建设法治政府为奋斗目标，以事关依法行政全局的体制机制创新为突破口，以增强领导干部依法行政的意识和能力、提高制度建设质量、规范行政权力运行、保证法律法规严格执行为着力点，全面推进依法行政，不断提高政府公信力和执行力，为保障经济又好又快发展和社会和谐稳定发挥更大的作用"。

---

① ［意］阿奎那：《阿奎那政治著作选》，马清槐译，商务印书馆 1982 年版，第 134、135 页。

这是对依法行政原则的再次确认。在学术话语中，依法行政已经是一个老话题了，使得研究这个话语的人都觉得再进行研究已经"明显落伍了"。但是，这个老话题由于深刻地关涉到现实，学术上的研究并不等于政治实践的成功，在今天，以民生的视野来看待依法行政的现实需要，不仅是学术上的重新努力，而且也是民生时代改善和保障民生目标的现实需要。

第一，在民生时代强调依法行政，是中国政府按照法定要求和职能，建设民生法治的必然要求。中国在建设社会主义法治国家的进程中已经走了10多年的历程，所取得的成就也是有目共睹。其中，在行政法治建设方面，中国政府以一种特有的方式，获取了法治的更多历史性进步和转变。特别是在规制行政权力，建立法治政府方面作出了很多努力。许多行政行为都是明确规定在法律之中的，许多有关民众福利的民生措施是已经被法律所认可，并且确确实实是民众所期待的，这只需要政府机关按照法定的职能和要求，履行自己的相应职责和义务，就可以促进民生建设。我们可以农民工的医疗保险为例来阐述这一问题。2006年初，国务院发布了《国务院关于解决农民工问题的若干意见》，随后，劳动与社会保障部办公厅发布了《关于开展农民工参加医疗保险专项扩面行动的通知》，可见中央政府对此问题的关注不可谓不重视。但是，中央政府的重视却没有获得地方政府的执行，许多地方可能是以一种拒绝的态度在抵制对农民工建立医疗保险体系。如《国务院关于解决农民工问题的若干意见》明确规定：有条件的地方，可直接将稳定就业的农民工纳入城镇职工基本医疗保险。而2002年上海市人民政府制定的《上海市外来从业人员综合保险暂行办法》规定，包括农民工在内的外来从业人员一律参加包括工伤（意外伤害）、住院医疗和老年补贴在内的外来从业人员综合保险，而不能参加上海市城镇职工基本医疗保险。上海还将农民工的直系家属也排除出了购买医疗保险的范围。《上海市外来从业人员综合保险暂行办法》第3条规定："下列外来从业人员不适用本办法：（一）从事家政服务的人员；（二）从事农业劳动的人员；（三）按照《引进人才实行〈上海市居住证〉制度暂行规定》引进的人员。"[1] 上海市作为中国著名的大城市，难道它没有将农

---

[1] 成都市也有类似规定。《成都市非城镇户籍从业人员综合社会保险暂行办法》第2条规定："前款所称非城镇户籍从业人员是指不具有城镇户籍，在本市行政区域内被用人单位招用或个人在城镇从事商品生产、商品流通或服务型活动等劳动者，但从事家政服务和农业劳动的劳动者除外。"

民工纳入医疗保险对象的能力吗？非也。还有一些地方却改变购买医疗保险的条件。如天津市以"稳定就业"作为为农民工购买医疗保险的条件。《天津市农民工医疗保险办法》第3条规定："用人单位与农民工凡是建立一年以下期限劳动关系的，应当参加农民工医疗保险，用人单位与农民工凡是由一年以下期限劳动关系转为稳定就业劳动关系的，应当随本单位城镇职工基本医疗保险的参保方式，参加城镇职工基本医疗保险或大病统筹基本医疗保险。"从事实上来说，农民工不是公务员、不是正式事业单位的职工，能够稳定就业吗？这不明显的是不愿意履行自己应该履行的职责吗？从中央政府的法规和政策来看，让所有的农民工加入医疗保险是其基本目标所指，但是，在地方政府的立法中，这一指向被有意无意地修改了。另一个能够考验政府依法行政，严格履行自己的职能的事例是义务教育中的国家责任问题。我们知道，《义务教育法》规定每个人完成9年义务教育是公民法定的权利。当然，《义务教育法》还规定了政府有义务帮助公民完成9年制义务教育。有人认为，实行义务教育是我国教育制度的一种重要创新。普及义务教育水准的高低，是衡量一个国家现代化文明的标志之一。但是，在很长的一段时间里，政府的义务是没有履行到位的。这主要体现在农村地区，义务教育学费偏高，政府财政投入少，因为贫困而辍学、未上学的青少年数目不在少数。农村地区的教育设施和教育资源远远低于城市的教育设施和教育手段，拉大了城乡教育水平的差距。为此，2005年12月，国务院印发《关于深化农村义务教育经费保障机制改革的通知》，全面拉开了义务教育工作的攻坚工作。该通知要求按照"明确各级责任、中央地方共担、加大财政收入、提高保障水平、分布组织实施"的基本原则，全部免除农村义务教育阶段学生的学杂费，对家庭贫困的孩子免费提供教科书；对家庭贫困的寄宿生提供生活费补助。在免除学杂费的同时，同步提高农村中小学公用经费保障水平。建立农村中小学校舍维修长效机制，进一步巩固和完善农村中小学教师工资保障机制。在随后的实践中，该通知的内容基本得到了执行和实施。如从2007年春季学期开始，国家免除全国农村地区义务教育阶段学生学杂费，农村1.5亿中小学生家庭经济负担将普遍减轻，而且还对家庭贫困的孩子提供免费教科书，对贫困的寄宿生提供生活费补助。政府在义务教育中的努力表明民生问题确实得到了关注。但是，教育中的问题却还需政府不断努力，如高校学费居高不下，贫困学生上不起大学以及农村和城市的青少年受教育机会越来越不均等，这些问题将会是一个长期复杂的民生问题。可见，在民生时代，各级政府如何依法行政依然是一个重大问题，这个问题将事关民心，事关民意。

第二，在民生时代强调依法行政，要求各级政府严格执法，尊重和关注每一个人的权利和利益。法律的制定，与民众权利的保护密切相关。民生法律的制定，与民生权利密切相关。在民生时代，国家按照民生立法原则为民众制定了一系列的民生法律法规，这是民生权利的前提和基础。既然如此，要尊重每一个人的权利和利益，就需要行政机关严格的执行法律，法律得不到执行，将形同虚设。但是这些法律法规是不可能自动得到执行和实施的，还需要有政府机关严格执法。可以说，行政机关严格执法是民生获得保障的基本制度保证。从我国的现实来看，因为执法不严导致民生失范的案例已经多得够我们反省了。如 2007 年发生在山西的"黑砖窑事件"就是一个反面教材。2007 年 6 月，在山西黑砖窑里人们看到包身工的真实再现：上千名不满 14 岁的孩子被人用数百元的价格卖给黑砖窑。这些孩子每天工作 14 个小时以上，稍有怠工就会被监工拿起砖头砸得头破血流。① 事件发生后，中共中央政治局委员、全国人大常委会副委员长、中华全国总工会主席王兆国作出批示，公安部对此高度重视，山西省长于幼军在国务院常务会议上就黑砖窑事件代表山西省政府作了检查。事故主要发生地山西省洪洞县县政府向受害的农民工正式道歉。黑砖窑虐工案件所暴露出来的当地政府的监管责任缺失，甚至还有一小部分的国家工作人员参与到该事件中去，很值得我们反思。再如 2008 年我国爆发了震惊世人的"三鹿奶粉事件"。该事件的直接责任方不顾人民的生命安全和身体健康，在奶粉中添加违法了国家标准的"三聚氰胺"，给成千上万户家庭的小孩带来了不同程度的身体损伤。该事件的发生，一个根本的原因就在于政府执法机构没有严格执法，致使一些丧失天良的商人为了赢得利益而违法乱纪。在这个案件中，一些政府机构也是严重渎职的。从理论上看，既然政府把执法的权力授予特定的行政机关，该机关依照法律赋予的权力严格执行法律，是其义不容辞的责任。凡是推诿、退缩以及对于违法行为熟视无睹，都是对权利的亵渎，都是对人民的背叛，都是对民生的残害。法治的精髓与要义，就是要使政府的行政权力置于法律的严格控制和监督

① 《山西黑砖窑内幕：少年血泪铺黑工之路》，《南方周末》2007 年 6 月 14 日。

之下，使人民的基本权利和自由获得法律坚实有力的护佑，就如《牛津法律大辞典》所归纳的："在任何法律制度中，法治的内容是：对立法权的限制；反对滥用行政权的保护措施；获得法律的忠告、帮助和保护的大量的和平等的机会；对个人和团体各种权利和自由的正当保护；以及在法律面前人人平等——它不是强调政府要维护和执行法律秩序；而是说政府本身要服从法律，而不能不顾法律或重新制定适用本身利益的法律。"① 可见，政府严格依法行政，严格执法，建设一个法治的政府，就是法治的精神，法治的灵魂，民生的灵魂。

第三，在民生时代强调依法行政，要求政府改良执法方式，建立起民众与政府的平等对话机制。民生时代，是改变民众与政府关系的时代。著名经济学家茅于轼指出："政府和民众的关系要有一种新的定位。从制度框架看，市场经济是基于公平竞争和自由选择之上的社会形态，它要求每个人在社会中有同等的权利和地位，民主政治是其中不可缺少的环节；从资源配置和经济改革效率的层面，政府的职能是提供公共物品，民众的义务是依法纳税，两者之间必须建立一个开放、竞争的公共物品市场，才能实现资源配置最优的一般均衡。"茅先生还强调："政治改革不应当是个敏感话题，假若如此，就不利于改革的深入和全民的参与，公民应当可以用客观、和平、建设性的论调，对'一切敏感问题，发表看法。当政治改革遇到挫折的时候，一方面政府要保持灵活务实的态度，要承认人权，清除特权；另一方面，民众要依法捍卫自己的权利，严肃地承担自己的法律和道德义务。"② 在法治社会中，民众与政府的关系既是法律规定的，也是平等的。在政府与民众之间存在沟通的桥梁和平等的对话方式，是促进民生的基本要义。维护这一基本要义，从依法行政的角度看，就是要改变行政执法方式。从法治的视角来看，行政执法方式与民生的实现息息相关。历史上，野蛮执法、强暴执法数见不鲜。如 2003 年所出现的孙志刚案件，以及最近几年所披露的越来越多的"城管"打人事件等，都在警示我们，要改善和保护民生，就应该树立起人性执法的执法方式。近现代行政权已由传统的"消极行政"转向"积极行政"，行政机关通过积极的立法越来越彰显其行政行为公益性的一面，大量的行政法规、规章、制度的立法内

---

① 参见《牛津法律大辞典》，李双元等译，法律出版社 2005 年版，第 790 页。
② 转引自夏业良《政府职能转变与民生问题》，《粤海风》2003 年 9 月 15 日。

容都关乎民生民计，故应当对行政机关在立法过程以及立法内容的设计上是否富有人性化给予足够的重视。① 人性化执法，是沟通民众和政府，改善和促进民生的重要途径。

第三节　加强民生促进的司法责任

美国学者德沃金在《法律帝国》一书中说道："法院是法律帝国的首都，而法官则是帝国的王侯"②，这意味着从法律上保障民生，实现民生之法治化，在司法层面上需要司法机关承担应有的政治使命，将民生权利纳入诉讼范围。如果说在民生发展中，立法关注是民生得到肯定的法律渊源的话，行政权保障是民生发展的重要权力基础，而司法权保障则是民生发展的底线。但是，在民生权利的司法实践中，其司法保障机制非常的薄弱。因此，在民生发展话语中，如何有效地利用司法权的终局性和裁判性，如何使司法权成为民生发展的重要底线保证，是一个必须研究的时代课题。

一　民生权利的可诉性分析

前面已经指出，民生权利是社会权、社会福利权以及权利救济等的集合体。在当代社会，权利能否得到完整的保障，其一个最重要的标准就是能否进行司法解决，即其是否具有可诉性。可诉性是权利成为司法或者准司法审查对象的可能性。

一般来说，权利可诉性是毋庸置疑的。但是，在学术界，有一种观点认为，社会权、社会福利权等民生权利是不可诉的。如在西方社会，将权利分为自由权和社会权，"自由权是从国家的自由，国家仅需对自由权的恣意性行动进行抑制，而不必采取任何积极行动。因此，自由权是可以通过司法程序要求国家履行义务的、最严格意义上的权利。与此相对，社会权则是向国家的自由，或更正确地说是'依靠'国家的自由，国家为实现这种自由必须采取积极的措施。因此，社会权就不是严格意义上的权利，

---

① 目前关于行政立法行为的性质在法学界有"宪政行为说"和"行政行为说"，但宪政行为说尚未得到学术界的普遍承认。参见姜明安《行政法与行政诉讼》，北京大学出版社 1999 年版，第 146 页。

② ［美］德沃金：《法律帝国》，李常青译，中国大百科全书出版社 1996 年版，第 1 页。

充其量只不过是政治行动纲领性规定"①。所以，西方的一些学者认为对受到侵犯的自由权给予司法救济是理所应当的，而对于社会权的可诉性却经常抱有质疑，有时甚至持否定态度。② 还有一些宪法学学者将权利分为主观权利和客观权利，这是按照权利人有无向法院提出司法救济的请求权为标准。宪法权利作为客观权利，导出的只是宪法上国家的保障义务，而没有宪法权利者的保障请求权。客观权利的主要作用是形成客观价值秩序和制度性保障，及对立法、行政及司法的导向功能。公民要想获得向国家提出基本权利的保障请求权，必须拥有主观权利。主观权利对国家和公民之间的关系具有决定性的影响，它使宪法保障的权利产生法律效果。③ 还有一种观点认为，社会权利之所以不具有可诉性，是因为社会权利所对应的国家义务是消极的国家义务，而且由于社会权利是变化的，实现该种权利需要付出巨大的成本。目前，这种观点还有一定的市场。

　　然而，真的如上述学者所认为的那样，社会权利是不可诉的吗？民生权利是不可诉的吗？我们认为，社会权利是一种法律权利，民生权利是权利体系，是需要国家承担积极义务的，并且在各个国家的实践中也被广泛地接受。因此，社会权利的可诉性是必然。

　　第一，社会权利是法律权利，民生权利也是法律权利，从权利的性质来看，理应可诉。德国 1919 年的《魏玛宪法》把社会权利正式列为公民基本权利，第一次从宪政的高度对公民社会权利作了规定，开创了公民社会权入宪的先河。其条款为：国家经济制度应保障每个人皆能获得合乎人类尊严的生活（第一百五十一条）；国民有获得工作及失业救济之权（第一百六十三条）。目前，世界上越来越多的国家已把社会权利作为公民的基本权利而纳入宪法或相关法律的保护范围，比较典型的是南非、英国、瑞典、挪威等国。其中，南非宪法对公民社会权的规定较为全面，已为世界各国所效仿。南非宪法对公民社会权的保障条款具体有：第二十五条（财产权），第二十六条（住房权），第二十七条（对公民医疗保健、食

　　① 参见［日］大沼保昭《人权、国家与文明》，王志安译，生活·读书·新知三联书店 2003 年版，第 203 页。

　　② See Ida Elisabeth Koch, *The Justiciability of Indivisible Rights*, 72 Nordic Journal of International Law, 2003.

　　③ ［法］莱昂·狄骥：《宪法学教程》，王文利等译，辽海出版社、春风文艺出版社 1999 年版，前言。

物、水的社会保障及有关对儿童权利保障），等等。我国宪法中也有涉及对公民社会权的规定，如第四十五条规定公民有获得物质帮助的权利。这是各国为顺应历史发展与时代的变迁、正视社会进步与发展的广度与深度而进行的紧跟以人权保障为核心的宪政改革的结果。① 尽管在许多国家社会权利已经入宪，但是依然有学者认为，社会、经济权利对应的义务不只是道德或政治义务，还可是法律义务。依照对社会、经济权利相对应的国家义务的务实理解，国家至少负有三种义务，即尊重、保护和实现的义务。大多数社会、经济权利只能逐渐地加以实现这一事实——实际上这一点也适用于大多数公民权利和政治权利——并没有改变政府所承担的法律义务的性质。② 并且，社会、经济权利对应的法律义务主体是国家，具体由立法、行政和司法机关承担。人权是个人对其所在社会提出的要求，法定人权是对个人所在国家提出的要求。作为法律权利的社会、经济权利则是指个人依法享有的要求国家对其经济、社会和文化生活积极促成及提供相应服务的权利，其义务主体必定是国家，具体由立法、行政和司法机关承担。③ 我们在前面也指出，民生权利是国家必须承担帮助实现和保障的职责，其主体的稳定性表明了国家义务的不可推脱性。"充分有效地保护与救济社会保障权如同该权利本身一样具有重要性。而在所有的权利保护方式中，司法保护无疑是最为重要的。"④ 再如《经济、社会与文化权利国际公约》制定委员会在《第 9 号一般性评论》中指出，"在很多情况下，如果（经济、社会与文化权利）不能通过司法救济来实施和巩固，（公约第二条第 1 款所规定的）其他'方式'可能会变得毫无用处"。"一项公约权利没有司法机关的作用就不能充分实现的时候，司法救济就是必须的"。⑤ 司法机关是人权的守望者，一项不具有可诉性的权利无法得到司法救济，因此很难被视为法律上的权利。基于这样的考虑，各国为更好地保护公民的社会保障权，不断在深度和广度上突破社会保障权的不可诉性。⑥

---

① 陈新民：《德国公法学基础理论》，山东人民出版社 2001 年版，第 696 页。

② ［挪］A. 埃德：《国际人权法中的充足生活水准权》，载刘海年主编《〈经济、社会和文化权利国际公约〉研究》，中国法制出版社 2000 年版，第 220 页。

③ 龚向和：《论社会、经济权利的可诉性——国际法与宪法视角透析》，《环球法律评论》2008 年第 3 期。

④ 王建学：《论社会保障权的司法保护》，《华侨大学学报》2006 年第 1 期。

⑤ 同上。

⑥ 王建学：《论社会保障权的司法保护》，《华侨大学学报》2006 年第 1 期。

第二，民生权利的实现需要国家履行积极义务，从权利的性质来看，理应可诉。1987 年挪威著名人权学家埃德提出了著名的"义务层次理论"，该理论随即被联合国经济、社会和文化权利委员会采纳。埃德认为，国家承担的人权保障义务至少有三种，即尊重、保护和实现。尊重的义务要求政府不对经济、社会、文化权利的享有进行干涉；保护的义务要求政府防止第三方对这些权利的侵犯；实现的义务要求政府采取适当的立法、行政、预算、司法和其他措施以确保这些权利的充分实现。实现的义务可以分为两个方面：促进的义务和提供的义务。埃德的"义务层次理论"还将义务按照其被履行的难易程度进行顺序排列：其中处于最初层次的也是最容易履行的是尊重义务，它只要求义务主体不作为即可；位于第二层次的是保护义务，它要求义务主体在权利受到侵害时予以积极作为排除侵害；处于第三层次的是实现义务，它要求义务主体积极作为，提供便利或直接提供帮助以实现权利。[①] 从民生权利来看，其权属中有诸多属于第一层次的义务，也有属于第二层次的义务，还有属于第三层次的义务，笼统地说民生权利不可诉本身就是一个错误。况且，前面我们也分析过，所有的民生权利既是法律权利，但是又由于其本身的特殊性质，需要国家履行积极义务。当然，国家履行的积极义务应当根据本国的经济社会发展水平去衡量。如果实在是力不从心或者经济水平发展没有达到社会权利所要求的高度，我们也不能够强求或者"揠苗助长"；但是，如果国家的财政实力等足以维持或者甚至远远超于民生权利的需要而不履行国家的义务，则显然是在逃避国家的责任和义务，这就应该有相应的制约方式。司法救济就是这种强有效的制约方式中最为重要的一种。

第三，从实践来看，许多国家的司法机关已经接受社会权利的可诉性原则，因此民生权利的可诉性自然也不再是一个神话。如南非宪法不仅明确规定宪法权利可以通过司法方式获得保护和实施，而且还赋予法院对宪法权利进行救济的广泛权力。南非宪法第三十八条规定："任何本条列举的人有权向主管法院宣称其权利法案中的权利受到了侵犯或威胁，法院可以给予适当的救济，包括权利的宣告。"宪法第一百七十二条第一款规定：

---

① 转引自龚向和《论社会、经济权利的可诉性——国际法与宪法视角透析》，《环球法律评论》2008 年第 3 期。

"法院在决定宪法问题时，可以发布任何公正和公平的指令。"① "从宪法的规定可以看出，法院救济权利的唯一限制是'公正和公平'的要求。在社会权利领域，宪法救济条款赋予了法院广泛的救济权力，法院可以据此发展新的、适当的救济方法来满足社会中处于不利地位人群的需要。法院发布任何'公正和公平'指令的权力，为发展许多创造性的补偿经济和社会权利的救济铺平了道路。"② 此外，其他国家如德国、爱尔兰、美国、匈牙利等国家都先后对社会权利的可诉性进行过司法实践或者隐含性的司法实践。这意味着，社会权并不像反对者们所想象的那样，是一种宣示性权利，而确确实实是真实的权利，这种权利能够为民众福利的改善和民生的发展提供足够的支持。并且，已有的案例昭示，对社会权等民生权利给予直接的司法保护，并没有带来较高的社会成本，也没有给国家带来沉重负担，反倒促进了国家积极地履行义务。

二　民生权利的司法救济模式

尽管以社会权利为核心的民生权利的可诉性在理论上受到了人们的怀疑，但这丝毫不影响法院通过司法权利对以社会权利为核心的民生权利的救济。前面已经提到过，许多国家的一些法律或者案例都直接或者间接地支持民生权利的司法救济。由于各国在处理这种救济上采取了不同的方法，也就形成了不同的民生权利司法救济模式。有学者对此进行了概括，如龚向和认为社会权利的司法救济模式有三种：一是宪法明确规定社会权，并视之为主观权利通过违宪审查予以直接司法救济，如第二次世界大战后的不少大陆法系国家，德国、法国、日本等；二是宪法没有明确规定社会权利，但确立了司法审查，通过适用正当程序和平等保护原则予以间接司法救济，如美国宪法被视为保护个人自由权而不涉及现代社会权利的典型宪法。美国宪法除了在序言中提到"促进普遍福利"外，并未提及具体的福利权利。但是，美国宪法序言除了给已确认的权利附加新的内容外，权利法案的某些条款能够而且实际上应该被解释为新的权利来源；三是宪法规定社会权利作为国家政策指导原则，且视之为客观权利予以间接

---

① 资料转引自张雪莲《南非社会权司法救济的方式评析》，《河南省政法管理干部学院学报》2009 年第 3 期。

② ［美］A. 艾德、C. 克洛斯、A. 罗萨斯：《经济、社会和文化权利教程》，四川出版集团、四川人民出版社 2004 年版，第 212 页。

司法救济，很多国家宪法在将一部分社会权利赋予可诉性的同时，还将一部分社会权利确定为不可诉的国家政策指导原则，如西班牙、葡萄牙、德国。[①] 这三种模式进一步可以简化为：（1）视社会权利为公法权利的直接司法救济；（2）通过适用正当程序和平等保护规范的间接司法救济；（3）视社会权利为国家政策指导原则的间接司法救济。[②] 实际上，再简化一下，在目前社会权利还不是那么的广为人们所接受的情况下，其司法救济模式可分为直接模式和间接模式两种。

（一）直接司法救济：德国的社会法院和南非的宪法保护

一般认为，德国是世界上最早建立社会福利制度的国家之一。1881年，德国皇帝威廉一世颁布建立社会保障和社会救济制度诏书，这是德国建立社会福利制度的基本标志。此后，德国首相俾斯麦着手制定并实施了一系列社会福利法。1949年5月，当时的联邦德国颁布了《德意志联邦共和国基本法》，其第二条、第三条、第九条规定："每一个人和所有行业、职业及专门职业为维护和改善工作及经济条件而结社的权利受到保护。""每一个人都享有生存、身体不受伤害和不受妨碍地发展自己人格的权利。"德国如今已经形成了一个比较完善的法律体系。"在德国，社会保障涉及三个方面的内容，即社会保险、社会照顾和社会救助，每一方面都有大量的法律、法规。为了统一立法，增加法律的透明度，从20世纪70年代初开始，德国即着手进行社会法典的编纂工作，但因工程复杂巨大，至今也未完成。社会保障的程度，最终依赖于国家的经济实力。在德国建国之初，用于社会保障的支出占社会生产总值的比例明显低于20%，1990年至今已达30%，1995年用于社会保障的支出总计为1.1万亿马克。"[③] 可见，德国在社会保障和社会福利等民生权利方面的投入是非常多的。这种较高的投入也使得政府担心实施不到位，于是德国政府就组织了一系列比较完善的规范化和制度化的监督体系。其中，社会法院便是其中的得意之笔。

德国社会法院成立于1953年。《社会法院法》对德国社会法院的审判权和组织机构做了详细规定。

---

① 龚向和：《社会权司法救济之宪政分析》，《现代法学》2005年第5期。
② 龚向和：《通过司法实现宪法社会权——对各国宪法判例的透视》，《法商研究》2005年第4期。
③ 周贤奇：《德国的社会保障制度与社会法院》，《人民司法》1999年第8期。

1. 德国社会法院的任务。专门负责与社会保险、社会福利相关的案例。

2. 德国社会法院的级别。按照法律规定，联邦德国的社会法院分设三级：一是基层社会法院。全德共设基层社会法院 86 个，负责本辖区内社会保障方面的争议案件的审理。基层社会法院的各个专业法庭由一名职业法官和两名名誉法官组成。二是州社会法院。全德共设州社会法院 16 个，即每个州都设有一个州社会法院。州社会法院负责对不服基层社会法院裁判的上诉案件的审理，因此也称上诉社会法院。州社会法院所属的各个专业法庭由三名职业法官（其中一名为首席法官）和两名名誉法官组成。三是联邦社会法院。它是德国处理社会保障方面的争议案件的最高审判机关，全德只设一个，地点在卡塞尔。联邦社会法院负责对有关社会保险争议案件的复审，因之，又称为复审社会法院。在一定意义上讲，它纯粹是审判监督机关。这种复审，虽是根据当事人的申诉进行，但它是一种法律审，即只对原裁判在适用法律方面是否有误进行复查审理，不负责对事实认定方面的复查，其结果只能是撤销原裁判并将案件发回州社会法院重审。在复审程序中，当事人必须委托诉讼代理人代理诉讼活动。雇员一方，既可以委托律师，也可以委托工会的法律顾问代理诉讼。这与初审、上诉审明显不同。初审、上诉审程序中，当事人既可委托代理人代理诉讼，也可以亲自出庭诉讼。实践中，复审案件数大概占上诉案件数的十分之一。联邦社会法院所属专业法庭由三名职业法官和两名名誉法官组成，如果遇有特殊案件，可组成大法庭审理。大法庭由联邦社会法院首席法官、6 名职业法官、4 名名誉法官组成。全德社会法院系统的职业法官约有 1000 名，其中，联邦社会法院有职业法官 47 名，名誉法官 110 名，下属专业法庭 14 个，另有工作人员 200 人。州社会法院的职业法官由各州的司法部长任命，实行终身任职制。联邦社会法院的职业法官由联邦法官选举委员会选举产生，同样实行终身制。法官选举委员会由各州的 16 名司法部长和联邦议会派出的 16 名成员组成。名誉法官由各州政府或受委托的机构根据提名聘用，聘用期为 4 年。提名名单由工会、雇主协会、医疗保险机构医生联合会、医疗保险机构和残疾人协会根据各名誉法官所从事的审判业务领域而确定。①

---

① 转引自周贤奇《德国的社会保障制度与社会法院》，《人民司法》1999 年第 8 期。

3. 德国社会法院的受案范围。德国《劳动法院法》作了具体的规定。根据规定，劳动法院主管下列劳资纠纷案件的审理：（1）单个的雇员与雇主因工资、解雇等私权性的争执，包括因劳动关系而发生的争执、劳动关系存在与否的争执、劳动关系的终止及其法律后果的争执、与劳动关系相关的非法行为引起的争执，等等。（2）集体合同方面的争执，包括签订集体合同的双方就集体合同的内容和集体合同存在与否而发生的争执，签订集体合同的双方与第三人之间关于集体合同内容和集体合同存在与否的争执、集体合同双方之间或该双方与第三人之间因不允许行为，如劳资斗争采取的手段等而发生的争执。（3）企业委员会与雇主之间发生的争执。①

当前的德国是较为发达的资本主义国家，因此其建立完善的民生权利体系世人或许不感到惊奇，因为其雄厚的经济实力允许政府做诸多努力。然而，在世界上的另一个角落，比较贫困的非洲国家——南非，尽管经济发展水平比较落后，但是其对民生权利的司法保护却是超前的，许多国家都望尘莫及。如南非宪法指出，南非要"建立一个基于民主价值、社会正义与基本人权的社会"，因而该宪法的第一章第一条就把"人的尊严、平等的取得以及人权与自由的进步"作为南非共和国的价值观。或许有人会说，南非的这种高调表态只不过是书面上的文字罢了，没有什么实质内涵的，甚至还有人会认为是作秀。但是，南非的司法实践告诉我们，该国公民的民生权利是被纳入司法保护的，我们可以从著名的格鲁特布姆案中窥见一斑。

格鲁特布姆案的基本案情是这样的：一个由390个成年人和510个小孩组成的原住在沃拉斯（Wallacedene）的穷人群体，因不堪忍受居住地恶劣的条件而集中搬迁到一块由私人拥有的空闲区域，其中有一位成年人名叫格鲁特布姆。在搬迁到这块土地后不久，由于政府的强行驱逐，于是他们又集体搬到了同一地区的一个运动场。但是，应私人土地所有者的要求，政府又命令他们离开居住地，且在命令的最后期限到达前一天就用推土机强行铲平了这群人的临时住所，其家当也因此被损坏殆尽。这就使得这些人陷入了居无住所的悲惨境地。于是他们以格鲁特布姆为首，请求开普敦地区的高级法院发布紧急命令，要求政府立即向其提供临时性的住所

---

① 转引自周贤奇《德国劳动、社会保障制度及有关争议案件的处理》，《中外法学》1998 年第 4 期。

或房屋，直到他们能够获得永久性的住处为止。南非开普敦地区的高级法院根据南非宪法第二十八条第一款第三项有关儿童经济和社会权利的规定，判决政府应该给予那些有孩子的家庭临时住处或者住房。南非三级政府（中央、省级和地方政府）因对判决表示不服而向南非宪法法院提出上诉。此时南非人权委员会和社会法律中心两个机构作为该案的"法庭之友"开始参与诉讼，并要求将格鲁特布姆等人的请求依据扩大到宪法第二十六、二十七、二十八条。南非宪法第二十六条规定："（1）任何人都有权获得足够的住房。（2）国家必须在其可利用资源的范围内采取合理的立法和其他措施逐渐达到这项权利的实现。（3）任何人都不得从其住宅中被驱逐，在没有获得法院考虑所有有关情况后发布的命令之前，任何人都不得毁坏他人的住宅，任何法律都不得允许任意将人们从其住宅中驱逐。"第二十七条规定："1. 任何人都有权获得：（1）医疗保健服务，包括生殖医疗保健；（2）充分的食物和水；（3）社会保障，包括适当的社会帮助——如果他们不能养活他们自身及其抚养人的话。2. 国家必须在其可利用的资源范围内采取合理的立法和其他措施以逐渐达到上述每一项权利的实现。3. 任何人都不得被拒绝紧急的医疗。"第二十八条有关儿童权利的条款中，第一款第三项规定："每个儿童都有权获得……基本的营养、住处、基本的医疗保健服务和社会服务。"他们认为，社会所有的成员，包括没有孩子的成人都有权获得住处，因为南非宪法第二十六条的规定使国家担负了最低核心义务。① 对于这个案例，南非宪法法院的态度很明确："需要采取的措施及其精确范围和内容主要是立法机关和行政机关决定的事项……法院在考虑合理性问题时不会询问是否还有其他更加可行或者有力的措施可以采取，或者公共资金是否可以被更好地利用这样的问题"②，从而间接地肯定了民众的居住权，强调了行政机关的职责和义务。

格鲁特布姆案对南非有着重要的影响，如南非学者桑德拉·利本堡（Sandra Liebenberg）认为："格鲁特布姆案的判决第一次解释了国家在实现社会经济权利方面所负的积极义务的范围，同时也详细论述了法院在实

---

① 案例介绍以及法条引用，请参见黄金荣《司法保障经济和社会权利的可能性与限度——南非宪法法院格鲁特布姆案评析》，《环球法律评论》2006 年第 1 期。

② Government of the Republic of South Africa and Others Groothoom, 2001 (1) SA 46 (CC)，p. 41. 转引自黄金荣《司法保障经济和社会权利的可能性与限度——南非宪法法院格鲁特布姆案评析》，《环球法律评论》2006 年第 1 期。

施社会经济权利中法院的作用。"① 国际社会对该案也给予非常明确的肯定。联合国食物权特别报告员让·齐格勒（Jean Ziegler）说，南非"宪法法院运用'合理性'标准审查了政府在其可利用的资源范围内逐渐实现权利方面的作为或者不作为，这创立了一个重要的先例，因为宪法法院审查了为逐渐实现经济、社会和文化权利而采取的步骤"②。实际上，南非宪法法院的判决也给予了我们足够的启示，对于行政机关而言，保护民生是其应为的责任，凡是逃避自己的责任或者推卸自己的责任，都是对民生的侵犯。甚至，我们还可以进一步推论，在南非这样经济比较落后的国家，法院都有勇气抓住经济权利这一核心问题而做出影响民生发展的判决，不仅仅是南非宪法法院的法官们的法学智慧和良知的体现，而且也告诉人们，关注民生，追求民生，不管是在哪个国家，哪个地区，只要民生没有解决，只要民生是一个问题，都应该给予高度的重视，都应该能够获得司法的救济。

（二）间接的司法救济：美国的正当程序和平等保护

美国是一个没有在法律上明确规定社会权利的国家。但是，这并不意味着美国的社会权利得不到司法的救济或者司法对社会权利袖手旁观。在美国这样一个以权利为本，注重个人权利和利益的国家，一般来说可能存在对如何更好实现个人权利的争论，但不可能存在司法不保护权利的争论。特别是社会福利权利和社会权利的概念在美国蓬勃发展以后，美国人就开始思考这些问题了，即每个人在社会中都能过幸福的生活，这样就必须正确地实施政府权力，"这样一个政府权力的实施必须实现从上述目标中找到最终理由的社会，必然是以不断的权利扩展为标志的。20世纪下半叶，新的利益几乎前所未有地逼迫着法律，要求以法律权利的形式得到确认"③，美国人的这种努力也促使法院在理论和实践中不停地迎合社会的需要。那么，美国法院到底是如何做到民生权利司法之救济的呢？其基本工

① Sandra Liebenberg, *Making A Difference: Human Rights andDevelopment-Reflecting on the South African Experience*，转引自黄金荣《司法保障经济和社会权利的可能性与限度——南非宪法法院格鲁特布姆案评析》，《环球法律评论》2006年第1期。

② Report by the Speical Raporter on the Right To Food, Mr·Jean Ziegler, in E/CN·4/2002/58. 转引自黄金荣《司法保障经济和社会权利的可能性与限度——南非宪法法院格鲁特布姆案评析》，《环球法律评论》2006年第1期。

③ 参见［美］伯纳德·施瓦茨《美国法律史》，王军等译，中国政法大学出版社1990年版，第273页。

具和途径就是正当程序和平等保护。

通过正当程序保护社会权利始于 20 世纪 70 年代的"戈德博格诉凯利"（Goldberg v Kelly）案（以下简称"凯利案"）。该案"不仅改变了美国传统中福利权利是'特权'而非'权利'的观念，同时也开启了美国正当程序革命的大门。以凯利案为分水岭，美国联邦最高法院在此后诸多判决中，对福利权益给予了程序性的保障和关注，而将'福利'视为一种'新财产权'（New Property）的学说，也改变了美国传统法律视野中关于财产权的范围认定"①。该案的基本经过是这样子的：此案发生于 1970 年，约翰·凯利（Kelly）为纽约州居民，是联邦资助项目（家庭援助计划）的领受者。根据房东提供的信息，纽约州认为凯利现有同居男友，因此不具备只针对单身母亲的福利项目的领受资格。根据传统的特权观念，福利津贴领受被认为是一项特权而不是权利，因此不能接受依据宪法第十四修正案即正当程序条款的保障。由此，纽约州未采取听证程序即终止了凯利的福利津贴发放。该诉讼由纽约州居民凯利提起于南纽约地区法院，诉称纽约州和纽约市执行这些计划的官员在终止或打算终止这样的援助时，没有给予当事人事前的通知或听证的机会，因而剥夺了他们享有的法定正当程序权利。地区法院判定，唯有事前听证才能满足正当程序的要求，由此，拒绝对州和市镇官员事后"公正听证"进行审查。随后，该案被上诉至联邦最高法院，联邦最高法院认定本案的争议焦点为：针对州政府终止福利领受者的行为，是否需要提供给领受者以事前听证的机会；此外，州政府的这种行为是否违反了宪法第十四修正案的正当程序条款，剥夺了该领受者应获得的程序性正当程序保障机会。布伦南（Brennan）大法官代表多数意见作出了判决，判决未经正当程序停发福利津贴不符合宪法原则。② 联邦最高法院通过引用哈佛法学院教授的观点，"今天的社会围绕赋予权利而建立。许多重要的资格由政府创设，这些保障渊源，无论来自私人还是公众，不再被认为是奢侈品或恩赐，对领受者来说是基本的，而不是特权的形式，剩下的只是穷人的权利，虽然由公共政策承认，仍未能有

---

① 胡敏洁：《戈德博格诉凯利案述评——兼论对我国的启示》，《中国社会科学评论》第 4 卷，法律出版社 2005 年版。

② 案例过程及其资料可以参见胡敏洁《戈德博格诉凯利案述评——兼论对我国的启示》，《中国社会科学评论》第 4 卷，法律出版社 2005 年版。

效实施"。① 支持"福利"是法律上可主张的权利。同时，联邦最高法院还将"福利津贴"这一传统的"特权"纳入"新财产权"的范畴，促使人们在法理上重新思考社会福利。此案对美国形成了巨大影响，该案例的原则和精神很快被适用到有关政府救助的其他案件上，如失业救济金、公共住宅和政府合同等②。在所有这些案件中，不久前的"特权"变成了公民有权获得的给传统财产权提供的全面程序保护的实质"权利"③。

　　但是，值得注意的是，正当程序保护毕竟只是程序法意义上的保护，如果国家在符合正当程序原则的基础上侵害了公民的社会福利，公民该如何维护自己的权利呢？这就涉及实体法上的问题了。为了解决这个问题，美国法院又建立起了平等保护原则。该原则的建立，来自布朗诉教育委员会案。布朗的女儿想要进入离家近的学校读书，但是由于种族隔离制度的存在，他的女儿只能够去离家非常远的黑人小学读书。布朗想去白人小学读书的愿望也遭到了拒绝。1951 年 3 月 22 日，布朗等人在律师帮助下向美国在堪萨斯的地区法院提起诉讼。他们要求下令禁止托皮卡继续在公办学校实行种族隔离。官司一直打到了联邦最高法院。1954 年 5 月 17 日，沃伦法院首席大法官沃伦宣读了判决："仅仅根据肤色、种族和出身而把黑人孩子，与其他同年龄和资格的人相分离，会给人产生一种据其社会地位加以判断的等级差别感，这会以一种极难且根本无以弥补的途径影响他们的心灵和思想……低人一等的感觉会影响儿童学习的动机。因此，获得法律支持的种族隔离具有阻碍黑人儿童教育以及精神的发展、部分剥夺他们在一个族群混合的学校体系中能够得到的益处的倾向。""在公立学校中只依种族而把孩子们相隔离……是否剥夺了处于小团体的孩子们获得平等教育机会？我们认为确实如此。"④ 该案使得"隔离但平等"原则不再适用于公共教育领域，此后，美国又有了一系列的判决进一步强化了保护黑白平等、同享教育权的基本理念。1982 年，在普莱勒诉多伊案中，联邦最高法院再次适用平等保护条款来保护非法移民的子女的平等教育权。

---

　　① Reich, *Individual Rights and Social Welfare：The Emerging Legal Issues*, 74 Yale L. J. 1245, 1255（1965）；The New Property, 73 Yale L. J. 733（1964）. 转引自胡敏洁《戈德博格诉凯利案述评——兼论对我国的启示》，《中国社会科学评论》第 4 卷，法律出版社 2005 年版。

　　② 龚向和：《社会权司法救济之宪政分析》，《现代法学》2005 年第 5 期。

　　③ ［美］伯纳德·施瓦茨：《美国法律史》，王军等译，中国政法大学出版社 1990 年版，第 275 页。

　　④ 该案可参见任东来等《美国宪政历程》，中国法制出版社 2005 年版，第十二章。

由此，我们可以看出，社会权利等民生权利的可诉性既是理论上的必然，也是司法实践的大势所趋。解决了这一问题，对于我们今天发展民生，为民生提供正义之底线，具有启示意义。

三 中国的模式选择与制度设计

在当代，关于民生的讨论还处在政治层面，还没有上升到法律层面。关于政治意识形态中的民生问题及其发现，最典型的表述就是中国共产党第十七次全国代表大会报告所表述的："社会建设与人民幸福安康息息相关。必须在经济发展的基础上，更加注重社会建设，着力保障和改善民生，推进社会体制改革，扩大公共服务，完善社会管理，促进社会公平正义，努力使全体人民学有所教、劳有所得、病有所医、老有所养、住有所居，推动建设和谐社会。"这就意味着，第一，以民生为重点的社会建设还没有完全将民生转化成民生权利；第二，需要立法机关在未来的立法过程中重点加强民生立法（全国人大的立法计划确实表明了这种趋向。2009年9月22日，全国人大常委会法制工作委员会副主任信春鹰说，民生立法是当下中国立法的一个重点，全国人大常委会将把立法的重点更多地转向民生立法，旨在通过法律手段来调节社会矛盾、平衡社会关系、保障社会公众特别是弱势群体的经济、社会和文化权利[①]）。但是，这并不意味着中国公民的社会权利还没有上升到法律权利。

其实，在我们国家的法律法规中，关于社会权利有零散的规定。最典型的规定如《宪法》第四十四条："国家依照法律规定实行企业事业组织的职工和国家机关工作人员的退休制度。退休人员的生活受到国家和社会的保障。"第四十五条："中华人民共和国公民在年老、疾病或者丧失劳动能力的情况下，有从国家和社会获得物质帮助的权利。国家发展为公民享受这些权利所需要的社会保险、社会救济和医疗卫生事业。国家和社会保障残废军人的生活，抚恤烈士家属，优待军人家属。国家和社会帮助安排盲、聋、哑和其他有残疾的公民的劳动、生活和教育。"并且，中国还有一些地方的相关法律也肯定了人民的社会权利等民生权利。如我国于2008年实施的《劳动合同法》中第四十一条中关于劳动者的就业权的规定，

---

① 参见《中国立法重点将更多转向民生立法保障弱势群体》，中国新闻网，2009年9月22日。

"有下列情形之一，需要裁减人员二十人以上或者裁减不足二十人但占企业职工总数百分之十以上的，用人单位提前三十日向工会或者全体职工说明情况，听取工会或者职工的意见后，裁减人员方案经向劳动行政部门报告，可以裁减人员：（一）依照企业破产法规定进行重整的；（二）生产经营发生严重困难的；（三）企业转产、重大技术革新或者经营方式调整，经变更劳动合同后，仍需裁减人员的；（四）其他因劳动合同订立时所依据的客观经济情况发生重大变化，致使劳动合同无法履行的。裁减人员时，应当优先留用下列人员：（一）与本单位订立较长期限的固定期限劳动合同的；（二）与本单位订立无固定期限劳动合同的；（三）家庭无其他就业人员，有需要扶养的老人或者未成年人的。用人单位依照本条第一款规定裁减人员，在六个月内重新招用人员的，应当通知被裁减的人员，并在同等条件下优先招用被裁减的人员。"尽管关于社会权利等民生权利的规定在其他一些法律法规中也能够看到，但是，从总体上看，我国民生权利体系是不完整的，且目前的民生建设大多数是以国务院的"通知"或者部门规章的形式颁布的，效力层级低。

真正需要讨论的问题是，这些已有的或将有的民生权利在我国该被如何司法救济？这是一个现实问题，也是一个将要面对的理论问题，更是一个中国的法学学者很少考虑的问题。对于这个问题的讨论，可以分为以下几个步骤来进行：

第一，是否可以就宪法上规定的民生权利进行司法救济？这个问题本身是一个复杂的问题。如当年号称"中国宪法司法第一案"的"齐玉苓案"，引发过无数的关于宪法可诉性的讨论。该案的经过是：1990年，齐玉苓与陈晓琪参加了中专入学考试，陈晓琪因成绩不合格而没上线，齐玉苓则超过了委培生录取分数线成绩。山东省济宁商业学校给齐玉苓发出了录取通知书，但是被陈晓琪的父亲通过种种策划获取。毕业后，陈晓琪使用齐玉苓的名字在银行工作。齐玉苓发现该事后，向法院提起诉讼，要求被告承担侵犯其姓名权、受教育权以及其他相关权益所造成的各种损失。该案的发生引发了学界的轩然大波，甚至即使在今天，依然还有人引用该案例作为讨论的工具和起点。对于该案件，有关裁判的主要观点可以被概括为：第一种观点认为不应该用宪法的相关规定作为裁判的依据。因为我们的宪法是规定基本权利义务的法，属于公法的范畴，而受教育权等基本上属于私法的范畴，两者性质的差别决定了其不可司法化。第二种观点认为该案可以直接按照宪法条文作出相应的判决，因为"宪法也是法"，既然有侵权行为，法律就应该制止侵权，保护权利，不管是用什么法。而最高人民法院似乎也支持第二种观点，认可了用宪法支持教育权的理解进路。并且，有学者统计，在我国的司法判决中，约有 30 多个案例是直接援引了宪法条文的。既然受教育权作为一种民生权利获得了宪法的支持，那么按照上述理解和解读，我们就发现下列假设案例的微妙性：有某地区农村居民张老汉年逾七旬，体弱多病，有儿有女，但均不孝，致使张老汉一日三餐很难得到保证。想要问儿女讨要生活费，奈何儿女均以各种理由搪塞不给。张老汉平日喜欢看书读报，对我国法律略有了解。特别是读过宪法，知有宪法条文规定公民在丧失劳动能力时有获得国家物质帮助的权利，于是，张老汉向当地民政局请求支付生活费。民政局的工作人员经过一番询问之后，严词拒绝了张老汉的"无理要求"。张老汉十分郁闷，一纸诉状将该民政局告诉法院，要求其按照宪法第四十五条的规定支付生活费。那么，法院该如何处理该案件？是驳回起诉，还是不予受理，还是判决支付？在一些人的传统意识中，尽管宪法规定了公民有获得物质帮助的权利，但是，事实上只有市民才能够享有。而张老汉是农民，生活在农村，他有啥理由提起诉讼啊？农民养老自古就是靠"养儿"，怎么就赖上国家了呢？估计民政局的官员就是这么想的。但是，作为法律人，这么想这个案件就太不应该了。宪法规定的权利白纸黑字摆在那里，虽然很长一段时间国家把某些人的这些权利给有意无意地忽视了，但是并不代表他们没有这个权利。所以，尽管这样的案例在现实生活中还没发生过，但是，难保其以后没有这种案例发生。此时，法院该如何判决这个案例呢？当然，从实践来看，法院会如何判似乎很难预测。但是，从法理来看，这个案例的解决不仅是事关宪法司法化的问题，而且也涉及民生权利的司法救济问题。解决这个问题，要么可以参照"齐玉苓案"，由最高人民法院专发解释，或者在立法上给予支持，即制定与民生权利相关的权利体系。在我们国家，民生权利以过多的"通知"形式出现，这既不是法律权利的表现形式，也不具有法律上的效力，而且执行机关可能在通知发出之初认真对待，但是，过了一段时间，时过境迁，就没人记得这么回事了。所以，民生立法很重要，可以解决只能按照宪法来诉讼的尴尬，同时，也解决了我国宪法很难司法化的一些困境。

　　第二，上述做法只是基础性的工作。要能够真正地保护公民的民生权利，我们可以按照德国模式进行司法上的新创造。前面已经指出，德国在法院系统中设置了社会法法院，专门处理与社会福利相关的案件。这样的优点是能够把社会福利当做一种非常重要的权利来对待，并给予司法保护。当然，在我们国家建立社会法法院似乎没有必要，因为这既浪费人力物力，也会进一步增加巨大的行政经费。我们可以考虑在法院体制上在不改变现有结构的基础上进行一番改革。也就是说，在不久的将来，如果我国已经建立起了一整套完整有效的民生权利体系，那么将会出现越来越多的与民生权利相关的案件。为此，如果没有完善的司法救济制度，公民的民生权利将会变成一纸空文。我们的具体建议是：

1. 在社区和乡镇建立民生法庭。民生法庭是我国基层法院的派出机构，专门处理与民生权利相关的司法案件。一般以1—3名法官为宜，而且可以使用简易程序审理案件。但是，值得注意的是，由于与民生权利相关的案件可能会涉及行政机关，这时要注意案件审理的行政机关的级别问题。即如果作为原告或者被告的行政机关其行政级别是县级或者以上，则民生法庭没有管辖权，这样，民生法庭实际上只能管到社区或者乡镇政府的民生案件，或者所在社区或乡镇的企业、事业单位的案件。

2. 在市中级人民法院建立民生案件审判庭，专门负责民生法庭管辖不了的案件，或者上诉案件。这与其他普通民事案件没有多大区别。

3. 在高级人民法院同样也设立民生案件审判庭，作为终级审判机关。

第六章 民生法治发展模式中的
具体权利关怀

在人类社会与国家生活中，人的行为活动是最根本的活动。正因为有了人的行为，特别是众人相异的行为，才产生了对法律的原初需要。因此，法律应当是以人为本的法律，权利应该是以人为本的权利。正如有学者所说，"依新民本说，民以为本者，人身、财产、自由也；人身、财产、自由以为本者，权利也；权利以为本者，人性也；人性以为本者，尊严与自由也；尊严与自由以为本者，制度也；制度以为本者，社会也。"① 由是，我们可以观之，在当代中国，解决民生问题，就是要按照现实的要求，从人性的基本需要出发，实现权利的平衡，达致社会的和谐有序。从当代中国的民生问题来看，住房、收入、就业、社会保障、教育和医疗等问题，是老百姓反应问题最多，也是问题最大的民生事项。对民生进行法治保障，就必须既从宏观上作出制度安排，也必须在现实层面逐步解决这些实际权利受到侵害的问题。权利是社会主义国家追求法治建设的一个重大的价值追求，对于需要全面发展的人而言，人之为人的条件是享有权利，"没有权利就不可能存在任何人类社会，不论采取何种形式，享有权利乃是成为一个社会成员的必备要素……将人仅仅作为手段否定了属于他的一切东西，也就否定了他享有任何权利，如果他不仅仅被视为手段，而是被作为一个其自身具有内在价值的个人来看，他就必须享有权利。不仅仅是要有社会就要有权利，而且若是要遵从普遍的低度道德标准的要求，就必须让每个人类成员都享有权利。"② 秉承这种理念，我们认为，当前中

---

① 夏勇：《中国民权哲学》，生活·读书·新知三联书店2004年版，第8页。
② ［英］米尔恩：《人的权利与人的多样性——人权哲学》，张志铭等译，中国大百科全书出版社1995年版，第154页。

国要解决的主要问题就是就业、教育、住房、社会分配以及安全等问题，这些问题从法律权利的视野来考察就是就业权、受教育权、住房权等基本权利，本章就这些基本权利如何体现在民生法治发展模式中给予了法理学上的思考。

第一节　就业问题及其权利实现

一　作为民生问题的就业

就业是民生之本——这是当前我们国家对就业地位的描述。在当前，我国正处于社会大变革时期，或者说是社会转型时期，各种变革的发生都会影响到就业格局的变化。特别是，中国是一个有着 13 亿人口的大国，也是一个劳动力非常丰富的大国，对于经济发展来说，13 亿人口一方面可以提供充足的劳动力，另一方面却可能存在严重的就业不足的压力。特别是在经济发展不充分的前提下，就业愈显其内在困境。从当前的现实来看，三大群体的就业问题考验着中国人的智慧和解决问题的能力。

第一，农民工的就业问题。农民工是中国特定时代和特定制度的产物。长期以来中国实行的是城乡对立的二元政策，农民被固定在农村，不允许自由迁徙和流动。改革开放以后，尽管户籍制度尚存，但是放开了对农民的这种严格管制，农民被允许进入沿海开放城市打工就业。这些进入到城市的农民由于不再从事农业生产，而是从事与原来城市里所谓的"工人"同样的工作，但是户籍却又是农民，于是被人为地区别对待，并被称为"农民工"。我们知道，中国约有 9 亿农民，每个农民只拥有不到 1 亩土地。许多农户全家经营的土地不超过 5 亩，实际上大量农民处于隐性失业状态——这也是农民生活贫困的原因之一。改革开放以后，对农民流动的制度束缚基本解除，大量农民进入城市寻找就业机会，获得更好的生存，所以农民工已经成为当代中国一个最庞大的流动群体。根据国家统计局农民工统计监测调查，"截至 2008 年 12 月 31 日，全国农民工总量为 22542 万人。其中本乡镇以外就业的外出农民工数量为 14041 万人，占农民工总量的 62.3%。"① 这么庞大的一个就业群体，其在城市谋生的难度

① 国家统计局：《2008 年末全国农民工总量》，http：//www.stats.gov.cn/tjfx/fxbg/t20090325_402547406.htm。

可想而知。如自 2008 年以来，由于受到全球金融危机的影响，大量农民工因为许多企业的倒闭不得不返乡。据国家统计局测算，在 1.3 亿外出就业的农民工中，有 15.3% 的农民工失去了现在的工作或一直没有找到工作。按照 15.3% 这个数量推算，在 1.3 亿农民工中，大约有 2000 万农民工由于经济不景气失去工作或者没有找到工作而返乡了。中央农村工作领导小组办公室主任陈锡文在"国新办" 2009 年 2 月 2 日上午举行的新闻会上说，由于金融危机的影响，外需减少，特别在沿海发达地区，过去主要从事外贸生产的企业遇到了一些困难，所以确实有相当一部分农民工失去了就业岗位。然而，这还仅仅只是显性的农民工的就业问题，就制度实践层面来看，农民工就业成为问题的因素更多了：首先，农民工工资远远低于实际劳动力价值。声势浩大的"农民工潮"给资方千方百计压低劳动力报酬（工资）以可乘之机，农民工的工资往往"资不抵值"。有 71.5% 的农民工认为他们的劳动力所得远远低于他们实际上应该得到的工资，并有 32.4% 的人月工资低于 600 元。据 2003 年深圳市劳动局的公告，深圳特区内的最低月工资为每月 600 元，折算为 3.59 元/小时，特区外（主要是保安区）的最低工资稍低，32.4% 的农民工的工资达不到法定的最低工资。2008 年度深圳市全日制用工最低工资标准和非全日制用工小时最低工资标准是：（1）全日制用工最低工资标准：特区内为 1000 元/月，较上年度增长 17.6%；特区外为 900 元/月，较上年度增长 20%。（2）非全日制用工小时最低工资标准：特区内为 8.8 元/小时；特区外为 8 元/小时。这实际上也是非常低的。其次，农民工劳动时间长，强度大，加班费低。农民工工作时间每天在 8 小时以上的仍然不计其数，平均工作时间为每天 12.5 小时。尽管《劳动合同法》规定了劳动者的休息权，但是许多企业中，实行双休日休假的只占整个被调查农民工的 25.6%，而 68% 的企业对农民工采取每月放一次假或不定期放假的方式。有 6.4% 的企业一年基本上不放假，这严重地侵犯了农民工的休息权。较低的加班工资与较长的劳动时间，对农民工的收入和身体都带来严重的损害。再次，农民工在上岗之前没有经过必要的职业培训。《中华人民共和国劳动法》第三条规定："劳动者享有接受职业技能培训的权利。"第六十八条也规定："用人单位应当建立职业培训制度。从事技术工种的劳动者，上岗前必须经过培训。"可见，上岗之前的职业培训是农民工的一项基本权利，绝大多数农民工从事技术性工作，需要手工操作，在技术不纯熟的情况下进行操作存在很严重的安全隐患，会对身体健康造成危害。即使有些农民工经过了培训，资方从培训费用等方面考虑，往往表现出短期行为的特征，即采取的是让农民工在短期内掌握基本知识，在技术动作不纯熟甚至很生硬的情况下，就让农民工走上劳动生产线，在生产中"摸索"技术。由于没有必要的技术保证，农民工遭受工伤的事故经常发生。并且，大多数农民工没有社会保障和福利，缺乏工伤保险。宪法第四十五条规定："中华人民共和国公民在年老、疾病或者丧失劳动能力的情况下，有从国家和社会获得物质帮助的权利。国家发展为公民享受这些权利所需要的社会保险、社会救济和医疗卫生事业。"虽然农民工给资方提供了大量的廉价劳动力，但80%的农民工得不到除工资及应得奖金外应该拥有的其他补偿。从法律上来说，雇主和用人单位给农民工缴纳社会保险基金是其直接义务，农民工享有工伤保险和其他保障基金是法律权利。而现实是，农民工干着没有保障的工作，做最苦最脏的活，拿着较低的工资，既不在国家劳动法的保护之内，也得不到资方提供的工伤保险和医疗保险。《劳动合同法》尽管给予了充分法律关注，但是却没有在现实中得到执行。[1] 更需要关注的是，农民工缺乏失业保护。农民工处于二级劳动力市场，与城市居民相比在就业时所受到的保护措施就处于明显的弱势地位。农民工失业后无任何制度保障，失业后也很难获得救助。城市下岗工人也是我国主要的弱势群体，但与农民工相比他们似乎可以享受到更多的优惠措施。城市居民失业后可以获得社区、政府提供的失业救济金和各种再就业帮助，而农民工作为城市另类人群，却处于保护体制之外。导致农民工失业程度更加严重。[2]

第二，妇女的就业问题。恩格斯指出："一旦法律上平等之后，就可以充分看出妇女解放的第一个先决条件就是一切妇女重新回到公共的劳动中去。"[3] 恩格斯在《家庭、私有制和国家的起源》一书中也说："妇女只有参加社会生产劳动，妇女的解放、妇女与男子的平等才是可能的。"[4] "只要妇女仍然被排除于社会的生产劳动之外而只限于从事家庭的私人劳

---

① 参见蒋先福、彭中礼《农民工权利危机的现状、成因及其对策——以珠三角地区为例》，《贵州警官职业学院学报》2005年第4期。

② 朱秀茹、白玉冬：《农民工就业歧视问题研究》，《河北农业科学》2009年第3期。

③ 马克思、恩格斯：《马克思恩格斯全集》（第32卷），人民出版社1975年版，第70页。

④ 马克思、恩格斯：《马克思恩格斯选集》（第3卷），人民出版社1955年版，第158页。

动，那么妇女的解放，妇女同男子的平等，现在和将来都是不可能的。"①
由此可见，充分独立的就业是妇女获得人格独立的基本前提条件。我国虽
然已经从立法和行政执法等方面为保护妇女的劳动权益提供了制度和组织
上的保障，但在现实生活中，各种侵害妇女劳动权益的现象依然层出不
穷。妇女就业难目前已成为一个很严重的社会问题，女大学生就业问题、
女下岗失业人员的再就业问题逐渐引起人们的关注。妇女的就业机会和从
事职业的岗位往往比男子少，较男性承受更大的压力。许多女大学生在毕
业求职过程中都会遇到性别歧视问题。② 据 2002 年江苏省妇联的一项调查
显示，80% 的女大学生在求职过程中曾因性别原因遭到用人单位拒绝，其
中 34.3% 的女生有过多次被拒绝的经历。"性别歧视"成为女大学生求职
中的首要的和最大的障碍，而且还有愈演愈烈的趋势。③ 2007 年 3 月，
《济南时报》与山东人才网联合推出"女大学生求职调查"，调查数据显
示，在被调查者中，认为性别歧视"比较严重"的占 52.8%，认为"不
太严重"和"不存在"的分别占 44.4% 和 2.8%。④ 许多用人单位为了回
避《劳动法》中关于不得辞退孕期、产期和哺乳期妇女的规定，不愿意雇
佣妇女，或者在雇佣时对男女求职者采取不平等的标准。目前，妇女与男
性之间在就业状况上有着显著差异，妇女就业率比男性低 17%，而失业率
更是比男性高 1 倍。在 40 岁至 49 岁年龄段的妇女中，每 3 人就有 1 人失
业，就业和再就业形势最为紧迫。而对于处在最佳劳动年龄的 30 岁至 39
岁年龄段的妇女群体，失业或待业的比例高达 25.5%。妇女失业出现年轻
化的趋势，从学校毕业不久的 21 岁至 29 岁年龄段出现了 14.4% 的失业
妇女。⑤

第三，大学生就业问题。据教育部统计，2008 年，全国普通高校毕业
生达 559 万人，比 2007 年增加 64 万人，增幅为 12.9%。而 2008 年毕业

① 马克思、恩格斯：《马克思恩格斯全集》（第 4 卷），人民出版社 1975 年版，第 158 页。
② 徐桂兰、莫晓斌：《妇女就业机会不平等的现状、成因及法律对策》，《湖南城市学院学报》2007 年第 6 期。
③ 张丽霞：《试论我国妇女就业权的法律保护》，《河南大学学报（社会科学版）》2004 年第 1 期，第 104—108 页。
④ 《热点关注：〈就业促进法〉能否破解女性求职难》http：//business.sohu.com/20070523/n250186026.shtml，访问时期：2010 年 6 月 25 日。
⑤ 北京大学法学院妇女法律研究与服务中心：《中国妇女劳动权益保护理论与实践》，中国人民公安大学出版社 2006 年版，第 232 页。

的大学生实际就业率不到 70%，也就是说，超过 150 万高校毕业生不能顺利就业。2009 年，我国高校毕业生总量达到 610 万，是近年来的最高值，占城镇新增长劳动力总量的一半以上。如 2009 年，重庆市共有普通高校毕业生 12.9 万人，比 2008 年增加 1.7 万人，增幅为 15%。截至 2008 年底，全市 2009 年高校毕业生签约率为 14.9%，比 2007 年同期低 4.2%。全市高校毕业生就业工作面临空前的困难和压力。① 现在还有一种说法是，农民工和大学生都在同抢一个饭碗。大学似乎已经变成了"被就业"的群体。大学生越来越失去了昔日作为"天之骄子"的光环。有两个表现可以证明大学生就业之难。一是 2009 年中国国家公务员考试人数将近 100 百万，是近 3 年报考人数最多的一年（可见图 2 的分析），有超过 10 个招 1 个人的岗位报考人超过 1000 人。二是 2009 年高考报名时，重庆市有数万人放弃高考。与三年前的高中入学数量相比，高考报名人数比当初减少 2 万人左右。而据调查，应届高三学生中，有上万考生没有报名参加高考。

图 2　　　　　　　　　　近三年国家公务员考试报考人数示意图

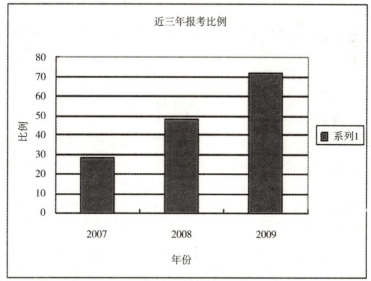

资料来源：《2009 年国家公务员考试报名人数数据最终分析》，http：//www. eol. cn/hunan-news_ 5108/20081027/t20081027_ 335172_ 1. shtml，2009 年 10 月 27 日。

---

① 《大学生就业问题的现状及对策》，北大法律信息网，www. chinalawinfo. com/index. as-px，访问时期：2010 年 6 月 28 日。

有人采访了部分区县招生负责人，据介绍，高三学生最后放弃高考的原因很复杂，这些考生多是农村考生，有的迫于无奈拿个毕业证外出打工。此外，严峻的就业形势，上完大学找不到好工作，使读书"无用论"思想在农村蔓延，如果孩子成绩平平只能上专科，还不如早些出去打工挣钱。①

此外，还有下岗职工的再就业问题、失地农民的再就业问题等。可以说，"就业将成为我国面临的一个最为严峻的经济问题，明年（指2009年）的城镇真实失业率或将达到14%，若计入返乡后可能赋闲的农民工数量，该数字将会更高。另一方面，对于低收入、失业群体的保障，恰恰覆盖不到失业农民工和失业大学生这两个群体——不少大学毕业生从未就业过，而且流动性大，失业保障的责任主体并不明确；对于农民工而言，如果他们被迫回到家乡，表面上因为有一亩二分地可种，更不被当做失业群体，但故乡那点薄地已养不活他们——根据2007年底的数字，全国7亿多农民人均4140元年收入中，已经有90%来自城市打工收入。"② 可见，就业问题已经成为严重影响我们经济和社会发展特别是个人发展的一个重大问题。在此，我们要追问的是，为什么就业问题如此重要，我们从法理上该如何解读呢？

简单来说，就业所体现出来的就是宪法和法律上的就业权。就业权是保障民众民生的基本权利基础。我国宪法规定了劳动者有劳动的权利和义务，并且我国的经济制度强调按劳分配，让每个劳动者有劳动的机会是实现按劳分配的重要前提。所以，每个劳动者有一份工作，能够参加劳动，是他们能够获得经济收入，解决生存问题的基础。

在当前，解决就业问题的意义十分重大，甚至还有人提出"要从政治的高度、社会的稳定来认识青年就业问题，特别是大学生就业问题"。该作者认为，"知识经济时代，对青年的科技文化素质提出更高的要求，由于社会管理和社会生产及科技的发展变得日趋复杂，因此，社会对劳动者的知识和技能的要求也不断提高，你必须经过一定程度的教育，而且是越来越高级的教育之后，才能获得基本的就业资格，这不仅是中国社会的现状，而且已经成为世界范围内一种普遍性趋势"。"在社会转型中，青年群

---

① 《重庆上万人放弃高考，"读书无用论"蔓延农村》，http：//tieba. baidu. com/f? kz = 561468228。

② 童大焕：《充分认识"保就业"的重要性和艰巨性》，《中国经济时报》2008 年12 月10日。

体在社会分层结构中，并不都是上升的，也有下降的。青年人在工作经验、知识积累、财富、住房、收入、人际关系资源等方面并不占优势。青年中强势群体和弱势群体之间的差距日益扩大，迫切需要政策上的关注和调适。经济收入和青年自身的利益有着十分密切的关系，特别是对青年中的弱势群体，政府和社会必须给予高度关注。"① 可见，充分注意人们的就业问题，特别是青年的就业问题不仅是解决社会问题的需要，而且也促进人的自我发展的前提。在市场经济中，人的经济收入往往成为人能够获得社会尊重和独立的前提，没有充分的就业，意味着生活没着落，很容易导致人的失落感和对社会的怨恨，进而可能导致社会矛盾的激发。所以，我们要通过法治的方式来促进该问题的解决。

二　就业作为权利的价值指向

《中华人民共和国就业促进法》已于 2008 年 1 月 1 日起正式实施。它从政策支持、公平就业、就业服务和管理、职业教育和培训、就业援助以及监督检查等方面突出了政府在促进就业中的法律责任。而纵观该法，蕴涵的价值理念就是平等就业权。

第一，就业平等是就业权的基本内涵之一，也是就业权的基本价值追求之一。平等就业权与就业权具有非常紧密的联系。进入 20 世纪以后，人们逐渐发现以权利的方式肯定某种行为，可以获得国家或政府的法律上和道德上的认可，就业权就是在这种背景下与西方法治同步发展的。如在 1919 年，德国《魏玛宪法》规定："人民应当享有劳动并取得生活资料的机会。"这种规定在 1946 年的法国宪法中也获得了认可。后来，《世界人权宣言》第 23 条和第 24 条也对劳动者的劳动权利和休息权利作了具体规定。因此，有学者认为，所谓平等就业权，是指国家通过立法、执法和司法保护劳动者能够在平等身份、平等权利、平等机会和平等规则等基础上享有形式上的平等就业权，同时，国家通过包括禁止就业歧视、特殊群体就业保护、就业培训和就业社会保障等在内的多种手段和措施保护劳动者享有实质上的平等就业权，平等就业权就成为形式上的和实质上的统一。② 理解平等权的核心就是要理解平等。我们知道，平等和自由是西方最近几

① 《失业就业压力可能成青年与社会冲突第一因素》，《学习时报》2008 年 11 月 24 日。
② 李雄：《论平等就业权的界定》，《河北法学》2008 年第 6 期。

百年来的最激动人心的词汇。尽管没人对平等到底是什么有过明确的定义。但是这并不妨碍我们对平等的内容有一个系统的理解。我们认为平等是多元的,当我们在思索平等问题的时候,就应该从多个维度来思考平等,从而达到我们所要追求的平等价值理念。

首先,平等是绝对平等与相对平等的统一。辩证唯物主义认为,世界上一切事物既包含有相对方面,也包含有绝对方面。"绝对和相对,有限和无限等同一个世界的部分、阶段。"① 如果只以绝对的观点来看待法律平等,那么任何法律平等都不会存在,因为法律在事实上只能是由一部分社会成员(哪怕是绝大多数人也仍然是全体社会成员的一部分)制定的,而且现代社会实行的是代议制或代表制政体,并没有什么绝对的力量来保证议员或代表能够绝对真实、全面地代表选民,表达民意,这就决定了立法在任何情况下都不可能毫无遗漏地反映所有社会成员的意志。法律也不可能平等到把任何一种权利和义务不加区别地分配给每一个人,而不问该种权利对其是否有实际意义,该种义务对其是否有履行的可能;每一个执法者、司法者和守法者都有个人意志,即便制定出一种绝对平等的法律,也不能担保这种法律会得到平等的实施。故以绝对平等的观念来看待法律,法律总是不平等的②。平等要求"同样情况同等对待,不同情况不同对待",套用一句辩证唯物主义的话语就是"具体情况具体分析"。所以,应该说,平等是绝对平等与相对平等的统一。平等的绝对性要求立法者必须在社会条件允许的范围内,以普遍平等的理念指导自己的立法。普遍性乃平等的基本内涵。权利主体越是普遍,法律就越是趋向平等;反之,权利主体普遍化程度降低到不合理的狭窄范围,此种法律就只堪称"特权法"。平等的相对性则要求立法者必须以审慎的态度对待法律的每一个细节,防止歧视性分类③。

其次,平等是抽象平等与具体平等的统一。我们常常认为,平等是我们的理念追求,也是我们时代的理性。自卢梭呼吁平等以来,平等就已经作为政治原则确立在宪法之中。我们每个人在尘世之中(世俗之城),都希望能够幸福地生活,而对于幸福的最大的理解,当然就是平等而自由

---

① 《列宁全集》(第55卷),人民出版社1985年版,第88页。
② 闫国智:《现代法律中的平等》,《法学论坛》2003年第5期。
③ 同上。

了。在《论人类不平等的起源中》，这种矛盾的焦点就集中体现为这样一段话："我认为在人类中有两种不平等：一种我把它叫做自然的或生理的不平等，因为它是基于自然，由年龄、健康、体力以及智慧或心灵的性质的不同而产生的（或人自身的不平等）；另一种可以称为精神上的或政治上的人与人之间的不平等，因为它是起因于一种协议，由于人们的同意而设定的，或者至少是它的存在为大家所认可的。第二种不平等包括某一些人由于损害别人而得以享受的各种特权，譬如：比别人更富、更光荣、更有权势，或者甚至叫别人服从他们。"① 所以，"要寻找一种结合的形式，使它能以全部共同的力量来维护和保障每个结合者的人身和财富，并由于这一结合而使每一个与全体相结合的个人又只不过是在服从自己本人，并仍然像以往一样的自由。"② 这种自由是比自然状态更高级的自由，每个人表面上丧失了天然的自由，实际上重新得到了社会的和道德的自由。这种契约并没有摧毁自然的平等，而是把它发展成道德和法律的平等。平等是法国资产阶级反对封建专制等级的一个最为重要的口号，这种法律上的平等在资产阶级革命胜利以后的资产阶级法治建设中被法律所确立。随着资产阶级逐渐地成为政治上的新主人，资产阶级把这个口号放进了历史博物馆给人们观赏并变为只是法国革命的专用口号。同时平等已经成为资产阶级的政治法律原则，资产阶级用这个口号来解释自己的私有制，用平等来保护自己的私有财产。所以，此时的平等就演变成了抽象平等。然而，平等也应该是具体的、历史的，"从基督教的平等观念到农民运动的平等纲领，从启蒙思想家的平等理论到空想社会主义者的平等乌托邦，从资产阶级的平等口号到无产阶级的平等要求。"恩格斯在《反杜林论》中说，"平等的命题是说不应该存在任何特权，因而它在本质上是消极的，它宣布以往的历史都是消极的。"③ 所以，仅仅有抽象的平等原则，而没有具体的平等制度，平等并不是科学合理的。

　　再次，平等是实质平等与形式平等的统一。根据对平等和非歧视的一般性理解，拥有平等的法律地位的个人应得到平等的对待④。在罗尔斯的

---

① ［法］卢梭：《论人类不平等的起源和基础》，李常山译，商务印书馆1987年版，第72页。
② 同上。
③ 马克思、恩格斯：《马克思恩格斯选集》（第3卷），人民出版社1971年版，第136页。
④ ［芬］凯塔琳娜·佛罗斯特尔：《实质平等和非歧视法》，《环球法律评论》2005年第1期。

"契约正义论"里，则对平等最为关切。罗尔斯提出了"作为公平的正义"理论，并且将其正义论的对象指向社会的基本结构——即用来分配公民的基本权利和义务、划分由社会合作产生的利益和负担的主要制度。因为"正义是一个社会制度的首要价值，正像真理是思想体系的首要价值一样"①。正义意味着平等与自由，它们都是值得重视的，任何以其他人更好地享有权利为借口来剥夺某些人的自由，或以大多数人应享有更大利益为借口而把牺牲强加于少数人都是与公平的正义背道而驰的。但事实上人们的不同生活前景既受到政治体制和一般的经济、社会条件的限制和影响，也受到人们出生伊始所具有的不平等的社会地位和自然禀赋的深刻而持久的影响。然而，这种不平等却是个人无法自我选择的。因此，这些最初的不平等就成为正义原则的最初应用对象。换言之，正义原则要通过调节主要的社会制度，从全社会的角度处理这种出发点方面的不平等，尽量排除社会历史和自然方面的偶然任意因素对于人们生活前景的影响②。为此，就需要选择确立一种指导社会基本结构设计的根本道德原则（正义原则）。这种原则"实际上主要考虑的是一个一切社会至少在形式上都要碰到的问题——即成员间出发点的平等问题。而在他的理论尝试中，则透露出一种试图使所有社会成员都尽量达到一种事实平等的努力"③。罗尔斯的正义论就是力图使所有社会成员在政治思想等方面都享有平等。"罗尔斯期望达到一种事实上的平等，而这种平等实际上需要以一种不平等为前提，即对先天不利者和有利者使用并非同等的而是不同等的尺度，也就是说，为了事实上的平等，形式上的平等要被打破，因为对事实上的不同等的个人使用同等的尺度必然会造成差距。"④ 罗尔斯的这种事实上的平等就是实质上的平等。确实，在人类对平等的追求之中，人们之所以这样地期待平等的价值功用，即是希望通过平等确立起一种实实在在的平等。所谓实质平等，是一种深层的价值观，是对人类合理欲求的不同处置。而何谓合理，则是必须考虑和斟酌"事实上之差异"及"立法之目的"所做的差别待遇。实质平等的特点是：第一，实质平等承认合理的差别待遇；第二，实质平等的内涵是价值理性，因此，所追求的也是事实上的社会地位的平

①　[美] 罗尔斯：《正义论》，何怀宏等译，中国社会科学出版社 1988 年版，第 1 页。
②　同上书，第 12 页。
③　同上书，第 23 页。
④　同上书，第 25 页。

等，追求无阶级压迫和种族歧视等等。然而，尽管罗尔斯的出发点是善的，但是片面追求实质平等也是不正确的。光有对实质平等的追求，而忽视了形式平等，也许达不到他所想要达到的目的，甚至适得其反。所谓的形式平等，亦可称为"理性平等"（rational equality）①，其理论基础在于工具理性（instrumental rationality）。形式平等的特征是：第一，着重"法律上"的平等。也就是说，"法律上"是否有"差别待遇"，若是没有"法律上差别待遇"，而纯粹只有事实上社会地位之不同，那么根本无法激活平等权的审查。单纯的阶级压迫、种族歧视等现象，不属于形式平等。第二，将平等权界定为一种"个人权利"（individual rights）而非群体权利（group rights）。也就是说，平等权不但是由个人主张，而且纯粹涉及国家或他人对受害者"个人"的侵害，而与个人所属身份团体之地位无关。平等权所要维系的利益，乃是"个人免于恣意分类对待"的利益②。

最后，平等是机会平等与结果平等的统一。机会平等是平等实现的主要内容，只有通过机会平等才有可能导致结果的平等。机会平等的主要内容是：第一，平等地开放前途，即任何职位、任何前途对人们都不是封闭的，这意味着不以任何先定的、不可改变的标准（如种族、血统）来设置障碍。第二，能力大致相等的人能拥有大致同样的手段，或者说在起点上有大致相同的物质资源和客观条件来利用他们的机会，以实现他们的计划，达到他们的目的，这意味着排除社会的人为条件的束缚，甚至包括排除家庭的影响因素，使家境贫寒而有较高天资者亦能得到相应的补助。第三，不仅仅是有同样才能的人，而是所有的人都能大致有同样的手段、资源以实现他们的目的，但这还不是结果平等，不是终点平等，而仍然只是意味着不考虑在机会平等的情况中天赋差别的因素。第四，给那些天赋最低者以最优厚的物质条件和手段，次低者以次优厚的条件和手段，依次类推，这意味着一种不仅不考虑，甚至还要努力弥补天赋差别的政策，实行这一政策最有可能达到一种结果的平等、终点的平等。在以上四种仅仅作为分析的"机会平等"范畴中，从第二种起，就有实质性平等的因素加入了，这种实质性平等的因素在第三种"机会平等"中更为加强，在第四种

---

①　Louis Michael Seidman, *Constitutional Law*: *Equal Protection of the Laws* 5 （2003）.

②　廖元豪:《美国"种族优惠性差别待遇"（Racial Affirmative Action）合宪性之研究：兼论平等原则之真义》,《东吴法律学报》1996 年第 2 期。

"机会平等"中达到最高,第四种"机会平等"实际上已转化成为结果和终点的平等①。罗尔斯对机会平等提供了两种解释:一种是"机会的形式平等"(formal equality of opportunity);另一种是"机会的公平平等"(equality of fair opportunity)。所谓的"机会的形式平等",就如同道格拉斯·雷(Douglas Rae)的"前途考虑的平等",也如同萨托利的"作为平等利用的机会平等"。这种"机会的形式平等"原则是受到他的第一正义原则限制的,即在一种自由市场和立宪代议制的背景制度下,在所有人都享有平等的基本自由的情况下,其中所有地位和职务是向所有能够和愿意努力去争取它们的人开放的,没有特权和世袭制,每个人都有同样的合法权利进入所有有利的社会地位。在此权利是平等的,各种前途是向各种才能开放的,至于结果如何,机会是否能够同等地为人们利用,则任其自然,只要严格遵循了地位不封闭或开放原则,即不要给它们围上封闭的外墙,就可以说基于此的任何结果都是正义的。"机会的公正平等意味着由一系列的机构来保证具有类似动机的人都有受教育和培养的类似机会,保证在与相关的义务和任务相联系的品质和努力的基础上,各种职务和地位对所有人都开放。"② 显然,罗尔斯不满足,甚至是不满意这种"机会平等"的解释的。因为这种解释没有作出努力来保证一种平等或相近的社会条件,这就使资源和手段的最初使用仍然受到自然和社会偶然因素的强烈影响。换言之,不仅人们的自然禀赋各不相同,而且这些禀赋的培养、训练和发展也受到各人所处的不同社会条件的影响,即使有类似天赋的人,也可能因为其社会出身、家庭境况的不同而没有同等的机会,这样,分配的份额就不仅受到自然天赋的偶然因素的影响,也受到社会出身的偶然因素的影响。所以,他要给机会平等注入更多的"实质公正"的新鲜活力。他提出了"机会的公平平等"原则,在各种地位形式意义上的开放的前提下,还须使所有人都实际上有一种较平等的机会达到它们。这类似于道格拉斯·雷的"手段考虑的机会平等"和萨托利的"表现为平等起点的机会平等"。之所以需要相同手段,是因为有造成最初起点实际上仍不平等的因素。一是人们之间存在自然禀赋的差别;二是人们之间存在社会条件方面

---

① 何怀宏:《"平等"概念的分析》,http://fzs. cupl. edu. cn/scholar/hehh/6. html。

② [美]罗尔斯:《正义论》,何怀宏等译,中国社会科学出版社1988年版,第288—289页。

的差别。罗尔斯的机会的公平平等等原则通过诸如高额累进税制、遗产税等法律和政策及公共义务教育和补助金制度等社会保障而把影响机会平等的人们之间的社会差别因素排除或至少是大大地减少了。机会平等是现代市场经济的基本原则之一，恩格斯曾经指出："自由通行和机会平等是首要的和愈益迫切的要求。"① 机会平等原则的重大意义在于：创造全国范围内有机统一的平等市场环境，整饬市场秩序，规范市场行为，激励市场主体刻苦不懈地致力于效益和质量的永恒追求，提高社会生产力的总量，塑造一个充满活力、公平竞争和分配合理的经济运行机制，并进而为政治、文化之果奠定坚实的根底②。

从上述对平等内涵的分析来看，平等就业权就是要在平等的多元维度方面实现对就业权利的保护。平等权既能拘束国家的行政权，能禁止行政主体在抽象行政行为和具体行政行为中，对公民享有的法律权利或承担的法律义务进行不合理的差别对待。就业平等权也拘束我国的中央或地方政府的行政行为，这些行政主体在工作中经常性地进行差别分类，如分类不合理，极易侵害平等权。尤其是地方政府中对公民就业作出许多限制性规定，因与劳动职位的实际需求没有相关性，是不合理的差别对待而与平等权相抵触，会引发更深层次的矛盾而理应被限制。而《就业促进法》第二十五条"各级人民政府创造公平就业的环境，消除就业歧视，制定政策并采取措施对就业困难人员给予扶持和援助"也体现了就业平等权对行政权的效力。③

第二，就业权反映的是政府的责任和义务。法约尔指出："责任是权力的孪生物，是权力的当然结果和必要补充，凡权力行使的地方就有责任。"④ 政府是权力的载体，也是权力的执行者。从就业权的定义来看，目前权威性的定义是指：获得就业机会的权利或有就业资格的公民能够获得从事有报酬或收入的职业性机会的权利。因此，有人认为，就业权的实质"是人们能够用来维护自己的东西，是一种可以不感困窘和耻辱而提出要

---

① 马克思、恩格斯：《马克思恩格斯选集》（第 3 卷），人民出版社 1972 年版，第 145 页。

② 王端起：《论现代法治的一个重要原则》，《中央政法管理干部学院学报》1998 年第 5 期。

③ 邓佑文、张晓明：《就业平等权的理论体系——以宪法含义为思考维度》，《重庆工商大学学报（社会科学版）》2007 年第 6 期。

④ ［法］亨利：《法约尔：工业管理和一般管理》，周安华等译，中国社会科学出版社 1982 年版，第 24 页。

求和维护自己的东西"①。即就业权的本质是要求权。那么就业权要求的是什么呢？首先，就业权体现的就是政府的责任。"在现代社会中，选举被认为是政府合法产生的正当途径，选举权的行使被看成是社会公众表示同意和进行授权的合法形式。这就决定政府必须是有限政府、服务政府、责任政府，即法治政府内涵。政府的构成必须以取得民众同意为前提，政府的权力来源于人民，政府理应承担起与权力对等的职责。就业是生存之本，政府有责任为公民创造公平的就业环境，提供更多的就业机会。"② 其次，国家应该积极反对就业歧视。就业歧视是当代社会普遍存在的就业困境，"当遭遇了不公正对待的劳动者依据法律的规定而寻求救济，在历尽曲折之后，却发现此路不通时，实际上显示出在平等权利的救济上，当事人拥有的权利资源不足以让其实现权利。在这种情况下，国家应该以积极的姿态出现，帮助当事人寻求救济。当然，在这里并不是通常意义上的法律援助，也不是通常意义上的司法救济，而是指国家应该建立相应的针对平等权利的救济制度"。③ 如国际劳工组织第 111 号公约《就业和职业歧视公约》第三条提出：凡本公约生效的会员国，承诺以符合国家条件和实践的方法，从六个方面执行《就业和职业歧视公约》，包括制定法规，在一个国家机构的直接控制下执行、遵守、推动该政策。中国政府虽然还未签署该公约，但从 1999 年就与国际劳工组织正式开始关于第 111 号公约的合作活动。"越来越多的国家已经从专门以强制执行不搞歧视的消极义务为基础的法律方式转向一种更为广泛的、包括防止歧视和促进平等的积极义务的法律方式。"④ 国家也必须通过在立法、执法和司法方面的积极努力来应对就业歧视。

---

① 李亚娟：《就业平等权的制度化思考》，《西安交通大学学报（社会科学版）》2008 年第 2 期。

② 万高隆：《保障公民就业权的法理分析——以政府促进就业为视角》，《赤峰学院学报（哲学社会科学版）》2009 年第 5 期。

③ 李亚娟：《就业平等权的制度化思考》，《西安交通大学学报（社会科学版）》2008 年第 2 期。

④ 国际劳动组织局长报告：《工作中平等的时代》，日内瓦国际劳工大会第 91 届会议，2003 年，第 57 页。转引自李亚娟《就业平等权的制度化思考》，《西安交通大学学报（社会科学版）》2008 年第 2 期。

三　国外平等就业权的历史演进：以美国为例

在第二次世界大战期间和第二次世界大战之后，针对在雇佣工人过程中发生种族歧视的严峻问题，美国政府采取了一系列行政措施在就业领域和其他领域反种族歧视。在第二次世界大战期间，罗斯福总统发布了8587号命令，禁止在联邦公务员雇佣和晋升方面的歧视做法[1]。其后，罗斯福发布了8802号总统行政命令，命令"在国防工业或政府部门雇佣工人，不得因种族、信仰、肤色或民族血统而有所歧视……雇主和劳工组织有责任……向所有工人提供参加国防工业的充分机会，不得因种族、信仰、肤色或民族血统而加以歧视……"[2]1948年，杜鲁门总统发布了9981号命令，要求军队取消种族歧视，向所有人员提供平等待遇和机会。1951年，杜鲁门总统发布了10308号命令，要求政府合同的承包商和分包商遵守反歧视规定。1954年艾森豪威尔威尔总统发布10577号命令，再次重申现有行政命令对政府合同承包商和分包商的反种族歧视要求，其后不久（1955年）艾森豪威尔威尔总统发布了10590号命令，建立起政府雇佣政策总统委员会，作为总统和各部门的咨询机构。同时联邦各部门也设立雇佣政策官员[3]。1961年3月6日，美国总统约翰·肯尼迪签发了第10925号行政命令，第一次使用了"肯定性行动"（affirm ative action）一词。1965年9月24日，美国总统林登·约翰逊签署了第11246号行政命令，标志着旨在消除对少数民族和妇女等处于弱势地位的群体在就业、教育等领域的歧视的、由美国联邦政府推行的各种保护性政策和措施的"肯定性行动计划"（the Affirmative Action Program）正式出台。

"肯定性行动计划"的实施，与黑人等少数族裔在美国的地位和艰难的处境有着千丝万缕的联系。美国内战期间，林肯总统发布了著名的黑人解放法令。这个法令标志着黑人从法律上获得解放。但是，美国内战结束后，黑人在美国的政治、社会、经济地位并没有得到实质性的改善，处于二等公民的地位，许多黑人依然受到南部普遍施行的谷物分成制的沉重剥削。

---

① W. A. Low and V. A. Clift, *Encyclopedia of Black America*, 1981. p. 258.

② ［美］约翰·霍普·富兰克林：《美国黑人》，张冰姿等译，商务印书馆1988年版，第507—508页。

③ C. D. Lowery and J. F. Marszalaeked. , *Encyclopedia of African-American Civil Rights：from Emancipation to the Present*, 1992, pp. 174—176.

广大黑人既不能分享 19 世纪末 20 世纪初在美国广泛展开的进步主义运动所取得的一系列成果，也与美国在第二次世界大战后持续的经济繁荣无缘。与白人相比，黑人在经济、就业和教育上仍然处于极不平等的地位。基于这样的现实，在 20 世纪 50 年代中期，在著名的黑人民权运动领袖马丁·路德·金的领导下，开展了惊天地、泣鬼神的民权运动①。在民权运动的推动下，美国国会于 1964 年通过了 10925 号法案。10925 号法案宣布美国政府有明确的义务，推动和保证所有人不分种族、信仰、肤色或民族血统，在受雇于或申请联邦政府的职位时，在争取联邦政府合同时，享有平等的机会，它明确规定"合同承包商将不因种族、信仰、肤色或民族血统而歧视任何雇员或求职者。合同承包商将采取肯定性行动（take affirmative action），保证求职者的受雇和雇员的晋升不涉及他们的种族、信仰、肤色或民族血统。类似的行动将包括，但不局限于：雇佣、晋升、降级或调动；招聘或招聘广告；解雇或中止雇佣；工资等级或其他形式的补偿；包括学徒在内的培训和选拔。合同承包商同意在显著的、雇员和求职人可以接触到的地方，张贴由合同管理官员提供的包括有这些反歧视条款的布告"②。

作为反歧视的一种办法，自 20 世纪 60 年代初期开始的"肯定性行动"，30 多年来一直是美国两党 8 届政府必须面对的一项基本民权政策（尽管它已由盛及衰），也是国会立法及最高法院的民权案件中所常涉及的一个主题，它主要是在教育、就业、政府合同承包及住房等领域内实施，有关它的联邦法律、法规及行政命令多达 167 个③。由于它不仅涉及美国社会最敏感的种族问题和民权问题，而且还牵涉到宪法、传统价值观、政治认同、社会文化、生活方式、利益再分配等与一般国民均有关系的问题，所以在"肯定性行动计划"正式出台至今的 40 多年的历史中，美国国内的自由派和保守派在对待该计划的态度上一直存在着尖锐的矛盾。从目前的争论来看，美国社会对"肯定性行动计划"的争论不仅是在实践层面的争论，而且在一些更为深刻的法律理论问题上也未能够达到一致。也就是说，从法理学的视野来看待"肯定性行动计划"，其出发点和内涵都

---

① 任东来、陈伟、白雪峰：《美国宪政历程：影响美国的 25 个司法大案》，中国法制出版社 2004 年版，第 226 页。

② John H. Franklin and Isidore Starr, *The Negro in the 20th century America*, New York: Random House, 1967. p. 414.

③ Congressional Research Service, also See "*What's at Stake*" in Emerge (May 1995), p. 40.

备受指责。

第一种指责认为，"肯定性行动的先天不足主要在于当初创立的人们基于的是一种良心原则，一种道德原则"，这种良心原则、道德原则从一开始就决定了肯定性行动的脆弱性和致命的弱点，就决定了它必然会在种族歧视与反向种族歧视的怪圈中徘徊而不能自拔。创造"肯定性行动计划"的人们原来想借助"肯定性行动计划"来缓和国内日益尖锐的种族矛盾。但事实证明，仅仅依靠肯定性行动非但不能改善种族矛盾，反而使其更为复杂化了[1]。瑞典社会学家冈纳·米尔德尔（Dr. Gunnar Myrdal）在他的经典的《美国的两难处境》中指出的，对于大多数白人来说，黑人生活在一个完全不同的社会中，或者说黑人不是属于同一个道德的秩序中。但当黑人作为人、作为道德秩序的一部分而存在时，对于黑人的歧视便会引起白人良心的自责。当种族的关系达到一定程度，摩擦与冲突减至最低点时，黑人的问题就不会在白人的良心上引起自咎[2]。

第二种指责认为，以种族为基础的优先待遇是一项极不公正的政策，与美国主流价值观念和所有的人机会均等的社会政策背道而驰。反对派人士引用《独立宣言》："人人生而平等，他们都从他们的'造物主'那边被赋予了某些不可转让的权利，其中包括生命权、自由权和追求幸福的权利。"他们认为，对于白人和黑人而言，白人和黑人都平等的享有资源，因此也应该平等的分配资源。由此，他们对该制度提出了疑问。这（指"肯定性行动计划"）对白人政治家来说，无异会更恼人和令人头痛[3]。

甚至，第三种更加激进的指责认为，"肯定性行动计划"以种族为基础对少数民族实行优待，是一项极不公平的政策，它违背了美国宪法的平等原则，实行的是对白人的"反向种族歧视"（或"逆向种族歧视"）。对少数民族的歧视是错误的，而基于种族的"反向种族歧视"也是错误的。因此，反对"肯定性行动计划"的认为，"肯定性行动计划根本就不是在实施平权法案，而是在实施反平权法案，是对白人男性的'逆向种族歧视'。这项政策不仅在入学和就业等人生大事上对白人男性极不公平……更为严重的是，这项特殊照顾政策把以裔族和服色为基础的少数族权利置

---

①　朱世达：《克林顿政府在肯定性行动中的两难处境》，《美国研究》1996 年第 3 期。

②　同上。

③　Carol M. Swain, *Racever susclass: the new affirmative action debate*, Lanham: University Press of America, Inc.

于美国公民权利之上。"①

　　然而，与指责者针锋相对的"肯定性行动计划"的支持者则认为，"肯定性行动计划"的最终目的就是实现美国社会民主与平等的价值观念。肯定性行动计划仅仅是为了保障少数民族利益份额而采取的一项补偿性计划，其目的并非要限制和剥夺整个白人种族依法应当享有的基本权利和自由。对于用人单位和大学来讲，种族并不是决定某个人能否被录用或录取的决定性因素。因此，所谓反向种族歧视是不成立的②。

　　除美国之外，西方其他国家实际上在就业权的保障方面，特别是在保障就业平等方面作出了法治努力。如欧盟制定了大量平等就业法律，1975年颁布的《平等工资指令》、1976年颁布的《平等待遇指令》、1986年颁布的《职业社会保障计划平等待遇指令》、1986年颁布的《禁止对自营就业人员的性别歧视指令》均明确禁止在就业各个方面的性别歧视。德国于1953年通过了《母亲保护法》，1979年颁布了《母亲休假法》，逐步完善了对妇女包括就业权在内的劳动权益的保障。英国于1975年颁布了《性别歧视法》，1970年颁布了《同酬法》，对歧视的种类与范围及法律补救措施作了详细的规定。爱尔兰于1977年颁布了《雇佣平等法》。③ 这些法律的制定为反就业歧视等提供了制度支持。

　　由此可见，作为一项民生权利，平等就业权已经不单单是哪一个国家在"战斗"，也不仅仅是哪一个人在"战斗"。但从整体上来看，西方国家有关平等就业权的法治进路，值得我国审视。

四　就业权的法治保障路径

　　在当代中国，要促进就业就要不断发展经济，这是根本的路径。但是从法治视野来看，建立起有效地促进平等的就业体制和制度是帮助就业的合法路径之一。

　　首先，要在立法方面下足工夫，真正做到保证立法上的平等。法律上

---

　　①　任东来、陈伟、白雪峰：《美国宪政历程：影响美国的25个司法大案》，中国法制出版社2004年版，第400—401页。

　　②　Carol M. Swain. *Racever susclass：the new affirmative action debate*. Lanham：University Press of America，Inc.

　　③　参见李亚娟《就业平等权的制度化思考》，《西安交通大学学报（社会科学版）》2008年第2期。

规定的平等是就业平等的法律之源。有学者认为，法律意义上的平等应该包括五大内容："（1）宪法与劳动法中有关就业与职业平等的宣言。（2）劳动法中规定禁止就业和职业歧视的明确条款，包括直接歧视和间接歧视。（3）规定歧视行为的罚则，明确雇主的歧视责任，包括保障平等的积极义务，违反之后应承担的责任。（4）在相关法律中明确促进与实施工作领域平等的行政机构，并赋予其相应的职责与权限。（5）对某些群体，比如妇女、残疾人的平等保护要有专门规定，避免立法的积极措施演变为现实中的进一步歧视，如劳动法中规定女性特有的劳动权利，如果涉及考虑家庭责任，则应该是包括两性在内的，避免强化女性的家庭责任。"① 这五大内容概括起来，第一就是要在宪法中明确肯定就业平等的宪法权利，这是其他权利的本源；第二就是要在普通法律中贯彻就业平等的精神，使之作为一种理念贯彻到生活的角落；第三，就是要在法律中规定特定群体的就业平等权，如女性、下岗职工、残疾人等；第四，要明确规定就业歧视的含义和范围。明确就业歧视的含义和限定就业歧视的范围既是对就业歧视的反对，也是对用人单位合法用人、依法选择的保护。在法律上，要合理区分就业歧视与合理挑选劳动者之间的区别。就其本质来看，就业歧视是用人单位以一些与工作无关的理由剥夺求职者的就业机会，实际上所表明的是一种基于身份或者其他不影响工作的因素来决定是否录用，因此不是一种合理的竞争行为。而合理挑选劳动者则是根据工作岗位的特殊要求或者技能要求，在竞争机制下，采取优中选优的原则来进行。所以，根据这一原则，我们可以对二者的区别做出初步判断：一是标准不一样，就业歧视的标准是人际关系或者人情，甚至还可能是外表；而合理挑选劳动者的标准则是根据技能和对岗位的胜任；二是举证规则存在不一致，用人单位对设置岗位的要求承担合理说明义务，对选择劳动者的理由承担举证义务；而劳动者则对自己的工作能力有说明义务。当然，在当今社会，就业歧视表现形式多样，只有通过详细的法律规定才能够合理认定。也只有在法律上对此二者进行界定，才能够充分发挥法律保障就业权的特殊作用。对于就业歧视与合理选择的法律规定，需要做一下积极规定和消极规定。第一，在积极层面，主要是从正面对就业作出以下限制：（1）年龄限

---

① 参见李亚娟《就业平等权的制度化思考》，《西安交通大学学报（社会科学版）》2008 年第 2 期。

制。我国法律明确规定，16 岁以下参加工作的人为童工，这是法律禁止的，其目的是为了保护青少年的健康成长。再如我国的法官法和检察官法规定，法官、检察官的任职起点年龄 23 岁，这是为了保证法官和检察官有足够的社会经验。（2）健康标准。如有些行业是不允许一些病人从事的，这是为了保障更大多数人的利益。第二，在消极层面，主要是从反面对就业作出限制，缺腿的残疾人、失去眼睛的人等不具备驾车的要件，因此不能驾车，这是情理之中的事情。但是，在这里，要注意的是，由于人们对某些疾病的误解可能带来歧视，这时，法律就应该发挥积极保障作用，如乙肝病毒携带者的就业权利，法律就应该明确的给予保障，禁止歧视乙肝病毒携带者。

　　其次，对平等就业要由政府给予积极的制度保证。"资本和劳动的关系，是我们全部现代社会体系所围绕旋转的轴心。"① 正确处理二者之间的关系，就是解决问题的核心。从现实来看，我们的制度缺乏对全体劳动者的普惠性，改革开放以来所获得的成就并没有平等的让每个人享受，也缺乏利益共享机制，这样就导致了很大一部分的收益被一小部分人获取，如我国有一些行业的高收入，导致的结果是行业利益经常化。2006 年 7 月 11 日，国资委统计评价局的统计年报显示，我国的石油、石化、通信、煤炭、交通运输、电力等 12 家企业的职工工资达到全国平均工资的 3—4 倍。另据国家统计局的相关数据表明，电力、电信、金融、烟草等行业的职工平均工资是其他行业的 2—3 倍，如果加上职工福利待遇等工资以外收入，则实际收入差距甚至达 5—10 倍之多。② "从国资委公布的资料获悉，全国 40 家国有垄断企业，平分了 169 家央企 6000 多亿元利润中的 95%。其中有 12 家垄断企业利润超过了 100 亿元，仅'十二豪门'就囊括了央企总利润的 78.8%。这 12 家垄断企业主要来自石油、石化、冶金、通信、煤炭、交通运输和电力系统。"③ 再如证券行业，"2008 年以来，国内各大券商纷纷采取降薪、裁员方式来应对此轮熊市。而国内首屈一指的大券商国泰君安证券在主要业务均未完成年初预算的情况下，却大幅提高薪酬及福

---

　　① 《马克思恩格斯选集》（第 2 卷），人民出版社 1995 年版，第 589 页。

　　② 杨杨：《96.5% 公众对工资不满，垄断业工资是平均值 5 倍》，http://news.qq.com/a/20070605/001664.htm。

　　③ 单东、张恒金：《改革收入分配制度打破行政垄断是关键》，http://theory.people.com.cn/GB/49154/49155/4822344.html。

利费用至 32 亿元，较年初预算数增长 57%。按照国泰君安 3000 多人的员工计算，平均每个人的收入达到了令同行瞠目的 100 万元。"① 而且，从政府的立场来看，缺乏对侵权者的惩戒和对维权者的保障机制，还有一些地方政府干脆就是以不平等的心态来看待劳资立场问题，这是权利义务失衡的结果导致的。更值得关注的是，由于市场经济自发性、无序性等局限性的存在，如果依照其本意就会出现越来越强的资本敛聚，因此，需要政府给予处于生存困境中的社会贫弱者适度帮助，以调整社会生态。法国人和美国人对各自国家的一番评论或许值得我们更加深刻地反思，"由于经济发展，'好的位置'渐渐增加。随着时间的推延，产生了一部分新的有产者。只有工人、农民或雇员中的最聪明、最有才能或运气最好的孩子，才能通过这条狭窄的小路向上爬。他们的成功可以作为盾牌，用来证明制度还是继续开放的，人人机会均等。这一切都建筑在虚伪的混淆之中，即把电梯运载资产阶级的孩子上升同人民的孩子必须走边门的小楼梯向上爬混为一谈。后者登上顶峰的机会难于中全国彩票的头奖"。② 而"人们一旦被挤出好的职业，便丧失了提高技术的动力和机会，而这种技术能另外证明他们是胜任好职业的。如果根本没有希望成为经理，一个黑人就不会花钱去接受关于经济职业的教育，如果他整日在工厂干爬梯子的活儿，他只能积累很少的工作技术"。③ 这就要求政府在以下几个方面通过制度保证作出自己的努力：一是要求政府转变观念，将非正式就业纳入社会管理的范畴之中。在我国的社会发展规划中，非正式就业是被排除在就业概念之外的。所谓非正式就业，就是时间短、单位不固定或者没有正规编制等方式的就业。在传统理念中，非正式就业属于"外行"，不是就业的主流，也不是就业制度和政策所应该关注的，所以很多人排斥这种就业观念。但是，大量劳动力富余以后，非正式就业开始增多，这对政府积极有效管理非正式就业提出了要求。二是政府强化制度设计，管理好非正式就业。主要是有关政府的服务工作要做到位，包括社会保险、权利保障和权利救济等等，这需要各级政府的工商、税务、人保等部门通力协作。

再次，对平等就业要给予积极的执法保证。在我国，对劳动就业问题

---

① 《国泰君安回应天价薪酬：32 亿尚待董事会审定》，新华网，2009 年 2 月 6 日。
② ［法］德克洛赛：《帷幕后面的法国》，武佩清译，新华出版社 1985 年版，第 126 页。
③ ［美］阿瑟·奥肯：《平等与效率》，王奔洲等译，华夏出版社 1999 年版，第 75 页。

的处理由劳动与社会保障部门来进行，但是，对于有关平等就业的问题，却是没有地方可以申诉的法律问题。主要原因是，在我国，法律援助制度不完善，就业歧视很难走向法庭。如我国的"周一超因乙肝歧视杀人案"，周一超因为是乙肝携带者而被行政机关拒绝录取，说理无门，最后只得杀人泄愤。这就是一个极端的反面类型。其原因是，"平等权不像自由权那样基本上是一种消极性的权利，主要依赖于权利主体自己对其的把握，其他公民以及国家机关只要不去限制这种自由，基本上就可以保障公民的自由权的实现。而平等权有很多方面具有积极的性质，必须依赖于国家和社会去积极地创造条件，才能保障其实现。行政机关所行使的行政权力与司法权比较起来，就具有积极性和主动性的特征。因此，公民平等权的实现，在立法机关制定了完备法律的前提下，就有赖于行政机关通过行政管理活动，去积极主动的执行，才能保障公民平等权的现实享有。"① 特别是在当前，司法机关解决纠纷程序复杂，周期长，而"专业化的执行机构可以非正式和廉价方式协助歧视受害者处理和解决其投诉。普通人一般更易于使用投诉程序，而不是去法庭，而投诉程序对复杂敏感性的歧视案例易于作出反应。在加纳、中国香港和美国，执行机构还有权自己发起投诉和调查，并不需要依赖个人的投诉"。② 从国外的经验来看，西方各国都有相关机关来强制保障平等就业权——如美国的公平就业机会委员会（EE-OC）和联邦合同执行程序办公室（OFCCP），等等，都是通过政府权力来保证就业权利的合法保障。因此，在我国有必要在劳动与社会保障部门设置一个处理有关平等就业权投诉的机构，或者成立一个单独机构来处理就业权被侵犯的问题。

最后，理顺对平等就业的司法救济方式。对于就业权利来说，"如果享有实施与执行法律职能的机关能够使赋予平等权利同尊重平等权利相一致，那么一个以权利平等为基础的社会秩序，在通向消灭歧视的道路上就有了长足的进展。"③ 博登海默还说，"诉讼机制在制度或程序规则

① 王广辉：《平等权的性质和效力》，《中国法学》2002 年专刊，第71—76。
② 国际劳动组织局长报告：《工作中平等的时代》，日内瓦国际劳工大会第 91 届会议，2003。转引自李亚娟《就业平等权的制度化思考》，《西安交通大学学报（社会科学版）》2008 年第 2 期。
③ ［美］E. 博登海默：《法理学—法律哲学与法律方法》，邓正来译，中国政法大学出版社 2004 年版，第 309 页。

方面的完善性，将保证诉讼救济的有序性、合法性和强制性，从而使之能够完成既定的救济任务。"① 由此可见，司法作为解决纠纷的最终途径，在保障工作领域的平等上起着其他任何机构和程序都无法替代的作用。也就是说，当个人所享有的平等权受到侵犯时，必须由一定的国家机关通过运用国家权力来完成。司法成为就业权救济的终极手段，必须满足以下几个条件：一是当事人的资源选择，二是诉讼程序的完善；按照博登海默所说，"在权利救济的历史上，某一特定的诉讼机制能否达到救济权利并满意地解决冲突的目的，取决于多种因素。首先，权利人选择诉讼救济的意愿；其次，诉讼机制在制度或程序规则方面的完善性，将保证诉讼救济的有序性、合法性和强制性，从而使之能够完成既定的救济任务。"②

第二节　高房价背景下住房权之反思

一　高房价引发法学反思

如果说还有什么问题在当代中国能够引发人们的激烈讨论的话，那么非房价莫属。从1999年以来，我们每天从报纸上看到都是房价上涨的消息。我们先看国家的统计数据：据国家发展与改革委员会、国家统计局调查显示，2006年6月，全国70个大中城市房屋销售价格同比上涨5.8%，涨幅与上月持平。据介绍，6月份，新建商品住房销售价格同比上涨6.6%，涨幅比上月高0.5个百分点。分类别看，与去年同月比，经济适用房、高档住房销售价格分别上涨5.5%和9.7%，涨幅比上月分别高0.7和2.8个百分点；普通住宅销售价格上涨4.8%，涨幅比上月低0.9个百分点。分地区看，与去年同月比，涨幅较大的主要城市包括：深圳14.6%，北京11.2%，厦门11.1%，呼和浩特10.4%，包头10.3%，广州10%，大连8.9%；下降的城市有上海和锦州，降幅分别为5.4%和0.5%。6月份，我国二手住房销售价格同比上涨4.9%，涨幅比上月低1.8个百分点；非住宅商品房销售价格上涨5.3%，涨幅比上月高0.9个

---

① ［美］E. 博登海默：《法理学法律哲学与法律方法》，邓正来译，中国政法大学出版社2004年版，第308页。

② 同上。

百分点。^① 2007 年全国 70 个大中城市房屋销售价格比上年上涨了 7.6%，涨幅提高了 2.1 个百分点。^② 2008 年 70 大中城市房价上涨 6.5%。^③ 2009 年，全国主要大中型城市房价如表 2 所示：

表 2   2009 年全国主要城市房均价^④

城市名称	新建房均价	二手房均价
温州	17116 元/平方米	13998 元/平方米
上海	15404 元/平方米	12465 元/平方米
杭州	15277 元/平方米	14375 元/平方米
北京	15051 元/平方米	12737 元/平方米
深圳	14758 元/平方米	11677 元/平方米
宁波	10178 元/平方米	9106 元/平方米
广州	9882 元/平方米	9675 元/平方米
三亚	9526 元/平方米	8240 元/平方米
大连	8666 元/平方米	6066 元/平方米
厦门	8519 元/平方米	7667 元/平方米
青岛	8301 元/平方米	8160 元/平方米
天津	7820 元/平方米	5703 元/平方米
珠海	7710 元/平方米	6300 元/平方米
福州	7580 元/平方米	6125 元/平方米
苏州	7549 元/平方米	6945 元/平方米
无锡	7112 元/平方米	6400 元/平方米
东莞	6608 元/平方米	4782 元/平方米

---

① 许红洲：《70 个大中城市房价上涨 5.8%》，《经济日报》2006 年 7 月 21 日。

② 《2007 年全国 70 大中城市房价上涨 7.6%》，http：//www. chinajilin. com. cn/house/content/2008 – 02/13/content_ 1147720. htm，2008 年 2 月 13 日，访问日期，2009 年 11 月 16 日。

③ 《报告指 2008 年房价总体上涨但出现明显下调趋势》，http：//www. chinanews. com. cn/estate/gdls/news/2009/04 – 23/1659679. shtml，2009 年 4 月 23 日，访问日期，2009 年 11 月 16 日。

④ 《2009 中国城市房价排行榜发布》，http：//www. xici. net/b16462/d100463771. htm，2009 年 10 月 9 日，访问日期，2009 年 11 月 16 日。

2009 年上半年全国主要城市人均可支配收入，如表 3 所示：

表 3　　　　　　2009 年上半年全国主要城市人均可支配收入①

城市名称	2009 年上半年居民收入	城市名称	2009 年上半年居民收入
温州	12627 元	厦门	13493 元
上海	14965 元	青岛	11161 元
杭州	8927 元	天津	10715 元
北京	13567 元	珠海	12138 元
深圳	13600 元	福州	10766 元
宁波	14621 元	苏州	13621 元
广州	14511 元	无锡	13310 元
三亚	7964 元	东莞	18231 元
大连	9578 元		

通过这两个数据表的对比，我们至少可以发现以下几个问题：第一，以 2009 年上半年的人均收入为例，各地居民一年的收入买不到 5 平方米的房子，温州、上海、北京、深圳、杭州、宁波等地许多居民一年的收入还买不到 1 平方米的房子。第二，表 3 所列举的房屋价格是均价。所谓均价是抛弃了所有的影响居民买房因素之后的理想价格，因此也是一种"不实在"的价格，许多地方的房价是远远高于此价的，像北京五环、六环以内的房价都是每平方米 2 万多元了。第三，以个人人均年收入同房价相比是不合理的，因为人生活不可能只需要买房子（尽管房子非常重要），还有其他诸如吃穿等必需的生活开支。第四，可以预期的，并且已经是现实的是，许多人一辈子就围绕一套房子在转，或者说买一套房成为一生的追求。我们可以假设，在上海某个月收入 1 万元的人（上海月收入 1 万元以上的人比较普遍，但是绝对不占上海总人口的大多数）买一套 100 平方米的房子，房价假设为 1.5 万元/平方米，总计要 150 万元，不包括吃喝等必须的消费和银行贷款的利息，需要 13 年左右才可以买得起，另外，装修还要花一笔钱，也就是说，想住装修好的房子，加上还要生活，就必须连续赚钱 20 年以上。因此，说高房价是影响民生建设的最主要的问题毫

---

① 资料为笔者在网上搜索各地区公布的数据所得。

无过当之处。实际上这个例子所考虑的还是工作比较好的人的情形，如果月工资只有 4000 元左右（现在大学生毕业后月工资有 4000 元的也不是很多），那么买一套 100 平方米的房子至少要工作 30 年以上。

对于高房价的思考，多在经济学领域展开，公共管理学领域也有所涉及。这些研究的进路和视角对于解决高房价问题有所裨益。但是，缺乏法学视角的参与，既不能全面体现高房价的问题根源，也不能对未来中国高房价之合理规制提出法律进路。本节是一个法学视野的尝试。由此也引出了本节的思考：为什么在中国会出现严重影响民生问题的高房价？我们该如何在法学领域理解高房价？法学特别是法律是不是应该限制高房价？如果可以，该采取怎么样的方式来进行房价监管呢？本节将对此展开一个系统的理论回顾，也期待通过对国外监管房价的一些制度进路和法治方式的考察获得一些经验启示，为中国解决高房价问题获得可能的进路反思。

二　高房价是否具有合理性

期待高房价的法治疏解，实现民生问题的法治化，首先要解决的问题是高房价是否具有合理性，并且要追问它具有何种合理性，这个问题的解决是我们从法学视野看待高房价的逻辑起点。

第一，看高房价是否具有合理性，就是看它是否符合市场经济的价值规律，这是高房价具有法理学意义上合理性的首要前提。市场经济是当前世界经济发展的主流经济形态，也是我国近 30 年来一直努力构建的经济发展模式。马克思主义的经典作家们从来没有给出过"什么是市场经济"的解读，但是这并不妨碍马克思主义的经典作家们从方法论上建构经济形式的方法。马克思指出："商品使生产者的关系，取得了劳动产品的社会关系形式"，"资本不是一种物，而是一种以物为媒介的人与人之间的社会关系"[1]，列宁的方法论回答是："凡是资产阶级经济学家看到物与物之间的关系的地方（商品交换商品），马克思都揭示了人与人之间的关系"[2]。较为规范的"市场经济"一词，是在 19 世纪末期新古典经济学兴起以后才流行起来的。所谓"市场经济"是指在这种经济中，资源配置是由市场

---

[1]　马克思：《资本论》第一卷，人民出版社 1975 年版，第 88、834 页。

[2]　列宁：《列宁选集》第 2 卷，人民出版社 1972 年版，第 444 页。

机制引导方向的。以 A. 马歇尔、M. 瓦尔拉、V. 帕累托等人为代表的新古典经济学家，把自己的研究重点放在稀缺资源的有效配置这一经济运行的根本问题上，对市场机制如何配置资源进行了详尽的高度数理化的分析，从而把对市场经济的研究推进到一个新的阶段。他们的结论是，在完全竞争条件下，由市场供求形成的，能够反映各种资源的相对稀缺程度的均衡价格，能够引导资源作有效率的配置，达到所谓的"帕累托最优"状态。这样，弄清了商品经济如何通过市场机制有效地配置资源，市场就被看作商品经济运转的枢纽，货币经济或商品经济也就开始被通称为市场经济。① 在我国，有人认为，我国市场经济的建设和发展，实质上是在社会主义制度背景下，从排斥商品和市场的计划经济开始的转型过程，在这一过程中，市场经济的存在和发展必然要受到计划经济的抵制，使之配置资源机制难以发挥功能。所以，市场经济是"以维护产权，促进平等和保护自由的市场制度为基础，以自由选择、自愿交换、自愿合作为前提，以分散决策、自发形成、自由竞争为特点，以市场机制导向社会资源配置的经济形态"②。按照这种理解，市场经济的前提是维护产权，其次是要促进平等和自由的市场制度，以自由选择、资源交换和自愿合作为资源配置的主观意识形态。质言之，市场经济尽管是以市场为主导资源配置方式的经济形态，但是，在这种资源配置过程中，价值规律在起基本的调控作用。按照我国经济发展的设想，就是要建立产权清晰、责任明确的社会主义市场经济体制。自 1998 年住房体制改革以来，市场化的目标就成为住房改革的首要任务。然而，11 年的市场化的结果就是我们今天所看到的高房价。联系到上述我们对市场经济的简单介绍，高房价符合市场经济吗？符合市场经济的基本价值规律吗？就供求关系来说，市场经济的基本规律是讲求供过于求价格下跌、供不应求价格上涨，也就是说市场经济的盈利性告诉我们，供求关系因素是能够影响价格水平的。判断当前我国高房价是否合理的重要依据就要看住房供求关系的现状，而最能够体现供求关系的就是房屋的空置率。房屋空置率是指某一时刻空置房屋面积占房屋总面积的比率，一般认为，"商品房空置率在 5%—10% 之间为合理区，商品房供求平

---

① 赵放：《对市场经济制度及其相关概念的再认识》，《吉林大学社会科学学报》1999 年第 6 期。

② 熊德平：《社会主义市场经济与所有制关系探索》，《扬州大学学报（人文社会科学）》2002 年第 1 期；中国人民大学报刊复印资料《社会主义经济理论与实践》2002 年第 7 期。

衡，有利于国民经济的健康发展；空置率在 10% —20% 之间为空置危险区，要采取一定措施，加大商品房销售的力度，以保证房地产市场的正常发展和国民经济的正常运行；空置率在 20% 以上为商品房严重积压区。"①国家统计局最新数据显示，2005 年 10 月末，全国商品房空置面积为 1.12亿平方米，其中商品住宅空置面积为 6204 万平方米，商业地产空置面积上半年也达 2878 万平方米。目前全国空置率已达到 26%，大大超过国际公认的 10% 的警戒线。② 2008 年底全国商品房空置数据是 1.64 亿平方米。③ 不管空置是何种意义上的空置，1.64 亿平方米摆在那里没有使用总归是事实。可见，在我国房屋数量与住房需求不是供不应求的关系，实际上是一种供过于求。在目前我国的住房体制中，市场并没有在住房资源配置中起到分配作用，价值规律也没有起到作用。直接一点地说，我国超高房价具有严重的人为因素和操作因素，因此是不符合市场经济逻辑的。市场经济是法治经济，这是我国多年前就已经证明的命题，既然超高房价不是市场经济运作的必然结果，那么也就是没有呈现法治因素，因此，超高房价不具有法理学意义上的合理性。

第二，看高房价是否具有合理性，就是看它是否符合社会多数人的期待和利益，这是高房价具有法理学意义上合理性的民众根基。对于现代民主而言，"多数决"是一种趋势，也是一种必须要遵守的原则。尽管有人批评这会出现"多数人的暴政"，但是不可否认的是，在当前的体制下，不管是哪个国家，追求民主，就要追求"多数决"原则的合理性。我们可以简单地以哪些人在超高房价中赚取了利润来回答这个问题。从目前人们对高房价的解读来看，目前高房价的受益群体有五个：一是各地方政府。地方政府以地生财，土地出让金是其重要的资金来源，70 年住宅土地收益由一届政府占用的制度安排，使地方政府成为房地产市场膨胀的直接受益

① 《房屋空置率》，http：//www. chinavalue. net/wiki/showcontent. aspx？titleid = 199839，访问日期：2009 年 11 月 16 日。

② 《全国商品房空置率高达 26% 超过警戒线临危险边缘》，《中国证券报》2005 年 12 月 13日。

③ 住房和城乡建设部房地产市场监管司司长沈建忠表示，2008 年底全国商品房空置数据是1.64 亿平方米。另外他表示，空置的概念同国际上并不是同一个概念，按照国家统计局的解释，这个空置是竣工以后没有卖出去或者没有租出去的这样一个概念。参见《2008 年底全国商品房空置面积 1.64 亿平方米》，http：//www. smesy. gov. cn，2009 年 3 月 11 日，访问日期：2009 年 11 月16 日。

者。地方政府并不十分在意土地利用的长期规划，更乐见房价、地价的上涨。① 二是房地产商人。开发商的利润主要取决于资金周转的速度以及可以撬动资本量的大小。如果市场不好，开发商的成本投入都很难收回，何谈什么利润；如果是市场较好，那么利润率比较小，但利润却可能很大，这是因为运转速度快以及资本量大。房地产业是资本密集型产业，需要大量的资本，也是劳动密集型的产业，需要各色劳动力——包括农民工、设计师、销售员等等，价值链最长。因此，无论对于经济还是就业，都起到很关键的作用。② 三是银行。银行在房地产市场中占据的地位绝对很重要，只有在银行是商业银行的时代，才可能出现这样大规模的融资，开发商才能替代金融家们的部分职能。银行"吃了原告吃被告"，在某种程度上来说，银行是整个房地产市场的中枢，没有银行就根本不可能有房地产市场，也不可能有政府把 70 年的土地使用权一次出让，也不可能出现没有足够的钱款就可以先入住房子。③ 银行通过发放贷款的方式，在房地产商那里获得了极高的利润，又通过发放贷款的方式赚取买房人的钱，可谓双向都有利。四是媒体。"对房地产市场的影响，主要是消除信息不对称，为买卖双方提供一个信息交流的平台，当然更多的表现为开发商打广告，也就是说商品需要自我展现才能得到买房者的初步了解，才能搜寻到你，才有可能形成交易，否则，买者找不到卖者，买方是缺货，卖方则是卖不出去。因此，媒体的力量还是很大的，但媒体并非天天有利于开发商，很多情况下，媒体会改变预期，唱衰房地产，这样的事情很多。"④ 然而，不管你打开哪一期报纸，每期必有的关于房产的广告和吹嘘，可谓软广告和硬广告，无所不用其极。特别是一些地方报纸，对于房地产的吹捧达到了献媚的程度。五是投机者。许多人买房都是用于正常的居住，但是许多有钱人利用当前我国房价迅速上涨的大好时机，四处炒房。就国内而言，最著名的投机者莫过于"温州炒房团"了。报纸上、网络上对温州炒房团的评价是"他们走到哪里房价就高到哪里"。实际上，目前中国贫富差距很

---

① 李云峥：《调控的海水缘何扑不灭高房价烈焰》，《产权导刊》2007 年第 9 期。

② 朱大鸣：《房价飙涨的四个利益团体显身看看里面都有谁》，http：//www．chinanews．com/estate/estate－qnt/news/2009/10－28/1934 708．shtml，访问日期：2009 年 11 月 16 日。

③ 文上兴：《中国高房价的两大死结：GDP 过于依赖房地产》，《广州日报》2009 年 10 月 29 日。

④ 朱大鸣：《房价飙涨的四个利益团体显身看看里面都有谁》，http：//www．ce．cn/cysc/fdc/fc/200910/28/t20091028＿19823436．shtml，2009 年 10 月 28 日，访问日期：2009 年 11 月 16 日。

大，市场经济的膨胀性使得富裕者在消费楼房方面很"大气"，从而形成了"富裕者买房没人住，贫困者没钱没房住"的景象。可见，尽管赚取了高额利润的群体是五大群体，但都是人数比较少的群体，或者是一些既得利益集团赚取了利润，大多数老百姓并没有获得实惠。因此，超高房价是不符合大多数人利益所驱的。

第三，看高房价是否具有合理性，就是看它是否符合社会公平正义的价值标准，这是高房价是否具有法理学意义上合理性的逻辑归依。尽管人们对什么是公平正义莫衷一是，但是不容置疑的是，人们心中都有自己的公平正义观，并且在大方向上，大多数人的公平正义观是一致的。按照罗尔斯的正义观，对于相同的事务应该给予相同的对待，除非这种差别对待是为了保护最少受惠者的利益。以此标准，我们可以反思超高房价中公平正义观的具体样态。我们可以先看一个学者的关于房地产商的利润的统计。一般来说，房地产商的建房成本可以分为：开发商的楼面地价成本、建筑商建造房屋的建安费、配套建设费用、开发商的运营成本，以上成本叠加，2005 年南京市商品住宅平均成本就应该为 2900 元左右。平均每位买房人给房地产商贡献的利润为：1500 元 × 107 平方米 = 16.05 万元，南京人每年给房地产商贡献的利润为 120.9 亿元。根据以前对商品房价格管理的有关规定，普通标准商品住宅的平均利润率最高不得超过 8%。也就是说南京市商品住宅的利润率，高出了有关方面认可的最高标准 26 个百分点，"超标"幅度在 3 倍以上。房地产商一年从南京买住宅的百姓那里多拿利润 102 亿元。[①] 可见在这场高房价的战斗中房地产商是赚得盆满钵满的，而普通老百姓是要用自己的一辈子来获得一套房子，正如有学者所言，"现在的开发商是历史上最厉害的一个商人群体。他们赚取的利润是普通人难以想象的，当然有时候用来打点的钱也是老百姓想不到的。"[②] 难道这就是正义的吗？恐怕只有房地产商认为这是符合公平正义之本质要求的，有点正常正义观的房地产开发商也是一边赚钱一边说自己赚取的钱"有点不道德"，如中国最大的房地产开发商、中房集团董事长、总裁孟晓

---

① 具体参见沈晓杰《高房价及老百姓的住房权利和保障问题是个"大政治"》，《资料通讯》2006 第 5 期。

② 朱大鸣：《房价飙涨的四个利益团体显身看看里面都有谁》，http://www.ce.cn/cysc/fdc/fc/200910/28/t20091028_ 19823436. shtml，2009 年 10 月 28 日，访问日期：2009 年 11 月 16 日。

苏先生也承认目前的房价过高①。可见，高房价从根本上来说是违背公平正义的价值观念的。

由此可见，高房价是违背市场经济价值规律的，是违背大多数人的利益和期待的，也是违背社会公平正义观念的，因此，高房价不具有合理性。接下来的疑问是，高房价不具有合理性，到底又是何种不合理呢？

三　住房权的理论考量

当人们在思考高房价是不合理的时候，法理学已经在用权利的眼光注视着我们。法理学的知识告诉我们，高房价实际上侵害了广大人民的权利，特别人们的财产权利。但是，高房价所损害的又不是一般的财产权利，如果非得给它取个名字，可叫做住房权。

把所有的问题都归结为权利，已经成为一种并不那么时髦的话语，甚至会受到严厉批判，当前的时代是一个权利爆炸的时代，也是一个权利受到严肃反思的时代。美国人格伦顿对于美国现在的无序权利话语痛心疾首，并认为"权利话语"是已经到了"穷途末路的政治言辞"②。格伦顿认为，某种权利话语在我们政治言论中所占据的显著地位不仅是我们政治机体无序的症状，也是导致这种现象产生的一个因素，"我们在公共场合中使用它来探讨重大的对错问题，但是却一而再，再而三地被证明是不充分的，或者说它导致了一种权利间的相互抵消。然而正如某些人所主张的，问题并不在于权利的概念，抑或在于我们固守的权利传统……而我们当前的美国式的权利话语仅仅是某个地方性方言而已。它的生硬与直白、赐予权利标示方面的挥霍无度而遵守法的属性、言过其实的绝对化、至上的个人主义、褊狭以及它对个体、公民与集体责任的缄默，都使之区别于人们在其他自由民主政体中对权利的讨论。"③ 权利话语的泛滥限制了人们对话的机会，所以格伦顿进一步认为，"权利范畴的迅速扩展——延及树木、动物、烟民、不吸烟者、消费者等等——不仅使权利碰撞的机会成倍增加，而且也使核心民主价值面临平凡化的风险。"④ 格伦顿所描述的这种

---

① 孟晓苏：《用市场化手段解决高房价》，《新财经》2006年第6期。

② ［美］玛丽·安·格伦顿：《权利话语——穷途末路的政治言辞》，周威译，北京大学出版社2006年版。

③ 同上书，第2—3页。

④ 同上书，第3页。

现象在美国确实比较普遍，也值得我们警惕和深思。但是，我们所要指出的是，格伦顿的理论和言语除了对我们有警示意义以外，是否反对我们把问题归结为权利的做法呢？其实这是一种误解。格伦顿所批判的现象是美国的现状，也是美国社会缺乏公共责任的现象。毕竟美国人发展民主法治从其建国之时就已经开始，其权利意识之发达少说也有200年的历史，因此权利意识之小河自然汇集成汤汤大流。所以，格伦顿是在这样的背景下批判美国人的权利话语的。而在我们中国，中国的权利观念只不过是从西方翻译过来的，从丁韪良翻译"人权"开始到现在也不过是150年的时间，事实上中国人大范围的普及和贯彻权利理念的时间也就是最近20多年的事情，从权利话语到送法下乡至现在也就是一段极短的时间。这既没有在民众间产生良好的权利信念，也没有产生深刻的权利理论，因此，以格伦顿的理论来作为把问题归结为权利话语的做法暂时不可取。换句话说，在当代中国，大力弘扬权利话语依然是一件需要极力鼓吹的事情，要让老百姓掌握平白的权利话语，要让老百姓有质朴且深刻的权利观念，要让老百姓时刻记得权利就是自己的吃饭的锅碗，要老百姓有为自己权利拼搏的决心和勇气，这才是我们目前要做的。想想看，如果中国的权利张扬已经宏大普及，超高房价的问题还会是一个很严重的问题吗？相反，正是因为我国百姓的权利话语的空间相对较小，百姓权利信念的力量薄弱，才导致了超高房价泛滥而百姓们自己对此束手无策。可见，把问题归结为权利的研究方式并不是对权利的误解或者是权利的滥用。

由此，我们要问的是，为什么超高房价损害的是百姓的居住权呢？为什么要把这种权利确立起来呢？我们知道，房屋诞生于人类的最初时期。中国古籍中记载："昔者，先王未有宫室，冬则居营窟，夏则居增巢"（《礼记·礼运》），"古之民……就陵阜而居，穴而处"（《墨子·辞过》），"古者，禽兽多而人少，于是民皆巢居以避之。昼拾橡栗，暮栖土木，故命之曰有巢氏之民"（《庄子·盗拓》）。从这些古籍来看，我们可以得知原始社会时期人类较少，而禽兽较多，为了安全的需要，人类产生了最初的住房意识。"群婚时代的人们，最初是一个氏族集团居住在天然的山洞之中，后来随着生产力的不断提高，逐渐转移到了平地之上，依山傍水，'构木为巢'。这种'构木为巢'的房屋形式，大约类似于我们今日农村中的瓜庵或窝棚之类的住所，只是形制较大罢了。"① 在这个时期，由于自然条件的限制，以及人的意识尚未发达，独立的住房尚未出现；直到人类文明的进步，隐私观念逐步增强，对于住房的需要也逐步发生了改变。正如摩尔根所说："与家族形态及家庭生活有密切关联的房屋建筑，提供一种从野蛮时代到文明时代的进步上相当完整的例解。关于建筑发展的过程，可以从野蛮人最初的茅棚，通过开化人的共同居室而追溯到文明民族的个别家庭的住宅；其发展先后的连锁，均可以互相衔接起来。"② 由此，可以进一步推知的是，住房诞生于人类的安全需要和隐私需要。想想诗圣杜甫的凄号："布衾多年冷似铁，娇儿恶卧踏里裂。床头屋漏无干处，雨脚如麻未断绝。"杜甫一辈子都在渴望有很多房子，"大庇天下寒士俱欢颜！风雨不动安如山"。"自经丧乱少睡眠，长夜沾湿何由彻。"③ 没有房子，著名的诗圣也只能无可奈何地在风雨中呼号，但是在制度不供给以及政府责任不到位的情况下，谁会对此负责呢？住房的重要性由此获得了侧面的验证。就人的本性来说，人天然地趋群，但又往往有自己的私隐；人需要与人合作，但也需要自己的个性张扬。在这种矛盾中，住房为人的这种矛盾提供了绝佳的临界点。走进房屋，人就成了这个王国的主人，可以自由的张扬自己的个性；走出房屋，人就成了社会的个体，成为合作的一方或者合作方的一个人。这是一种奇特的制度体系与人性需要的完美结合，但它的区分点不是复杂的规则，而是几堵可以透气而密封的墙！这种简单的观念促使资产阶级革命时期产生了一个住宅就是一个独立王国的观念，并深深地影响着法治理念的发展，特别是"风能进，雨能进，国王不能进"的住房神圣观念更是成就了西方的法治之梦。想想看，现代法律围绕住宅而建设权利体系有多少，其中的限制与反限制又有多少，就可以洞察住房之重要性。就当代来看，文明时代的人对于住房的需求观念与古代相比可谓有过之而无不及。当私隐观念和安全观念进一步加强的时候，人人都想有一套属于自己的房子以便能够遮风挡雨、能够安全自在的观念不弱于他人。所以，这时候的住房就成了主人能够允许别人进去或者不进去、破坏或者不破坏的权利。由此，将享有住房归结为一种权利是历史之

---

① 刘式今：《原始社会的房屋形式与婚姻的关系》，《河北大学学报》1980 年第 1 期。
② ［美］摩尔根：《古代社会》，杨东莼等译，商务印书馆 1971 年版，第 6 页。
③ 杜甫：《茅屋为秋风所破歌》。

要求和现实之需要。

我们可以将上述人人享有住房的权利称为住房权。所谓住房权，"是指公民有权获得可负担得起的适宜于人类居住的，有良好物资设备和基础服务设施的，具有安全、健康、尊严，并不受歧视的住房权利。为实现住宅权，政府、个人和国际社会组织承担着重要的责任与义务。"① 住房权包括住房确保权、住房公平权、住房舒适权三个方面的权能。可见，住房权不仅仅是一种外在于人的物质工具，而且是包含有人的价值衡量在内的基本体现手段。住房权作为权利之一种，是社会法意义上的权利。从私法的方面来看，住房权是自由权，所谓"自由权是资本主义成立阶段的产物，是一种与'夜警国家'和自由国家的国家观相对应的基本人权。因为资本主义社会的经济运动是从自律性展开的，国家的任务仅仅在于排除对这种秩序的干扰，而对所有自律性领域，国家则不用加以干涉。自由权就是适应这样的时代要求的"②。住房权的私法性质要求政府按照市场规律的平衡管理。从公法方面来看，住房权是保障权，"是与福利国家或积极性国家的国家观相对应的基本人权，其目的在于消除伴随资本主义高度化发展而产生的贫困和失业等社会弊病，为此要求国家积极地干预社会经济生活，保护和帮助弱者。"③ 住房权的公法性质要求政府责任的担当。

按照联合国的标准，适足住房权的要求应当是："第一，永久占有的法律保障；第二，服务、材料设备及设施使用：例如安全饮用水、炊事能源、供暖和采光、卫生和浴洗设施、食物储存设备、废气处理设施、排水设备和紧急救援工具；第三，承受能力：个人或家庭用于住房的资金费用，不应达到使其他基本需要受到威胁或被迫让路的程度；第四，居住条件：住房必须给居住者提供相当的空间，使之免受寒冷、干燥、炎热、雨淋、风吹或其他影响健康的因素、倒塌和疾病传播；第五，可获得性：不仅正常和健康者，而且处于不利地位的群体，如老人、儿童、残疾人、临终病人、艾滋病患者、医疗事故当事人、精神病人、自然灾害受害者、灾害频发区人口及其他有关群体均可获得住房；第六，居住地必须靠近工作单位、医疗机构、学校、儿童看护中心和其他社会机构；第七，文化生活

---

① Janet Ellen Stearns, Voluntary Bond, *The impact of habitaton U. S. housing policy*. Saint Louis University Public Law Review 1997, p. 149.

② ［日］大须贺明：《生存权论》，林浩译，法律出版社 2001 年版，第 12 页。

③ 同上。

的充实也是很重要的，房屋的建筑方式、建筑材料的使用与支持这些政策，必须体现出住房的文化个性和多样性；第八，现代化不能牺牲住房的文化多维性。"① 从这八个标准来看，我们容易分清住房权的权利主体和义务主体。住房权的权利主体自然是国家的国民。对此，《世界人权宣言》第二十二条指出："每个人，作为社会的一员，有权享受社会保障，并有权享受他的个人尊严和人格的自由发展所必需的经济、社会和文化方面各种权利的实现。"住房权的义务主体是国家和其他社会组织。《经济、社会和文化权利国际公约》第二条第一款规定了缔约国的一般义务，概括起来即每一缔约国家应尽最大可能利用其现成的资源逐渐实现公约规定的权利，这里自然包括住房权。《世界人权宣言》该宣言第十八条指出："1. 人人对社会并在社会内负有义务，因为只有在社会之内人的个性才能得到自由和充分的发展。2. 个人、群体、机构和非政府组织可发挥重要作用并负有责任保障民主，促进人权和基本自由，为促进民主社会、民主体制和民主进程的进步作出贡献。3. 个人、群体、机构和非政府组织也可发挥重要作用、并负有责任视情况作出贡献以促进人人有权享有并能充分实现。"

在当代中国，确立住房权这一权利，同样具有重大价值。首先，住房权是生存权之一种。"居住"是人的基本生理需要，有房居住是个人能够立足于社会的基本前提。住房权会影响到生存权和"生存权侧面的基本权"的实现。② 住房权权利地位的稳固，是保障民众住房获得和安全的基本方式之一。第二，住房权有利于实现人性尊严的保护。"住房是人必需的生存资料，安居是人的最基本的生理需要，享有适足的住房权是人的基本人权。住房权的实现与否对人们能否有尊严的生活非常重要。"③ 特别是当代社会，人们把住房的有无提到了个人能力的高度，甚至还有一些恋人因为没有住房而终不能成眷属，如此等等，人之尊严在住房面前也出现了物质崩溃的可能。此外，确立住房权还是构建法治政府、保护基本人权等的需要，总而言之，这并不是一种可有可无的多余权利，而是一种实实在

---

① ［瑞典］格得门德尔·阿尔弗雷德松等：《世界人权宣言：努力实现的共同标准》，中国人权研究会组织译，四川人民出版社1999年版，第556—557页。

② 张小罗、周刚志：《论公民住房权：权利内涵及其实现之道》，《法学杂志》2009年第1期。

③ 刘淑媛：《人权视角下的适足住房权》，《湖北财经高等专科学校学报》2006年第12期。

在的基本权利。因此，当人人想要拥有自己的住房，并且实实在在有那么多住房，但是开发商就是要囤积居奇或者房价超高只让部分人有房住，这种不合理的行为显然是一种侵权行为。这样，通过法律途径或者行政法制手段来解决高房价问题也就成了我们的主要目标。

四　各国（地区）经验之镜鉴

对于住房这样一个十分重要的问题，世界上许多国家曾经或者现在都面临过。其中有一些国家和地区采取了一些值得称道的做法，取得了一定的成绩。我们重述这些做法，目的在于为解决我国高房价提供可能的出路。

（一）国际法之相关规定

适足住房权在一系列国际文书中得到过明确承认，其中包括《世界人权宣言》（第二十五条第一款）、《经济、社会和文化权利国际公约》（第十一条第一款）、《消除一切形式种族歧视公约》（第五条（e）（ⅲ））、《儿童权利公约》（第二十七条）、《消除一切形式对妇女歧视公约》（第十四条第二款）和《难民地位公约》（第二十一条）。在区域人权制度下，修订的《欧洲社会宪章》（1996）第三十一条成为住房权的一个重要法律渊源。[①] 如《经济、社会和文化权利公约》第十一条第一项规定："缔约各国承认人人有权为他自己和家庭获得相当的生活水准，包括足够食物、衣着和住房，并能不断改进生活条件。"在经济、社会和文化权利委员会《关于获得适当住房权的第 4 号一般性意见》（第 6 届会议，1991 年）中的第七点提到："住房权不应当从狭隘的有限的角度来解释，例如将之等同于仅仅有一个可遮住头部的屋顶的居所，或将居住场所单单视为一种商品。相反应将之视为安全、和平、尊严地生活的权利。至少有两条理由可以认为这样理解是恰当的。首先，住房权利完全与作为《经济、社会和文化权利国际公约》之基石的其他人权和其他原则密切相关。就此而言，《经济、社会和文化权利国际公约》的权利源于人身的固有尊严，而这要求确保所有人不论其收入或经济来源如何，都享有住房权利。其次，第十一条第一款的提法应理解为，不仅是指住房而且是指适足的住房。联合国

---

① 张小罗、周刚志：《论公民住房权：权利内涵及其实现之道》，《法学杂志》2009 年第 1期。

人类住区委员会和《到 2000 年全球住房战略》都阐明：适足的住所意味着适足的独处居室、适足的空间、适足的安全、适足的照明和通风、适足的基本基础设施和基本设备的合适地点——一切费用合情合理。"据此，联合国关于适当住房权利的特别报告员曾对"获得适当住房人权"做过这样的界定："每个女人、男人、青年和儿童都有获得和持续拥有安全的家、社区，安静尊严的生活之权利。"①

（二）各国宪法和法律层面的规定

宪法是人权保障的总纲。目前，在宪法中规定住房权的国家已经比较多见，世界上约有 50 多个国家对此有明确的规定。德国 1919 年公布的《魏玛宪法》最早在宪法中规定了住房权，该法第一百五十五条规定："国民每个家庭能获得健康之住宅及生活空间。"再如《俄罗斯联邦宪法》（1993 年）第四十条规定："每个人都拥有住宅的权利，任何人不能被任意剥夺住宅。国家鼓励住宅建设，为实现拥有住宅的权利创造条件。对贫穷的以及法律规定的其他需要住宅的公民，按照法律规定的标准从国家的、地方的和其他的住房中以免费或适当收费的方式提供住宅。"《葡萄牙宪法》第六十五条规定："每个人和其家庭都应该享有适足的住房权。为维护适足的住房权，国家应承担一些义务，包括制定并实施列为区域总规划一部分的住房政策，并以保障有充分的交通和社会设施网络的城市规划为基础，鼓励并支持地方当局和社区的主动行动，旨在解决他们的住房问题并促进住房建筑合作以及个人住房建造，在维护公共利益的情况下，有权使用私人所有的住房或租赁住房。国家应采取一项政策，目的在于建立起与家庭收入和私人拥有住处相符的租赁制度。"②

（三）政府之保障

法律层面的规定是效力的主要渊源，其切实履行还需要有政府的大力保障。

在美国，对住房权的呼吁最早是源自于宗教团体。美国天主教主教在 1975 年宣称："我们开始认识到拥有像样的住房是一种权利。"1986年，麻省理工教区的主教团发出这样的声明："居住在体面的，能负担

---

① 中国人权网，http：//www. humanrights-china. org/china/index. htm。

② 《各国宪法汇编》，林纪东译，中国台湾台北"司法行政部"1960 年版。

得起的住房中并非是奢侈品。这对人健康成长，组建家庭，进行社交而言都是必不可少的。对男人、妇女、儿童来说，住房莫过于最好的福利品，因为住房能体现人作为人的基本价值。"① 美国公民的呼吁得到了政府的响应。目前，美国已经建立了比较完善的政府管理制度。在美国，在与房地产管理有关的政府职能中，政府一是管规划，通过规划规定每一块土地的用途，以及建筑类型、高度、密度，进行土地管制；二是管理房地产从业人员，主要是通过房地产经纪人和销售人员的考试发牌制度和房地产估价人员的发牌制度规范房地产市场；三是依法征税；四是为公众利益行驶警察权力。② 为解决中低收入家庭及老年人住房，联邦、州及地方政府各自订立了不同法令，来鼓励开发商或授资人从事此类型房舍兴建与经营，最重要的法令有下列两项：一是联邦所得税扣减优惠。二是社区再投资法，这两项法令用以保障中低收入家庭能够获得住房。此外，美国管理房地产的一条重要的法律就是联邦政府和州的税收征收权，通过征收土地税、物业税等等税收来实现对房地产的管理。所以，在美国，即使环境幽雅的地段，一栋别墅的价格也就是 150 万美元左右，而美国政府公布的官方数据表明：2009 年 6 月，全美国新房销售中间价为 20.6 万美元（每套房子）。美国人在 2008 年的平均收入是 4.7 万美元③，可见，美国人买房并不难。这可以看做是美国市场化和法制化双管齐下的效果。

还值得借鉴的地区是我国香港特别行政区。香港作为国际化的大都市，地少人多，按理说香港的住房问题应该是大问题，但实际上恰恰相反，香港的住房问题解决得很好。从价格上看，香港面积约 1000 平方尺（约合 91 平方米）的住房都可称之为豪宅，像这类住房在东南亚金融危机前每平方米最高炒到了 15 万元港币，用天价一词来形容亦不过分。但是，由于商品房占香港住房总量的比重并不高，所以，香港的高房价并没有引

① Scott Leckie, *National Perspectives on Housing Rights.* Martinas Ni Hoff Publishers, 2003, p. 209, 145.

② 《走进美国房地产（系列之一）——美国房地产概况》，http：//www. szhome. com/new/NewsWindow/zhuanti/1012/1012 - 1. htm，访问日期：2009 年 11 月 18 日。

③ 可以参见时寒冰《美国的房价（上）（中）（下）》，http：//blog. sina. com. cn/shihanbing，发布日期：2009 年 10 月 21 日、2009 年 10 月 30 日和 2009 年 11 月 14 日，访问日期：2009 年 11 月 18 日。

起太大的社会问题。① 香港的住房可以分为商品房和廉租房等（我国目前的住房体制基本上就是对香港的复制），政府提供了大量的廉租房，至2005年，在中国香港240.8万套住宅中，公共住房有109.6万套，私人房屋有131.2万套；在中国香港694万总人口中，49.6%的居民居住在公营的租住公屋和资助出售的居屋中（以下称公屋），50.4%的居民住在私人住房中。② 因此香港的住房基本上是由市场和政府通过不同的运作逻辑来完成的。尽管香港人的住房面积平均来说不算宽敞，但是基本上达到了"居者有其屋"的目的。

（四）司法之救济

还有一些国家对住房权的保障还可以上升到司法层面来救济。如2007年，法国政府部长会议1月17日通过了"可抗辩居住权"法案，承诺增加住房建设投入，在法国基本实现人人有房住。法案同时规定，国家保障合法居民的住房权，居民可通过法律手段维护自己的住房权。该法案规定，政府应满足低收入者、无家可归者等人士对由政府补贴的社会住房的需要。从2008年12月1日起，在住房申请没有收到满意答复的情况下，5类住房困难户（无房户、将被逐出现住房无法重新安顿者、仅拥有临时住房者、居住在恶劣或危险环境中的人、与未成年子女同住且住房面积不达标的人）可向主管部门要求解决住房问题，如问题得不到解决，可向行政法院提起诉讼。从2012年1月1日起，"可抗辩居住权"将向更大范围的人群开放。法国就业、社会团结和住房部长让·路易·博洛表示，实现"可抗辩居住权"是一项"具有宪法意义的目标"。目前，法国现有近100万人没有住房，200多万人居住条件差。这项法律颁布以后，法国人就可以通过"可抗辩居住权"以法律手段维护自己的住房权。③

实际上，在司法层面保护住房权的国家也比较多，如南非、印度等国家。我们主要看看印度的做法。虽然印度宪法第三十七条规定作为国家政策原则的社会权条款"不通过任何法院实施"，但是宪法法院在一系

---

① 王俊：《借鉴香港地产模式能够抑制国内高房价的商榷》，《现代经济探讨》2007年第11期。

② 段兰英：《香港的住房保障制度》，《学习月刊》2009年第8期。

③ 林晓轩：《法国通过住房权新法案百姓无房可告官》，《中国改革报》2007年1月19日第6版。

列案件中，如 1987 年"Tellis 案"、1990 年"Shanti Star Builders 案"、1997 年"Khan 案"等案件，通过适用或解释生命权而赋予住房权司法救济。1985 年，印度最高法院开始审理了"Tellis 案"。在这个案件中，法院认为人的生命权与人的生存权之间存在一种密不可分的关系，强制房屋搬迁将剥夺人的为生活而必须具有的手段，而人生活的能力是生命的基本要求。因此，强制搬迁将导致侵犯宪法第二十一条规定的生命权。印度最高法院裁定确认请愿者的请求成立，要求政府必须确保对具有 1976 年身份证和居住满 20 年的街头栖息者提供可选择的住房；命令将拆除迟延到雨季结束，以减少拆除的困难。此后，在 1990 年"Shanti Star Builders 案"、1997 年"Khan 案"中，印度最高法院均承认了住房权是保障生命权必不可少的基本权利。认为让每人拥有一处合理住所必不可少，是宪法第二十一条规定的"生命权"题中应有之义。国家的义务是应该制定计划，分配土地和资源，尽快安置已经长时间居住在该城市的贫民。从上述案件可见，印度法院采纳一种新的有效方法，对公民生命权进行司法解释，将公民住房权纳到可救济的公民基本权利范畴中，不再将其视为一项"不通过法院实施"的国家政策原则。[①] 印度最高法院的判决以维护权利为视野，具有前瞻性和人文关怀，为其他国家解决类似问题提供了可能的范本和进路。

五 保障住房权的法治路径

在我国，高房价作为一个让部分人喜欢让大多数人忧虑的问题，必然存在解决之道。然而，住房权作为一个宪法层面的问题，实际上所折射出来的是政治、经济问题和法律问题的多方面的统一，这就意味着以法治解决住房权的保障问题，必须是多管齐下的制度化建构。

（一）对住房权在宪法层面或者法律层面的立法规定

从我国宪法的历史变迁来看，从 1954 年的宪法到 1982 年的宪法，都没有对住房权做过明确的规定，但是都对公民的经济社会权做过规定。就我国的现行宪法而言，2002 年在修正案中明确将"国家尊重和保障人权"写入宪法，因此人权保障是宪法的基本目标和价值原则。美国人卡尔威因·帕尔德森认为："只有宪法明示或默示加以保护的权利，如言论自由

---

① 吴海岸：《论公民住房权的司法救济》，《金卡工程·经济与法》2008 年第 7 期。

权、宗教信仰权……诉讼权等是公民的基本权利。"① 我国著名学者李步云先生也说，"在人权保障体系中，宪法保障是首要的、也是最富有成效的。因为宪法是一个国家的根本大法，具有最高权威和最高的法律效力。没有宪法保障，任何人权保障将成为无源之水、无本之木。"② 因此，如何在宪法和法律层面构建住房权保障体系是一个不可忽视的宪法问题。更为重要的是，上述所说的我国的高房价问题切实的影响到了民生之实现，人们的幸福指数低，社会不和谐因素增强。因此，在宪法和法律层面加以规定更显必要。

第一，在宪法中明确规定住房权。前面已经指出，目前世界上有 50 多个国家已经在宪法层面做出了明确的规定。尽管美国没有在宪法意义上作出规定，但正如美国学者路易斯·亨金所说："在美国，有关经济社会权利的宪法观念是从欧洲引进的，所以此类权利不是美国宪法上的权利，但法院并非完全排除将住房权列入宪法保护范围，宪法上的保护主要通过法院对正当法律程序的司法适用来间接实现。"③ 可见，目前世界上通行做法是宪法规定或者宪法性司法判决的肯定相结合。我国这样一个以法治国家为目标的发展中大国，应该积极吸收世界法治文明的先进成果。同时，"在现代国家政治制度体系中，宪法规则直接决定哪些特定的人群将在政治斗争中被赋予什么优势或障碍"。④ 也就是说，宪法在一国政治体制中赋予特定人群一定权利优势，"一切其他的具体体制、制度都是围绕着宪法展开的"。⑤ 特别是围绕宪法规定的权利而展开，这是法律运转的制度逻辑所在。所以，我们国家的宪法规定住房权，是实现高房价问题解决的基本保障之一。

第二，通过构建住房权保障的具体法律体系来完成。如果说"宪法乃是人为了自己的生存和发展有意识地组织政治共同体的规则，以及由该规则所构建的社会秩序"⑥，那么按照美国法学家博登海默的说法："法律对

① ［美］卡尔威因·帕尔德森：《美国宪法释义》，徐卫东、吴新平译，华夏出版社 1989 年版，第 281 页。

② 李步云：《法理探索》，湖南人民出版社 2003 年版，第 207 页。

③ ［美］路易斯·亨金，阿尔伯特·J. 罗森塔尔：《宪政与权利》，郑戈、赵晓力、强世功译，生活·读书·新知三联书店 1996 年版，第 19 页。

④ ［美］达尔：《民主理论的前言》，顾昕、朱丹译，生活·读书·新知三联书店 1999 年版，第 188 页。

⑤ 包雅钧：《宪政法治与政治文明关系浅议》，《湖北社会科学》2006 年第 3 期。

⑥ 刘茂林：《宪法究竟是什么》，《中国法学》2002 年第 6 期。

于权利来讲是一种稳定器，对于失控的权力来讲则是一种抑制器。颁布自由与平等的宪章的目的，就在于确使今天所赋予的权利不会在明天被剥夺。"① 所以，宪法是总纲性的规定，而法律是具体化的规定，意义不同价值功能指向相同。其实，早在 1941 年，《陕甘宁边区施政纲领》第六条规定就规定有住房权的内容："保证一切抗日人民的人权、财权、政权及言论、出版、集会、结社、信仰、居住、迁徙之自由权。"1994 年颁布的《城市房地产管理法》第四条也规定："国家根据社会、经济发展水平，扶持发展居民住宅建设，逐步改善居民的居住条件。"第二十八条规定："国家采取税收等方面的优惠措施鼓励与扶持房地产开发企业开发建设居民住宅。"但是，这部法律规定的住房权"还没上升到公民的权利层面，我国的住房保障仍然停留在政策层面。这显然不符合我国通过法律手段规范社会主义市场经济的目标，也不符合我国宪法保障公民经济社会权利的基本原则和精神"②。因此，我国应该在《城市房地产管理法》中对住房权的实现做出制度安排，一是要规定住房权的实现是房地产管理的基本原则；二是要规定国家有保障住房权实现的基本义务；三是国家为了保障住房权可以采取多种行政法制措施；四是禁止违背市场规律的囤积居奇；五是住房权的权利构成；六是国家和各级政府对弱势群体的住房权的特别保护；七是公民住房水平的总体性规定、住宅建设各环节的法律规制、住宅市场的资金融通管理的内容；八是经济适用房、廉租房和住宅补贴的制度设计、城镇房屋租赁等法律内容。此外，还应该出台一系列的配套法规如《住房社会保障法》、《经济适用房管理法》、《廉租房管理法》、《住房补贴管理法》、《住宅合作社管理法》、《城镇房屋租赁管理法》、《住房金融业管理法》、《城镇房屋质量监督管理法》、《住宅市场管理法》等。在这些法律体系中，其中最为重要的是要建立弱势群体的住房权保护法律体系，因为"住房保障具有社会救济、保险福利的综合特点，本应成为社会保障的重要组成部分。但我国目前的社保体系主要着眼于医疗、养老、失业三方面保险制度的建设，并未将住房保障制度作为社会保障的重要组成部分来加以重视，将住房问题排斥在社会保障问题之外，仅就住房体制改革来

---

① ［美］E. 博登海默：《法理学法律哲学与法律方法》，邓正来译，中国政法大学出版社 2004 年版，第 370—379 页。

② 朱福惠、李燕：《论公民住房权的宪法保障》，《暨南学报》2009 年第 2 期。

解决住房保障问题是很难实现最终目标的"。① 再加上，"从人权保障角度来说，住宅权既然是人人应享有的权利，则无论是富有者还是贫穷者，都应该获得住宅权制度的保障。贫穷者在经济上处于'弱者'的地位，自己没有能力取得适足的住宅，住宅权对于他们而言主要是一种公法上的权利，即他们以政府作为相对人而享有的权利。这一权利的基本意义是：社会的低收入者应该获得政府和社会的扶助和保障，以便能够获得住宅，从而使住宅权这个对他们而言是应然的权利转化为实然的权利。对于富有者而言，这一权利基本上是一项民事权利，因为他们完全可以凭借自己的力量通过买卖、租赁等市场机制来取得住宅"。② 所以，对弱势群体住房权利的保护是解决高房价问题的根本和核心，这也体现了法律的社会公平正义，体现了宪法的基本原则和精神。这是我们的国家应该做到的，也是能够做到的。总之，"从客观上说，要实现住房权不仅需要公民的自我努力和政府的住房扶助，还需要采取法律制度保障措施，即确定住房权的法律地位、内容、行使和保护。仅靠法律并不足以保证所有国家的所有人都能享受法律意义上的适足的住房权，但是法律是非常重要的手段，其在清晰定义和确立适足住房权下的国家义务的地位是不可替代的。"③

（二）住房权的行政法制保障体系

住房权的行政法制保障主要是从两个方面展开：一是从税收层面入手，二是从住房管理和供应体制入手。

第一，从税收来看，通过征收物业税、转让税、消费税等税赋来控制房价。在《为什么自由依赖于税》一书中，桑斯坦等人认为，"任何公民权利的实现都必须依赖于财政税收，如言论自由权，为防止某些公民妨碍另一些公民的言论自由，必须要有警察；为了防止政府机关限制公民的言论自由，必须要有法院。而警察与法院没有公共财政的支撑就根本无法运

---

① 邱冬阳、王牧：《廉租房——城镇住房弱势群体救助的现实选择》，载《重庆建筑大学学报》2003 年第 12 期。

② 孙宪忠、常鹏翱：《论住宅权的制度保障》，http：//www. chinalawedu. com/news/2005/6/li5016273541116500211248. html，访问日期：2009 年 11 月 18 日。

③ Housing Rights Legislation, *Review of International and National Legal Instruments* (*electronic version*)，Un-habitat and ohchr, Nairobi and Geneva, 2002，http：//www. unhabitat. org/downloads/docs/3667_ 74890_ HS-638. pdf，访问日期：2009 年 11 月 18 日。

作"。① 这就意味着，在我国当前打击高房价、保护公民住房权的行政体系建构之中，通过税收杠杆来进行住房权的保障将能够起到十分重要的作用。但是在这些税收的征收过程中要特别区分房屋购买数量时的收税问题。具体而言，可以这样设想：一户家庭如果买第一套房，则物业税和消费税应该非常低，甚至可以考虑不征收；一户家庭如果买第二套房，可以征收适度的物业税和消费税，但是为了保证市场的畅通和繁荣，不应该征收过高，具体标准应该按照消费水平和收入水平来确定；一户家庭如果买第三套房以上的房子，则应该征收较高的物业税和消费税，特别是在买了第三套房子以后 5 年内转让的，对于转让应该征收高转让税。而实现这种设计的前提是买房的实名制，这是一种简单的制度也是能够实现的制度。

第二，大力发展公共住房（经济适用房和廉租房），限制商品房的过快发展。应该明确的是，城市的土地供应是有限的，如何在有限的资源和土地上利用好住房建设，是一个政府规划必须考虑的问题。政府一方面要鼓励商品房适当发展，另一方面更要鼓励和全力支持经济适用房和廉租房的发展。支持经济适用房和廉租房的发展之成效在一些国家和地区已经产生了良好的效应。这是我们值得学习和借鉴的。特别是我国的香港模式的部分内容更值得我们深刻消化。但是要注意的是：首先，经济适用房和廉租房不应该建在城市非常边缘的地区，这样会形成不良后果，如低收入群体被城市边缘化等；其次，经济适用房和廉租房不应该完全聚集在一起，而是应该适当分开，防止形成贫民窟，更要防止形成由于住房过分集中和住房过分偏远带来的歧视。可以设想，我国各级政府如果下大力气、认真的发展经济适用房和廉租房，那么我国的高房价问题肯定能够消除。只是要注意的是，经济适用房和廉租房的分配和申请需要完全的公平、公正和公开，否则又会形成新的腐败。

六　安得广厦千万间

杜甫在 1000 多年前的时候就大声疾呼"安得广厦千万间，大庇天下寒士俱欢颜"，这种疾呼可以说是许多同病相怜的人的呼声。可惜的是，作为诗圣的杜甫一辈子也没有住过像样的房子，而且也不得不得在老年的

---

① ［美］史蒂芬·霍尔姆斯、凯斯·R. 桑斯坦：《权利的成本——为什么自由依赖于税》，毕竞悦译，北京大学出版社 2004 年版。

时候的某一个傍晚吟唱《茅屋为秋风所破歌》，这是历史的惨剧，但会不会形成当今社会现实的写照呢？这是一个矛盾选择的过程，但也是一个可以避免的问题。如果我们的法治真正是以人为本，那么这种历史是不会重演的，人有所居的目标也不会只是梦想。解决高房价，实现房价的理性化，必然只有法治化才是根本的路径，否则一切又会陷入轮回之中。

第三节　作为民生问题的教育及其法治保障

一　作为民生问题的教育

在中国古代的大同社会之理想追求中，"老有所终，壮有所用，幼有所长，鳏寡孤独废疾者皆有所养"（《礼记》）一直是诸多仁人志士为之奋斗的梦想。如何"壮有所用，幼有所长"？在当代，实现这个目标的基本途径就是教育。教育所起到的作用是给受教育者传播足够的知识，这种知识可以改变他们的命运或者能够让他们在社会上安身立命，并且通过教育可以促进阶层之间的流动，实现社会阶层结构的非固化。所以，教育本身就是培养人与提高人的素质相结合的现代知识灌输方式和素质提升方式。可以预言的是，当知识在社会发展中所起的作用越来越大的时候，拥有知识的人在社会中所拥有的地位和财富等社会资源就相对丰富；缺乏知识的人因为对经验的占有程度低，所获得的地位和财富等社会资源肯定会相对较低。换言之，在知识经济时代，教育成为一种新的分配社会资源的方式。尽管获得良好的教育、有着高学历的人未必人人都是社会的成功者，但是放眼当代社会，没有受过良好教育的人或者没有高学历（一般的高学历是指受过大学本科以上程度的教育）的人，所能够获得的社会资源肯定会相对较少。这已经是历史事实所证明了的事情。想想高考为何一直在近30多年来作为"独木桥"，想想为何考上一所好大学一直是许多人的梦想，就可以证明上述问题。一言以蔽之，教育是人发展的起跑线，获得良好的教育就是站在了较近的起跑线上，没有获得好的教育则是远离了人生发展的起跑线。所以中国人在现阶段特别重视教育不是没有道理的，他们看到了教育的实质。但是，教育在现阶段越来越成为问题而获得了普遍的关注，主要原因是上学太贵，上学太难。

第一，上学"贵"。上学之贵，贵出人们的想象。国家原先以为，义务教育法出台以后，规定了义务教育是政府的责任，教育问题就基本解决了。殊不知，尽管义务教育法确实给老百姓带来一定的福利，但是问题依然没有解决。一是幼儿园学费太贵。在城市，一个小孩子上一所普通的幼儿园的花费在万元以上，而一个普通的工薪阶层的收入也就是几万块钱！对于城市的外来工人而言，小孩子上幼儿园的花费则更是一笔巨大的开支，但是不上幼儿园又不行，否则读一年级时学校会拒绝接收。有人会说，你为什么不上公立幼儿园？公立幼儿园不便宜些吗？君不知，能够上公立幼儿园的可不是普通老百姓哦。你说外来农民工的小孩子有几个能够上得了公立幼儿园呢？二是大学学费高。1989 年，全国大部分高校开始收取每年 100—300 元的学费，平均为 200 元/年。1992 年我国高等教育开始在较大范围内推行招生收费制度，逐年提高学费水平。1997 年我国高等教育全面实行收费制度，学费涨过 2000 元/件。1999 年高等教育扩招开始，紧随其后的就是学费的一路攀升。从此时开始，大学高收费成为一个巨大的问题影响人们的生活。目前一般的大学的收费都是在 5000 元/件（包括住宿费）以上，一些贵族专业如音乐、导演、绘画等学费都在 8000 元/年以上，私立大学的学费基本上在 7000 元/年左右，一些医学的中专、大专的学费都是 7000—10000 元/年，还不包括大学生们的生活费。如此计算，一个大学生要完成 4 年学业，最低开支在 4 万元左右。家境比较优越的大学生可能对此没有感觉。但是那些出身贫寒的农家子弟、下岗职工子弟却感受到了巨大的压力。许多贫困家庭一年的收入抵不上大学一年的收费，所以有一些高考优胜者拿到了录取通知书的同时却获得了父母因为无钱交学费而双双自杀的消息。我们知道，一个家庭的收支结构必须是均衡的，特别是当前我国城乡居民的平均收入并不高，低收入群体较多，过高的教育开支必然影响到对教育的信心，从而影响民生发展。我们可以从下述事实中进一步佐证：南通大学法律系学生刘强算了一笔细账：在"通大"，每个月生活费至少得 500 元，如果再购置一件换季衣服或跟同学出去吃吃饭，差不多就得 700 元。省着点花，一年的生活费少说也要 6000 元，加上住宿费 1200 元、学费 4600 元、书本费 600—700 元，上大学一年的花销须得 13000 元，如果算上电脑、手机等大学生必备电子产品的花费，那就更多了。刘强来自邳州有名的大蒜之乡——宿羊山镇，家里 7 亩地全种了大蒜。行情好的年份，7 亩地除去化肥、地膜、蒜种等 3000 元成本费，纯收入有一两万，但也只够刘强一年的大学开销。2008 年，大蒜出口销路不畅，蒜价从往年的每斤一块多钱跌到了一两毛钱，7 亩地一年纯收入不到

3000 元——即使家里人不吃不喝、无病无痛，也不够他一年的大学费用。对此，刘强的心情很不好受。朱文尧来自赣榆农村，现为南京大学研究生二年级学生。小朱告诉记者，在不少乡亲们心目中，读大学真是花钱如流水，"我爸从结婚后开始攒钱，攒到现在就培养了两个大学生，钱花光了不说，还欠了人家债。如果我们高中毕业就出去打工，父母的负担或许不会像现在这么重"。家在涟水县农村、正在上医学院的小丁告诉记者，他家年收入在两万左右，在当地农村也算是"中产阶层"了，可是他的大学费用耗去了家庭收入的 50%—70%，家里因此变成"贫农"。小丁感到非常愧疚："如果我不上大学，家里可能就不会这么困难。"[①] 而西部，据一项有关贫困大学生的调查，大学生家庭要透支 35 年收入上 4 年大学。[②]

其次，上学"难"。因为上学贵导致了上学难，这是表征之一。更重要的表征是，现在的家长都有期待孩子能够赢在起跑线上，或者能够不输在起跑线上的意识，都渴望自己的孩子能够上好学。这样，上学难出现了分界：一是有条件的家庭反映上好学难；二是外来人员反映自己的孩子上学难。所以，不应该笼统地把所有的上学"难"都归结为"上好学难"。特别是农民工子女的上学难问题更具有代表性。据一项抽样调查结果显示，流动儿童中的上学者占 90.7%，一直未上学者占 6.85%，失学者占 2.45%，二者合计达 9.3%。调查除显示流动儿童的失学率仍然较高外，流动儿童不能适龄入学表现也尤为突出。6 周岁儿童中有 46.9% 没有接受入学教育，近 20% 的 9 周岁的孩子还只上一、二年级，13 周岁和 14 周岁还在小学就读的人占相应年龄流动儿童的 31% 和 10%。此外，"童工"问题也比较突出。在失学的 12 到 14 周岁的流动儿童中，有 60% 的人已经开始工作。[③] 有资料还显示农民工子女中失学、辍学比重较高，估计总数有 100 万人。[④] 尽管 5 年多时间过去了，这样的现象尚未得到根本的解决。在每年的全国人大会议上，不少全国人大代表提议要善待农民工子女的教

---

①　《大学生就业难：就业难上学贵农村孩子上大学遭遇价值尴尬》，http：//www. ssxue. com. cn/viewnews – 25735. html，2009 年 10 月 13 日，访问日期：2009 年 11 月 15 日。

②　《西部贫困大学生调查：透支 35 年收入上 4 年大学》，http：//news. qq. com/a/20060525/ 001360. htm，2006 年 5 月 25 日，访问日期：2009 年 11 月 15 日。

③　《我国流动儿童近 10% 未入学民工子女入学仍成问题》，http：//news. xinhuanet. com/edu/ 2004 – 11/04/content_ 2177662. htm，2004 年 11 月 4 日，访问日期：2009 年 11 月 15 日。

④　《农民工子女教育调查之体制篇》，http：//www. news. sina. com. cn/c/2005 – 03 – 25/ 112654618935. shtml，2005 年 3 月 25 日，访问日期：2009 年 11 月 15 日。

育，但是问题依旧困难重重。目前，农民工子女在城市就读主要有四种途径：一是借读公办学校，交纳一定的借读费。二是就读收费较高的政府批准的民办私立学校。三是进入政府批准建立的农民工子弟学校。这类学校较多存在于上海、北京、广州等经济比较发达的城市，它们的硬件设施、办学质量等往往比农民工子女流出地的公办学校还要好，少数学校的办学条件和管理水平甚至和当地的公办学校不相上下。由于交纳费用比较低，打工子弟学校成为很多流动人口密集的大城市解决流动少年就学问题的一种主要形式。四是进入非正规农民工子弟学校。① 现在的问题是，由于农村和城市的教学条件和教学质量差别太大，许多农民工不愿意把孩子放在农村就读。再加上孩子没有父母的关照和爱护，很容易出现"留守儿童"问题。这样农民工很希望自己的子女在自己的身边读书。但是，农民工的户籍却不在工作的城市，出现公立学校进不了，私立学校读不起，农民工子弟学校太少，非正规农民工子弟学校不让读的尴尬局面。

由此来看，"上学太贵，上学太难"是确实存在。为什么教育会成为问题呢？它的实质又是什么？我们该如何通过法治来解决该问题呢？

二　"教育问题"的法学理论实质

从法学理论的角度看，教育作为问题所反映出来的就是权利的缺失——受教育权没有得到国家的保证。

何谓所教育权，学界对此看法殊异。如李步云教授认为："公民的受教育权是指公民享有的在各类学校、各种教育机构或者通过其他途径学习文化科学知识，提高自己的科学文化知识水平的权利。"② 这种观点把受教育权定义为公民的权利，但是没有强调国家的义务，在现阶段不具有时代意义。我们认为，在当前民生问题凸显的时代潮流下，要解决受教育权的概念问题，必须使之与权利、国家义务以及宪法和法律的保障各方面结合起来，形成一个逻辑的权利统一体。第一，强调保障受教育权的权利属性和本质，是当前中国法治的特征决定的。张文显教授说，"由于法律的价值取向不同（这一不同是由法律的经济基础、政治基础和文化传统所决定

---

① 张俊良、黄必富：《城市化进程中农民工子女受教育问题探析》，《农村经济》2004年第11期。

② 李步云：《宪法比较研究》，法律出版社1999年版，第110页。

的），权利和义务何者为本位，是历史变化着的。总体上，古代法是以义务为本位，现代法则是或应当是权利为本位。因此，在现代法哲学中，权利应该是更根本的概念，是法哲学的基石范畴。"① 从权利角度看待教育，是一种区分权利义务的角度。所以，有学者说，"受教育权是公民的基本人权和基本自由，是一个国家公民的宪法权利，国家是保障公民受教育权实现的义务主体，这是国际法有关受教育权立法的基本精神……有必要对我国受教育权的法律基础进行重新审视，以便对现行宪法和法律法规做进一步修改，是公民的受教育权能够得到更好的法律保障。"② 第二，强调保障教育权是国家义务，既有理论上的要求，也有法律上的依据。从理论上看，之所以强调保障受教育权是国家的义务，理由是受教育权本质是一种社会福利权，"作为客观价值的国家义务强调国家在实现人权方面的主动性，而不强调为个人直接主张的效力"。③ 也就是说，国家是社会权实现的主要手段，也是社会权运作的主要场域和语境。凯尔森说过，"法律权利预定了另外一个人的法律义务，如果权利是法律权利的话，它就必然是对某个别人行为、对别人在法律上负有义务的那种行为的权利。"④ 离开了国家义务的保障，公民受教育权就很难作为一个普遍性的命题得到证成。从法律依据上看，我国《义务教育法》第六条规定："国家组织和鼓励经济发达地区支援经济欠发达地区实施义务教育。"第三十五条规定："国家鼓励学校和教师采用启发式教育等教育教学方法，提高教育教学质量。"第四十八条规定："国家鼓励社会组织和个人向义务教育捐赠，鼓励按照国家有关基金会管理的规定设立义务教育基金。"这种以"鼓励"等字眼来强调受教育权的实现，内涵两层含义，一是国家负有保障义务，因此，不能出现"必须"字眼；二是上述规定的内涵本身不能成为禁止性规范的义务主体，否则就成为义务转移。因此，我们认为，所谓受教育权，是由法律所规定的、公民享有的要求国家、社会等义务主体以各种作为方式提供平等的受教育条件和机会以促进人的发展的一项基本人权。

---

① 张文显：《法哲学范畴研究》，中国政法大学出版社 2001 年版，第 342 页。

② 陈正华、王保庆、杨瑞勇：《受教育权性质的国际比较》，《西南大学学报》2007 年第 3 期。

③ 刘文平：《社会权实现的国家义务》，《西部法学评论》2009 年第 1 期。

④ ［奥］凯尔森：《法与国家的一般理论》，沈宗灵译，中国大百科全书出版社 1996 年版，第 84 页。

　　从这个概念来看，我们认为，受教育权是一种发展权。尽管关于受教育权的本质出现过受教育权是公民权、政治权利、经济权利、社会与文化权利、生存权、学习权等多种学说，但是这些学说由于互相涵摄或者理由并不是充分而被攻讦。如有人认为受教育权是一种公民权。日本人中村睦男认为"受教育权的保障具有主权者教育的意义，受教育权是为了使国民在现在和将来具有一定的政治能力，使之能稳固民主主义政治"①。英国人道格拉斯·赫德逊（Douglas Hodgson）也说，"可以举出很好的理由来证明，适当的教育是公民更理性地行使政治权利与自由的前提"，"受过良好教育的人民也许是保持民主结构与理念的前提条件"②。《公民权利和政治权利国际公约》第十八条第四款规定，"本公约缔约各国承担，尊重父母和（如适当时）法定监护人保证他们的孩子能按照他们自己的信仰接受宗教和道德教育的自由。"这种观点之不可取乃是其论证是从处于对本国已有的社会发展事实出发的，缺乏一种可推广性或者可复制性的价值。特别是其概念奠定在发达国家政治参与程度相对较高的基础之上，尽管比较符合权利的高层次需要，但是却忽视了权利的语境性。还有一种观点认为受教育权是经济、社会或文化权利，受教育权就是社会权利中的"机会权利，包括通过初等、中等和高等教育援助，使公民获得工作技能与文化参与的技能"③。这种观点省略了国家义务，因此也是容易成为水中月、雾中花的。

　　在当前，主张受教育权是一种发展权获得了普遍的认可。因为受教育毕竟不同于公民的生存问题，从自然的意义上说，受教育的权利不关乎公民的生命，而只是关乎公民的智慧。在简单求生的年代，受教育权并不必然就是必需的。只有到了近现代社会，人权观念发达，大多数人摆脱了简单生存的需求，因此精神性的生存和需要就变得更加具有意义和价值，所以受教育权才适时而出。从历史来看，可以证实这种观点。"受教育权是发展权"的思想在历史上很早就出现了萌芽。第二次世界大

---

　　① ［日］芦部偏差喜：《宪法Ⅲ人权》（2），有斐阁1981年版，第381页。转引自龚向和《论受教育权的本质》，《长沙电力学院学报》2004年第2期。

　　② Douglas Hodgson, *The Human Right to Education*, Dartmouth Publishing Company Limited, 1998, p. 18.

　　③ ［美］托马斯·雅诺斯基：《公民与文明社会》，柯雄译，辽宁教育出版社2000年版，第41页。

战之后，国际社会普遍认同了受教育权对人的个性、才智和身心能力发展的重要作用，受教育权在一系列的国际人权文件中被予以确认。20世纪70年代，发展权概念正式提出并被法律确认后，受教育权作为一种发展权遂在法律上得以正式确立。接受教育，既是个人的发展权利又是个人发展的前提，因为"不受教育，人们将不能实现自身的潜力而成为全面发展的社会成员"。① 可见，发展成为主题的前提是生存不再是一个现实问题。1976年联合国教科文组织所持的新发展观认为，"发展是多元的。发展不仅局限于经济增长这唯一的内容；经济、文化、教育、科学与技术无疑都是各具特点的，但它们也是互相补充、互相联系的。只有当它们汇合在一起的时候，才能成为一个以人为核心的发展的保证"②。为此，《发展权利宣言》指出："人是发展的主体，因此，人应成为发展权利的积极参与者和受益者。"

三　受教育权的平等价值取向

受教育权作为发展权的价值和意义已经得到了普遍的认可，人们对自己子女的受教育权更加清楚。尽管可能在一部分地区和一部分人那里还流行着"读书无用"的观点，但是那毕竟是过时的喧嚣了。在我们国家，人口众多，教育资源显得相对有限，特别是在国家投入不足的情况下，更显现出了教育资源的紧张，这也是笔者在引言中认为会出现"上学难、上学贵"的根本原因所在。人们都想在城市中上学，都想到条件好的地方上学，但是有人就进不去，有人就只能在门外看着别人上学，有人就是考上了大学也因为家庭贫困而无法上学，这都是受教育权的缺乏而导致的后果。在此我们进一步地引申出了一个受教育的基本理念问题，即受教育权的平等价值问题。

要理解受教育权的平等价值取向，必须先要能够理解所谓的"平等"。关于平等的多元性问题，笔者前面已有交代，但是，在这里，笔者将进一步讨论受教育权视野中的平等问题。美国人索里·特尔福德在其著作《教育心理学》中认为，"所谓教育机会平等，并非指全国人民

---

① Douglas Hodgson, *The Human Right to Education*, Dartmouth Publishing Company Limited, 1998. p. 19.

② ［塞内加尔］阿马杜·马赫塔尔·姆博：《人民的时代》，郭春林、蔡荣生译，中国对外翻译出版公司1986年版，第96页。

都接受同等的教育，都从小学、中学而升入大学，而是指国家以最公平的方式使人人凭其禀赋及能力而受到一种适合其才能与需要的教育，使受教育者站在平等的立足点上，不受社会地位、经济条件、男女性别、宗教信仰、种族地域等的限制，均有机会接受一种适当的教育，使每个人的天赋才智都能够获得最大限度的发展。"① 索里·特尔福德的正确之处在于强调"国家以最公平的方式使人人凭其禀赋及能力而受到一种适合其才能与需要的教育"，但是他忽视了小学、中学和大学三种教育是性质不同的教育，小学教育和初中教育属于低层次的教育，也是人能够在社会上生存所必需的最起码的教育，因此，这不应该是区分档次和级别的，也不应该有所谓的天赋等之差别而给与差别对待的。换言之，低层次的教育是保证人在社会上正常交流和沟通的教育，是通识教育，而不是专业教育。只有大学教育才是专业教育——应该从智力水平和天赋等方面加以区别的教育。由此，受教育权的平等在这里的含义应该是低层次受教育的平等。第二种教育平等观如瑞典教育家托尔斯顿·胡森所言："平等首先是一个起点，提倡平等就是要使每个人不受任何歧视地都具有开始其学习生涯的机会，至少使每个人都有接受政府办的教育的机会；平等还可以是一个中介性的阶段，即考虑使用不同的方式来平等对待每一个人，使创立个别化的教育成为必要；平等还可以是一个总目标，为了使入学机会更加平等，进而使学业成功的机会更加平等，可以把'教育面前机会平等'视为一个总的指导原则。同样地对待每一个儿童并不是平等，真正的平等应该使每个儿童都有相同的机会得到不同方式的对待。"② 托尔斯顿·胡森强调受教育权是保证公民在起点上的平等，这是正确的，但正如上面的分析，起点平等并不是任何时候的起点平等，否则很容易演变成为"平均"。第三种教育平等观是区分教育阶段的平等，如有学者认为，"受教育权平等包括受教育机会的平等和受教育待遇的平等，而前者又包括入学机会的平等和升学机会的平等，后者则包括物质待遇的平等和精神待遇的平等。同时，受教育权平等不仅包括形式意义上的平等，而且包括实质意义上的平等……对受教育权平等仅仅作上述程度的认识还是失之笼统。要准确判断一个特定的个体究

---

① 吴德刚：《中国全民教育问题研究》，教育科学出版社 1998 年版，第 82 页。
② 张人杰、胡森：《论均等不相容性》，《外国教育资料》1989 年第 3 期。

竟应该享有怎样的平等受教育权，要准确评价一个国家在保障受教育权平等方面究竟存在着多大的差距，就必须首先为受教育权平等确立可操作的具体法律标准。进一步的研究表明，在不同的教育层次上受教育权平等又有着两类不同的具体标准。一类是受初等教育和中等教育的'平等对待'的平等；一类是受高等教育的'标准的平等'和'标准面前的平等'。这两类标准的确立对促进受教育权平等的保障具有重要的意义。"① 这种教育平等观较第一种和第二种教育平等观大有进步，是一种有区别对待的平等。但是，从平等的理念与实践来看，第三种教育平等观缺乏资源分布平等的含义，因此，依然是不完整的。为此，我们认为，受教育权的平等应该是三个层面的：一是国家、社会资源投入的平等；二是受教育初级阶段的起点平等；三是受教育高级阶段的差别平等。

　　我们先来看第一个层面的内涵，即国家、社会资源投入的平等。就我国的现实来看，我国之所以出现上学难等问题，基本问题就出在国家"厚此薄彼"的资源分布和投入。就城市和农村的区分而言，国家长期比较注重城市教育的投入，而忽视农村教育的投入，造成了农村教育远远落后于城市教育。在改革开放初期的一段时间内，这样的教育格局因为农民的意识没到位还可以维持，但是农民进城以后，发现了城市教育设施和农村教育设施的天壤之别以后，他们很快就会意识到自己落后的基本原因所在，因此也渴望自己的子女能够进入城市的学校学习，这是自然而然的选择。凭什么农民的子女只能在那么差的环境和条件下学习，凭什么城市居民的子女的起点远远高于农民的子弟？事实上，这种资源分布不均已经出现了可怕的后果。据社会学家孙立平的调查，"在20世纪80年代，每年录取的高等院校新生中，农村中的生源占到了30%多。而到了90年代，情况发生明显的变化。一是贫困农村地区的部分孩子过早地在中学甚至小学阶段辍学。二是城市中较贫困家庭的孩子或是在中学择校时处于劣势地位，或是因家庭困难而放弃了升入大学的机会。与此同时，各级教育的收费直线上升，特别是大学的学费上升尤快。这样就大大减少了贫困家庭特别是农村孩子接受高等教育的机会。据20世纪90年代末的一项调查，城市和乡镇大学生的比例分别是82.3%对17.7%。虽然大学扩招，农村孩子上

① 曲项霏：《析受教育权平等》，《山东大学学报（哲学社会科学版）》2003年第5期。

大学的绝对数量没有减少，但相对比例却大为下降。"① 温家宝总理说过一些实话，"农民工子女在城市里上学的问题一直是政府牵挂的，这件事情我们的原则应该是：同地、同样的标准和同样的保障水平。但是现在还难以完全做到，就在于我们城市学校的规模还远远达不到大批学生入学的要求，这需要一个过程，但是我们的方向已经明确了，要逐步扩大规模，使更多的农民工孩子和城里的孩子一样能够进入到学校来学习，享受同样的、均等的、教学方面的服务。"② 因此，在今天，我们强调受教育权的平等，就必须强调资源分布的平等。不应该存在不合理的地区差别对待，而是应该同等对待，这是完全能够做到的。

第二，受教育初级阶段的起点平等。这主要是强调入学机会的平等，即国家设立的学校应该向一切人开放，使每个人都有接受教育的机会。罗尔斯认为："在社会的所有部分，对每个具有相似动机和禀赋的人来说，都应当有大致平等的教育和成就。那些具有同样能力和志向的人的期望，不应当受到他们的社会出身的影响，这是平等的基本要求。"③ 罗尔斯还提出："由于出身和天赋的不平等是不应得的，这些不平等多少应给予某种补偿，这样，补偿原则就认为，为了平等地对待所有的人，提供真正的同等机会，社会必须更多地注意那些天赋较低和出生于较不利的社会地位的人们。"④ 我们可以从日本的发展战略中窥见该种平等的作用。日本自1947 年开始建立新制小学和初级中学，次年开始建立高级中学，小学六年和初中三年构成九年制义务教育。在 20 世纪 70 年代初，日本已基本上普及了九年制义务教育，1978 年已接近普及高中教育，在世界上跃入了教育先进国家的行列。⑤ 而美国，在 20 世纪 50 年代也出现过关于争取黑人入学机会平等的权利诉讼案，即著名的布朗诉托皮卡教育管理委员会案（1954 年）⑥。在国际法中，《国际人权公约》也规定国家有义务："1. 使

---

① 孙立平：《中国社会结构的定型化》，http：//blog. sociology. org. cn/thslping/archive/2005/12/15/3311. html，访问日期：2009 年 11 月 15 日。

② 《温家宝：政府一直牵挂农民工子女在城里上学问题》，www. jyb. cn，2009 年 2 月 28 日，访问日期：2009 年 11 月 15 日。

③ ［美］约翰·罗尔斯：《正义论》，何怀宏等译，中国社会科学出版社 1988 年版，第 66 页。

④ 同上书，第 78 页。

⑤ 王天一：《外国教育史（下）》，北京师范大学出版社 1993 年版，第 129 页。

⑥ 关于该案可以参见任东来等《美国宪政历程》，中国法制出版社 2004 年版，第十五章。

初等教育免费并成为义务性质；2. 使各种形式的中等教育以一切适当方法普遍设立，并对一切人开放；3. 保证人人遵守法定的入学义务；4. 保证同一级的所有公立学校的教育标准都相等，所提供的与教育质量有关的条件也相等。"①《世界人权宣言》第二十六条第一款也规定："人人都有受教育的权利，教育应当免费，至少在初级和基本阶段应如此。初级教育应属义务性质。技术和职业教育应普遍设立。高等教育应根据成绩而对一切人平等开放。"

第三，受教育高级阶段的"差别"平等。这里的差别平等，是指在平等实现的过程中，因为自然条件等因素的限制，根据一定的标准允许给予不同的人以不同对待的平等方式。在受教育领域，高级阶段的差别平等是必然的。我们知道，在完成了初级阶段的学业以后，受教育者对知识的认识和掌握能力会出现分层。有人适合进一步的学习以获得更多的知识，有人适合技术含量更高的行业，有人可能厌恶学习等等，因此，给予这些人以不同的对待是合理的，这种合理性取得的前提是以同一标准来对待，如考试。当前我们的高考在某种意义上具有这样的功能。尽管高考或许有这样或者那样的弊端，但是作为一种较为客观化的差别对待方式，比以某个人来推荐入读大学的方式更具合理性，更少主观性。正如有学者所言，差别对待的"首要含义当在于'标准之下的平等'或'标准面前的平等'，意即标准一旦确立，则人人接受标准的检验，一视同仁，无所差别。与'标准之下的平等相比'，这一平等权所包含的另一更深层面的含义是'标准自身的平等'。只有标准自身体现了平等，'标准之下的平等'才真正成为平等，否则在标准之下无论怎样地'无所差别'，结果仍然是不平等的。故确立'无所歧视的标准'是受教育权平等的起点"。② 进一步引申，当前我国在高等教育入学阶段的一些"差别"措施是违反了平等原则的，如户口、地区、职业等成为高考的参考指标，是不符合"差别"平等的实质内涵的，也是必须改革的。

四　受教育权的法治保障

以上的分析表明，当前我国教育出现问题的根本原因在于受教育权的不平等。因此，要解决作为民生问题的受教育权问题，就必须解决受教育权的不平等问题。即要通过立法、行政和司法的手段三管齐下，建立起受教育权的法治保障体系，实现受教育权的平等。

首先，我国应该制定完善的平等受教育权保障法律体系。《中华人民共和国宪法》第四十六条规定："中华人民共和国公民有受教育的权利和义务。"但是宪法的明确规定并没有建立起一套能够保护公民平等受教育权的法律体系。因此，我们有必要在考察相关国际公约的基础上，对我国立法上的平等受教育权的保护给予体系性的制度完善。《经济、社会和文化权利国际公约》强调国家和社会的义务是要发展"包括初等教育应属于免费义务教育；普遍发展中等教育，并对一切人开放；高等教育应根据成绩对一切人开放；中、高等教育要做到逐渐免费；积极推进未完成初等教育的公民接受基本的国民教育；国家改善办学条件等等"。为保障公民平等受教育权的实现，世界上许多国家还共同签署了《取缔教育歧视公约》。该公约的主要内容是：首先回顾和反思了《世界人权宣言》中有关受教育权的性质，要求缔约国担当受教育权履行义务的主体遵守不歧视的承诺，保证每个公民都有平等受教育的权利，反对任何有损受教育权实现的歧视。可见，平等受教育权的保障是一种世界性的趋势。在我国，宪法中关于平等受教育权的宏观规定没有能够一以贯之地实现，因此，我国在立法上应当做到：（1）立法禁止任何机关和社会团体组织有任何教育歧视内容的法律条款、行政命令和其他规定。已有的法律条款、行政命令和其他规定与此相冲突的，应当立即取消。（2）立法规定在财政拨款、教育资源的分配等方面可以有合理的差别对待行为，即西部高于东部、农村高于城市、内陆高于沿海等政策，特别是要尽快建立起贫困地区儿童和大学生的国家扶助体系和社会赞助体系。（3）立法禁止初等教育时的入学歧视，不得以任何理由拒绝接收适龄入学儿童。（4）立法禁止高等教育入学中的地区差别、职业差别、户籍差别、性别差别（除非有特殊必要，由法律规定），建立起各地区（按照省为单位）同等条件下同标准入学的考试体制。

其次，我国应该完善平等受教育权保障的行政救济体系。公民的权利意味着国家和政府的义务。在现实中，受教育权受到来自各方的侵害，其中直接来自国家和政府的侵害也存在。[1] 就我国的现实来看，我国公民受

---

① 曲相霏：《受教育权初探》，《政法论坛》2002 年第 3 期。

教育权的损害很多直接侵害都是来自于个别单位的不公正对待。如城乡差别、农民工子女的入学问题等等，都是个别单位为了维护一定人的利益而损害更广多人的利益。因此，在当前，我国要保护平等受教育权，就必须促使政府进行受教育权保障理念的变革，树立起政府是全体人民的政府、政府应该对全体人民负责的理念，这样才能够在保障受教育权方面有所作为。"我国作为《经济、社会和文化权利国际公约》的缔约国，负有保护和促进公民受教育权平等实现的国家义务，国家和政府有责任创造条件，采取切实步骤，保护公民受教育权的充分实现。"① 国家义务的国际约定和规定是外在的要求，而政府职责的履行则是内在的动力，"保障公民的受教育权也是现代国家和政府的基本职能，现代国家和政府应义不容辞地从财力、物力、人力等方面给以全方位的保障，为公民创造平等的就学条件和机会。比如，要认真落实奖学金制度、勤工助学制度、特困补助制度、学费减免制度、国家助学贷款制度等一系列政策措施；要逐步实行全国统一划定高考录取分数线，改变'城市中心'价值取向；要进一步规范收费标准，严格保送生和加分制度，真正选拔出优秀人才，从而保证人人享有平等的受教育权"。② 此外，我国还应该进一步扩大受教育权的行政诉讼的受案范围。从立法来看，1999 年修订的《行政复议法》规定行政机关保护公民受教育权的法律职责是可以进行行政复议的，这样，受教育权的行政保护力度有所增强。所以，有学者认为，"行政主体作为法律法规的执行部门，保护公民、法人或其他组织的人身权、财产权、受教育权是其法定职责，是法律为其设定的义务。行政主体应当履行法定职责而不履行，则构成违法行为。行政主体不履行法定职责有两种情况：拒绝履行和不予答复。拒绝履行又有两种情况：一是影响公民、法人或其他组织人身权、财产权、受教育权的实现；二是给公民、法人或其他组织人身权、财产权、受教育权造成实际损害。"③ 只有政府在履行自己应该履行的职责、按照现代法治理念去履行自己的职责，才能够有力地保障公民的受教育权。

最后，我国应该完善平等受教育权保障的司法救济体系。解决该问题

---

① 陈运生：《受教育权及其保障》，《中南民族大学学报（人文社会科学版）》2006 年第 3 期。

② 同上。

③ 张松：《关于保障学生受教育权的几个问题》，《教育探索》2005 年第 7 期。

的一个前提条件是，受教育权是否可诉。"受教育权的可诉性是指受教育权在受到侵害时得到法律救济的可能性。从严格意义上来讲，受教育权具有可诉性（justifiability）须具备三个条件：一是法律对受教育权作出规定；二是存在受理和处理有关受教育权申诉的机构或组织；三是受教育者认为其受教育权受到侵害时可以直接援引上述法律规定作为受损权利救济的依据，并有权向上述机构或组织提起申诉。"① 就受教育权在我国的法律现实来看，它作为权利的存在已经成为制度事实，至于能否直接援引法律诉讼，2001 年最高人民法院对"齐玉苓案"进行批复，此案被誉为"中国宪法司法化的第一案"，由此可佐证受教育权不是不能被诉讼的。所以有学者说，"受教育权作为宪法权利，在自由权的层面及形式平等方面具有直接的法律效力，可以作为审判规范进入诉讼程序，进行司法救济。"② 从此种意义上说，我们是能够建立起完善的受教育权司法保护体系的。要明确以下几点：第一，完善宪法救济体系。"宪法是法律效力阶梯中至尊、至高的法律，如不具直接拘束力，则宪法在国家权力面前的权威无法建立，影响宪法在民众中的形象，无法培养忠诚于宪法的法律意识，宪法也实际上无从进入法律的效力阶梯。"③ 鉴于此，有学者提出分两步完善公民权利的宪法救济体制："第一步授权最高人民法院受理因直接适用宪法规范而发生的案件。最高人民法院设立宪法法庭，由宪法法庭具体办理这类案件。当事人向宪法法庭起诉后，先审理该案件是属于宪法案件，还是属于法律案件。如果属于宪法案件，受理案件后，最高人民法院宪法法庭请求全国人大常委会对宪法规范的含义进行解释，再根据解释，对当事人之间的纠纷作出判决。第二步建立宪法法院或者宪法委员会来专司违宪审查和处理宪法申诉。"④ 这两步可以给予我国建立宪法诉讼的缓冲时间，从而实现权利救济的和谐。第二，对于行政机关侵害公民受教育权要能够提起行政诉讼。我国《教育法》第四十二条第四款明确规定，受教育者只有对学校、教师侵犯其人身权、财产权等合法权益才能向法院提起诉讼，而对学校给予的处分不服却只能向有关部门申诉，再加上行政诉讼法也没有明确将学校处分学生的行为纳入自己的受案范围。许多法院据此认定学校处

---

① 杨成铭：《受教育权可诉性新论》，《当代法学》2005 年第 6 期。
② 龚向和：《论受教育权的可诉性及其程度》，《河北法学》2005 年第 10 期。
③ 周永坤：《论宪法基本权利的直接效力》，《中国法学》1997 年第 1 期。
④ 杨成铭：《受教育权可诉性新论》，《当代法学》2005 年第 6 期。

分学生为内部行政行为，以"不属于法院受理范围"而不受理学生因被学校处分不服而提出的诉讼，使许多学生虽对学校处分决定不服却诉讼无门。[①] 对此种行为，我们应该将其纳入行政诉讼的范围以保护学生的受教育权。第三，建立起受教育权的民事司法救济体系和刑事司法救济体系。受教育权容易受到侵害，而且受教育权一旦被侵害容易造成被害人的极大损失，甚至是一辈子的损失，因此必须根据受教育权侵害的程度分别建立起民事司法救济体系和刑事司法救济体制，以加强对受教育权的保护。如按照民法上的"有损害就有赔偿"格言，只要受教育权被侵害（不管是公民的人身权和财产权），民法就可以实施救济，并要求侵权行为人给予赔偿。

总之，在当代中国，通过对平等受教育权的分析可以更加深刻地厘清问题的本质和解决问题的进路。我们也能够更加清楚地从问题回到理论，再从理论回到问题。对受教育权的保护，不仅仅是法理学的探讨，更是关系到人们的阶层流动与良性发展的现实需求。在当今的社会，要解决该问题，就应该使之进入法律的视野，特别是进行权利的考量，以平等理念为价值追求，保证公民受教育权在适当时机实现适当的平等。

第四节　社会分层固化的法律规制

一　问题的提出：农民工子女的"上学难"

2009 年 9 月，又是一期入学时，许多媒体转载了一位化名为"王求知"的重庆人为其女儿王小雨在某市龙湾区的"入学"之路的自述："6月 11 日，我得知海滨中学有面对非施教区招生考试的消息，就给女儿报了名。6 月 25 日考试后，学校公布的综合考核合格考生名单中小雨名列其中。女儿考上了，我的兴奋劲还未退却，坏消息接踵而至。由于小雨是非施教区学生，读海滨中学需按当地教育部门的规定缴纳 5000 元'捐资费'。求学路受阻，我该怎么办？进海滨中学没戏，我想到了区政府工作人员为我指的第二条路，只能退而求其次，到离住处步行需 50 分钟的永

---

① 李红雁：《受教育权的司法救济制度研究》，《中南林业科技大学学报（社会科学版）》2008 年第 4 期。

昌中学就读。在区政府工作人员的安排下，我联系上了永昌中学的刘老师，了解到外来务工人员子女到学校就读要按规定备齐'五证'（原籍乡政府出具的夫妻外出而老家没有监护子女条件的证明、暂住证、劳动合同、住房租赁合同、儿童预防接种证）……8月1日，我拿着千辛万苦备齐的'五证'，一大早赶到永昌中学报名。当天现场负责的一名老师查看了证件后，称尚差我本人、女儿在户口簿上的登记卡复印件和女儿的照片。当天上午我补了复印件和照片后，又被告知其中的劳动合同证明非正式合同，要有用人单位所在的街道办事处盖章才有效。我直接去了工作单位所在的龙湾区永兴街道办事处，由于急着将入学之事办好，我忘了当天是星期六，结果吃了个闭门羹……跑了一个夏天，孩子至今读书无着落。"最后，"王求知"所发出的是无奈的疑问："我不禁要问：民工子女读个书咋就那么难？"① 王求知这样的经历绝对不是个案。尽管国家和地方政府为解决农民工子女的上学问题发了很多通知，提了很多要求，但是农民工子女在城市的上学问题依然是难上难。据一项抽样调查结果显示，流动儿童中的上学者占 90.7%，一直未上学者占 6.85%，失学者占 2.45%，二者合计达 9.3%。调查除显示流动儿童的失学率仍然较高外，流动儿童不能适龄入学表现也尤为突出。6 周岁儿童中有 46.9% 没有接受入学教育，近 20% 的 9 周岁的孩子还只上一、二年级，13 周岁和 14 周岁还在小学就读的人占相应年龄流动儿童的 31% 和 10%。此外，"童工"问题也比较突出。在失学的 12 到 14 周岁的流动儿童中，有 60% 的人已经开始工作。② 有资料还显示农民工子女中失学、辍学比重较高，估计总数有 100 万人。③ 尽管数年时间过去了，这样的现象尚未得到根本的解决。据一些媒体报道，2008 年，中国有 2000 万儿童被学校拒之门外。④ 2010 年 9 月初，媒体又开始关注农民工子女的上学难问题。据《人民日报》报道，许多农民工子弟"就学遭遇'高门槛'——赞助费、借读费

---

① 陈东升整理：《民工子女就学艰辛路：民工子女读个书真的好难》，http：//news. 66wz. com/system/2009/08/06/101373997. shtml，访问日期：2009 年 12 月 9 日。本文在引用时有节选。以下引用"王求知"原话，不再注出，只注明"王求知"语。

② 《我国流动儿童近 10% 未入学民工子女入学仍成问题》，http：//news. xinhuanet. com/edu/ 2004 -11/04/content_ 2177662. htm，2004 年 11 月 4 日，访问日期：2009 年 11 月 15 日。

③ 《农民工子女教育调查之体制篇》，http：//www. sina. com. cn，2005 年 03 月 24 日，访问日期：2009 年 11 月 15 日。

④ 《媒体关注两千万民工子弟上学难》，《参考消息》2008 年 12 月 31 日。

等费用高，入学条件严格"①。每年全国人大会议上，不少全国人大代表提议要解决农民工子女的受教育问题，但是问题的解决依旧困难重重。许多孩子因为无法在城市上学而不得不离开城市成为"留守儿童"。面对这样的问题，我们需要追问的是，是谁造成了这样的问题？这样的问题又反映了什么样的实质？

二　问题的成因：社会歧视与隔离

农民工子女上学为什么就这么难呢？我们可以接着"王求知"的发问进行思考。实际上，关于这个问题，中央和省级地方政府早就有了明文政策规定。2003 年 9 月 13 日《国务院办公厅转发教育部等部门关于进一步做好进城务工就业农民子女义务教育工作意见的通知》（国办发［2003］78 号）指出：进城务工农民工流入地政府要负责农民工子女接受义务教育工作，并以全日制公办中小学为主。2005 年国务院发布了《关于深化农村义务教育经费保障机制改革的通知》（国发［2005］43 号），规定农民工子女在城市义务教育阶段就读的，与所在城市义务教育阶段学生享受同等政策。对此，各个相关省份也纷纷作出了相关响应，如浙江省于 2004 年颁发了《浙江省人民政府办公厅关于进一步做好流动儿童少年义务教育工作的意见》（浙政办发［2004］109 号），文件进一步规定了实施保障措施。然而，为什么国家规定的政策和省级政府的政策却不能够被贯彻实施和执行呢？是条件不允许吗？或者是城市的学校不具备接纳的条件吗？

目前各个城市的中小学招收农民工的子弟，都必须要通过入学考试，没有通过入学考试，则根本就不会获得"考虑"的机会。我们从"王求知"的描述中也看到了这一点，他说，"6 月 25 日考试后，学校公布的综合考核合格考生名单中小雨名列其中。"可见，考试成了一道门槛。而有的时候，这道门槛却成为城区学校拒收农民工子女的"杀手锏"。如果说，市民的小孩和农民工的小孩属于同台竞争的话，则还可能让人们稍有公平感，但是，城里的孩子因为"先发优势"，是不用参加考试的，只要年龄到了，就可以就近上学。我们可以从另一些农民工的经历中获得更为深刻

---

① 马跃峰、李刚：《媒体关注农民工子女上学难：我们的课桌在哪里?》，《人民日报》2010 年 9 月 12 日。

的印象。"距（2009 年）6 月 20 日的小学毕业考还有两个月的时候，宁波市云龙镇的李媛媛含泪转到了离家更远的民办小学。她此前就读于一所公立小学——前徐小学。她的转学，只是因为校长的一句话——'外地生成绩好的可以留下来，成绩差的一律回老家。'"① 但是，值得注意的是，凡是城里的孩子，成绩差的是不会被赶走的，被赶走的只有农村来的孩子。而且，农民工子女入学，还有较高的条件和资质要求，"王求知"说，"外来务工人员子女到学校就读要按规定备齐'五证'（原籍乡政府出具的夫妻外出而老家没有监护子女条件的证明、暂住证、劳动合同、住房租赁合同、儿童预防接种证）。而我手头具备的只有房屋租赁合同、暂住证，预防接种证在重庆老家，其余 2 证还要补办。可此时距离学校 8 月 1 日报名只有十天时间，赶回重庆办理不仅费用大，而且时间也长，很不现实。时间一天天过去，缺少的证还没有办到，情急之下，我竟然想到去造假。"为了子女读书，学校逼着"王求知"拿出 5 个证明，最后逼着"王求知"去造假，这实在是"时事造假货"啊！尽管"王求知"造了假，但是他并没有用假，他赶回重庆并在 8 月 1 号办齐了证件，但是这个时候，问题又出现了。8 月 1 日，王求知拿着千辛万苦备齐的"五证"，一大早赶到永昌中学报名，但被告知其中的劳动合同证明非正式合同，要有用人单位所在的街道办事处盖章才有效。王求知说，"8 月 3 日，星期一。我再次到永兴街道办事处盖章，盖章处的一名工作人员称，这个事要找分管教育的领导签字才能盖章。在二楼找到了分管教育的领导，又被告知要去找位于龙湾永中四号横街，专管外来务工人员子女就学的部门。我又赶到永中四号横街，专管部门的一位张姓工作人员又称要去找当地劳动部门盖章。接着，我又找到了张姓工作人员所说的当地劳动部门，一工作人员给了我一张《劳动合同备案登记花名册》，要求我填上所在单位所有员工的合同，方能盖章。我又不是领导，怎么能拿到所有员工的合同？这名工作人员随后又表示，如果表格填不起来，那只能等他们领导回来之后再处理。我四处奔波，四处碰壁，劳累了一天，得到的只是'领导回来之后再处理'的答复。"真是苦了这些跑断了腿的农民工了！可见，在城市的大部分学校，本地人和外地人、城里人和农村人的区别就构成带有附加条件的"隔离政

---

① 《合格率高压下民工子女上学遭遇"隔离政策"?》，http://www.nen.com.cn/7235230180 8877568/20040604/1418049.shtml，访问日期：2009 年 12 月 9 日。

策"或者"区别对待政策"。

当然，对于农民工而言，如果只是难点，那倒还算了，关键问题还有学费这道坎。在国家没有禁止公立学校收取"捐助费"之前，大部分公立学校是需要交钱的，而且很高。我们可以从"王求知"的自述中看到这一点，他说，"女儿考上了，我的兴奋劲还未退却，坏消息接踵而至。由于小雨是非施教区学生，读海滨中学需按当地教育部门的规定缴纳5000元'捐资费'。"如果"王求知"是本地人，则这5000元钱毫无疑问是不会被收取的。但是，农民工有那么多钱交吗？或者交得起这么高昂学费的农民工多吗？我们再看看"王求知"的自述吧，"我到温州打工三年，没有多少积蓄，去年还出了车祸，住院治疗花了几万元。如今每月只有900元的微薄收入。今年年底，我还将再次入院做第二次手术，取出腿内钢板。"读书变成了钱的事，有钱才能读！中央政府一直是体贴民情洞察民心的[①]，但在中央有关部门命令禁止收取学生的捐助费之后，一些城区学校则更加对农民工子女加大了"把门关"，或者要农民工"自愿"捐助，等等。学费，学费，真猛如虎也！

然而，真正将农民工子女区分开来的是城里人和乡下人的区分。据一些学校校长坦言，"如果我们学校招了过多的农民工子女，那么本地人就不愿意了，他们认为这些农民工子女从小就教育不好，会带坏自己的子女"。"我们面临着很大的来自城里孩子家长的压力"，"有些学生家长甚至干脆让自己的子女转学而不愿意与农民工的子弟同校或者同班"。[②] 可见，根深蒂固的二元社会观念还深深地印在城市居民的头脑中。他们一方面享受着农民工带给他们的各种社会服务，也似乎默认着应该与农民工的价值观认同，但是一旦与自己的利益发生冲突，他们就会公开地反对了。甚至，在一些地方的教育部门，还存在有这样的认识：即招收农民工子女上学似乎是耗费本地财政。如在宁波，当地教育部门随之流行一种说法：鄞州区几乎一半的公办教师都在为外来农民工子弟服务，"这个趋势不改

---

① 2003年9月13日《国务院办公厅转发教育部等部门关于进一步做好进城务工就业农民子女义务教育工作意见的通知》（国办发［2003］78号）指出，"流入地政府要制订进城务工就业农民子女接受义务教育的收费标准，减免有关费用，做到收费与当地学生一视同仁。要根据学生家长务工就业不稳定、住所不固定的特点，制订分期收取费用的办法。通过设立助学金、减免费用、免费提供教科书等方式，帮助家庭经济困难的进城务工就业农民子女就学。对违规收费的学校，教育行政部门等要及时予以查处。"这不可谓中央政府不"以人为本"矣。

② 2009年10月在湖南长沙某小学的一次调查，该校校长所说。

变，今后本地财政还将花大价钱培养民工子弟！"① 这实际上是一种极其可怕的社会歧视观念和地方保护主义观念。

实际上，无论是本地人与外地人的区分，还是城里人和乡下人的区分，所内含的是一种精英人与弱势人的潜在观念。对于这些城市居民而言，他们的子女天生就享有国家足额投资的学校就读的权利，但是农民工就是农民，他们只能够在农村上学！甚至，农民工子女在上学过程中，有一些人故意设立各种各样的借口和门槛，制造了各种各样的刁难性条件，希望保持自己"纯正的血统"，或者不让"自己的孩子受到污染"。这就是一种根深蒂固的歧视，就是一种保护自我利益和既得利益的精英人的观念。在他们的眼里，弱势人就是应该"被安排"，而不能有获得流动的机会。我们从"王求知"在教育局反映情况时的遭遇就可以窥见这种心理，"当天下午 1 时，我从海滨赶到龙湾区教育局。第 2 科'408'和'410'只有一个办公室开着，里面有两个人在讲话。我站在门口等他们讲完话，其中一人出来后，我就进去做了自我介绍和表明来意，将我报告中所写的情况说了一下，他听后说：'困难的人多着呢……'一句话就把我说得哑口无言，之后他来了个电话，我耐心地等他接完电话，就尴尬告退。"这里没有温情，没有服务，只有作为教育局的"公务员"与"领导"的居高临下的蔑视。这是一种典型的精英意识的修辞效果。可见，并不是农民工子女不愿意上学，也不是法律或者政策不让农民工子女上学，而是一种固有的歧视观念在隔离着农民工与城市居民。

当大量农民工涌入城市的时候，有许多市民责难农民工抢了他们的就业机会，责难他们破坏了社会秩序，破坏了城市的和谐，等等。实际上，市民们用一种近乎挑剔的固化眼光来看待农民工，这也是一种维护自我利益的表现。他们会找种种借口来维护自己的特殊地位和特殊利益，他们宁愿这种利益无人享受也不愿意被一个可能侵犯他们利益的阶层所吞噬。特别是教育本身就是农民工子弟获得向上流动的重要机会，而市民作为既得利益集团控制了这种较为优质的教育资源，等于就可以控制农民工的流动机会。这当然并不一定是所有市民的集体的有意识的行为，但是，在有意无意的政策与执行之间，自由裁量权的存在以及权力的把握，很难把个人

---

① 《合格率高压下民工子女上学遭遇"隔离政策"》（http：//www. nen. com. cn/7235230180 8877568/20040604/1418049. shtml），访问日期：2009 年 12 月 9 日。

的潜意识和理性区分开来。这也难怪"王求知"在为自己女儿上学的事情东奔西跑时，总是碰壁，而又无法获得一个满意的结果。

三　问题的实质：社会分层固化

如果说本地人与外地人、城里人与乡下人以及精英人与弱势人的区分是造成农民工子女上学难的一个主要原因的话，那么已经形成的社会分层固化则是问题的实质所在。

在新中国成立以前，中国社会主要存在的是以阶级来划分的社会分层，即现在人们所理解的资产阶级和无产阶级，农村里则是地主阶级和农民阶级。新中国成立以后，中国共产党坚决主张在城市把企业国有化，消除资产阶级；在农村通过土地制度改革，消灭地主阶级。尽管阶级不存在了，并不意味着阶层不存在。事实是，在改革开放前，人们不仅有政治差别，而且有阶层差别，主要体现在父辈的政治身份和阶级身份影响着人们的升学、参军、参加工作、招工、出任干部等日常生活的方方面面。此时开始出现的一个主要的区别就是城里人和农村人的区别。

城市人和农村人的区别主要是由农业、非农业户的户籍身份带来的。概而言之，在政治上，农民的选举权小于市民的选举权；在经济上，农民只能在田间工作，不能够到城镇就业，农民的粮食只能由国家统购，统购的时候却又形成了极为明显的价格上的"剪刀差"；在社会经济利益层面上，市民的生老病死都由国家负担，农民则是由其自己负担；国家的财政收入大部分投向了城市，而农村的基础设施建设，如教育设施，修桥建路，都要农民自己集资。这样，形成了事实上的两个等级身份的差别，即农民和市民的差别。这种差别的长期存在，就将农民和市民变成了不同意义的身份。韦伯说："'身份'指的是在社会声望方面可以有效地得到的肯定或否定的特权，它建立在如下的一种或数种因素基础之上：一是生活方式；二是正式的教育过程，包括实际经验的训练或理性的训练，及与此相对应的生活方式；三是因出身或因职业而获得的声望。"[①] 身份的获得容易导致人们对自我认同的成就感，而产生出高人一

---

① 韦伯：《经济与社会》，转引自李强《转型时期的中国社会分层结构》，黑龙江人民出版社2002年版，第8页。

等的感觉。特别是当自身的阶层优势非常明显，而其他阶层努力想向优势阶层靠拢时，人性的这种天生优越感就会时时刻刻流露出来。这就是帕金的"社会屏蔽"理论所刻画的。帕金说，各种社会集团都会通过一些程序，将获得某种资源和机会的可能性限定在具备某种资格的小群体内部，为此，就会选定某种社会的或自然的属性作为排斥他人的正当理由。这些属性包括：民族、语言、社会出身、地域、宗教等等。① 而且，按照韦伯的理论，"地位群体倾向于围着他们自己画一个圆圈，来限制地位群体内部亲密的社会互动、婚姻和其他关系。这样，地位群体就发展为一个封闭的社会等级"。② 我们古人在强调婚姻的"门当户对"的时候，实际上就已经深刻地认识到了作为同一阶级的人的"联谊"或者"联姻"对于保持其身份等级体面的重要性。"任何一个在社会分层系统中居于一定位置，特别是居于垄断位置和优势地位的社会群体，由于维护、扩大和延续自身位置和利益的需要，都会通过其他各种社会形式再生产社会分层系统本身，从而表现出一种强烈和顽固的'社会封闭'倾向。"③ 这种封闭倾向就是社会分层固化的理论阐述。

　　等级身份并不可怕，可怕的是等级身份制度根据出身的继承和遗传。如果等级身份被固定在了出身上，那么所有有关机会平等、起跑线平等的理论都泡汤了。而这个问题恰恰就出现和发生在了农民身上。我们知道，市民出身就是非农业户口，那么他一出生就可以过上舒心的日子，有福利、有保险、有条件优越的学校读书、考大学也不需要费太大的劲，即使没考上大学，城市中名目繁多的招工招干，安排就业等等都会给解决好。而农民，由于出身就是农业户口，那么他一出生就过上了需要劳力劳心的日子，没有福利、没有保险、没有条件优越的学校读书，没有被招工招干的机会，没有被安排就业的机会。在改革开放前的一段时间内，农民想要向市民阶层流动，只有"一条半路"可走：一是通过自己的不懈努力，认真读书考大学，这样就可以跳出"农门"，不用一辈子面朝黄土背朝天，但是考大学的几率是微乎其微的，到了现在，即使考起了大学，如果没有足够的家庭经济来源，也会因为学费贵而很难顺利地

---

① 转引自李强《转型时期的中国社会分层结构》，黑龙江人民出版社 2002 年版，第 7 页。
② 转引自吴忠民《走向公正的中国社会》，山东人民出版社 2008 年版，第 127 页。
③ 李路路：《再生产与统治——社会流动机制的再思考》，《社会学研究》2006 年第 2 期。

读完大学，即使读完大学了，又会为因为没有一定的社会资源而难以找到工作，因为在城市里的许多岗位和位置都不是农民占有的。① 另外"半条路"就是通过当兵"提干"或者在部队考大学。但是能够进入部队当兵的农村子弟因为体检等多种因素的限制，获得机会的人数少，而且部队基本不在农村招女兵，所以进部队当兵成了困难的事情。即使农民子弟进部队当兵了，如果没有考上大学，也只能在当了 2 年义务兵之后回到农村（但是城市户口的人完成义务兵年限之后则可以安排工作），所以只能称为"半条路"。

更加残酷的现实是，到了 21 世纪的第十个年头，对于农民子弟来说，考大学不仅变得难上加难，甚至变得没有意义了。2010 年 9 月 16 日，《人民日报》发表了长篇通讯《社会底层人群向上流动面临困难》，提出一个疑问：穷会成为穷的原因，富会成为富的原因吗？文章感叹，"阶层固化"所导致的严峻社会现实已经不可漠视。该文引用了"麦可思—中国 2009届大学毕业生求职与工作能力调查"项目组对 50 万大学毕业生的调查，显示家庭阶层对其高等教育结果有着明显的影响。通过这份调查可以看出，在"211"院校中，农民与农民工子女入学时以 576 分的平均分领先于管理阶层子女的 557 分，但其找工作则要艰辛得多。从学生毕业后半年的就业状况来看，农民与农民工子女有 35% 的毕业生未能就业，远远高出管理阶层子女未就业 15% 的比例。在就业质量上也处于弱势，2008、2009两届毕业生中的农民与农民工子女毕业半年后平均月薪在各阶层中分别排在倒数第一、第二位。中国社会科学院一份名为《当代中国社会流动》研究报告表明，父辈具有社会资本的那些人比一般人更易于成为干部。在父亲受教育程度这个自变量固定的情况下，干部子女成为干部的机会，是非干部子女的 2 倍多。② 之所以如此，是因为那些占有了资源的人都愿意把就业的机会给予自己的子弟和亲朋戚友，正所谓"身份难，步步难"，农民工子女就业变得非常困难。这样就导致了另外一种极端的现象发生，即大量的农民子女更加不愿意上学。2009 年高考报名时，重庆市有数万人放

---

① 一种比较典型的心态描述，可参见多年前一篇在网络上流行的文章《我奋斗了 18 年才和你坐在一起喝咖啡》。该文仔细地描述了农民出身的孩子进入城市发展的艰难过程，获得了相当多网友的共鸣。参见《我奋斗了 18 年才和你坐在一起喝咖啡》，http：//bbs. eduol. cn/post_ 16_ 257009_ 0. html，访问时间：2010 年 11 月 5 日。

② 《社会底层人群向上流动面临困难》，《人民日报》2010 年 9 月 16 日。

弃高考。据介绍，与三年前的高中入学数量相比，高考报名人数比当初减少2万人左右。而据调查，应届高三学生中，有上万考生没有报名参加高考。原因何在？据记者的采访，部分区县招生负责人称，高三学生最后放弃高考的原因很复杂，这些考生多是农村考生，有的迫于无奈拿个毕业证外出打工。此外，严峻的就业形势，上完大学找不到好工作，使读书"无用论"思想在农村蔓延，如果孩子成绩平平只能上专科，还不如早些出去打工挣钱。① 相比于农民子女的困境，一些诸如"富二代"、"垄二代"、"官二代"之类的词汇则不停地撞击我们的神经："20岁的投资公司董事长、22岁的房地产企业老板……'富二代'不断出现在人们视野中。其父辈不仅可以让其拥有良好的教育资源，甚至有地方政府拿钱出来培训'富二代'。"② 最近发生在河北大学校园的"我爸爸是李刚"事件③也反映了某些领导干部及其子弟那种顽固存在着的阶层固化心理。李强说："以先赋因素来确认人的身份地位，该体制的最大特点就是讲究等级、秩序。当这种身份得到了法律、法规的认可后，各身份群体也就难以越轨，没有了跨越身份界限的非分之想。每一个人都被定位在一定的等级上，整个体制井然有序。此种体制的最大弊端是束缚社会成员的活力和积极性，因为，它将每一个人定位在先天决定的身份体系上，人们很难突破此种先天的限制、很难超越级别。在此种体制下，人们的后天努力与地位变迁没有太大的联系，因此，这是一种缺少公平竞争机会的体制。"④ 这种公平制度的缺乏，就导致了社会阶层出现了越来越顽固的分化利益力量，固化现象也就成为一种"常态"。

四 问题的深化：警惕精英阶层利益联盟

上述对问题本质的分析还仅仅只是从农民与市民的分层固化来看的。到了当代社会，特别是随着改革开放的纵深发展，社会分层已经跳出了原

① 《重庆上万人放弃高考"读书无用论"蔓延农村》，http://tieba.baidu.com/f? kz = 561468228，访问时间：2010年11月5日。
② 《社会底层人群向上流动面临困难》，《人民日报》2010年9月16日。
③ "官二代"李启铭在撞死人之后被拦，口出狂言"我爸爸是李刚"。李刚为河北省保定市某区的公安局主管刑侦的副局长。参见《"我爸爸是李刚"官二代撞人后竟如此放肆猖狂》，http://news.cnwest.com/content/2010 - 10/19/content_ 3620473. htm，访问时间：2010年11月5日。
④ 李强：《转型时期的中国社会分层结构》，黑龙江人民出版社2002年版，第10页。

来最基本的市民与农民的划分了，新的阶层出现，新的利益集团也在不断崛起。在这些变化中，最令人注意的是，正如有的学者所说的，在当代中国已经开始形成了精英群体。

在社会分层体系当中，最具有影响力的社会阶层和群体就是精英群体。精英群体概念来源于意大利著名公共管理学者帕累托。帕累托认为，"全部社会成员分为两个阶层：下层阶层和上层阶层（精英阶级）。在自己领域内拥有高分的人们形成一个阶级，并称之为'精英阶级'（精英）。精英阶级又可分为两个部分：'执政的精英阶级'和'不执政的精英阶级'"。① 但是，精英群体又不仅仅是以执政的精英群体为主，"同时也包括了经济精英群体和知识精英群体"。② 在一个社会中，精英群体是一个由"经济、政治和军事精英组成的上层圈子"。③ 不仅仅政治精英群体意义重大，经济精英群体也有其推进经济发展的作用，而知识精英群体也有其自身优势，精英群体的"地位可以使他们超越普通人所处的普通环境；他们的地位可以使他们做出具有重要后果的决定"。因此，精英群体的决策"可能影响普通人的日常生活世界"。④ 可见，精英群体实际上已经对当代社会产生了不可估量的影响，并在一定程度上成为影响社会资源分配、社会政策取舍的主要的决策者。

在当代中国，精英群体是通过农民和市民这两个阶层分化而来的：一是原有的干部阶层乃至其子弟转化为现有的政治精英，他们活跃于政坛，影响中国的政治决策和公共决策，当然也有一些农民通过读大学毕业后进入政坛的；二是经济精英，他们大多数是在改革开放初期致富的，但是也有一些新兴行业的精英源于产业的带动，甚至还有一些进城务工经商的农民工成了千万富翁和亿万富翁；三是社会精英，来源则更加多样化。尽管无法给精英群体以精确的数据统计，但需要深刻关注的是，一个人如果"一旦被精英集团接受，新成员就开始变得保守起来。维护这个体系以及他们的职位的共同利益使他们团结在一起。当成员对特定问题有不同意见

① 转引自〔意〕加塔诺·莫斯卡《统治阶级（政治科学原理）》，贾鹤鹏译，译林出版社2002年版，第504页。

② 〔意〕帕累托：《普通社会学纲要》，田时纲译，生活·读书·新知三联书店2001年版，第298页。

③ 〔美〕查尔斯·赖特·米尔斯：《权力精英》，王昆等译，南京大学出版社2004年版，第7页。

④ 同上书，第1、2、23页。

时，他们进行相互调节而不是打乱现存的权力结构"①。而且，精英群体具有同质性，特别是"权力精英由相似出身和教育背景的人组成，他们的职业生涯和生活方式是类似的，基于他们属于类似的社会类型以及更容易达成共识这一事实，他们的联合有着相同的心理或社会基础"②。这样，精英群体之间的利益垄断更值得我们警惕。

如果说社会阶层结构固化还只是一种歧视的话，那么精英集团之间的利益垄断和利益结盟则是一种足可以关系到公共政策是否能够合理有效产出的问题。比如，我们在前面所说的农民工子女的上学难问题。如果只是由于社会阶层固有的偏见所带来的固化表现，那么潜在的意味就是这种观念尽管很令人担忧，但是还是可以改变的。换言之，这种社会阶层区分和歧视并不是铁板一块的利益垄断，只不过是由于某种心理因素的影响而导致的暂时现象。但是，如果社会优势阶层中的上层对农民工子女上学难的问题不仅不理不睬，而且也不产出合理的有效政策，甚至来一个反对政策，这才是一种令人担忧的后果。实际上，这种现象是有可能性的，理由是：第一，精英群体必然会成为政策的产出者（我们也可以称之为领导者），因为"社会分工原则导致专业化。由专家组任领导是必要的，也是合情合理的，这与医疗和技术行业是类似的。然而，专业化必然意味着权威，正如病患要听从医生的意见，因为医生比病患知道得更多，他们对人体的健康和病灶有专门的研究。同样，在政治领域，病患（大众）必须接受领袖的指挥，因为后者具有普通人所不具备的政治能力"③第二，没有政治参与能力或资格的民众只能期待精英群体的善意，"劳动分工和生产专业化被推行到了极致……个人的物质生活从未像今天这样依赖于整个社会机制的完好运行。现在，这一机制中每一部分的运转被托付给特定的团体，因此，作为整体的社会正常生活逐渐有赖于每一个这样的团体的善良意志"④按照这样的逻辑，精英群体的善意度在一定程度上决定了社会的

①　［美］迈克尔·罗斯金等：《政治科学》（第6版），林震等译，华夏出版社2001年版，第85页。

②　［美］查尔斯·赖特·米尔斯：《权力精英》，王昆等译，南京大学出版社2004年版，第19页。

③　［德］罗伯特·米歇尔斯：《寡头统治铁律》，任军锋等译，天津人民出版社2003年版，第77页。

④　［意］加塔诺·莫斯卡：《统治阶级（政治科学原理)》，贾鹤鹏译，译林出版社2002年版，第599页。

走向，防止其之间的利益垄断和结盟更加重要了。当然，在对待农民工子女上学的问题上不一定会产生利益垄断，但是，在其他问题上却很难说，而且固有的事实已经表明了精英群体之间的阶层固化并不是不可能。

精英群体之间的利益结盟不仅是可能的，而且是现实的。按照吴忠民的分析，当前精英群体的利益固化主要表现在：一是相互间的利益结盟，而利益结盟主要包括政治群体成员间同经济群体成员间排他性的利益分享，政治精英群体以权谋私的现象，政治精英群体对经济精英群体的政策倾斜；二是自我壁垒化和封闭化，这主要表现在：精英群体边界壁垒有着逐渐强化的倾向，精英群体同其他社会群体没有出现互惠互利的局面；三是膨胀低效化。① 这是一种以精英群体剥削所有群体的方式出现的，导致"权贵资本主义"或者"官僚资本主义"的可能性是存在的。这种利益固化现象最明显的例证就是中国正在蓬勃发展的房地产业，特别是在某些地方出现的房地产商绑架地方政府的现象。也就是说，目前我国一些城市出现了较高的房价，这一方面使得开发商等成为财富的最大赚取者，同时也为地方政府带来了较高的财政收入。所以一些评论称"房地产已彻底绑架地方政府、正在绑架百姓"② ——从某种程度上来说这个说法是合理的。这种精英群体中的利益结盟还体现在各种社会腐败现象上，尽管这种现象还只是部分的，但是却破坏了整个社会的规则。据《新华每日电讯》记者2006年的调查，"由于工程建设利润高，施工单位之间竞争激烈，为获取工程，将工程造价的5%至10%列入'公关费'预算用于行贿，竟成为当地建筑行业的潜规则甚至公开的秘密。（2006年）9月份最高人民检察院披露的数据显示，今年前7个月，全国检察机关立案侦查的商业贿赂案件中，属于工程建设领域的就占了1/4。"③ 这意味着，财大气粗的企业将有更多的"公关经费"投入工程承包行业，那些具有质量条件但没有行贿资本的企业因为无法获得承包任务只能黯然倒闭。尽管这是一种不正常的现象，却又在我们的社会的一些阴暗的角落中存在。再想想本节开篇所提出来的问题，为什么农民工子女为完成九年义务制教育就那么难呢？为什么市民子女就能够顺利入学呢？这其中就包含了市民和掌握中小学教育资源

---

① 参见吴忠民《走向公正的中国社会》，山东人民出版社2008年版，第五章。

② 参见余丰慧《房地产已彻底绑架地方政府、正在绑架百姓》，《中华工商时报》2009年11月30日。

③ 新华社：《行贿成本，建筑业公开的秘密》，《新华每日电讯》2006年10月11日。

的精英群体之间所达成的某种利益共识，即在保证市民的子女优先进入学校，优先获得良好的教育资源的前提下，适当为农民工子女提供资源。再结合前面提到的一些中小学校长的坦白："如果我们学校招了过多的农民工子女，那么本地人就不愿意了，他们认为这些农民工子女从小就教育不好，会带坏自己的子女。""我们面临着很大的来自城里孩子家长的压力"，"有些学生家长甚至干脆让自己的子女转学而不愿意与农民工的子女同校或者同班。"这实际上就是市民之间的某种共同"默契"，是一种浸润在城市社会中的群体对农民工子女的排斥，这本身也体现了某种精英阶层间利益上结盟的意味。

五 问题的出路：通过法律的规制

马克思早就说过："一切人，作为人来说，都有某些共同点，在这些共同点所及的范围内，他们是平等的，这样的观念自然是非常古老的。但是现代的平等要求与此完全不同；这种平等要求更应当是从人的这种共同特性中，从人就他们是人而言的这种平等中引申出这样的要求：一切人，或至少是一个国家的一切公民，或一个社会的一切成员，都应当有平等的政治地位和社会地位。"① 这意味着，出现阶层分化或许是有产社会不可避免的现象，但是避免出现过分阶层差别，特别是形成不平等差别的可能性却是存在的。而解决这个问题最有利的途径就是通过法律的治理，构建一套实现社会分层合理、促进社会阶层流动积极的法律制度体系。当然，解决社会阶层固化问题需要的是庞大的法律体系共同作用，笔者只是抛砖引玉地做一些粗糙的构想，细化的构思还需要进一步的研究。

首先，要彻底废除户籍制度，代之以社会保障号码制度——这是一个老问题，但是也是一个必须要解决的问题。上述问题所产生的基本根源就在于户籍制度所导致的社会阶层分化和固化。户籍制度的最初功能是以管理为目的的，但是在今天我们完全可以实现管理方式上的创新。特别是随着国家提倡的社会福利制度正在重构之中，可以预见，在不久的未来，农民也会成为社会福利制度的享受者，那么这时我们可以趁机彻底废除户籍制度，将居民身份证上的身份证号码转化为以福利为主要内容的权利号码，而不是唯一的被管理符号。这样，市民和农民之间的直接对立消失

---

① 马克思、恩格斯：《马克思恩格斯选集》第 3 卷，人民出版社 1995 年版，第 444 页。

了，或者说市民歧视农民的渊源不存在了，市民那种发自内心的优越感没有了存在的基础。这样，在对待农民工子女上学的问题上，将扫除户口的障碍，建立起真正符合九年义务教育制度的保障体系。尽管完全解决农民工子女上学问题并不是一项废除户籍制度就能够解决的，但是最起码可以使出现社会阶层的制度障碍消除。

其次，要建立健全完善的反歧视法律制度和平等保障法律制度。社会阶层之所以能够出现利益固化，原因就在于那些掌握了资源的精英群体为了维护自己的利益，在自觉与不自觉之间制定了一些维护自己利益的措施。甚至，还有一些精英为了维护自己的既得利益，会强硬地排斥不属于本集团的人员，从而形成社会歧视。社会歧视的表现形式是多样的，在各个领域中也会广泛存在。就业中的歧视、教育中的歧视、身份上的歧视，血统上的歧视，等等，都会影响不同人群的各种权利和利益。因此，制定反歧视法律的目的就是要保证权利的平等实现。在我国，要破解利益固化的难题，《反歧视法》就应该发挥核心保障作用。瓦解社会阶层固化和利益结盟的《反歧视法》的主要内容应该包括：第一，确立平等竞争原则。要让竞争在人才流动中发挥核心调节作用。如从目前全国都在轰轰烈烈进行的公务员考试来看，效果比较明显，减少了暗箱操作的可能性，将来需要在《考试法》中进一步明确，必须将所有的机关、事业单位、人民团体等各种全额拨款单位、部分拨款单位、自收自支的事业单位和国有企业都纳入到以考试为选拔方式的法律规范当中，建立起信息透明的人才选拔机制，使得人才流动更加透明。第二，确立适当补偿制度。目前我国在高考制度等中确立的是对少数民族采取适当加分措施，但是对于农民子女却没有相应的补偿。为此，我们可以借鉴美国的"肯定性行动计划"[①]，对农民及其子女的发展创造一定的补偿制度。主要有：大学学费减免制度、高考适当加分制度、职业高中（大学）上学免费制度、农民工子女进城读书无条件接纳制度等等，当然这些制度只是一定时期之内执行的制度，待将来农民已经实现了与市民同等竞争的条件之后，就应该取消。

再次，建立利益共享的社会分配法律制度。社会成员共享社会发展的成果，既是现代社会文明的标志，也是现代化进程中的客观需要。当一个

---

① 有关"肯定性行动计划"的介绍与反思，可以参见笔者的另一篇文章《肯定性行动计划的法理学思考》，《时代法学》2006 年第 3 期。

社会尚不具备必要的条件，这时如果强调"人人共享"的事情，那就说明这个社会的"大脑"出现了诸如过于理想化甚至是幻觉化的问题。相反，如果一个社会具备了或部分具备了必要的条件，并且有着这一方面的要求，却不将共享问题予以实施或部分地予以实施，那就说明这个社会的运行机制出现了问题。① 农民工子女上学难的问题从本质上说也是一个因为社会分层固化而无法享受社会发展成果的问题。解决这个问题的根本途径就在于实现社会利益共享，建立利益共享的法律机制。一是遏制分配不公的势头，"遏制分配不公的势头现在已不仅仅是个社会伦理问题，而且是危及国家政权稳定的重大政治问题。对一个由共产党执政的社会主义国家而言，经济发展固然是硬道理，社会公正也是硬道理"。② 主要是对一些初次分配和二次分配都较高的行业要规制，对于农民工等收入过低的群体要保护。二是重构利益分配原则，"虽然财富和收入的分配无法做到平等，但它必须合乎每个人的利益"，"我们不能根据处在某一地位的人们的较大利益超过其在另一地位的人们的损失额而证明收入或权力方面的差别是正义的"。③ 重构利益分配原则就必须要求国家和政府在《劳动法》中明确一次分配的合理原则，二次分配的福利原则。即在一次分配过程中，借鉴各地方已有的最低工资制度，确定分配的标准，特别是要防止出现体力劳动与脑力劳动者之间收入分配的过分悬殊，特别是要注意根据本地的实际生活条件和水平来建立分配制度。同时，也要在《劳动法》中明确国有企业、事业单位的高管们的收入的合理数目，在保障和调动他们积极性的基础上来确定分配额，当然更要避免出现像中国平安董事长马明哲那样的年薪收入达到6000多万的过高现象，也要使得各行业的收入差别不至于过分悬殊，调控部分暴利行业的收入。在二次分配中，主要是以坚持全民福利为主，即将我国所有居民都纳入到改革开放带来的社会发展的共同成果的享受者当中，在一定程度上保障他们的生、老、病、死，充分做到调动劳动积极性和保护弱者的社会利益。三是扩大政府在农村的必要财政投入。本来，政府的主要职能应当是，通过必要的公共投入来维护社会公正，保证和促进社会经济的正常运行和健康发展。这里，公共投入显然是

① 吴忠民：《社会公正论》，山东人民出版社2003年版，第13页。
② 王绍光：《安邦之道——国家转型的目标与途径》，生活·读书·新知三联书店2007年版，第384页。
③ ［美］罗尔斯：《正义论》，何怀宏等译，中国社会科学出版社1989年版，第57、60页。

至关重要的事情。就公共投入的优先顺序而言，应当以民众的基本需求为基本着眼点，应当以民生问题为优先。但不能否认的是，在前些年为时不短的一个时期当中，就中国公共投入的优先顺序而言，呈现出一种明显颠倒的状况，很不正常。一方面，国家在基本民生方面公共投入的比例小得可怜，是世界上最低的国家之一；另一方面，则是不合理的公共投入比重过大，高居世界第一。① 重城市轻农村的投入现象使得农村发展极为落后，这不仅表现在教育上，而且也表现在基础设施建设等方面，尽管我国最近几年在新农村建设活动当中对农村基础设施建设有了一定的投入，但是农民的受教育环境、医疗卫生环境、生活环境的改善并不是非常明显。这需要我们在《预算法》等专门法律中做进一步的规范。

最后，通过法治推动来发展中间阶层，建立一个开放性的社会。我国目前的社会阶层的实际情况是"该缩小的阶层还没有小下去，该扩大的阶层还没有大起来。换言之，农业劳动者阶层规模过大，社会中间层规模过小"。② 首先，中产阶级是介于社会高层与底层之间的缓冲层，当它成为社会主体时，社会高层与底层间的冲突就会受到阻止，社会矛盾就会大大缓和，这是社会稳定的政治原因。其次，中产阶级在社会上代表温和的、保守的意识形态，当这种意识形态占据主导地位时，极端的思想和冲突观念就很难有市场，这是社会稳定的思想原因。第三，中产阶级也是引导社会消费的最主要群体，当中产阶级占社会的多数时，中产阶级的生活方式就保证了社会庞大稳定的消费市场，这是社会稳定的经济原因。③ 中层阶层的扩大，是直接制约社会分层固化和利益结盟的重要力量，也是实现法治发展和社会发展的重要力量，这需要我们国家的法制作进一步的巨大贡献，主要的法制工作应该是对弱势群体的税收减免、对低收入群体的免费培训制度和教育、对高收入群体的税收累积、对遗产继承的税收等法律制度方面。而中间阶层的扩大，则有利于社会的开放，但是，这却并不是必然的因果关系，还需要法律的促进。开放性社会的建构主要是在社会制度层面的建构，包括允许公民的自由流动、公平的用人机制、人才的培养机制、人才来源的范围保证机制、严格的公务员考试选拔机制等等，都是开

---

① 吴忠民：《走向公正的中国社会》，山东人民出版社 2008 年版，第 6 页。
② 陆学艺主编：《当代中国社会阶层研究报告》，社会科学文献出版社 2002 年版，第 69 页。
③ 李强：《转型时期的中国社会分层结构》，黑龙江人民出版社 2002 年版，第 10 页。

放社会必须要建立的法律制度。

　　社会阶层的流动是社会充满生机和活力的重要表现，当代中国已经为迈入一个更加自由、平等的社会付出了更多的努力，已有的趋势表明，我们会实现更为美好的未来。这样，我们的制度建设、我们的法律追求都应该把全部心思放在合理的价值追求之上。至少，我们不能因为困难的存在而放弃了对公平正义的追求。我们期待着民生建设下的中国出现和谐的太平盛世景象。

第七章　民生法治发展模式中的权利限度

第一节　权利话语的时代限度

一　历史中的权利话语

所有的法律人都对西方的历史有着特殊的兴趣，因为它激起了我们对今天赖以生存的法治的渴望，也激起了对权利的激情。特别是在启蒙运动时期，思想家们以自然权利为旗号，呼吁天赋人权，呼吁以权利来改变现实，成就了今天的西方民主国家。

先让我们再来重温一下这些思想家是怎么呼吁的：霍布斯说：“‘权利’这个词确切的含义是每个人都有按照正确的理性去运用他的自然能力的自由。”① “自然的权利，即著作家们普遍地称之为 Jus Naturale 的东西，就是每个人拥有的为了他自己本性的保全而根据其意愿运用其自身力量的自由。”② 洛克说，“所有的人生来就是平等的”，“每一个人对其天然的自由所享有的平等权利，不受制于其他任何人的意志或权威”③。洛克还把所有的基础归结为财产权，“人们联合成为国家和置身于政府管理之下的重大和主要的目的，是保护他们的财产。‘主权者’的权力绝不容许扩张到公众福利的需要之外，而是必须保障每个人的财产。”④ 德国哲学家康德也追随了这种思路，“确认财产权是划定一个保护我们免于压迫的私人领域的第一步。”⑤ 卢梭说，“人是生而自由的，但却无往不在枷锁之中”，“当

① ［英］霍布斯：《论公民》，应星、冯克利译，贵州人民出版社 2003 年版，第 7 页。
② ［英］霍布斯：《利维坦》，黎思复、黎廷弼译，商务印书馆 1985 年版，第 91 页。
③ ［英］洛克：《政府论》（下），叶启芳、瞿菊农译，商务印书馆 1983 年版，第 34 页。
④ 同上书，第 71 页。
⑤ 转引自［英］哈耶克《自由秩序原理》，生活·读书·新知三联书店 1997 年版，第 171 页。

人民被迫服从而服从时，他们做得对；但是，一旦人民可以打破自己身上的桎梏而打破它时，他们就做得更对"，"因为人民正是根据别人剥夺他们的自由时所根据的那种同样的权利，来恢复自己的自由的，所以人民就有理由重新获得自由；否则别人当初夺取他们的自由就是毫无理由的了"。①

思想家们的号召推动了实践的进程，资产阶级大革命充分发挥了思想的指导优势。美国《独立宣言》宣称："我们认为下面这些真理是不言而喻的：人人生而平等，造物者赋予他们若干不可剥夺的权利，其中包括生命权、自由权和追求幸福的权利。为了保障这些权利，人类才在他们之间建立政府，而政府之正当权力，是经被治理者的同意而产生的。"法国《人权宣言》第一条指出："在权利方面，人生来是而且始终是自由平等的。"第二条指出："一切政治结合的目的都在于保护人的自然而不可剥夺的权利，这些权利是：自由、财产、安全以及反抗压迫。"第三条指出："国民是一切主权之源，任何个人或任何集团都不具有任何不是明确地从国民方面取得的权力。"自此以后，权利登堂入室，成为任何一部想自称为"先进"的宪法和法律必不可少的内容。

回顾这段历史，可以用"波涛澎湃"来形容。权利启开了西方文明的进化之门，启开了人类正当追求的历史之幕。正因为有了权利，西方国家才能够迅速地崛起于世界之林，一度在文明话语权的争夺中出尽风头。可以说，权利确实为争取人与人之间的平等，争取人们的自由，争取应有的社会地位和价值观念作出了巨大贡献；确实为人类文明带来了勃勃生机，使人们能够自由地决定自己的发展与进化。但是，权利毕竟是在西方社会变革的时候发生的，因此以无往不利的权利去修辞正当的社会变革，是不需要细细思量的。今天，社会已经基本稳定了，权利话语还有那么的优雅吗？

二　西方权利话语的困境

如果要想了解权利的现代西方处境的话，我们不妨从一个案例入手。

莱文夫妇是一对中年职业夫妻，每天在曼哈顿工作且比较繁忙，因此也是筋疲力尽，希望在一天的工作之后，享有一个安静的夜晚。然而，不

① ［英］卢梭：《社会契约论》，何兆武译，商务印书馆1980年修订版，第8页。

巧的是，住在莱文夫妇楼上的索克洛有两个孩子，一个 4 岁，一个 2 岁，这两个小孩经常在房子里吵闹且制造噪声，影响了莱文夫妇的休息。索克洛住在房东的房子里，房东和索克洛约定"不能制造或者允许任何家庭成员制造扰人的噪声"，"抑或在其他方面侵犯其他租户的权利、舒适与便利"。莱文夫妇向索克洛的房东提出了强烈抗议。房东于是将索克洛诉诸皇后区法院。在庭审中，索克洛抗辩道："一个人的家就是他的城堡。"而房东控告的理由就是索克洛违背了他们的约定。主审法官是丹尼尔·菲茨帕特里克。他说，"难以解决的情形是索克洛先生的城堡刚好在莱文先生的上面。"[①] 法官既同情莱文夫妇的境遇，因为他们的休息确实很重要；法官也理解索克洛的境遇，因为"孩子吵闹与一个时期是分不开的，此时他们的思想还无从顾及其他"。[②] 这的确是一种两难。

可以说，在这个案例中，莱文夫妇的休息权毫无疑问是重要的，但是索克洛先生的两个孩子的确幼小，而且是在自己的房子之内（租的房子也是自己的"城堡"），因此按照权利话语的逻辑，这也是受到隐私权和财产权保护的。但是如果是这样的话，莱文夫妇也是在自己的"城堡"中，因此其权利也是应该受到保护的。这样，权利冲突就不可避免地产生了。格伦顿女士考察过，在全美国像索克洛先生以及他的邻居一样的好人经常运用权利修辞，就仿佛他们和他们的特殊利益优于其他可见的任何事情似的。格伦顿女士引用了那些接受《走向美国之友》的一些青年的谈话时发现，在这些青年看来，自由意味着真正的没有限制，而我们中间的大多数也经常可以在他们身上看到我们自己。[③] 这表明的是，在美国，权利已经成为一种绝对话语，在人们的意识中，权利就是自己应该拥有的，它没有限制，也没有范围，有权利的人就应该把权利使用到极致为止。所以，格伦顿说，"当我们考虑到美国权利方言的绝对化与现实有多么少的关联时，这种夸大其词的绝对化就更加不同寻常。正如索克洛案所表现出来的一样，在我们用一种简直毫无约束的方式来表述权利的倾向与当一个人的权利与他人发生冲突时必须为之施以限制的常识上，人们的分歧显著。在已知的任何日子里，在全国的法庭上，在一年四季间，当步履匆匆的法官对

---

① ［美］玛丽·安·格伦顿：《权利话语》，周威译，北京大学出版社 2006 年版，第 25 页。
② 同上。
③ 同上书，第 25—26 页。

普通的争议进行审理时，他们使用着一种日久天长、反复斟酌的权利概念"。① 如果可能的话，许多争议都是有关权利的争议，不管是重大的案件还是标的额很小的案件。认真地分析一下，从斯科特诉桑弗特案（1857年）、第二次世界大战期间日裔美国人被拘留案、有关国旗致敬和《效忠誓词》的三个案子、恩格尔诉瓦伊塔尔案（1962年）、贝克诉卡尔案（1962年）、吉迪恩诉温赖特案（1963年）、加利福尼亚州立大学董事会诉巴基案（1978年）等等，无不是权利与权利之间的较量。以至于有人说，"在美国，当我们想维护某个东西的时候，我们便努力将其描述为一种权利……当我们特别想要延续某个事物的时候（福利、利益、一项工作），我们便努力将我们所关注的对象归结为一种财产权利"。② 而法官在审理这些案件时，不得不对权利概念经历反省之后的再反省、否定之后的再否定。就像上述的案例，法官不得不考虑莱文夫妇的休息权和隐私权等权利，也必须考虑索克洛的休息权和隐私权，还要考虑索克洛的小孩的健康成长等多个方面的因素。

权利的绝对化也必然会导致人们对自身利益追求的绝对化。据报载：美国"9·11"事件发生后，美国国会参众两院于2001年10月26日通过了《反恐怖法案》，使之成为打击恐怖主义的正式法律。布什在签署这一法案时表示："政府将以一个国家处于战争状态的紧迫感来执行这一法律。"该法律的主要内容包括：允许执法机构窃听恐怖嫌疑分子的电话并跟踪其互联网和电子邮件的使用；允许司法部门在提出犯罪指控和驱逐之前对有犯罪嫌疑的外国人拘留七天，等等。③ 尽管这些法律得到了大多数人的支持，但是依然遭到了许多的抵制，游行不断，示威不断——这是美国人权利的表现，但同时不也是权利绝对化根深蒂固的表现之一吗？所以，格伦顿反思道："绝对化的主张具有更深层次的消极影响，它们趋向于将权利贬损至那种仅仅对于无节制的欲望与需求的表达。""当我们以一种绝对化的形式来维护这些权利的时候，我们却在表现无限而又无望的欲

---

① ［美］玛丽·安·格伦顿：《权利话语》，周威译，北京大学出版社2006年版，第26—27页。

② 同上书，第41页。

③ 新华社华盛顿2002年1月26日电，案例转引自刘作翔《权利冲突的几个理论问题》，《中国法学》2002年第2期。

求——完全的自由、完全的占有、成为我们命运的统帅、灵魂的主宰。"①权利本来是为了保护公民免遭强权侵犯，但是在当今的话语中，权利却成了个人命运的根本维系或者成为绝对话语而深深地嵌在硬生生的生活当中，没有一点温情，没有一点生机，只有世俗的个人利益在喘着粗气。

扩而言之，透过权利这扇大门，我们发现以美国为代表的西方国家正在上演着一出出权利的悲喜剧。在今天，个人之间的纠纷与矛盾以适用战无不胜的权利来解决，以适用权利为攻无不克的合理说法，以适用权利为所向披靡的正当要求。这是一种奇特的现象，西方人就是在这种奇特的现象中寻求突围之策。但是，很不幸的是，这种现象不独为民众所享有。西方的政治家们在为自己拉选票时，或者在对别国指手画脚时，或者在对于一个法律问题拿不定主意时，权利话语是他们为自己辩护的最好的修辞技术，权利话语也是打击政敌和别国的最好的武器。毕竟武力打击是过分的野蛮和赤裸裸，而权利话语的打击却是那么的文明与高尚，且显得是那么的理想性与效果性的结合。总之，这既是一个权利无敌的时代，但也是权利无奈的时代；这既是权利神圣的时代，也是权利修辞的时代。

权利为什么成了用来标榜的"花瓶"？

三　权利话语为何横冲直撞

权利本身是以美国为代表的西方资产阶级在反对封建制度、追求经济发展自由的过程中所使用的旗帜和标杆，因此，在历史上和现实中强调权利本身不是值得批判的事情。从西方思想家最初对权利和自由的定义来看，权利和自由都包含有不侵犯他人权利和自由的基本向度。但是，对权利的追求不等于权利的绝对化倾向，更不等于权利的甚嚣尘上。笔者要追问的是，为何在以美国为代表的西方国家今天却出现了嚣张的权利、无克制的自由呢？对这个问题的回答，还是要深入到西方人的历史中去，回到西方的传统，特别是回到美国的传统中去进行探索。

第一，作为理想与信念的权利观念深入骨髓，这是权利绝对化的基本前提。我们先来看看西方权利话语兴起的最初缘由。公元 14 世纪以后，资本主义开始在欧洲迅速地发展。新航路开辟以后的殖民掠夺，贩卖黑奴以及海外贸易的扩大，文艺复兴、宗教改革以后封建精神枷锁的初步解

---

① ［美］玛丽·安·格伦顿：《权利话语》，周威译，北京大学出版社 2006 年版，第 60 页。

除，大大促进了资本主义经济发展。商品经济的蓬勃发展，影响了整个中世纪的经济结构与社会结构。到了 17、18 世纪，西欧资本主义已达到相当高的水平，资产阶级力量也随之壮大。资本主义商品经济的最大特征是追求自由，马克思恩格斯对此明确指出："特权和优先权符合于与等级相联系的私有制，而权利符合于竞争、自由私有制的状态。"① 资本主义经济发展要求有相对宽松的环境，新兴资产阶级要求拥有政治上的权力。因此，专制政府的统治已经成为制约资本主义发展的最大障碍。封建桎梏不但严重阻碍了工商业的发展，也使资产阶级有钱无权，没有掌握政治权力的新兴资产阶级便有了基于经济实力的更高要求。而此时，为维护统治，封建国家却进一步强化专制，强化特权，强化"上帝"的意旨，这与成长壮大起来的资产阶级及广大人民的利益和要求相违背。于是，以民主对抗专制，以人权反对特权，以科学替代迷信，成为资产阶级及广大人民的共同心声。由于当时欧洲的资本主义力量和封建力量相比依然不占优势，新兴资产阶级的政治心声便通过意识形态领域首先反映出来，并为未来更猛烈、更直接的反封建斗争指明了方向，作了充分的舆论准备。这种舆论前提就是天赋人权观念。正如我们在前面所论述的那样，天赋人权是西方资产阶级提出来对付封建、保守和压制的最为有效的工具，它明确地告诉人们所要追求的改革或者革命不是某一个人的改革和革命，而是追求全体人民的权利。因此，从这个层面来说西方的资产阶级革命为"权利革命"或者"人权革命"一点也不为过。一种观念要深入骨髓，就必须转变成为现实的力量。权利就是这样神奇的东西。西方启蒙思想家们的呐喊和呼吁成为西方近代革命的先声和指南，并成功地建立了资产阶级的共和国。西方各国在建国后纷纷通过宪法来再次表达和强调天赋人权的权利观念，这无疑就是肯定了权利观念的"造反有理"。用一个不恰当的比喻，如果有人告诉你用枪抢劫是成功的路径之一，你尝试了，结果获得了不菲的收入，而且宪法上也肯定了你抢劫的成果，这时抢劫就会成为你的不二选择，从而深深印入人的头脑，"原来用枪抢劫是这么有用的……"可见，以权利为核心的革命，再加上宪法的肯定，权利观念成为西方人一代代传承的最为丰富的遗产资源。西方资产阶级革命成功以后，又开始了自由资本主义国家阶段。这时人们奉守的是"最少的政府就是最好的政府"的理念，权

---

① 马克思、恩格斯：《马克思恩格斯全集》第 3 卷，人民出版社 1960 年版，第 229 页。

利至上，契约自由，私权神圣，一度成为西方国家流行的基本原则。由此可见，革命前夕的大力宣传和造势，革命成功后的身体力行和恪守，使西方人权利观念深入骨髓，"此心不渝"了。当然，要指出的是，有深入人心的权利观念本是法治国家与法治社会的正当要求，但是，如果把权利话语普及在任何可能的领域，以至于为此变成了一种自私的权利，则会对社会造成一定程度的负面影响。

　　第二，权利话语扼杀了传统文化的优秀基因，以财富为中心的现实利益衡量成为合作的首选因素。在西方进入近代社会之前，曾经经历了长达千年的中世纪时期。这个时期是以封建制度为基本特征，以基督教教义为基本生活价值观。基督教是以"罪"和"罚"为核心理念建构其基本教义的。永恒与暂时的矛盾、神圣与邪恶的矛盾、灵魂与肉体的矛盾、天堂与尘世的矛盾，这些存在于中世纪世界观深层的矛盾深深地根植于这一时期的社会生活中；根植于富有与贫穷、支配与服从、自由与奴役、特权与剥夺等难以调和的对立之中。这样，神学不仅给予中世纪社会以最高的普遍的原则，而且也赋予了它以维护道义的约束力和赏罚标准，并使其神圣。① 基督教则通过宗教信仰的方式来推行包括正义在内的社会价值，它突出地强调灵魂永存，贬低现实生活的价值，以吸引人们把目光投向上帝和天堂。在《圣经》里，人类的祖先亚当因为偷吃了上帝的智慧之果而被赶出伊甸园，这样人类开始背负着原罪。而亚当和夏娃生儿育女之后，世界上的人口开始多起来了。但人在地上充满了罪恶。② 所以，《圣经·诗篇》写道："愿大水拍手，愿诸山在耶和华面前一同欢呼。因为他来要审判遍地。他要按公义审判世界，按公正审判万民。"③ 根据《以赛亚书》，上帝的审判乃是"寻求公平，解救受欺压的，给孤儿伸冤，为寡妇辨屈"④。《申命记》说："你们听讼，无论是兄弟彼此争讼，还是与同居的外人争讼，都要按公义判断。审判的时候，不可看人的外貌，听讼不可分贵贱，不可惧怕人，因为审判是属乎神的。"⑤ 所以，上帝凌驾于一切人和事物之上，他

---

① ［俄］A. 古列维奇：《中世纪文化范畴》，庞玉洁等译，浙江人民出版社1992年版，第10页。

② 《圣经·创世纪》，中国基督教协会，2001年编印，第6页。

③ 《圣经·诗篇》，中国基督教协会，2001年编印，第98章第8—9节。

④ 《圣经·以赛亚书》，中国基督教协会，2001年编印，第1章第17节。

⑤ 《圣经·申命记》，中国基督教协会，2001年编印，第1章第16—17节。

的命令就是最高的法律，人们应该毫不犹豫地服从，这就是最大的正义。基督教对现实中人们的行为指导就是要求人们"要尽心、尽性、尽意地爱你的上帝。这是诫命中的第一，且是最大的。其次也相仿，就是要爱人如己。这两条诫命是律法和先知一切道理的总纲"。通过宗教教义的教导，基督教给予其信仰者以现世中没有得到的尊严。不仅基督教要求人们通过"赎罪"的方式来"爱人"，而且也给予了贫苦百姓们在生活困苦、备受欺凌的情况下苦觅的生活尊严。正如韦伯所说，"他们没有在现世中得到尊严，而正是在对尊严饥饿般的渴求中，产生了拯救的观念。一个人在社会身份等级的阶梯上越下降，他对拯救的需要就越强烈。非特权阶层的尊严建立在一种宗教承诺上，对于在现世中没有得到的尊严，他们或者用在将来某个时刻会具有的尊严，或者用注定在某一未来世界或另一世界中获得的尊严，来作为替代物。"① 这样，贫苦百姓们就在对基督教的信仰中获得了尊严。但是，基督教的教义在中世纪被彻底地破坏了。破坏基督教基本教义的不是老百姓，而是教会组织自身。教会组织严禁有任何不符合基督教教义的想法，控制人们的行为，禁锢人们的思想，垄断大量的财产，而且还横征暴敛。到了文艺复兴时期，岌岌可危的基督教教会组织甚至超越了世俗国家的力量，肆意烧死有"异端"思想的人，每年死在火刑柱上的人不下百人。这哪里是仁慈的上帝的仁慈做法，简直成了教会统治下的人间地狱。到了启蒙运动时期，权利话语以前所未有的速度传播，人们开始了怀疑，怀疑上帝，怀疑真理，怀疑一切。尽管启蒙思想家们积极主张人是理性的动物，人的理性足可以自己与上帝交流和沟通。但是，在对基督教的排斥和对权利的呼吁中，人们以一种激情的方式发展资本主义，发展经济，进行海外掠夺，进行黑奴贸易，进行殖民地开放。传统的基督教观念在这种话语中迷失了方向，一切都以经济利益为中心。获取最大的财富成为那时西方人们的终极诉求和最大意义。"爱人"不见了，权利兴起了，世界变成了赤裸裸的强者通吃的世界，而强者的话语就是权利。所以，格伦顿教授不得不悲哀地说，"就其无情的个人主义而言，它营造了一种社会失败者的冷漠氛围……它破坏了我们与市民和个人美德的主要的

---

① The Theories of Society, *Foundations of Modern Sociological Theory*, The Free Press of Glencoe, Inc 1961, pp. 1146—1149.

温床。"① 美德丧失了，权利却在慢慢地滋生到极致，所谓物极必反，这也难怪麦金太尔等人对西方当前的现象表示极其不满。麦金太尔在《德性之后》一书中指出，权利体系的完美在人们缺乏各种具体的美德的条件下，不可能对个人的行为发生什么影响，也不可能成为人的行为规范，只会让人们更加注重自私的利益。更好地运用道德法则的前提是拥有美德。②

第三，美国的权利话语发展是在不同阶层的人们以权利为武器的争夺与反争夺的过程中形成的，特别是黑人和白人的较量基本上都是围绕着权利话语展开的，因此，权利话语成为时代的"主流语言"。我们先看看美国是如何成为今天世界上的超级大国的。我们知道，美洲是在 15 世纪进入欧洲人的视野的，当时的美国还只是住了很多土著人。哥伦布发现新大陆以后，许多西欧人带着对美好生活的向往，开始移民美国，拓展新的领地。其中最值得注意是 1620 年 11 月 11 日到达美洲的"五月花号"轮船上的一批人。他们经过在大西洋 66 天的航行，在现在的科德角外普罗温斯顿港抛锚。船上有 102 名乘客。那时已是深秋，这 102 人决定就在那儿登陆而不继续航行。为了订立一个大家都能受到约束的自治协议，他们在上岸之前签订了一份公约，这个公约就是历史上有名的《五月花号公约》。《五月花号公约》的目标就是要建立一个能够保护权利的自治社会。随后，英国国内的宗教斗争加剧，许多清教徒被迫来到北美大陆。但是，这些来到美国的白人发现，这里并不是世外桃源，它只不过是一个没有被现代文明开发的地方而已，一切都需要移民们自力更生。从欧洲带来的那些文化价值已经不再适用，如何在这片未经开垦的土地上活下去成为了首要目标。到了 18 世纪初期，大量的黑人奴隶被从非洲掠夺到了北美，这时候的白种人充当了为自己利益奋斗的打手，他们一手挥舞着鞭子，一手拿着枪支，强迫黑人为他们劳动，黑人成为他们赚取钱财的工具。即使是在打着"天赋人权"的旗号掀起的反英独立战争中，美国国父们的"天赋人权"中的"人"是忘记了黑人奴隶的。甚至可以说，美国的国父们从来就没有认真地把黑奴们当做人来看待过。从欧洲而来的人文主义传统到了北美大陆演变成了"白人主义"传统，殖民地的艰苦生活让这些殖民者们不得不把利益当做最高的追求目标。即使是在美国独立以后的 100 多年内，

① ［美］玛丽·安·格伦顿：《权利话语》，周威译，北京大学出版社 2006 年版，第 60 页。
② ［美］麦金太尔：《德性之后》，龚群等译，中国社会科学出版社 1995 年版，第 236 页。

美国的白种人（那些呼喊着权利的人）也没有认真地思考过为什么黑人不享有同白种人一样平等的权利。所以，历史就用权利开了天大的笑话：美国最高法院在 1857 年的斯科特诉桑弗特案的判决中认为黑人奴隶不是"美国公民"，因为黑人奴隶是南方奴隶主的"私有财产"；美国内战以后，尽管美国已经废除了奴隶制，但是黑人依然不是美国公民；1896 年，美国最高法院在普莱西诉弗格森案中裁决出了历史上著名的"隔离但平等"制度，使得黑人和白人形式上平等实质上不平等向未来延续了将近 70 年。尽管许多白人是相信上帝的，他们信仰的基督教告诉他们在上帝面前人是平等的，可是对于财产的过度追求使得许多白人忘记了上帝的谆谆教诲，一切以利益为中心（打着权利的旗号）成为权利者的首选。在美国，即使一些其他的社会问题，也都是以"权利与权利的交错，权利与权利的冲突"的方式引发的。如妇女堕胎问题，涉及的是妇女的自由权与婴儿的生命权的冲突；如焚烧国旗案，涉及的是言论自由、私有财产权与国家利益的冲突。可以认为，美国人这种畸形的权利观念导致了一种自私的社会观念。这种自私观念以个人权利为核心，以基本财产权为基准，以自我为出发点和归宿点。也正是由于美国人的权利话语的取得是一种竞争与反竞争、争取与反争取的过程，人们对此十分的珍惜。处处诉诸权利，时时诉诸权利，一切都是权利的影子和声音。

第四，美国的权利话语是建立在权利话语的世界想象之上的，这种价值观的世界推行使美国人误以为权利就是一切。从社会治理的角度来说，美国能够成为一个世人羡慕的法治国家，一个重要的原因在于美国这样一种移民国家不存在根深蒂固的与法治相悖的文化传统的排斥。随着美国经济实力的增长，美国霸权主义的心态越来越突出，在世界上充当国际警察的动机也越来越明显，并且对一些欠发达国家进行了从经济到政治的全方位的价值渗透。在对其他国家的渗透过程中，文化渗透比较成功，如好莱坞的电影等，许多国家的人们对美国的这种文化疯狂热爱，这样，美国人的权利话语意识也逐渐成为许多国家的新的文化姿态。美国人在传播权利话语的过程中也发现，权利确实也是一种比较有效的话语形式，因而也对此种方式比较迷恋。换句话说，本来权利话语就是美国人的"宝"，结果因为美国人的强大而逐步地渗透到了其他国家，甚至还对其他国家造成了比较重大的影响，这时，美国人自己也不禁细细思量其中的奥秘。思量的结果就是原来权利话语本身就是成本低、效益高的表达方式，任何一种行为如果描述成权利方式，或者用权利来表达某一种行为的正当性，那么其固有的力量就会以合法合理的形式显露出来。当越多的人肯定美国人的权利话语的时候，美国人自己也就越来越满足于这种话语的成就，因此也就有了更为深刻和灵活的现实运用和实践表达。

四　西方权利话语对中国的启示

美国的权利话语是在美国特定的文化传统和社会历史背景下产生的。我们该如何看待美国的权利话语景象呢？换句话说，从美国的权利话语景象中，我们该获得什么样的启示呢？

我们要肯定的是权利话语在当代社会中的重要意义。正如上面所反复宣称的那样，不论是从历史来看，还是从美国的现实来看，权利话语对于美国人而言都是有着不可或缺的积极意义的。这一点对于我们是有积极启示的。就中国而言，当前正处于法治国家的建设进程当中，法治国家建设的一个根本目的就是要保证社会中每一个公民的权利的正当行使与积极表达。在我国这样一个历史上没有法治传统，现实中也暂时缺乏权利氛围的语境中，无论以怎么样的方式强调权利对公民的重要都不为过。按照有些学者的说法就是，"从法律角度每个法律意义上的人都有在法律的限度内追求和获取自己最大利益的正当权利，也有在法律的限度内维护和保护自己利益的正当权利"。① 对于社会而言，合作是社会进化的根源，但是对于个人而言，"一个人在追求他的利益的时候，大多数情况下，是同其他人的利益互进的、互益的和互动的，否则，人类也就不可能形成一种互助的合作关系"。② 权利对人们的正当利益给予了维护，保证人们在法定的框架范围内拥有自己的自决性和自主性，对人们在社会上的尊严和人格给予了足够的理论支持和现实保障。我们再去追寻一下那些法律谚语，当英国人说"风能进，雨能进，国王不能进"的时候，当美国人说"我的房子就是我的城堡"的时候，他们把自己所享有的权利作为一种对抗的资本和力量。所以，我们要吸取这种力量，这是我们的人们能安居乐业的基本法则。甚至可以这样说，什么时候我们的权利意识浓厚了，保护权利成为我们的首选行动策略了，什么时候我们的法治国家建设就成功了。当然，可

---

① 刘作翔：《权利冲突的几个理论问题》，《中国法学》2002 年第 2 期。

② 同上。

以期待的是，只要我们沿着法治建设的道路前进，只要我们怀着对法治建设的美好梦想，只要我们有足够坚定的意志，权利会成为我们日常生活的重要话语并获得足够的保护的，因此，我们也没有必要对美国人的权利姿态羡慕不已。更何况，目前我国人民的权利状况正在日益改变，这是不争的事实。

需要指出的是，我们在借鉴美国的权利话语时，不得不反思上述的美国权利话语现象。我国现在正处于权利的大力发展阶段，因此，还来得及、也有必要防止出现那种权利绝对化的话语现象。事实上，对于这种现象，西方人也是有反思的。如有人在质疑"天赋人权"理论时指出：如果权利是天赋的，那么谁承担义务呢？正如有些西方学者所指出的那样，"倘若人们凭出身就有权，那么这种权利必然是用来反对其他人的，也必然意味着另外有人为维持这种出身的人们的生活而卖力气。那么，请问，那个不顾自己的利益而损失力气的人的天赋权利哪里去了……天赋人权的概念是毫无意义的，但是正因为这个概念是模糊的，所以才迷人。"① 对于"天赋人权"理论所带来的后果，有学者也有着深刻的认识，"如果一个人有天赋人权，那么，推论的结果就自然归宿到极端的社会主义教条，即每个人对自己所需的一切都有天赋权利，每个人的权限的尺度就是他自己要求得到满足的愿望。那么，请问：如某一个人有某种需要，谁必须替他负责，使他的需要得到满足呢？谁该负责保证他的天赋权利得到贯彻呢？——必然是具有能够满足此公需要的东西的人，不然，就得由国家负责，国家可以从凭自己的劳动获得并保存着那种东西的人们那里把那种东西剥夺过来，无偿地送给需要那种东西但却（根据假设）没花劳动获得也没有保存那种东西的人"。② 尽管该学者有对社会主义的偏见和误解，但是其对"天赋人权"理论的质问，特别是对当下西方权利话语的质问却是中肯的。用社群主义者的话说，"个人权利至上"导致了一些不堪重负的结果：一是导致人们的生活失去目标，"人们失去了宽广的目标，因为他们只关注他们的个人生活"。"换句话说，个人主义的阴暗面是把自我放在中心位置，它挫伤和限制了人们的生活，

---

① 转引自［美］莫特玛·阿德勒等《西方思想宝库》，中国广播电视出版社 1991 年版，第806 页。

② 同上。

使之缺少意义，并对他人和社会漠不关心。"① 对于权利话语被绝对修辞
的结果，格伦顿女士也有独到的认识，她说，"我们美国权利修辞被夸大
了的绝对化也与其他的独特品质密切相关——一种对于责任的近乎缄默，
以及权利承载者臆想为一个独立自治的个体趋势"。② 从中，我们可以进
一步引申出权利话语的必要限度。

　　第一，在权利话语中，权利的享有者应当与社会利益相协调。在美
国的权利话语中，近乎癫狂的绝对化话语之所以占据了统治地位，就是
因为美国的权利话语忘记了社会利益的存在。我们知道，以权利为核心
的话语是西方自由主义思潮的表现。一般认为，自 17 世纪个人主义思想
滥觞始，自由主义成为西方社会的历史传统而经久不衰。自由主义传统
中，各种变体的共同之处在于：它们关于人与社会的确定观念具有独特
的现代性。这一观念包括如下几个要素：它是个人主义的，因为它主张
个人对于任何社会集体之要求的道德优先性；它是平等主义的，因为它
赋予所有人以同等的道德地位，否认人们之间在道德价值上的差异与法
律秩序或政治秩序的相关性；它是普遍主义的，因为它肯定人类种属的
道德统一性，而仅仅给予特殊的历史联合体与文化形式以次要的意义；
它是社会向善论，因为它认为所有的社会制度与政治安排都是可以纠正
和改善的。并且自由主义的道德与政治主张曾经建立在天赋人权理论的
基础之上。③ 权利作为近代政治哲学的核心范畴之一，正是自由主义思
想家洛克、卢梭、孟德斯鸠、康德、密尔等代表人物的全部政治哲学的
出发点。这些思想家崇尚个人权利，认为个人权利是政府产生的根本渊
源。"自由主义在所有时代的典型特征是它坚定地相信自由对于实现任
何一个值得追求的目标都是不可或缺的。对个人自由的深深关切激发自
由主义反对一切绝对权力，不论这种权力来自国家、教会或政党。"④ 这
样，对自由的深深渴望与向往促使"每个人对其天然的自由享有平等的

---

　　① ［美］泰勒：《可靠性伦理学》，载韩水法主编《社会正义是如何可能的：政治哲学在中
国》，广州出版社 2000 年版，第 12 页。
　　② ［美］玛丽·安·格伦顿：《权利话语》，周威译，北京大学出版社 2006 年版，第 60 页。
　　③ ［美］约翰·格雷：《自由主义》，曹海军、刘训练译，吉林人民出版社 2005 年，第 2—3
页。
　　④ J. Salwyn Schapiro, *Liberalism: Its Meaning and History*, Princeton: D. Van Nostrand Co.,
1958, p. 9.

权利，不受制于其他任何人的意志或权威"①。到了近代，罗尔斯建构了"作为公正的正义"理论，期望通过建构这样一种新的正义理论达到实现权利平等的根本目的，使得新自由主义升华到了更高的抽象水平。在当代西方法学界和伦理学界，有学者呼应了罗尔斯的这种渴望，如亨金认为，政府对个人权利的责任的基础是指导个人与政治权力关系的政治原则，在这些原则之下表现出来的是处理个人之间关系的道德原则，但政治道德原则既包括在权利概念中，也包含在被认可的具体权利中。②综合而言，自由主义者或新自由主义者认为权利是最优先的价值，是个人在与不在的价值基础，一切国家与他人的行为都必须对权利的行使负责。社会在逻辑上先于且大于国家和政府，社会由个体构成，个人不可剥夺的天赋权利构成了政府和社会权力的必要界线。自由主义的核心目标，就在于以自由主义原则及其衍生的制度构架解决个人、政府与社会之间的冲突。然而，对于这种极端化的态势，西方社会对此存有异议者大有人在。如社群主义者就希望建立起通过社群的公共利益体系。正如麦金太尔所说，"自由主义认为我是我自己所选择的那种存在，只要我愿意，我就永远能把被看作是我的存在的那些仅仅是偶然性的社会特征放在一边。"③ 所以，自由主义者一般认为权利是个人的正当要求，而不是社群的属性，权利的主体只能是个体，而不能是社群。在他们看来，社群都是由个体构成的，离开了个人的权利就没有社群的权利；反之，只要实现了个人权利，集体成员的权利也就得到了实现。如德沃金等自由主义者强调，只有个人权利才是可指认的、实在的，群体权利最终只能落实到个人权利，否则就是浮虚的。④ 与此不同，社群主义者承认个体的权利，同时也强调集体权利的存在。他们所说的集体当然指的是社群。社群主义者坚持的是所谓共有价值观式的集体目标，在个人利益中存在大量不与集体利益相矛盾的成分，因而集体利益并不是个人利益统计意义上的代数和。⑤ 如麦金太尔认为，自我的认同是依赖于社群的，

---

① ［英］洛克：《政府论》（下册），商务印书馆 1964 年版，第 34 页。

② ［美］L. 亨金：《权利的时代》，信春鹰等译，知识出版社 1997 年版，第 10 页。

③ ［美］麦金太尔：《德性之后》，龚群等译，中国社会科学出版社 1995 年版，第 278 页。

④ ［美］罗纳德·德沃金：《认真对待权利》，信春鹰等译，中国大百科全书出版社 1998 年版，第 334 页。

⑤ 俞可平：《当代西方社群主义及其公益政治学评析》，《中国社会科学》1998 年第 3 期。

没有在相互联结的社会关系中某种独特的位置，他就什么也不是，或至少是一个陌生人或被放逐者。前现代的传统社会中的人们是通过不同社群中的成员身份来辨认自己和他人的，而现代的自我，在争取自身领域主权的同时，丧失了由社会身份和把人生视作被安排好的朝向既定目标的观点所提供的那些传统的规定。① 社群是历史地形成的，在长期的历史过程中，社群成员逐渐发展起对所处社群共同的传统、信仰、情感、价值等社群文化，这种共有的社群文化构成了认同的主要来源，从而也是获得成员资格的基本条件。如何分配这种文化的成员资格，或者说社群制定什么样政策，准许外人进入社群和不准许外人进入社群，便是社群的基本权利。那种坚持把个人权利放置于其他价值的首位的做法是值得批评的，至少是值得商榷的。个人权利的优越位置必然导致道德衰败，即如丹尼尔·贝尔所说的资本主义"信仰危机"②。所以，从根本上说，社群权利必须优位于个人权利。这是一种典型的建构社会利益的主张。也是我们在弘扬权利话语中值得考虑和借鉴的。

　　第二，在权利话语中，权利的享有者应当承担相应的责任。在美国权利话语中，按照社群主义的分析，这是一种缺乏公共责任的话语体系。社群主义者分析，自由主义主张个人权利的绝对优先性，这种价值观包含了一个有关自我概念的独特看法，用桑德尔的话说，自由主义的许多论旨，与自我概念密切相关。以赛亚·柏林（Isaiah Berlin）也曾经指出，"自由主义心目中的自由是源于个人主义式的人的概念。"③ 但与此相关的是，"个人权利至上"导致了一些不堪重负的结果：一是导致人们的生活失去目标，"人们失去了宽广的目标，因为他们只关注他们的个人生活"。"换句话说，个人主义的阴暗面是把自我放在中心位置，它挫伤和限制了人们的生活，使之缺少意义，并对他人和社会漠不关心。"④ 二是由于"个人权利至上"导致了许多个人把自我封闭在个人权利的圈子之内，把权利作为

---

　　① 〔美〕麦金太尔：《德性之后》，龚群等译，中国社会科学出版社1995年版，第241—242页。

　　② 〔美〕丹尼尔·贝尔：《资本主义文化矛盾》，赵一凡等译，生活·读书·新知三联书店1992年版，第14页。

　　③ 刘军宁等编：《公共论丛：市场逻辑与国家观念》，生活·读书·新知三联书店1995年版，第207页。

　　④ 〔美〕泰勒：《可靠性伦理学》，载韩水法主编《社会正义是如何可能的：政治哲学在中国》，广州出版社2000年版，第12页。

工具，即"工具理性占据了首要的位置"①，这样，狭隘的个人主义与片面的工具理性的结合造成自由的另一种沦丧，即带来政治层面的严重后果，"我们的选择受到严重限制"，即导致"自由的丧失"，为此，泰勒尖锐地指出，"现代自由通过毁灭意义而暗中毁灭了自由"，"过分的现代自由平等直接引向自我毁灭"。② 三是自由主义权利理论直接导致道德的沦丧。自由主义的"权利优先于善"的观念，把人的正当生活与人的道德目的人为地分裂开来，原本统一的生活成为两个不可通约的领域。更为主要的是，资本主义把正当权利转变成了一种对功利和拜金主义狂热追求的"经济驱动力"，③ 社会生活中的道德判断成为纯主观的和情感性的，个人的道德立场、道德原则和道德价值的选择是一种没有客观依据的主观选择，对于以个人权利为中心的自我没有了任何的约束力。于是自亚里士多德以来所流行的传统美德日渐衰微，德性传统从道德领域中被个人权利放逐，德性的位置已经处在生活的边缘，或者干脆没有位置。并且，更为严重的是，社会道德的贫乏预示着一场更加严重的道德危机，也就是麦金太尔所谓的"一个令人忧虑的联想"。越来越多的人变得极端自私地自我陶醉和社会责任放弃，正如美国政论家拉希所言，"他们的最大愿望是及时行乐，为自己生活，不为前人和后人生活"。④ 这不就是一种典型的责任话语的缺失么？也就是一个人对他人的责任的缺失，一个人对社会的责任的缺失。人不是孤立的个体，个人权利不是个人排斥他人的命运之符，绝对化的个人权利只会造成社会的冷漠、集体的失语和国家文化共识的沙漠，或许，有人认为这正是"个人"权利张扬的伟大胜利！我们认为，这是一种破坏个性的发展战略，因此，社群主义者的基本主张是给个人权利与集体权利发展予以双重命题，从而可以更为有效地解决当今世界各国在发展中所碰到的许多问题。⑤ 我们对这种合理看法是认可的。假如，你的伙伴不小心掉进长江，你会游泳，你救还是不救？从权利的角度来看，救还是不救是你的权利；从义务的角度来看，你没有救他的义务。但是你会不会救呢？如

---

① ［美］泰勒：《可靠性伦理学》，载韩水法主编《社会正义是如何可能的：政治哲学在中国》，广州出版社 2000 年版，第 12 页。

② 江怡主编：《走向新世纪的西方哲学》，中国社会科学出版社 1998 年版，第 709 页。

③ ［美］丹尼尔·贝尔：《资本主义文化矛盾》，赵一凡等译，生活·读书·新知三联书店 1992 年版，第 14 页。

④ 转引自［美］科恩《自我论》，中国社会科学出版社 1995 年版，第 224 页。

⑤ 彭中礼：《论社群主义权利观》，《东吴法学》2008 年秋季卷。

果这种现象发生在美国，那么肯定是不会救的，甚至你还会拿一个板凳坐下来静静地看着你的伙伴挣扎，直至他消失在长江的激流中去。① 但是，尽管你享受了你的权利，但是恰恰你没有尽到自己的责任。这种责任不一定是法律强加给你的，而是道德加给你的。享有权利的人应该承担道德责任，这是必然的逻辑推导。幸亏，在我们国家，积极履行这种道德责任的人还不少。② 但是，我们应当谨记的是，权利是我们应该拥有的，但是责任也是必不可少的。

五　有权利就有限度

　　不管你是否承认或者认可权利，权利如影随形般地环绕在你的周围；不管你是痛恨它还是爱恋它，权利存在于每一个充满法治意识的角落。也许一些学者的概括更能符合我们当前的现状："我们的时代是一个迈向权利的时代，是一个权利备受关注和尊重的时代，是一个权利话语越来越彰显和张扬的时代。我们越来越习惯于从权利的角度来理解法律问题，来思考和解决社会问题。我们这个世界的权利问题正以几何级数的速度增长。"③

　　权利的爆炸是法治发展的必然结果，权利领域的扩张也是权利发展的必然景象，所以"经典的权利在新的时代背景下衍生出许多新的具体的权利问题，而新的社会关系要求在权利大家族中添列新的成员，新兴权利与日俱增；人的权利还没有从根本上解决，动物的'权利'、植物的'权利'以及其他自然体的权利已被提到日程；我们刚'否定''自然权利'的概念，却又面对'自然权利'的现实；法律权利与'道德权利'、'习俗权利'，国内法的权利与国际法的权利等'权利'形式难解难分地交织在一起"。④

　　但是，在今天，我们使用权利，我们呼吁权利，我们赞美权利，都离不开一个必要的界限。权利的限度既是权利本身的品性和美德，也是权利

---

① 格伦顿讨论过类似案件，参见［美］玛丽·安·格伦顿《权利话语》，周威译，北京大学出版社 2006 年版，第 104 页以下。

② 我们听说过许多勇于救人而牺牲自己生命的故事，最近发生的是 2009 年 10 月 24 日长江大学大学生勇于救人而自己牺牲的案例。参见《湖北三名大学生见义勇为溺亡》，http://news. 163. com，访问日期：2009 年 11 月 30 日。

③ 张文显、姚建宗：《权利时代的理论景》，《法制与社会发展》2005 年第 5 期。

④ 同上。

实现本身必须面对的现实维度。总之，对责任的承担，对社会利益的交涉，都是权利必须深切面对的理论景象和现实景象。

第二节 民生权利与合作责任

一 问题的提出

2008 年 5 月 12 日，在中国四川发生了一起罕见的高频度、高震度的汶川大地震。这是新中国成立以来破坏性最强、波及范围最大的一次地震。地震重创约 50 万平方公里的中国大地！截至 2009 年 5 月 25 日 10 时，共遇难 69227 人，受伤 374643 人，失踪 17923 人。其中四川省 68712 名同胞遇难，17921 名同胞失踪，其中共有 5335 名学生遇难，1000 多名失踪。直接经济损失达 8452 亿元。在地震发生之后，我国立即紧急动员，全民进入紧急支援状态，可谓"有钱的出钱，有力的出力"。中国进入了一种前所未有的爱国热情之中。然而就在此种热情之中，一篇文章引起了人们的关注。

2009 年 5 月 22 日，四川都江堰光亚中学的教师范美忠在地震后发表了一篇《那一刻地动山摇》。文中称，地震发生以后，"我发现自己居然是第一个到达足球场的人"，直到过了一段时间之后，范美忠发现自己的学生没有跟着出来。再过一会儿，才有他上课的班级的学生出来，范美忠如是记录："我奇怪地问他们：'你们怎么不出来？'学生回答说：'我们一开始没反应过来，只看你一溜烟就跑得没影了，等反应过来，我们都吓得躲到桌子下面去了！等剧烈地震平息的时候我们才出来！老师，你怎么不把我们带出来走啊？''我从来不是一个勇于献身的人，只关心自己的生命，你们不知道吗？上次半夜火灾的时候我也逃得很快！'话虽如此说，之后我却问自己：'我为什么不组织学生撤离而自己跑了？'其实，那一瞬间屋子晃动得如此厉害，我知道自己只是本能反应而已，危机意识很强的我，每次有危险我的反应都比较快，也逃得比较快！不过，瞬间的本能抉择却可能反映了内在的自我与他人生命孰为重的权衡，后来我告诉对我感到一定失望的学生说：'我是一个追求自由和公正的人，却不是先人后己勇于牺牲自我的人！在这种生死抉择的瞬间，只有为了我的女儿我才可能考虑牺牲自我，其他的人，哪怕是我的母亲，在这种情况下我也不会管的。因为成年人我抱不动，间不容发之际逃出一个是一个，如果过于危险，我跟你们一起死亡没有意义；如果没有危险，我不管你们，你们也没有危险，何况你们是十七、十八岁的人了！'这或许是我的自我开脱，但我没有丝毫的道德负疚感，我还告诉学生：'我也决不会是勇斗持刀歹徒的人！'话虽这么说，下次危险来临的时候，我现在也无法估计自己会怎么做。我只知道自己在面对极权的时候也不是冲在最前面并因而进监狱的人。"①

范美忠说了许多真话和实话，但是他的言论，特别是"哪怕是我的母亲，在这种情况下我也不会管的"的言论，激起了全国大多数人民的愤怒，范美忠也因此被誉为"范跑跑"。今天"范跑跑"已经成为一个名人，并且许多电视台、报纸等媒体都组织过对范美忠这种行为的讨论，讨论的结果是"两极分化"更严重，即批判的依然批判，理解的更加理解。如2009年6月7日范美忠做客凤凰卫视《一虎一席谈》节目，就自己"先跑事件"与节目嘉宾郭松民展开辩论。作为观点对立方的郭松民多次"跳"出来用"无耻"、"畜牲"、"杂种"之类的字眼对范美忠进行了辱骂，网友中的绝大多数则从对范美忠的批判转向对其的理解及支持。②

对于该事件，有人从宪法学上和法理学上做了反思，尽管不多。笔者拟在已有的研究成果的基础上，评述已有观点的立场，特别是对给予其法理区分或者宪法学区分的内在逻辑给予逐步分析，希望透视已有研究成果进路的不足和缺陷，进而从民生权利的视角，对该事件做一简单的评论，并对此进行法理学意义上的反思，以获得对中国法治建设进程具有可能意义和价值的评论。

二　"权利论"和"道德论"

"范跑跑"事件发生以后，人们纷纷对此进行了讨论，或谴责之，或赞成之。部分法学研究者也不甘落后，从法学的角度对该问题进行了诠释。在这些研究成果中，可分为两种观点。

首先是对"范跑跑"的行为给予肯定的法学分析，这主要是张珍芳发

---

① 范美忠：《那一刻地动山摇》，http：//blog. sina. com. cn/s/blog_ 52ee4aef01009gfg. html，访问日期：2009年12月1日。

② 《"范跑跑"事件始末》，http：//club. china. com/data/thread/4045/269/36/18/3_ 1. html，访问日期：2009年12月1日。

表于《法学》2009 年第 6 期的《从 "范跑跑" 事件看权利实现的道德阻
却及其消减》（以下简称 "张文"）。张文认为，生命权是最为重要的基本
权利之一，因此，"当个人的生命遭受到外力或他人的不当干涉时，只要
没有不正当地损害他人或社会的利益，没有超过必要的限度，个人可以尽
其所能采取各种手段加以保护，这其中包括紧急避险、正当防卫，包括自
助行为，当然也包括灾难面前的逃生行为"。[①] 张文还认为，"在不可抗的
灾难面前，范美忠的这一做法其实只是出于人的一种本能。这种本能指导
着人类在生命遭受威胁时尽快脱离危险境地。地震发生之时，包括范美忠
在内的每一个人都不太可能寻求他人或公权力的救助，自救性的逃生行为
是当时唯一可能的和有效的保护方式。在自救的过程中，范美忠无法顾及
他人的状况，即使顾及到了，也是心有余而力不足，甚至还会因此导致恶
化自己生命处境的危险。因此，范美忠的先跑行为是其在灾难面前保存自
己生命的一种本能反应，是其权利自我实现的一种正当方式，是大多数人
都会做出的正常选择，我们不应对其进行苛责。" 所以，张文称，范美忠
的悲剧不在于他没有履行相应的教师职责，而在于他没有满足公众高度的
道德期待。公众期望范美忠在危难面前先人后己、舍生取义，但范美忠选
择了逃生以保存自己的生命，所以发生了 "范跑跑" 的自救行为与道德行
为的矛盾冲突。对此，张文进一步认为，"范跑跑" 事件的发生说明公众
的期待可能会对个人权利的实现造成阻却，为了消除阻却，我们需要对其
进行重新思考和合理引导，其中当然也包括相关制度安排上的修正。[②] 也
就是说，张文肯定了范跑跑在地震面前有自救的必要和应当，而支持这种
必要和应当的不是别的，而是权利使然。笔者将这种观点称为 "权利论"。
"权利论" 进一步指出，公众对范跑跑的期待是属于富勒所说的 "愿望的
道德"，即是道德体系中最高的道德准则。公众以这种最高的道德标准来
要求处于合理自救之中的 "范跑跑"，是一种强势的道德言论，其后果可
能会对个人基本权利的实现造成障碍。而高标准化了的道德期待，可能被
人们内化为一种道德义务，从而具有准法律规则的作用。由于道德本身在
社会运作过程中具有强大的力量，"因此，在作出具体的行为决策时，每
个人都不得不对公众的道德期待进行考虑，有时甚至不得不因为畏惧它所

---

① 张珍芳：《从 "范跑跑" 事件看权利实现的道德阻却及其消减》，《法学》2009 年第 6 期。
② 同上。

带来的不利后果而放弃法律上的正当权利，包括对个人至关重要的生命权。这样一种必须牺牲个人的生命才能得以实现的道德期待显然是不合适也是不现实的，其结果必然是既伤害公众自己的感情，又对公民个人权利的自我实现造成障碍。"①"权利论"的逻辑当然是符合现代化了的权利话语的，其追求的根本目的也就是使权利拥有者能够安心地享有自己的权利而不承担任何意义上的道德或者责任。

而对于"范跑跑"的行为给予谴责的民众却是从道德的角度去思考的。笔者把从道德的角度对范跑跑的行为给予谴责的观点称为"道德论"。道德论是大部分公民所持的观点，也是法学界部分人士所持的观点。最典型的代表莫过于教育部发言人王旭明斥之为"不道德，而且无耻"。② 还有人从职业伦理的视角对此给予了分析，认为"范跑跑"事件"非常典型地反映了目前我国社会主义精神文明建设层面的一个十分突出问题——职业道德规范的建设问题。"并称希望通过该事件使"教师的职业道德规范形成一个基本有序、成熟和明确的共识"③。还有人指出，"职责意识就是职业信条的内在要求，就是一种社会分工带来的一种道德契约。有了这种职责意识，各行各业都会各尽职守，做好分内事。这应该是一个社会各行各业必须秉持的底线文明。所以，对一切公职人员来说，职业道德是不可侵犯的底线文明，任何一个社会，只要它是力求进步和发展的，就必然要守护这一底线，并夯实基本的道德伦理规范，加强职业文明建设。"④ 一些中小学教师代表也纷纷发言，表示"范美忠的言行有损教师形象，与抗震救灾精神格格不入……范美忠的言行是对教师职业道德的公开挑战，是对社会道德和价值观的一种误导"⑤。在道德层面上，有更为理性的法理学学者严格区分了"范跑跑"的行为和"范跑跑"事后在博客上的言论，认为"范跑跑"的行为如果是出于本能，由于理性选择能力的丧失，从而也就与伦理无关，而陷于本能支配下的

① 张珍芳：《从"范跑跑"事件看权利实现的道德阻却及其消减》，《法学》2009年第6期。
② 《王旭明回应范跑跑事件：可以不崇高但不允许无耻》，http://news.ifeng.com/society/2/200806/0625_344_617115.shtml，访问日期：2009年12月1日。
③ 李超：《略论"范跑跑"事件与灾后职业道德规范建设》，《天府新论》2008年12月。
④ 王兆善：《从"范跑跑"现象看职业道德建设的迫切性》，《政工研究动态》2009年第8期。
⑤ 黄正平：《试论教师职业道德的底线——由"范跑跑"事件引发的思考》，《中小学教师培训》2008年第8期。

自然状态也与法律无关。而且，即使他的行为不是出于本能，而是出于理性，人们也不能将其与"泰坦尼克号"的船长作类比，理由在于教师与家长之间并没有也不可能期待有一种关于在遇险逃生时教师负有先人后己义务的契约。但是，当他将原本与道德无关的本能披上自由与公正的外衣时，"范跑跑"的观点就与道德评价发生了联系。因此，在"范跑跑"事件中，应该接受道德批判的不是"范跑跑"的行为，而是"范跑跑"的言论中所包含的伦理观点。① 这种观点是较弱意义上的道德话语，比纯粹的用道德伦理来分析范跑跑事件具有理论深度，也更值得我们去进一步的思考。

三　"权利论"和"道德论"的困境

应该说，权利话语和道德话语既是我们当前法学研究的主流话语，也是能够引起人们共鸣的话语形态之一。但是，要反思的是，"范跑跑"事件真的就如"权利论"和"道德论"那样是权利旋涡或者道德旋涡中的浮萍吗？笔者认为，"权利论"和"道德论"自然有其理论优势，在某些层面揭示了范跑跑事件的一些现象性问题，但是，不管依照哪种路径，我们都不可能获得一种完整的法哲学意义上的精确理解，也不可能获得有利于我们社会长远发展的一些启示。

要反思"权利论"和"道德论"，还得从"范跑跑"事件本身说开。正如有学者所论，讨论"范跑跑"事件，确实应该把"范跑跑"的实际行为和"范跑跑"的言论区分开来，特别是要正确地看待他所说的"哪怕是我的母亲，在这种情况下我也不会管的"，实际上这种话只是一种强调，或者是从修辞的意义上来适用的。尽管这句话是激起网络公愤的罪魁祸首之一，但是作为一种未发生的事实，或者作为一种"范跑跑"本人加强对自己观点论证的修辞方法，我们不应该过于认真地看待。因此，在区分其行为和言论的基础上，我们主要是分析其行为，当然，在必要的时候，我们可以把他所说的"哪怕是我的母亲，在这种情况下我也不会管的"看作是已经发生的事实（这仅仅只是一种假设），这样会有助于进一步的分析和论证。在此基础上，我们要表达的是一种基于"权利论"和"道德论"的"复合论"，即范美忠的行为"既是权利，但是又不完全是权利；既是

---

① 周安平：《"范跑跑"事件的法理解读》，《法商研究》2008 年第 4 期。

道德，但又不完全是道德"。

　　从权利的角度来看，范美忠丢下学生不管，第一个跑出教室确实是一种本能。正如有的学者所说，"本能的行为是基于生理反应而自动产生的应急性行为，这种应急性的反应意指一个人不能以其他的方式行动。当一项行为是出于本能，而不是出于理性时，就意味着其行为的意志是被决定的或说是被限定的，而不是自由的，因而也是不可选择的。这种受本能因素支配下的行为，由于与自由意志无关，从而也就与道德无关。换言之，本能无所谓高尚与卑鄙"。① 范美忠的文章《那一刻地动山摇》一文中记载："教学楼猛烈地震动起来，甚至发出哗哗的响声（因为教室是在平房的基础上用木头来加盖的一间大自习室），我瞬间反应过来——大地震！然后猛然向楼梯冲过去……"② 在这里，我想范美忠说的是实话，如果他是一个不愿意说真话的人，那么就不会惹来"范跑跑"的称呼，所以，可以肯定，在地震发生的那一刹那，范美忠是没有时间去考虑"跑"还是"不跑"，因此也不存在"跑"与"不跑"的抉择，他的脑海中肯定只有一个念头，那就是"跑"。因为"跑"就可能保住性命，"不跑"就有可能性命不保。所以，有学者把这种"跑"的本能归结为对"生命权"的重视，并指出，"在众多权利中，生命权被认为是其中第一位的同时也是最为重要的基本权利之一"③，该学者还引用了霍布斯的话"每一个人都有按照自己所愿意的方式运用自己的力量保全自己的天性——也就是保全自己的生命——的自由"④ 以及菲尼斯的话"不允许把生命直接作为实现任何进一步目的之途径"⑤。笔者承认这种观点是有道理的，而且笔者也是支持的。上述的论证之所以认可"权利论"部分是正确的，乃是从人之本能来看，这可能是人的自然的反应，因此我们可以接受这种以生命权为核心的论证方式。但是，这并不意味着从本能的方式来论证这种权利话语就是必然的，毕竟，在大地震中，还是有许多老师组织自己的学生有序地走出教

---

　　① 周安平：《"范跑跑"事件的法理解读》，《法商研究》2008 年第 4 期。

　　② 范美忠：《那一刻地动山摇》，http://blog.sina.com.cn/s/blog_52ee4aef01009gfg.html，访问日期：2009 年 12 月 1 日。

　　③ 张珍芳：《从"范跑跑"事件看权利实现的道德阻却及其消减》，《法学》2009 年第 6 期。

　　④ ［英］霍布斯：《利维坦》，黎思复、黎廷弼译，商务印书馆 1985 年版，第 97 页。

　　⑤ ［英］约翰·菲尼斯：《自然法与自然权利》，董娇娇等译，中国政法大学出版社 2005 年版，第 179 页。

室的①，为什么这些老师就没有范美忠跑得快？可见，"范跑跑"是一个例子，当然不是唯一的例子，但是就不能因此证明"跑"是权利话语的必然逻辑。从这可以看出，如果要用权利话语来论证范美忠的"跑"具有合理性，确实是一种好的方式。单纯的道德话语是动摇不了这种经历过现代化历练的严密逻辑的。

　　但是，进一步地分析我们就会发现，这种权利话语实际上是有问题的，而且很严重。我们再来看看范美忠是怎么描述他跑出来以后干了些什么："我发现自己居然是第一个到达足球场的人，接着是从旁边的教师楼出来的抱着一个两岁小孩的老外，还有就是从男生宿舍楼下来的一个学生。这时大地又是一阵剧烈的水平晃动，也许有一米的幅度！这时我只觉世界末日来临，人们常说脚踏实地，但当实地都不稳固的时候，就觉得没有什么是可靠的了！随着这一波地震，足球场东侧的50公分厚的足球墙在几秒钟之内全部坍塌！逐渐地，学生老师都集中到足球场上来了，因为是二年级毕业考试期间，有些学生没有上课，有的学生正在寝室里睡觉或者打游戏，因此一些学生穿着拖鞋短裤，光着上身就跑出来了！这时我注意看，上我课的学生还没有出来，又过了一会儿才见他们陆续来到操场里。"②承认了范美忠生命权的存在是不是就意味着范美忠因为享有生命权

---

　　① 绵阳市平武县南坝小学学前班代课教师杜正香，其遗体在震后第三天被挖出，当解放军官兵掀开一根钢筋水泥横梁时，眼前的一幕震撼了在场的每一个人，已死去多时的女教师趴在瓦砾里，头朝着门的方向，双手紧紧地拉着两个年幼的孩子，胸前还护着三个幼小的生命。"看得出她是要把这些孩子们带出即将倒塌的教学楼，她用自己的肩背为孩子们挡住了坠落的横梁。"参与搜救的解放军战士说，杜老师以生命守护的五个孩子最终没能生还，这可能是她唯一的遗憾。杜老师班上孩子们小，地震发生的瞬间，孩子们自己不敢跑，她是来回拉着学生跑的。北川县第一中学初一六班班主任刘宁，地震发生的时刻，他正带领自己的59名学生在县委礼堂参加"五四"庆祝会，"礼堂突然在晃动，而且越晃越历害。"经验丰富的刘宁马上意识到发生了地震。他招呼同学们不要乱跑。县委礼堂的椅子离地较高，他叫学生立即就地蹲进结实的铁椅子下面，千万不要乱动，正是刘宁老师在关键时刻的冷静，全班59名同学中只有两个受了轻伤。但刘宁老师在救援学生时，双手被坚硬的水泥划得鲜血淋漓。刘宁老师的女儿刘怡，在该校初三一班读书，地震中，她当时也被压在废墟下面。幸存下来的教职员工投入紧张的救援工作之中。刘宁在抢救其他学生的同时，每次经过女儿被困的废墟时，感觉一阵阵巨大心痛袭来。女儿被压在巨大的水泥板下面，由于缺乏大型吊车机械，暂时还无法救援。最后在余震中遇难了。他救出了59名学生却永远失去了女儿。参见《用生命铸就师魂——有感于"5.12"汶川地震中的老师们》，http://hi.baidu.com/%D0%CB%D7%D3%CD%C1%C9%EA/blog/item/427bed24b81a6c044c088db0.html，访问日期：2009年12月1日。

　　② 范美忠：《那一刻地动山摇》，http://blog.sina.com.cn/s/blog_52ee4aef01009gfg.html，访问日期：2009年12月1日。

而就可以在操场里面直愣愣地等着他的学生自己有了地震的感觉而跑出来呢？也就是说，因为对生命权格外重视的本能我们可以从法理上面认可他从教室中第一个跑出来的行为？进一步说，我们可否要求范美忠牺牲可能受到侵害的"生命权"而跑到教室去提醒一下自己所在班级的学生跑出来呢？从事实上看，范美忠是没这么做的，因为他说了"这时我注意看，上我课的学生还没有出来，又过了一会儿才见他们陆续来到操场里"。也就是说，是学生们自己觉悟到大地震而不是一般的地震才跑出来的。请注意是学生"自己"，因为这意味着范美忠是没这么做的。但是范美忠并没有忘记其他的人，他说："这时我开始关心起成都的家人以及小狐和李玉龙的安危，但一开始手机没有信号，显然因为停电，机站也无法正常工作，过了一会儿手机有了信号，也许机站启动了备用发电设备。但这时打电话的人太多了，我的电话根本打不出去，别人的电话也是同样。"[①] 我们不知道范美忠所说的小狐和李玉龙和他是什么关系，但是最起码范美忠对自己的家人和这两位我们看来是陌生的人是很关心的，也就是说，范美忠是有爱心的，也是有道德意识的，他并不是一个铁石心肠的人，也并不是一个只记得个人"生命权"的人，显然他还是有社会性的。

　　范美忠是否应该关心他的学生呢？并且应该怎样关心他的学生呢？范美忠有没有关心学生的义务呢？或者说有冒着生命权被侵害的危险去提醒学生"地震了赶快跑"的义务呢？对于这一点，有学者有过分析，并认为教师不是"泰坦尼克号"的船长，因此没有义务和责任去救助学生。[②] 该学者逻辑是这样的："泰坦尼克号"船长与乘客是一种契约关系，这种契约关系就包含了船长有充分救助乘客的义务。因此，船长在遇险时一切处置行为均可推定为顾全乘客之生命与安全，乘客因而必须无条件地听从船长的指挥。正是这样一种契约，就将乘客与船长在航海中的命运紧密地联系在一起了。虽然教师与学生之间的关系也可以理解为一种契约关系，但这并不含有前述的契约内容。教师与学生的契约，其主要内容是教师必须认真履行教育职能。至于安全方面的内容主要是指教师必须保证不得体罚学生、保证彼学生不得欺负此学生、保证学生在教师组织的活动中不受伤

---

　　① 范美忠：《那一刻地动山摇》，http：//blog.sina.com.cn/s/blog_ 52ee4aef01009gfg.html，访问日期：2009 年 12 月 1 日。
　　② 周安平：《"范跑跑"事件的法理解读》，《法商研究》2008 年第 4 期。

害。然而，这并不包含这样的条款：在遇上生死危险时，教师的逃生有先学生后自己的义务，也没有哪个家长对教师抱有这样的期待。① 这种逻辑看上去是很正确的，也是很严谨的，但是，请问：教师履行教育职能的"教育"是什么？教师对学生的"教育"不仅仅是纯知识方面的，而且应该有超越知识的内容。范美忠既然已经逃出了教学楼，权利实现了，难道就不应该再"教育"一下学生吗？第一，地震发生时还是学生上课时，因为生命危险老师就先跑出了教室，他应该教育的学生就不教育了，这不是典型的失职吗？第二，在范美忠上课的时候，开始发生地震时，范美忠写道，"因此我镇定自若地安抚学生道：'不要慌！地震，没事……'话还没完，教学楼猛烈地震动起来，甚至发出哗哗的响声（因为教室是在平房的基础上用木头来加盖的一间大自习室），我瞬间反应过来——大地震！"② 但是，范美忠在意识到是大地震的时候，却不和学生们说，自己跑出去了。丢下的是那句安稳人心的话"不要慌！地震，没事"，这不明摆着是欺骗学生吗？当然，还需要指出的是，范美忠所教的学生是中学生，是未成年人，在法律意义上这些学生都是"限制行为能力人"，法律上关于限制行为能力人的设定原本就是为了保护未成年人的利益的，作为正在上课的老师，范美忠显然有义务"教育"一下学生："地震了！大家快出来。"所以，笔者认为，范美忠的行为"不完全是权利"和"道德"的，在享有权利的同时必然承担着相应的责任。第三，就我国的义务教育的现状来说，教师在学生心目中还是享有相当高的地位，最简单的表现就是没有老师的允许，学生是不能够随便进出教室的。在地震发生的时候，学生们正在上课，"范跑跑"正是上课的老师，因此，实际上，这堂课的秩序管理职责就落在了范老师的身上。可以想象的是，没有范老师的许可，学生敢随便跑出教室吗？肯定是不敢的。在当时的那种情形下，只有老师明确地宣布地震了然后允许学生跑出教室，这才是最为节省学生判断力的。否则，学生们等老师跑出去了，既不知道发生了什么事情，也不知道老师为什么跑出去，又不敢自己随便跑出去，这就成了学生们的"两难"。

当然，关于这一点的论证还需要进一步的理论彰显和加强，这就是下一个内容必须重点谈到的内容。笔者将进一步展示的是，尽管权利，特别

---

① 周安平：《"范跑跑"事件的法理解读》，《法商研究》2008 年第 4 期。

② 同上。

是有关生存等民生权利是权利人的必然享受，但是，在享受权利的同时，必然承担适度的责任，这是必然揭示的道理，否则，我们又会回到美国的老路上去。

四　民生权利的合作责任向度

权利是主体所享有的应得。但是，权利的享有并不是绝对的，享有权利并不等于对自己权利以外的世界熟视无睹，享有权利应当承担适度的责任。这种责任是必然的责任，否则权利就会成为"自私"的代名词。在今天，我们强调民生权利，强调每一个人享有的奠立在生存权等基础之上的民生权利的同时，有必然要承担责任——来自道德的、社会的责任要求。

我们必须强调范美忠在享有权利的同时应当承担责任，我们的根本目的就是为了防止美国式的绝对性的权利话语在中国重演。但是，范美忠目前所享有的权利话语恰恰就是美国式的权利话语的中国翻版和复制。范美忠是这么说的，"我曾经为自己没有出生在美国这样的自由民主尊重人权的国家而痛不欲生！因为我大学毕业十几年的痛苦与此有关，我所受的十七年糟糕教育与此有关。我无数次质问上帝：你为什么给我一颗热爱自由和真理的灵魂却让我出生在如此专制黑暗的中国？让我遭受如此的折磨！但我也曾为自己感到庆幸：我没有出生在抗日战争和解放战争时期，那样我将可能经历战争的恐怖和非正常丧失亲人的哀痛；我没有出生在共和国的前三十年，因为以我这种宁折不弯，心口如一的性格，多半会被枪毙了家人还要忍着伤痛上交子弹费；或者誓死捍卫毛主席和红色中国而其实死得一钱不值；或者经历热烈的青春之后却发现自己一无所有"。① 范美忠很热爱自由，当然也就珍惜自己的权利，但是，他对自由和权利的珍惜都是美国版的，所以，他对人性、对道德、对责任都是很怀疑的，他说："十六岁读初三的时候，我通过电视报纸隐隐约约地旁观了那场那一代人不堪回首的政治风波，但懵懂无知的我并没有感到痛苦，因为当时我还是一个傻瓜，虽然这场运动对我人生轨迹的影响是三年后我经历了噩梦般的一年军训。但一代人有一代人的苦难！首先就是大学以后面对商业社会和极权社会的精神分裂的痛苦和欲求自由公正

---

① 范美忠：《那一刻地动山摇》，http：//blog.sina.com.cn/s/blog_52ee4aef01009gfg.html，访问日期：2009年12月1日。

而不得的焦灼与孤独，还有失去家园的生命虚无！但这在某些人看来似乎是虚无缥缈的近乎神经质的痛苦，是天下本无事，庸人自扰之！我没有遭遇战争，没有遭遇特大洪灾！我怀疑自我与他人的生命的可靠性但没有怀疑过大地的可靠性，虽然我早就否定了大地作为生命家园的可能。"① 范美忠是北大的毕业生，深得北大"自由"传统的影响，但是我们发现他对自由的吸收从来就不是有过滤的，或者是有自己思考的，他一直就是对美国式的权利和自由顶礼膜拜的，所以当地震发生时，他第一个跑出来了，正如他日后反反复复所强调的那样，这是他的"权利和自由"——毫无疑问，这是符合美国人的思维的，也是符合美国式权利的。但是，符合美国式的权利恰恰如我们前面所指出的那样，这是一种"物极必反"的错误，是一种忘记了传统、合作、宽容与互惠的错误，因此是一种没有责任担当的错误。

我们可以从权利的进化史来考察权利绝对化为什么是错误的。就以关系民生最为深切的财产权为例来说明这一问题。在资产阶级大革命时期，启蒙思想家们提出"私有财产神圣不可侵犯"是为了应对来自专制政府对公民财产的随意剥夺和征收。如卢梭诘问："难道靠强力一时将别人从这块土地上赶出去，就永远剥夺了别人重返的权利吗？"② 洛克甚至说，"划定财产、稳定财物占有的协议，是确定人类社会的一切条件中最必要的条件，而且在确定和遵守这个规则的合同成立之后，对于建立一种完善的和谐与协作来说，便没有多少事情作了"。"无财产的地方无公正"。③ 特别是1789年法国资产阶级革命成功以后，革命家们把"私有财产神圣不可侵犯"写入了宪法。此后，许多国家纷纷效仿，以宪法的形式确立了财产权的绝对化原则。按照一些学者的总结是，"财产权制度的确立，是人类文明史进程和社会发展的一个重大拐点，其意义已远远超出了对物权的占有观念。以人性的'利己'特性为出发点，社会通过财产权制度提供了对'利己'需求的保护，这种保护反过来向人们提供了为增加自身利益而努力的激励，这种个人动力的总和便构成了经济增长

---

① 范美忠：《那一刻地动山摇》，http：//blog. sina. com. cn/s/blog_ 52ee4aef01009gfg. html，访问日期：2009 年12 月1 日。

② ［法］卢梭：《社会契约论》，载《西方四大政治名著》，天津人民出版社1998 年版，第477 页。

③ ［英］洛克：《政府论》，叶启芳、瞿菊农译，商务印书馆1981 年版。

与社会发展的推动力量。"① 然而，西方国家固守这种财产权神圣的观念并没有多久，或者说以前对财产权绝对化的观念经过了资产阶级建国后的实践发现问题很多，如绝对化的财产权实际上可能会对别人的权利的实现造成阻碍，绝对化的财产权容易被滥用，等等。到了垄断资本主义时期，财产权的绝对化观念开始受到限制。特别是为了公共利益确实需要征收或者征用个人私产的时候，绝对化的财产权成了社会发展和公共利益的一大桎梏。从这个角度来看，为了公共利益可以征收或者征用私产，实际上表明了财产权绝对化观念的破灭，也进一步意味着权利本身就承当着责任。所以 1919 年德国《魏玛宪法》第一百五十三条第三款规定："所有权为义务，其行使应同时为了公共福利之义务。"但是，为了对滥用公权力侵害私产，德国《魏玛宪法》第一百五十三条第三款还规定："公用征收，仅限于裨益公共福利及有法律根据时，始得行之。"值得注意的是，公共利益尽管很重要，德国对于为了公共利益的征收或征用的程序规定比较严格，也建立了较好的赔偿或者补偿标准。此后，西方国家也纷纷效仿。实际上，有些西方国家在宪法中根本就没有财产权绝对化的规定。可见，权利绝对化的观念除了在革命时期有过激动人心的激励作用以外，实际上也不可能得到绝对化的肯定。绝对化的权利是一种凝固、僵硬和保守的观念，是必须破除的观念。由此可以看出，即使在西方国家，权利绝对化的观念也并不是获得了普遍支持的②。

从理论上看，所有权利的实现都依赖于一定的社会合作，责任产生于社会责任之中。我们知道，当西方资产阶级国家产生出著名的权利理念时，还有学者提出"为权利而斗争"的口号。资产阶级争取权利的时候，以及耶林喊出"为权利而斗争"的时候，他们是向谁要权利？是和谁斗争？解决这个问题非常重要。资产阶级之所以需要权利，是因为在专制统治下权利被专制君主的权力给忽视了，经常受到侵犯和压迫，所以资产阶级才喊出有不受侵犯的"自然权利"。耶林喊出"为权利而斗争"的时候，是因为耶林发现新的政权实际上也有滥用自己权力的时候，被滥用的

---

① 冯涛、鲁政委：《社会治理、社会发展与财产权制度安排》，《福建论坛（人文社会科学版）》2003 年第 4 期。

② 格伦顿认为，美国与欧洲的最大不同在于欧洲迈过了权利绝对化这道门，而美国则陷入了权利绝对化的"乌托邦"而不能自拔。参见［美］玛丽·安·格伦顿《权利话语》，周威译，北京大学出版社 2006 年版，第 60 页。

权力总是会侵害公民的权利，所以耶林发出公民"为权利而斗争"之吼——即向政府争取权利，维护权利。权利的斗争理念从来都是指向国家或者政府的，而个人是否可能对公民有侵权行为呢？当然有。但是，《侵权法》是可以把这些问题解决的，所以个人与个人之间的侵权行为并不是可怕的行为。相反，正是基于对国家权力可能侵害的危险，个人的力量是薄弱的，这就有了对个人与个人合作的需求。正如英国哲学家格林所言："权利是由相互承认而形成的……人们对于与他人有共同客体的意识，即意识到他或他们的权利作为完整的存在物是彼此共有的。他的权利是作为他们的权利而存在的，他们的权利是作为他的权利而存在的。"① 在人类权利意识中，合作理念是促使权利得到实现的重要前提，没有合作，很多权利都会无法实现，这不管是在人类社会还是在自然界都是已经被证明了的。如蜂巢里的蜜蜂世界是共产主义社会的完美模式，完全符合"各尽其能、各取所需"的理想。在它们的世界中生存斗争受到严格限制，蜂王、雄蜂和工蜂的食物数量各有不同……一只生来就注重伦理道德、细致周到的雄蜂（工蜂和蜂王可没有闲情雅致来细细琢磨）必须做得像一个毫不掺假的道德家。它将完全站在公正的立场上告诉那些仅仅为了混点口粮而辛劳一生的工蜂们，它们的奉献既不能说是大公无私，也不能用任何出于实用的动机来解释。② 所以，推而言之，自私几乎等同于"邪恶"。谋杀、盗窃、强奸以及诈骗在世界各地都被看做是恶性犯罪，因为所有这些行径都是从自身利益出发而损害他人的恶毒手段。而"美德"则恰恰相反，是顾全群体利益之善举。基本上所有的美好德行（比如节俭）本质上都是直接施惠于他人的。诸如合作、利他主义、慷慨大方、同情、善良和无私等广为大家认同的有德之行毫无疑问都是造福他人的善事。这不仅是某些西方教区所遵从的传统，还是整个人类所奉行的准则。③ 可见这种合作在人类是极其重要的。按照某些学者说法就是，人与人之间的合作应当为：（1）这种合作蕴含着权利享有者与权利指向的对象之间的交往和沟通；（2）这

---

① 转引自［美］贝思·J. 辛格《实用主义、权利和民主》，王守昌等译，上海译文出版社2001年版，第26页注40。

② 转引自［美］麦特·里德雷《美德的起源：人类本能与协作的进化》，刘珩译，中央编译出版社2004年版，第1页。

③ ［美］麦特·里德雷：《美德的起源：人类本能与协作的进化》，刘珩译，中央编译出版社2004年版，第34页。

种合作无疑也是生存意义、生活世界的合作。只要权利享有者与权利指向的对象能进行沟通与合作，人之为人的人文幸福生活就是可欲的；（3）从情感上来看，这种合作体现了权利享有者与权利指向的对象都在自觉的前提下，互相认同的基础上，进行一种"换位思考"，从而厘清了人的情感上和意识上的归宿感和依恋情结。① 由此，从合作理念所推演出来的是一种责任，必然的道德责任或者社会责任。当然，由于它不是法律意义上的责任，因而这种责任的范围是有界限的。

我们认为，权利的享受也应承担通过合作的责任，但也有以下几个限制：第一，这种权利意义上的合作不能过分损害责任承担者的已有权利；第二，责任承担人应当在自己的能力范围之内进行应当行为；第三，责任承担人对自己权利的损害小于被救助的权利。通过合作的责任实际上是一种道德意义上的责任，或许是一种社会意义上的责任，但是绝对不是可有可无的责任。从这种意义上说，范美忠同志的责任是双重的，一方面作为正在上课的教师，有提醒学生的义务；另一方面，作为已经意识到是地震的人，有提醒学生跑出教室的责任。所以，范美忠的行为是对自己权利的救济，但是也是没有承担责任的表现。

权利不是建立在孤独之上的"剑客"，一个人挥舞着自己的利剑在砍劈；权利必然是合作的"侠侣"，这样才能伴走江湖。范美忠有跑的权利，但是也有提醒学生跑的责任。责任是权利的向度之一，也是权利得以实现的目标路径之一。从我们的文化基因来说，我们的传统实际上已经具备了反对美国式的权利绝对化的道德基因，因此，在当前，应该实现权利理念的更新，纳责任于权利，我们已经有了很好的"本土资源"，我们不能再让我们的文化资源"孤独"与闲置了！

第三节　民生权利与社会利益

一　问题的提出

2008 年 5 月 15 日下午 3 时左右，"成都全搜索"网站志愿者组织的一支救灾物资车队由绵竹市区开往绵竹土门，在途经板桥镇八一村与西南镇隆兴村地界时，部分当地灾民拦住车队，请求车队人员给予救助，但车队

———————

① 参见杜宴林《法律的人文主义解释》，人民法院出版社 2005 年版，第 76—77 页。

押运人员未同意这些要求，少数灾民爬上一辆小货车，将车上物资掀下，由车下众灾民将其哄抢一空。小货车被哄抢完后，灾民停止了哄抢行为，救灾物资车队继续前行至土门镇及广济镇分发物资。被哄抢的小货车上装载的物资有帐篷30余顶和毛衣60余件。2008年5月16日，网友在"成都全搜索"网站"四川地震专题"版块，发表了一篇名为《骑着摩托抢物资，我在绵竹看到最丑陋的一幕!》的文章，文章除用文字回放当时事件外还附上了被哄抢时的现场照片，此文发表后，社会各界反应强烈，几乎所有网友都对哄抢物资的人予以了强烈的批评和鞭笞，言辞激烈，愤恨之情随处可见。随即，绵竹警方成立了调查组调查此事。据德阳刑警顾安民透露："经过实地认真调查，调查组发现当地参与此次哄抢的大约有20人，都是板桥镇八一村五组与西南镇隆兴村六组的村民，但与原文所称不同的是，他们确系地震灾民。当地的房屋倒塌和损坏非常严重，绝大多数房屋已无法入住，而在发生地震后帐篷和防水雨布一售而空，当时天又下雨，在万般无奈之下，他们才哄抢了上述物资。调查组在综合考虑当地受灾情况并报经上级批准后，决定让参与人员退回被哄抢物资，并对他们进行批评教育，责令具结悔过，并向物资捐赠者探路者公司及组织者成都商报道歉。"① 之后调查组发布了对于此事件的事实调查和处理结果，在获知调查报告后，许多网友对于哄抢灾民予以了理解和原谅。

　　当然，该事情已经平息了，灾民们确实也知道了自己的错误，法律也难得仁慈一回了! 这一切都是合理的，也是不应该受到谴责的。但是作为一个已经发生的事件，特别是在一个特定的条件下发生的事件，我们觉得该事件仍有讨论的意义。意义不在于具体的灾民的对和错，而在于一种普遍性的反思，即在民生权利受到威胁的情况下是个人的民生权利优先还是社会利益优先? 或者说，是要保证个人权利还是要保证社会利益。进一步地说，民生权利是否绝对的? 我们已经在上面分析了民生权利的合作责任向度，在这里我们要分析的是民生权利的社会利益向度。当然，还要指出的是，我们应该关注灾民，我们应该对灾民充满爱心，这都是我们应该做的，本章节的基本目的就是为了和谐有序地实现这一目的。

---

　　① 事情的详细经过参见 http：//bbs. uc. sina. com. cn/tableforum/App/view. php? bbsid = 9&fid =377796，访问日期：2009 年 12 月 3 日。

二　生存权优先性的正当性证明

在真相发布中，德阳刑警顾安民还指出，"生存权是人的第一权利。""面对一群被地震恶魔反复蹂躏而苦苦挣扎的灾民，为了一个能遮风避雨的帐篷而作出了一定的过激行为，你忍心对他们下重手吗?"① 这就构成了警方不对灾民哄抢行为给予犯罪定罪的理由。尽管我们认为不予处罚是人性化的表现，符合当时灾民的实际情况，但是不予处罚的理由不充分。

有学者对这种不予处罚的正当性给予了充分的论证。他们认为，在刑法意义上，参与绵竹哄抢的灾民确实构成了我国刑法所规定的聚众哄抢罪。但是为什么不给予刑事处罚呢? 理由有两个: 第一，这与刑法上紧急避险理由相关。他们引用西方格言"紧急时无法律（Necessitas non habet legem；Necessitas caret lege)"的格言（也可译为"必要时无法律")，认为"在紧急状况下，可以实施法律通常情况下所禁止的某种行为，以避免紧急状态所带来的危险。在紧急状态下所产生的这种权利，被称为紧急权"②。依此理论，参与绵竹哄抢的灾民的行为符合以下四个要求: (1) 必须针对正在发生的紧急危险。之所以说参与哄抢的灾民面临着正在发生的紧急危险，在于受地震灾害的影响他们自身及其家人已经处于生存受到极大威胁的状态之中。(2) 所采取的行为应当是避免危险所必需的。参与哄抢的灾民之所以哄抢帐篷在于地震后帐篷已经成为生存的必要条件，而如果没有帐篷他们基本的生存就无法得到保障。(3) 所保全的必须是法律所保护的权利。灾民哄抢帐篷的目的在于维系自己和家人的生存，我国宪法明确规定"国家尊重和保障人权"，而生存权是人之为人的基本人权。(4) 不可超过必要的限度，所损害的利益应当小于所保全的利益。③ 他们认为参与绵竹哄抢的灾民的行为是符合紧急避险之要件的。

而且，他们还从权利冲突的视角给予了进一步的正当性论证。这些学者们指出，"现代意义上的生存权已发展为一种复合型权利，具体而言包括生命权、基本生活保障权、生存发展权等。法律意义上的生命权是以自

---

①　事情的详细经过参见 http://bbs.uc.sina.com.cn/tableforum/App/view.php? bbsid = 9&fid = 377796，访问日期: 2009 年 12 月 3 日。

②　张明楷:《刑法格言的展开》，法律出版社 1999 年版，第 241 页。

③　龚艳、尚海涛:《极穷权边界的限定性研究》，《西部法学评论》2009 年第 5 期。

然人的性命维持和安全利益为内容的人格权"。① 但是在有关权利体系中，权利之多是我们已经能够预期的，所以权利之间的冲突在所难免，必须对权利给予排序，即"有权利冲突就必有权利位阶，权利位阶是解决权利冲突的必然措施"。② 他们将在权利位阶中居于强势地位的权利成为优先权，优先权的效力是：其一，时间上的有限性；其二，优先权的限制性；其三，优先权的优先保护性。在此理论基础上，他们引用博登海默的话作为观点，"生命的利益是保护其他利益（尤其是所有的个人利益）的正当前提条件，因此它就应当被宣称为高于财产方面的利益"。③ 所以，人权之首的生命权优位于财产权性质的所有权，即生存的需要永远高于保有财产的利益。这些学者们进一步指出，生存权是以"极穷权的生存权"开始其思想萌芽的，极穷权的生存权指的是满足人生存的基本需求，保障最为基本的生存需要，使人的生命得以延续的权利。极穷状态指的就是维系人生存的最低限度的基本条件处于得不到保障的边缘，人的生存状态受到了实质的威胁。④ 就参与哄抢的灾民的行为来看，由于"哄抢的灾民在震后无法合法地通过市场交易或政府安排来及时获得维系自己及其家人最低限度生存条件的必需基本物资，同时囿于突发事件的突发性、紧急性、复杂性、关联性、危重性、不确定性等特征，在国家无法全面及时地施以救援的紧迫时间点上，为了生存他们只能依赖于自身的自救，而极穷状态下的生存权赋予他们去有限获取他人物资以维持最低生存需要的可能，此种状态下的极端行为并不能构成犯罪……只要不危及他人的生存状态，极穷状态下的灾民为了保障自己的基本生存，有权利获取他人的财产"。⑤

实际上，对于这种观点，在我们的学术中有绵延的传承。一直以来，人们的内心都认为，人的生命是无价的，是不可以重新再来的，因此，在

---

① 龚艳、尚海涛：《极穷权边界的限定性研究》，《西部法学评论》2009 年第 5 期。
② ［韩］权宁星：《基本权利的竞合与冲突》，《外国法译评》1996 年第 4 期。
③ 博登海默还说，"人的确不可能凭据哲学方法对那些应当得到法律承认和保护的利益做出一种普遍有效的权威性的位序安排，然而这并不意味着法理学必须将所有利益都视为必定是位于同一水平上的，亦不意味着任何质的评价都是行不通的。例如生命的利益是保护其他利益（尤其是所有的个人利益）的正当前提条件，因此它就应当被宣称为高于财产方面的利益"。参见［美］博登海默《法理学——法律哲学与法律方法》，邓正来译，中国政法大学出版社 1999 年版，第 400 页。
④ 龚艳、尚海涛：《极穷权边界的限定性研究》，《西部法学评论》2009 年第 5 期。
⑤ 同上。

权利的位次上，生命权的优先性因为生命权的特性而证成。笔者在此必须承认，这种说法是有道理的，我也认可生命权的优先性终极真理，但是，笔者想反驳的是：生命权能压倒一切吗？当然，上述的作者们可能不同意笔者这个命题，他们的意思仅指，在紧急状态下（如地震），因为生命权受到危害，因而可以获得他人的财产。但是，我的命题依然是与此相关：即使在人的生命权受到危险的状态下，获得他人财产也是有限度的。

三　生存权能压倒一切吗

问题的讨论依然要回到灾民本身，当然，也不会仅仅局限于灾民本身。我们先来看一下地震后灾区的景象。"地震发生第二天起就面临食品短缺，'有的人实在饿了，就在废墟里找吃的。'高伟说。断水、断粮、断路，为了争夺有限的供给，桃关开始出现'丛林法则'，抢粮食的团伙开始出现。地震当天，两个商店被抢，其中几个工厂食堂的东西也被抢劫一空。"可见饥饿在灾区是普遍存在的，而且"几万人的安置，库存不过几百顶帐篷，杯水车薪。雨中，大家自发保护老人和孩子。雍强等年轻人把带上山的毛毯和被子让给老幼和妇女，最后只剩一根烟了，几个小伙子每人抽一口。'灾难让大家成为一家人，凡有吃的东西，大家就分着吃'，县委书记王斌备感欣慰。"大家都等着空降物资，"空降物资是第三天。5月14日，空降很不成功，只收到3样东西：两箱矿泉水，一点食品，七顶帐篷。天气原因，峡谷一直刮大风，空投效果很差。汶川到理县的公路打通前，县城最紧张的时候，只有1万斤粮食储备，够县城人吃一顿饭，而且是在前几天全县所有人每天只吃一顿饭的情况下，再也支撑不下去了"。[①]

这种境况在地震后的灾区随处可见，毕竟这次地震涉及了将近1000万人口。也就是说，受到生存权威胁的何止百人？中世纪神学家托马斯·阿奎那说："如果一个人面临着迫在眉睫的物质匮乏的危险，而又没有其他办法满足他的需要，那么他就可以公开地或者用偷窃的办法从另一个人的财产中取得所需要的东西。""一个人为了足够的生活品，可以使用暴力。"格劳修斯也认为："在极度必须的时候，关于诸物使用的原理可以被复活为原始权利，这时候物的状态是共有的。为何？因为根据人类派生的

一切财产法都是把极穷状态排除在外的。"① 换句话说，"人在生存受到威胁的时候，应当把这种危险转嫁于社会，让拥有财富的人与之共担。这种时候人无论用什么方法获取他人的财物都不是犯罪而是权利。"② 生存权是维系人的生命的民生权利之核心，生存权受到侵犯的时候确实有维护自己权利的必要。但是，从上述论述中，我们可以看到的是，即使是生存权受到威胁的时候，也是有限制的，换句话说，生存权不是能够压倒一切权利的权利。我们可以试着做一个分析。

　　第一，参与哄抢的灾民的行为是自救吗？生存权是一种维护生命延续的权利，这意指个人确实应该对自己的权利给予足够充分的重视和救济。但是，我们不能因此就说参与哄抢的灾民的行为就是自救。如果参与哄抢灾民的行为是自救，那么下述例子中，外号为"老黑"之人的行为也会变成自救行为。《南方周末》描述了这个"老黑"："由于事发突然，很多人衣不蔽体，厂里把厂服给大家穿，导致大家服装差不多，为分清阵营，巡逻队用暗号判断来人，比如 13 日晚上的暗号是'国泰民安'，巡逻队问来人：'国泰'，来人要答：'民安'，否则就是另外一拨来抢粮食的。这些由杨健全组织起来的巡逻队拿着铁棒、菜刀、木棍，袖子上系着一根红丝带，头戴红色头盔。要抢东西的那拨人气势汹汹，老是说没吃饱，他们说自己没分到配给粮，结果同厂的工人说，明明给你们分了。当地有个警务室，但警察已在地震中失踪。村里 4 口锅，按单位轮流做饭，闹事的十多个人，别人做了饭，他们也要吃，把饭勺都抢掉了，让别人吃不成。杨建全让 4 个武警把领头的'老黑'控制起来，他很凶，说老子饿了就要吃饭，杨健全说必须按秩序，一个单位一个单位地吃。其他闹事者也蠢蠢欲动，局面一触即发，杨把'老黑'捆了起来，掏出麻醉枪指着他，'老黑'说：你有种就把我打死。杨对着他鼻子打了一枪，'老黑'一下老实了，武警把他带到一个屋子里去。杨健全让宣传股长王洪志给他做思想工作，一是拉近感情交朋友，跟他讲这个时候跟大家作对不好，'我们都是死过一回的人，要讲良心'。后来'老黑'的老婆也来了，又跟他老婆讲道理，让她劝老公不要在这里闹事，然后杨健全又把闹事者和可能闹事的人集中起来，给他们训话：'我们组织了两百多民兵，昼夜巡逻。'其实民

---

①　转引自徐显明《生存权论》，载《中国社会科学》1992 年第 5 期。

②　徐显明：《生存权论》，载《中国社会科学》1992 年第 5 期。

兵只有二十多人。"① 可见，在地震灾区中，饿的人很多，要吃饭的人很多，要帐篷的人很多，这时候我们就不能够把哄抢的行为当做是自救的行为。在前面的案例中，经过绵竹的救灾车所运输的救灾物资按计划不是给参与哄抢的灾民的，而是给其他地方的灾民的，因此，实际上，这并不构成自救，而是一种危害别人生存权的行为。我们可以再举个简单的例子进一步证明：有5个人因地震被困在一起，只有20个饼（5天以后才有食物供应），这可以维持他们一段时间的生命，结果有一个也很饿的人跑进来把他们的粮食全部偷吃了，结果是这5个人中在这5天之内就有可能有人被饿死。你说这种偷窃合理吗？肯定不合理。能够以生存权为理由对抗别人的生存权吗？当然也不可以。

第二，有生存权需要的人拥有可以抢另一个有生存权需要的人的物品的权利吗？阿奎那的话说，如果一个人面临着迫在眉睫的物质匮乏的危险，他就可以公开地或者用偷窃的办法从另一个人的财产中取得所需要的东西，然而对此带来的疑问是，如果被抢的那个人也正需要这些东西呢？也就是说，生存权和生存权之间存在冲突了，怎么办？这时我们就不得不强调生存权的有限性了，毕竟个人与个人之间的生存权是平等的。所以，之所以笔者不认可绵竹参与哄抢的灾民的行为，根本原因在于，他们是灾民，但是其他地方也有灾民，甚至其他地方的灾民可能比参与哄抢的灾民受灾更严重，或者说，其他地方的灾民更加需要这些救灾物资。孟德斯鸠曾经说："自由是做法律所许可的一切事情的权利；如果一个公民能够做法律所禁止的事情，他就不再有自由了，因为其他的人也同样会有这个权利。"② 实际上，孟德斯鸠告诉我们，如果因为生存权受到威胁可以剥夺别人的生存权，那就等于生存权没有了。一切权利都是有限度的，一切权利都应该以不侵害别人的权利为前提，一切权利的拥有者都要以能够合作为前提。所以，在面对生存权与生存权冲突的时候，是不可能简单地下结论说，某个人的生存权比其他人的生存权重要或者具有优先性。只有承认这一点，绵竹参与哄抢的灾民才具有法律意义上的合法性和道德意义上的合法性，否则，法律意义上的合法性不仅不可能有，道德意义上的合法性更不可能存在。但是事实上，不管是

---

① 张悦：《挣扎与求生：孤岛汶川的人性百态》，《南方周末》2008 年 5 月 22 日。
② ［法］孟德斯鸠：《论法的精神》（上），张雁深译，商务印书馆 1961 年版，第 154 页。

法律还是道德告诉我们，绵竹灾民的哄抢行为是有悖于我们的知识常理的。当然，绵竹灾民如果哄抢的财务是物产丰富的某个人的财产，而这个人又是一毛不拔的"铁公鸡"，或者他想囤积居奇，那么这种哄抢的道德合理性就能够成立了。

第三，最核心的问题是，生存权在何种条件下能够压倒一切？否认生存权的重要意义并不是笔者的基本目的所在。甚至笔者也认可这种观点，即在生命权与其他非生命权相冲突的时候，可以考虑将生命权作为价值位阶较高的价值来考察。但是，如果生命权与生命权相冲突时，该如何抉择呢？英国历史上著名的"女王诉杜德利与斯蒂芬案"（Her Majesty The Queen v. Tom Dudley and Edwin Stephens）为我们提供了一个详细的样本。1883 年，澳大利亚游船木樨草号从英国埃塞克斯驶往悉尼，途中沉没，四个幸存者——船长杜德利、助手斯蒂芬、船员布鲁克斯和见习船员帕克——被困在一艘 13 英尺长的救生艇上，全部食物只有两个罐头。在第19 天，杜德利建议，以抽签的方式选出一个人杀死，让其他三人吃掉，以求生存。对此，布鲁克斯反对，斯蒂芬表示犹豫。而杜德利表示：无须犹豫了，帕克身体最弱又没有家人，他肯定先死。杜德利随后杀了帕克，他们三人以帕克的尸体为食撑着。4 天后，他们被路过的法国帆船蒙堤祖麻号救起，蒙堤祖麻号驶进英国法尔茅各斯港短暂停留，杜德利、斯蒂芬和布鲁克斯以涉嫌故意杀人罪被逮捕收监。陪审团同情被告，但为了避免无罪宣告的结果，法官要求陪审团进行特殊裁决，只认定事实。根据陪审团认定的事实，法官宣告被告犯有故意杀人罪，驳回他们的紧急避难抗辩。被告被判处绞刑，随后被维多利亚女王赦免了。[①] 围绕这个案例，1949年，哈佛大学法学院教授 L. L. 富勒在《哈佛法学评论》上提出了一个虚拟的人吃人案件，这个名为"洞穴探险"的案例后来被称为"史上最伟大的虚拟案例"：4299 年 5 月上旬，在纽卡斯国，5 名洞穴探险人不幸遇到塌方，受困山洞中，等待外部的救援。十多日后，他们通过携带的无线电与外界取得联络，得知尚需数日才能获救；为了生存，大家约定通过投骰子吃掉一人，牺牲 1 人以救活其余 4 人。威特摩尔是这一方案的提议人，

---

① Cannibalism and the Common Law: *The Story of the Tragic Last Voyage of the Mignonette and the Strange Legal Proceedings to Which It Gave Rise*，1984。另可参见《当法律遇到人吃人案》，《南方都市报》2008 年 3 月 30 日。

不过投骰子之前他又收回了意见，其他 4 人却执意坚持，结果恰好是威特摩尔被选中，在受困的第 23 天维特摩尔被同伴杀掉吃了。在受困的第 32 天，剩下 4 人被救，随后他们以故意杀人罪遭起诉，而根据《刑法典》规定："任何故意剥夺他人生命的人都必须被判处死刑。"[①] 在纽卡斯国的初审法院，被告被判处死刑。被告上诉到最高法院，富勒虚拟了 5 位大法官就此案出具了 5 份不同的判决意见书：首席大法官特鲁派尼从法律实证主义的观点出发，认为法律是法律，道德是道德，同情心不会让法律人违反自己的职业判断，去创造例外，所以他支持有罪判决；福斯特大法官则主张应该根据立法目的，对法律规则进行解释，联邦的法律不适用此案，被告无罪；唐丁大法官认为这是一个两难的案件，选择回避退出此案；基恩大法官主张法官应当忠于自己的职责，不能滥用目的解释，去规避法律规则的适用，坚持被告有罪；汉迪大法官则主张，抛开法律，用常识判案，通过常识来平衡道德与法律的冲突，坚持被告无罪。[②] 在这个案例中，各种法理学流派充斥，各种观点也争锋相对。最核心的问题是，为了多人的生命权，能不能牺牲其中一个人的生命权？如果强调生命权压倒一切，显然这是不可以的。但是，如果按照我国现有刑法，以紧急避险来抗辩，似乎又是可以的。面对这种两难，法律该如何抉择呢？显然这种抉择是很艰难的。当然，这种艰难的决策之做出乃是基于我们所面临的困境还不够大。我们可以重现电影《2012》中的镜头来在更宏观的意义上展现。当地球到了要毁灭的时候，人类面临着灭种的危险，这时各个国家的元首秘密开会决定在世界最高峰制造"诺亚方舟"，让一部分人幸存下来，挽救人类作为一个种族覆亡的命运。而获得登上"诺亚方舟"资格的人都是有政治地位的人和有钱捐助的人。在这部电影里，我们看到了世界快要灭亡时，人类的生命权实际上是没意义的，甚至，还比不上那些"做种"的动物。但是；从可行性来看，这时元首们的决策又似乎是正确的，为的是人类作为种族能够延续。显然，这里讨论的是一个放大版的"洞穴探险"问题。如果从电影《2012》的立场来看"洞穴探险"问题，则"洞穴探险"是一个正当的行为。这个结论是悲哀的，但是又是很实在的。当然，承认这个结论不是为了要人们鄙视自己的生命权，相反，从学理上讲，就是要

---

① 《当法律遇到人吃人案》，《南方都市报》2008 年 3 月 30 日。
② 同上。

人们正确估价自己的生命权，从而获得超越于简单的伦理价值之上的意义认识。

总之，对绵竹参与哄抢的灾民不予处罚是正确的，但这并不意味着在"生存受到威胁"时的哄抢行为是合理的，这意味着个人在享有民生权利的同时，实际上也应受到制约。或者明确地说，民生权利还应该受到社会利益的制约。

四　民生权利的社会利益向度

现在，我们有必要进一步对以生存权为重点的民生权利的范围和界限做一个更为深刻的界定。前面所指出的生存权不能够破坏另一个人或另一些人的生存权，隐含的意义也在于民生权利的限度。实际上，这种道理和逻辑还可以进一步地演绎，即不仅仅是民生权利，而是所有的权利，都是有使用的范围和限度的。前面笔者所说的是民生权利的合作责任向度，这里我们主要围绕的是民生权利的社会利益向度。

在权利话语中，民生权利的社会利益向度意味着个人绝不是唯一的利益主体，个人在享受自己权利的同时，必须共同承担为了社会利益的实现而应承当的损失以及为了实现社会利益而承当对自己权利的侵害，但这绝不意味着社会利益的造就应当建立在公民个人的重大损害乃至完全损害之上。也就是说，个人的民生权利确实可能为了社会利益作出奉献，但这不应该是无私的，而应该是等价有偿的。

我们可以再讨论一下财产权的变化。当"私有财产神圣不可侵犯"写入一些西方国家的宪法以后，这些国家很快就发现权利的绝对化有重大的隐患，导致了许多社会公益措施和设施无法施行和实现，或由于财产主人的拒绝合作而耗费高额成本。比如，在某个西方国家，在修建铁路的时候需要拆迁一位老人的一座房子，补偿款是非常丰厚的，可以供他在这个城市的任何一个角落买一套很大的房子且绰绰有余；但是老人的怀旧心理比较浓重，不管政府如何做工作，老头就是拒绝合作，最后该铁路计划不得不重新规划设计，这就是权利绝对化的后果。所以西方一些国家在近百年来纷纷放弃了"私有财产神圣不可侵犯"的硬性原则，走向了更高的权利目标——请求权利合作的新理念。这对于我们国家的启示意义是重大的。在我国，房屋拆迁问题是一个时时面临新情况的老问题。房屋拆迁在中国之所以成为问题，就是公民个人承担了为社会利益的损失但没有获得相应的足够补偿。这是我国公民权利没有获得应有地位和重视的表现。我们主张民生权利确实要为社会利益让位，但绝对不是通过剥夺民生权利的做法或借社会利益之名来伤害民生权利①。实际上，在我国的法治发展语境中，公民的权利还处于弱势地位，所以学者们和群众们以非常期待的心情渴望权利有足够的"硬度"，因此，在我国加强民生权利保护非常重要。只是，为了吸取美国的权利绝对化观念的教训，我们对权利的未来发展需要有适度的限制和克制之道，以免重蹈美国之覆辙。从社会利益对民生权利的要求来看，其基本要求有三：

首先，民生权利应当具有可合作性，这是社会利益能够实现的基本前提。前面已经指出，民生权利是个人生存和发展之权利体系，是每一个人都享有的权利，权利的内容是相等的，因此，一个人的民生权利不能成为另一个人的民生权利的对抗理由。但是个人的权利是来自社会中的权利，个人权利的实现必须放置于社会这一舞台中进行考虑和评价，"一种利益要具有成为一种权利的资格，仅当一个有效的法律制度通过使用集体的资源来保卫它，并把它作为权利来对待。"② 麦特·里德雷对此也有深刻的认识。他认为，个人权利之所以实现，全靠人类社会的分工和合作。麦特·里德雷从社会中看出劳动分工的具体意义。他发现，正是因为有了细胞的劳动分工，人类肌体才得以和谐地生存发展。他说，"血液中的红细胞对肝脏细胞来说至关重要，同样，肝细胞对红细胞来说也不可或缺。二者之间协作的力量远非单个细胞所能比。人体内的每一个器官、每一块肌肉、每一颗牙齿、每一根神经、每一块骨头都有自己的作用，支持着整个肌体

---

① 上海市闵行区一户主，不肯在明显低于市场价的拆迁协议上签字，结果遭区政府强拆。女户主称政府侵权，官员称其"脑子别住了"。面对多人的强拆队，女户主用燃烧瓶抵抗暴力拆迁。抵抗了几小时后，房屋最终被推平。而根据记者在闵行区政府和枢纽工程建设公司签订的土地拆迁大包干协议当中看到，建设公司委托给区政府的征地款是每亩地130万元，整个虹桥机场的拆迁总费用高达148亿元。但是政府补贴到农民手中的征地款是每亩地38万元。那么每亩地余下的100万元费用是由政府取得了？对于记者的疑问，吴仲权认为，闵行区虹桥枢纽这个地块，是在政府的改扩建消息出来以后才大幅提升的，因此由之获得的土地增值价值也不应该由群众取得。参见《女户主用燃烧瓶抵抗暴力拆迁》，http：//news.163.com/09/1122/01/5OMIKLCH00011229.html，中国新闻网2009年11月22日，访问日期：2009年12月5日。在上海，房价每平方米已经达到了1万—2万元之间，补偿的38万元/亩在任何地方都买不到房子了，这实际上就是严重侵害民众民生权利的表现。

② Stephen Holmes and Cass R. Sunstein, *The Cost of Rights*, *Why Liberty Depends on Taxes*, New York：Norton Company, 2000, p. 14.

的运作。它们从未想过要独自承担所有的任务，因此人才比植物高级得多。实际上，从生命一开始劳动分工就扮演着重要角色。基因个体之间不仅要分担细胞的运转工作，而且它们早就学会了如何储存信息，如何与负责化学物质和结构建设的蛋白质进行分工。我们知道这也是劳动分工，因为核糖核酸（RNA）这一生产基因的更为初级更为稀少的物质本身就杂而不精，它虽然既能储存信息又能担当化学物质的触媒，但在储存信息方面它比不上脱氧核糖核酸（DNA），在化学物质的催化过程中又无法与蛋白质相匹敌"。所以，"正是由于各机体间的协同作用人类社会才能顺利运转，也正是这一点将我们与其他群居动物区别开来。"① 实际上，民生权利的救济与此原理相同，一个细胞受到了病毒侵害，单个细胞是不可能完成杀毒任务的，要靠各个细胞的协调合作杀毒才得以清楚病毒；同理，一个细胞的权利妨碍了其他细胞的权利的实现，实际上会阻碍人体的有机运行，那么人体健康的恶化会影响这个细胞的生存空间。人的生存和发展也一样，没有合作条件，即使是英雄般的巨人，也会在孤单中老去；而合作的人们，即使再为孱弱，也会产生合作的力量。个人的民生权利是保证个人能够生存和发展的理由，但是，不是更好地生存和发展的理由；如果个人的民生权利的实现是建立在对别人民生权利损害的基础之上，那么实际上并不意味着个体民生权利是成功的，相反，危害甚多。正如博厄德和理查森所说："遵奉习俗，相互仿效的文化传播机制为人类团结协作的精神提供了至少一个无可辩驳的理论依据，从经验论的观点看同样合乎情理，它解释了人类有别于其他所有动物的协作行为，不管是否与自己的利益相抵触，人类都能与自己关系疏远的同类进行合作。"②

其次，民生权利应当具有互惠性，这是社会利益能够实现的理论基础。民生权利的互惠性即权利应该促进人们之间的发展而不是构成人们之间权利发展的天敌。"在罗尔斯的正义论中，互惠（reciprocity）的概念居于枢要的地位。"③ 早在很多年以前，人们就考虑到，为什么社会能够形成呢？许多思想家把问题的根源归结于社会中的人们是互惠互利的，正如富

① ［美］麦特·里德雷：《美德的起源：人类本能与协作的进化》，刘珩译，中央编译出版社2004年版，第38页。
② 转引自［美］麦特·里德雷《美德的起源：人类本能与协作的进化》，刘珩译，中央编译出版社2004年版，第195—196页。
③ 参见林来梵《互惠正义：第四次修宪的规范精神》，《法学家》2004年第4期。

勒所说，"社会是由一个无所不在的互惠性纽带绑结着的，在社会中，各种义务一般都能追溯到互惠原则"。① "生动地保留在人的心智中的互惠性，它构成了全部社会生活的基础。此外，习惯于相互交易的社会人，他能洞穿人们各种活动间的相互关联，并明白为什么有些付出与索取之于公共生活是十分关键的"。② 正是因为互惠正义的存在，规则才有了形成的可能，法律才有了发展的现实，人类才有了进化的基础。伯尔曼在考察西方法律发展史的时候，注意到互惠性在 11 世纪时期西方的重要意义，他说，"就相互的给和取的意义上说，互惠性本身在所有的文明中就是一切商业的实质所在……然而，自 11 世纪晚期和 12 世纪以来，西方人所理解的权利互惠性原则，涉的还不只是交换。在观念上，它还包含有在进行交易的双方之间那种负担或利益均等的因素，即公平交换的因素。这点依次有两个方面：一个方面是程序上的，另一方面是实体上的。在程序上，必须公平地参与交换，即不存在强迫、欺诈或其他滥用任何一方意愿或认识的行为。在实体上，即使是自愿和故意参与的交换，也不得使任何一方承受与他所获得的利益极不相称的代价；这样的交换也不能不正当地损害第三方的利益或一般的社会利益。"③ 这样，对法律规则程序的遵守，对互惠的诉求，也就有了权利的启蒙，所以，"欧洲数以千计的新城市和城镇发展出它们自己的法律类型，这种法律也具有以下特征：客观性、普遍性、互惠性、分享裁判权、整体性和发展的特性"。④ 也就是说，"无论是权利互惠性的程序方面还是实体方面，都蕴涵在自 11 世纪晚期和 12 世纪以来西方人所理解的'权利'这个术语之中"。⑤ 进一步地说，权利的互惠性不仅在古代西方是可能的，在近代全球也应该可能，毕竟互惠互利是人追求的价值之一，否则人类社会很难在竞争中发展。这也是我们今天强调民生权利的互惠性的原因之一。民生权利的互惠性，不仅是对西方的模仿，而且也是中国现实的必要要求，如有学者指出，"应当对权利发展与社会发展在中国的具体历史场域中是如何发生互动的过程与进程进行描述，对中国

① Lon. L. Fuller, *The Morality of Law*, New Haven: Yale University Press, 1969, p. 186.
② Robort S. Summers, *Lon L. Fuller*, California: Stanford University Press, 1984, p. 82.
③ ［美］伯尔曼：《法律与革命——西方法律传统的形成》，贺卫方等译，中国大百科全书出版社 1993 年版，第 425 页。
④ 同上书，第 657 页。
⑤ 同上书，第 425 页。

人权利发展为什么会达到当前的现状进行解释，进而发现中国人权利发展的特定道路，以及对促使中国人权利发展之特定道路得以形成的背后更为深层的文化与历史因素做出分析"。① 我们的传统文化中"仁者爱人"、"兼爱"等思想就为我们提供了权利互惠的良好前提，从而也成为民生权利互惠性的知识渊源。我们不能埋没这种传统，甚至我们还应当将其发扬光大。

最后，民生权利应当具有宽容性，这是社会利益能够实现的基本品质。《大不列颠百科全书》认为，"宽容是指允许别人有判断和行动的自由，要耐心、不带任何偏见地容忍那些有别于自己或被普遍接受的观点、行为的人。"按照一些学者的解读，宽容"要从人与人或文化与文化之间的相互平等、理解和尊重的基础上来理解，其基本前提和方式是，在不背离或放弃根本原则的情况下，以和平友善的方式，来看待、理解和宽恕他人的异己言行以及'文化他者'"②。也许宽容含有宗教意味，"但是，就其核心要义而言，它要求人们在人格平等与尊重的基础上，以理解宽谅的心态和友善和平的方式，来对待、容忍、宽恕某种或某些异己行为、异己观念，乃至异己者本身的道德与文化态度、品质和行为"。③ 这既是一种生活实践，也是权利的一种内在品质。现代社会已经更多地把个人与个人联系到了一起，人的权利之间不可避免地存在一定的冲突，宽容也就成了必要的品质追求，否则，就会纠纷迭起。现在很多人都住在小高层楼里，楼层与楼层之间特别是上下楼之间只有水泥地板相隔，楼上人家比较大的声响可能会影响到楼下人家的生活。假如有这么一个小区，楼上住着运动员张大三，楼下住着音乐家王大四。张大三每天在家里蹦蹦跳跳地活动锻炼，王大四心里气愤就在半夜弹钢琴以示抗议。从权利来看，二者都是在自己的家里活动，似乎都是自己权利的正确行使，但是实际上，二者都没有适当地考虑他人的生活需要，如果日久，则还可能构成侵权，可见即使有权利作为，也要在适当的度之内，这就是宽容意识所主张的。正如有学者所说，"权利不仅体现为一系列物质性的规定、制度与组织结构，而且更为重要和更为深刻的是，它同时也是或者应当是人的一种生活态度、一

---

① 邓正来：《中国人权利发展研究的理想与现实》，《中国法学》1996 年第 1 期。
② 强昌文：《契约伦理与权利》，山东人民出版社 2007 年版，第 125—126 页。
③ 万俊人：《寻求普世伦理》，商务印书馆 2001 年版，第 507—508 页。

种生活立场、一种精神与信仰，这就是把人要真正当做人，或者说不仅要自我尊重而且要尊重所有的人为人"①。宽容实际上意味着妥协，但是妥协并不是无原则的，而是建立在对权利的充分尊重的基础之上的，"愿意妥协与有原则地维护自己的立场，或批评别人的立场，这二者之间毫无抵触之处。如采用妥协而不是武力的解决方法，正确的原则很可能终于居于优势。如果把具有远见的接受与表里不一等同起来；如果错误地用坚持原则作为决不妥协的理由，那就是民主的灾难。"② 因此，无原则的固守权利绝对性就意味着权利是冷冰冰的，既没有人性，也没有激情；既没有人情，也没有美德；既没有善良，也没有公正，一切都是个人的自私。

综上所述，民生权利是个人的权利，但也是所有人的权利。一切权利，都是自我存在和发展的凭借条件；一切权利，都不是自私构成的前提。权利的实现，不可能存在于以权利为封闭圈的自我中心之间。人类的合作史早就告诉我们，权利之所以可能，乃是合作、互惠、宽容之故。合作给予我们生存的力量，互惠给予我们社会的美德，宽容给予我们道德的进化，此三者，诚谓民生权利之三醒也。

---

① 姚建宗：《法治的生态环境》，山东人民出版社 2003 年版，第 276 页。

② ［美］科恩：《论民主》，聂崇信、朱秀贤译，商务印书馆 2005 年版，第 185 页。

结 束 语

民生并不只是中国的问题。在发展中国家，民生问题是具有共同性的，共同地表现出了对民众基本生存的保障，对民众自由发展的保障。但是，很遗憾的是，在发达国家和发展中国家的经济发展水平严重对立的情况下，许多发展中国家民生发展的态势和趋向是令人担忧的，我们可以以拉美国家和印度为例来看看问题的严重性及其原因所在。

拉美国家，自 1980 年到 2000 年，本国货币对美元平均贬值 50%—70%[①]，而进入 20 世纪 90 年代后，墨西哥、巴西、阿根廷先后爆发了金融危机。危机的影响加之对外依存度过高，使政府失去了对金融安全、经济发展的干预能力，群众失去了信心，人民生活水平下降，社会矛盾逐渐突出，社会动荡开始此起彼伏。[②] 国家的贫富差距两极分化非常严重，2004 年拉美国家平均基尼系数达到 0.522，远远超出了国际公认的警戒线，阿根廷基尼系数由 0.43 上升到 0.55，[③] 2006 年巴西是 0.59、委内瑞拉是 0.49、智利是 0.57[④]。拉美的其他国家如哥伦比亚、墨西哥还时常面临暴乱的危险，人民的幸福指数极低。

在印度，经济迅速发展，还有人提出了"印度模式"以表彰其成就，如有学者说，"印度国内生产总值增加的 30%—40% 都是生产效率提高的结果，而不是单纯地依靠总量投入。这一点与中国有明显不同，也有别于其他亚洲新兴市场国家。（因为）生产效率提高是经济增长真正有价值的

---

① 王德祥：《战后国际金融危机的五大特点》，《金融参考》2000 年第 9 期。

② 高建生：《从拉美到印度：发展问题对发展中国家的警示》，《社会科学》2005 年第 11 期。

③ 《人民日报》2005 年 3 月 25 日。

④ 张立栋：《目前我国基尼系数达到 0.45 已经接近拉美国家》，《中国工商时报》2006 年 3 月 13 日。

指标，它不仅意味着经济增长，而且也意味着技术进步，单纯依靠投资和产量增加来推动经济增长并不能反映一国经济运行的真相，投资效率和生产效率提高才是经济健康增长的真正指标。"① 也有人说，印度独立后，"受到严重束缚的印度经济以缓慢而稳定的速度增长——著名的 3%。缓慢的经济增速与新共和国的政治变革速度形成鲜明对比：印度在一夜之间成为世界上首个全面实行民主的贫困国家。民主确实在印度繁荣起来，其间很少出现停滞。印度定期举行有序的大选，拥有自由而活跃的媒体和司法独立，同样重要的是，执政党在大选失败后愿意交出政权，而非召集军队。对于任何贫困国家（特别是像印度这种规模的国家），这都是一项令人瞩目的成就。"② 2003 年，印度家庭年收入超过 1800 美元的中产阶级，3 年内增加了 17%，已达到 7000 万人；而 20 年前印度有六分之一的城市居民居住在贫民窟中，目前则上升到四分之一。而且，另外的事实是，印度现在拥有全球 40% 的贫民，2.2 亿人生活在饥饿之中，比整个非洲贫困人口还多。③ 即便是在印度最为繁华的都市孟买，商业和娱乐业发达，使孟买成为众多跨国公司和大名鼎鼎的宝莱坞的大本营，也是年轻人蜂拥而至，寻找机会的地方——这里却有着将近半数的人口住在棚户区和贫民窟。印度城市里的贫民窟一天比一天多。孟买是亚洲贫民窟人口最多的城市，650 万人生活在贫民窟，将近占到全市人口的一半。位于市中心的达拉维算是亚洲最大的贫民窟，人均面积只有 1.8 平方米，拥挤程度难以置信。与此相应，印度的铁路系统可谓奇差无比，不仅车里坐满了人，而且车的两边、车顶上都"挂"或坐满了人。奇差无比的社会服务和公共服务，半数人口在贫困线上挣扎，2 亿人口处在水深火热之中，造成了奇怪的"印度模式"。

我们要追问的是，为什么会出现这样的情况呢？问题的原因就在于这些国家对西方民主法治模式的过分信任。

第一，对西方民主法治发展模式的过分依赖，没有形成自己的发展路

① Gurcharan Das："探寻'印度模式'的成功之道"，《中国经济日报》2006 年 7 月 27 日，http://jingyuan.mofcom.gov.cn/aarticle/zhongyaozt/200607/20060702729653.html，访问日期：2009 年 12 月 8 日。

② ［印度］阿玛蒂亚·森著：《六十岁的年轻印度》，何黎译，《国际金融报》2007 年 8 月 21 日。

③ 王军：《贫与富》，《内部参阅》2005 年第 755 期。

径。在拉美国家，以智利、阿根廷、乌拉圭等国为代表，它们毫不犹豫地采用了西方的民主法治发展模式，即所谓的推行自由化，放松了政府控制，开放市场，走私有化道路，实施贸易、金融自由化，拍卖国有企业，拉开了收入差距，推行了扩张性财政政策，减少甚至取消了政府补贴。① 甚至在一些拉美国家还搞起了热热闹闹的大选，民众一下子获得了民主自由。如在"印度似乎还建立了有益于经济发展的公共制度——民主、运转良好的司法系统、财产权等"。② 这使得"印度号称是世界上最大的民主国家，并仿效西方建立了竞争式的竞选制，并且有着相对健全的法制环境。这使得它与'东亚'新兴工业化国家的'威权'式政治体制明显不同"③。但是这些国家在发展过程中却一下子被民主自由给蒙了，不加控制的市场经济导致了国家对经济发展的控制失衡，占据了资源的人成了强者，没有占据资源的人成了弱者，而且强者更强，弱者更弱。缪尔达尔发现，在20世纪60年代，南亚地区占主要地位的无疑是传统因素，但殖民统治又渗入了许多现代化的因素。一方面是保留着几千年几乎凝固不变的自然经济的传统观念的普通民众，另一方面是受过西方思想熏陶、居于上层社会、试图改造社会的精英阶层，这两者间有着严重的隔膜。而那里的作为社会精神支柱的宗教，封闭保守，与现代化理念相悖，社会精英抓住了其所造成的社会等级制度不放，原有的种姓也逐渐转化成为特殊利益集团。④ 传统与现代的冲突不断加强，特殊利益集团开始垄断社会利益。

第二，社会结构不合理，民主法治模式成为空洞理念。印度民族、宗教、政党众多，国家内部各种势力的争斗很激烈，使得印度的政体并未充分地发挥其功效。印度政府由于受到各党派政治力量的制约，难以在短时间内形成统一决策，无法集中有限的资源用于促进经济发展。⑤ "在这种社会结构下，上层社会只能标榜'代表'的旗帜、以'中间阶层'的代表自居，这就使真正照顾下层贫民发展的进步措施难以得到应有的重视。国家

① 高建生：《从拉美到印度：发展问题对发展中国家的警示》，《社会科学》2005年第11期。

② 莱内特·翁：《中印经济发展模式差异详解》，《香港亚洲时报在线》2004年4月29日。

③ 张立：《印度发展模式解析》，《南亚研究季刊》2008年第4期。

④ ［瑞典］冈纳·缪尔达尔：《亚洲的戏剧——对一些国家贫困问题的研究》，北京经济学院出版社1992年版，第23—30页。转引自张立《印度发展模式解析》，《南亚研究季刊》2008年第4期。

⑤ 权衡：《中印经济增长模式之比较》，《东方早报》2006年9月11日。

希望以计划的实施为捷径来发展自己，但计划并不能达到想象的效果。除了计划之外，南亚的发展也求助于制度变革。制度安排作为调整各个利益集团的博弈，由于缺乏公平自由的竞争环境，倾斜的制度安排更难以真正达到目的，而且与民众、精英的不和谐态度掺杂在一起，致使经济发展缓慢。实质上是，不平等的社会地位支配着倾斜的政策选择。"① 可见，尽管在印度出现了很民主的情况，但是由于博弈不均衡，制度变成了强者压制弱者的竞争工具，并加剧了社会的不平等。民主本来是好东西，但是由于民主运作能力的不足，特别是民主运作的基础不足，使得民主失去了足够的张力。

第三，名义上的民主法治模式，事实上的集权模式。缪尔达尔针对当时的南亚国家（当然也包括印度在内）的政府情况，还提出了"软政权"的概念。"软政权"的主要特点和表现是：权力集中在少数上等阶层和公务员手中，政权本身成为了这些人寻租谋利的工具；掌握经济、社会和政治大权的人拥有极大的自由裁量权，由此导致腐败的盛行和广泛的不平等。因此，从实质上讲，"软政权"下的政府与"独裁主义"或"家长主义"的政府并没有根本的区别。② 在印度，能够控制政府权力的往往是几个大家族，这样，政权的更替变成了家族之间的斗争，但是，不管是谁上台，也不管是谁执政，出身平民百姓的人们都没有机会参与国家大事的讨论与决定。所以，一方面政府大力发展军事力量，进行军事扩张，但另一方面，人们生活却徘徊不前。这种集权模式实际上成为了西方民主法治发展模式的变种。

第四，对社会利益和公共服务重视不够。阿玛蒂亚·森对此痛心地指出，"政府在一些领域中的参与程度不够，而它本可以在这些领域中取得极大成就。对于修缮受重视程度低得惊人的社会基础设施（例如，需要新建更多学校、医院和农村医疗中心），以及建立一套行之有效的问责、监督和公共服务合作体系这些迫切任务，政府行动迟缓。此外，政府还忽视了实物基础设施（电、水、公路和铁路）的建设，这些领域需要政府和私营企业同时努力。经济学家称之为'公共产品'的广阔领域仍然没有受到

① 焦建国：《没有"纯粹的"经济学研究》，《经济与管理研究》2006 年第 2 期。

② ［瑞典］冈纳·缪尔达尔：《亚洲的戏剧——对一些国家贫困问题的研究》，北京经济学院出版社 1992 年版，第 23—30 页。转引自张立《印度发展模式解析》，《南亚研究季刊》2008 年第 4 期。

足够重视。"① 如果要将印度与中国比较的话，"中国政府视发展为目标，并将其视为执政合法性的基础，印度政客则将组织利益的代表性视为目标和他们合法性的基础，中国的政治是发展式的，而印度的政治仍主要是庇护式的"。② 由此可见，中国是以发展民生的形式来发展国家和发展法治，而印度却是以发展民主的方式来发展国家和发展法治。表面上看，印度的民主很热闹，而中国的民主似乎很冷静，实际上，在印度的民主模式背后，却笼罩着发展模式不畅所带来的重重问题，这还需要印度人民自己去"拨云见日"；而在中国，只要继续坚持走民生法治发展道路，中国最终会是一个法治国家。

在全球经济化的浪潮中，发展中国家必须依照自己的国情和实际情况摸索出发展模式，不能盲目地"人云亦云"和"亦步亦趋"。

不可否认，人类进化到今天，无论是东方还是西方，人们日常的劳作和生活方式事实上在日益趋同。机器节省了劳动，使人可以快速流动，有了更多的闲暇和交往，由此，现代人人性的一面合成了人造的城市和巨大的工厂，另一方面仍旧留在自然。不管后人如何评价这种演变，这就是现代化，今后还会继续。③ 所以，没有一个国家能够幸免于愈演愈烈的经济全球化浪潮，法律全球化也不会只是"西方资本主义国家的"妄想。对于我国这样一个后发且正处于现代化进程中的国家来说，全方位地借鉴吸收人类先进文明的成果已经成为一种全民性的共识——尽管这种"共识"不时会遭遇到种种反"全球化"理论和后现代主义的质疑和批评。④ 而法律全球化是将分散在全球不同国家和地区的法律体系向全球法律一体化推进的过程，同时也是将全球范围的法律整合为一个法律体系的过程。⑤ 因此，法律全球化绝对不是法律西方化。

遗憾的是，那种"拿起西方的鸡毛当令箭"的情形在中国等不发达国家都存在。如在中国，我们的法治理论及其外化方式的制度设计，所沿袭的却是"移植"与模仿西方法律之路径。客观地说，时下的法学理

---

① ［印度］阿玛蒂亚·森：《六十岁的年轻印度》，《国际金融报》2007 年 8 月 21 日。

② ［英］马丁·沃尔夫：《中国与印度：殊途同归的亚洲巨人》，李功文译，《金融时报》2005 年 2 月 25 日。

③ 扬隧全：《中国之路与中国民法典》，法律出版社 2005 年版，第 3 页。

④ 熊谓龙：《法典化进程中的法律移植》，《光明日报》2005 年 10 月 13 日。

⑤ 沈宗灵：《评"法律全球化"理论》，《人民日报》1999 年 12 月 11 日。

45. 杜虹：《20 世纪中国农民问题》，中国社会科学出版社 1995 年。

46. 方向新：《农村变迁论》，湖南人民出版社 1998 年版。

47. 董志凯：《解放战争时期的土地改革》，北京大学出版社 1987 年版。

48. 许全兴编：《李大钊语萃》，华夏出版社 1993 年版。

49. 刘军宁等编：《公共论丛：市场逻辑与国家观念》，生活·读书·新知三联书店 1995 年版。

50. 江怡主编：《走向新世纪的西方哲学》，中国社会科学出版社 1998 年版。

51. 杜宴林：《法律的人文主义解释》，人民法院出版社 2005 年版。

52. 张明楷：《刑法格言的展开》，法律出版社 1999 年版。

53. 强昌文：《契约伦理与权利》，山东人民出版社 2007 年版。

54. 万俊人：《寻求普世伦理》，商务印书馆 2001 年版。

55. 姚建宗：《法治的生态环境》，山东人民出版社 2003 年版。

56. 李步云：《宪法比较研究》，法律出版社 1999 年版。

57. 张文显：《法哲学范畴研究》，中国政法大学出版社 2001 年版。

58. 王天一：《外国教育史》，北京师范大学出版社 1993 年版。

59. 任东来等：《美国宪政历程》，中国法制出版社 2004 年版。

60. 李步云：《法理探索》，湖南人民出版社 2003 年版。

61. 李强：《转型时期的中国社会分层结构》，黑龙江人民出版社 2002 年版。

62. 王绍光：《安邦之道——国家转型的目标与途径》，生活·读书·新知三联书店 2007 年版。

63. 陆学艺主编：《当代中国社会阶层研究报告》，社会科学文献出版社 2002 年版。

64. 钱宁主编：《现代社会福利思想》，高等教育出版社 2006 年版。

65. 郑功成：《社会保障学——理念、制度、实践与思辨》，商务印书馆 2004 年版。

66. 王人博、程燎原：《法治论》，山东人民出版社 1998 年版。

67. 赵汀阳：《论可能生活》，生活·读书·新知三联书店 1994 年版。

68. 梁治平：《法律文化的解释》，生活·读书·新知三联书店 1994 年版。

69. 何勤华等：《法律名词的起源》，北京大学出版社 2009 年版。

70. 董云虎、刘武萍：《世界各国人权约法》，四川人民出版社 1994 年版。

71. 林来梵：《从宪法规范到规范宪法》，法律出版社 2001 年版。

72. 刘丹等：《法治政府：基本理念与框架》，中国法制出版社 2008 年版。

73. ［古希腊］柏拉图：《理想国》，郭斌和、张竹明译，商务印书馆 1986 年版。

74. ［古希腊］亚里士多德：《政治学》，吴寿澎译，商务印书馆 1961 年版。

75. ［意］阿奎那：《阿奎那政治著作选》，马清槐译，商务印书馆 1982 年版。

76. 马克思、恩格斯：《马克思恩格斯全集》（第 1、3、30、40、42、46 卷），人民出版社 1956 年版。

77. 马克思、恩格斯：《马克思恩格斯选集》（第 1—4 卷），人民出版社 2004 年版。

78. ［德］康德：《道德形而上学原理》，苗力田译，上海人民出版社 1986 年版。

79. ［法］基佐：《欧洲文明史》，程洪逵译，商务印书馆 1998 年版。

80. ［美］约翰·罗尔斯：《正义论》，何怀宏等译，中国社会科学出版社 1988 年版。

81. ［美］萨拜因：《政治学说史》，盛葵阳等译，商务印书馆 1986 年版。

82. ［奥］凯尔森：《法与国家的一般理论》，沈宗灵译，中国大百科全书出版社 1996 年版。

83. ［美］斯塔夫理阿诺斯：《全球通史》，吴家婴等译，北京大学出版社 2004 年版。

84. ［英］亚当·斯密：《国民财富的性质和原因的研究》，郭大力、王亚南译，商务印书馆 1974 年版。

85. ［法］莱昂·狄冀：《公法与变迁，法律与国家》，郑戈等译，辽宁出版社、春风文艺出版社 1999 年版。

86. ［美］诺内特、塞尔兹尼克：《转变中的法律与社会》，张志铭译，中国政法大学出版社 1994 年版。

87. ［英］罗杰·科特威尔：《法律社会学导论》，潘大松等译，华夏出版社 1989 年版。

88. ［德］文德尔班：《哲学史教程》，罗达仁译，商务印书馆 1987 年版。

89. ［德］黑格尔：《哲学史讲演录》（第 2 卷），贺麟译，商务印书馆 1980 年版。

90. ［美］丹尼尔·布尔斯廷：《美国人：建国历程》，中国对外翻译出版公司译，生活·读书·新知三联书店 1989 年版。

91. ［美］丹尼尔·贝尔：《资本主义文化矛盾》，赵一凡等译，生活·读书·新知三联书店 1992 年版。

92. ［美］伯纳德·施瓦茨：《美国法律史》，王军译，中国政法大学出版社 1997 年版。

93. ［德］哈贝马斯：《在事实与规范之间》，童世骏译，生活·读书·新知三联书店 2003 年版。

94. ［英］约翰·密尔：《代议制政府》，王瑄译，商务印书馆 1997 年版。

95. ［法］孟德斯鸠：《论法的精神》（上、下），张雁深译，商务印书馆 1961 年版。

96. ［英］洛克：《政府论》，叶启芳、瞿菊农译，商务印书馆 1960 年版。

97. ［法］卢梭：《社会契约论》，何兆武译，商务印书馆 1980 年版。

98. ［法］卢梭：《爱弥儿》，李平沤译，商务印书馆 1978 年版。

99. ［美］潘恩：《潘恩选集》，吴运楠、武友任等译，商务印书馆 1981 年版。

100. ［美］泰格、利维：《法律与资本主义的兴起》，纪琨译、刘锋校，学林出版社 1996 年版。

101. ［美］伯尔曼：《法律与革命：西方法律传统的形成》，贺卫方等译，中国大百科全书出版社 1993 年版。

102. ［美］费正清：《美国与中国》，董乐山译，商务印书馆 1971 年版。

103. ［美］费正清、费维恺：《剑桥中华民国史》，刘敬坤等译，中国社会科学出版社 1993 年版。

104.〔美〕费正清、刘广京:《剑桥中国晚清史》,中国社会科学院历史研究所编室译,中国社会科学出版社 1983 年版。

105.〔英〕霍布斯:《论公民》,应星、冯克利译,贵州人民出版社 2003 年版。

106.〔英〕霍布斯:《利维坦》,黎思复等译,商务印书馆 1985 年版。

107.〔德〕马克斯·韦伯:《经济与社会》,林荣远译,商务印书馆 1997 年版。

108.〔美〕玛丽·安·格伦顿:《权利话语》,周威译,北京大学出版社 2006 年版。

109.〔俄〕古列维奇:《中世纪文化范畴》,庞玉洁等译,浙江人民出版社 1992 年版。

110.〔美〕麦金太尔:《德性之后》,龚群等译,中国社会科学出版社 1995 年版。

111.〔美〕L. 亨金:《权利的时代》,信春鹰等译,知识出版社 1997 年版。

112.〔美〕罗纳德·德沃金:《认真对待权利》,信春鹰等译,中国大百科全书出版社 1998 年版。

113.〔英〕约翰·菲尼斯:《自然法与自然权利》,董娇娇等译,中国政法大学出版社 2005 年版。

114.〔德〕耶林:《为权利而斗争》,郑永流译,法律出版社 2007 年版。

115.〔美〕贝思·J. 辛格:《实用主义、权利和民主》,王守昌等译,上海译文出版社 2001 年版。

116.〔美〕麦特·里德雷:《美德的起源:人类本能与协作的进化》,刘珩译,中央编译出版社 2004 年版。

117.〔英〕米尔恩:《人的权利与人的多样性》,张志铭等译,中国大百科全书出版社 1995 年版。

118.〔美〕摩尔根:《古代社会》,商务印书馆 1971 年版。

119.〔日〕大须贺明:《生存权论》,林浩译,法律出版社 2001 年版。

120.〔美〕史蒂芬·霍尔姆斯、凯斯·R. 桑斯坦:《权利的代价》,毕竞悦译,北京大学出版社 2004 年版。

121. ［美］丹尼尔·贝尔：《意识形态的终结》，张园清译，江苏人民出版社 2001 年版。

122. ［日］大沼保昭：《人权、国家与文明》，王志安译，生活·读书·新知三联书店 2003 年版。

123. ［英］哈耶克：《法律、立法与自由》（第二卷），邓正来译，中国大百科全书出版社 2000 年版。

124. ［英］哈耶克：《自由秩序原理》，邓正来译，生活·读书·新知三联书店 1997 年版。

125. ［英］彼得·斯坦、约翰·香德：《西方社会的法律价值》，王献平译，中国法制出版社 2004 年版。

126. ［美］庞德：《通过法津的社会控制·法律的任务》，董世忠译，商务印书馆 1984 年版。

二　英文文献

1. Lieberwitz, *Freedom of Speech in Public Sector Employment: The Deconstitutionlization of the Public Sector Workplace*, U. C. D. L Rev. 597, 602 (1980).

2. BARRY, N., *Welfare*, Minneapolis: University of Minnesota Press, 1990.

3. Macarov, D., *Social Welfare Structure and Practice*, California: Sage. 1995.

4. Oliver E. Williamson, *The Economic Institutions of Capitalism*, The Free Press, 1985.

5. James N. Rosenau: *Governance without Government: Order and Change in World Politics*, Cambridge University Press, 1995.

6. Paul Hirst, *Associate Democracy: New Forms of Economic and Social Governance*, Polity Press, 1994.

7. Galen Cranz, *Responding to Social Change*, Contemporary Sociology: A Journal Of Reviews, Vol. 6, No. 2 (Mar. , l977).

8. Nicholas Blomley, *Law, Space, and the Geographies of Power*, New York: The Guilford Press, 1994.

9. Terry L. Cooper, *The Responsible Administrator An Approach to Ethics for*

Adiministrative Role, San Francisco: Oxford, 1990.

10. B. Lyon, *A Constitutional and Legal History of Medieval England*, New York: W. W. Norton, 1980.

11. The Theories of Society, *Foundations of Modern Sociological Theory*, The Free Press of Glencoe, Inc. , 1961.

12. J. Salwyn Schapiro, *Liberalism: Its Meaning and History*, Princeton: D. Van Nostrand Co. , 1958.

13. Stephen Holmes and Cass R. Sunstein, *The Cost of Rights*, *Why Liberty Depends on Taxes*, New York: Norton Company, 2000.

14. Lon. L. Fuller, *The Morality of Law*, New Haven: Yale University Press, 1969.

15. Robort S. Summers. *Lon L. Fuller.* California: Stanford University Press, 1984.

16. Douglas Hodgson, *The Human Right to Education*, Dartmouth Publishing Company Limited, 1998.

17. Janet Ellen Stearns, Voluntary Bond, *The Impact of Habitat* Ⅱ *on U. S. Housing Policy*, Saint Louis University Public Law Review , 1997.

18. Scott Leckie, *National Perspectives on Housing Rights*, Martinas Ni Hoff Publishers, 2003.

后　记

一

本书的写作，缘于记忆的深刻。

三十年前，我出生的时候，正好是农村普遍推行家庭联产承包责任制的时候，但是很不凑巧，我是一个"迟到"的孩子，我出生的时候，分田到户已经完成了约半年了。村里为了照顾我们这些当时正在娘胎里的人，分了半个名额的田地。但是，有人就是觉得不公平，于是，我的亲姑父把分给我的田地给"抢"走了，并由此开始了我们家和我姑父家长达十年的"战争"。所以，很不幸，我一开始就是"吃国家粮"的人（我母亲语，在她老人家看来，吃"国家粮"的人是最有出息的人）。

二十年前，当我约十岁的时候，我的爷爷与世长辞。作为村上曾经的大队支书，家里给他老人家办了较为风光的葬礼，但是由此也花费了十担谷子。由此而来的直接结果是在未来的一年半，出现了空前的粮食危机，妈妈身先士卒带领我们全家以节食的方式度过危机岁月。爷爷去世后的第三年秋天，久旱无雨，小河断流了，菜都渴死了。我们只能在坚硬得像石头的土地里挖出蘁头下饭，一吃就是两个月——当然，这已经很幸运了，因为已经不存在需要借粮度日了——想想世界历史上数不清的啃地皮的人们，数不清的啃树枝树叶的人们，数不清的在绝望中饿死的人们，乃至现在还在生死线上挣扎的许多非洲人们——我没有理由不为自己感到庆幸。更为庆幸的是，那样艰难的日子并不是很久，只是关于民生之艰难的印象都是有意无意深刻在我的脑海里。

十年前，第一次高考失败。我还清楚地记得我是如何"背着鼓鼓的行囊"进县城复读的。我有幸在 2000 年的 7 月考上了大学，而且是一个出乎我以及父母意外的大学。高考后与众友登临我家门口前一座人称"望云山"的高山，终于看清楚了那个叫白地的村落的"全貌"——群山当中的一个点！但我的记忆不再困居在湘西南的那个小村落了。只是，大学的生活并没有我想象的那么美好，每年6000元的学费和寄宿费让家人负担沉重。而银行只愿意给英语只有75分的我4000元的贷款——那时真是一种绝望。民生的体验也再次深刻。

这些记忆是属于我个人的。我之所以愿意"无私"地奉献出来，并非为了简单地抱怨我个人生活的困苦，而是因为它正好恰如其分地描述了"民生之艰"。许许多多日子过得好的人经常会忘记社会上还有痛苦的存在；许许多多日子过得糟糕的人，却正在为如何更好地生存而在苦苦挣扎。因此，这些需要反思。

反思的，不是我的生活，而是我们生活于其中的制度建构。

二

古人常说，男人"三十而立"。

在古人看来，男人到了三十岁，就应该有安身立命之所，应该是扬名之时，也应该是事业有成之始。而按照当今时代的标准，我无车无房无权无钱，不得不说是愧对圣人之言。思索之间，失落之感顿生！

回头望望我人生的三十年，真可谓是"梦想与青春同在，岁月与追求并存"。三十年了，还在人生的道路上磕磕碰碰，寻找着自己的方向和前途；三十岁了，还在为着所谓"更加美好的明天而奋斗"；三十岁了，还不能全心全意地孝顺为了我们兄弟姐妹几个而辛勤一辈子的父母。但是，失落终究只是失落。白驹过隙般的时日依然在飞驰，那才是一种不见血的无情。而且，过分的强调自己的无知无能也只会造成更大的压力和负担。于是乎，我就有了些许轻松。特别是想到我一个农民的子弟，能够在城市间有一份收入不高但还算稳定的工作，心理越觉越坦然了。

不过，人生的脚印终究是自己走出来的。我的脚印大概就是印在学术之路上吧。思考让我获得人生的许多愉悦，本书也是对这种愉悦的深化和表达。在过去的思考中，本书的很多部分曾经分别发表在各种学术刊物上，如《行政法学研究》、《法制与社会发展》、《中共中央党校学报》、《山东大学学报（哲学社会科学版）》、《学术探索》、《黑龙江社会科学》、《时代法学》、《法令月刊》（中国台湾地区）、《北方法学》、《长白学刊》、

《中南大学学报（人文社会科学版）》、《湖湘论坛》、《法制日报》、《学习时报》、《西南科技大学学报（社会科学版）》、《西部法学评论》、《东吴法学》、《湖南公安高等专科学校学报》以及《贵州警官学院学报》等。感谢这些刊物给了我这样的年轻学子一个展现的机会！（当然，为了考虑全书的结构，这些文章都做了相应的修改和发展。）就在本书即将出版的时候，人大复印资料《法理学法史学》2010 年第 11 期、第 12 期，2011 年第 2 期又陆续复印了三篇文章，这也算是对本书内容的肯定吧！

本书算是我人生一个阶段结束、另一个阶段开始的见证！

三

最后但也是最重要的，那就是感谢。要感谢的人太多，不管是我提到名字的还是没提到名字的，都是我刻骨铭心记恩的。

感谢我的恩师北京理工大学的谢晖教授和山东大学的陈金钊教授，在我最艰难的时候，两位恩师挺身而出，收留了我，给我指明了方向。大恩不言谢，这份恩情永远留在心中；犹记谢师的赠诗："风扫阴霾腾碧天，星光灿烂破垂帘。浑浑噩噩前无路，觅觅寻寻后有缘。雁过江南留不住，车鸣塞北送将还。青松翠竹伴晓月，任我逍遥云水间。"

感谢我的硕士指导老师蒋先福教授，感谢他的诲人不倦；感谢中南大学的陈云良教授，与陈老师在一起的学术交流和合作，让我受益匪浅；感谢高中的班主任老师曾宪东先生曾经的教诲，感谢我的表哥兼我的政治老师刘本春先生多年的关心和帮助，是他们的指点让我走向了另一个人生。

特别感谢我的师兄王保庆博士，犹记 2003 年和王师兄一道参加由华南理工大学承办的第八届"挑战杯"全国大学生课外学术科技作品竞赛时的点点滴滴，王师兄义薄云天的慷慨性格、严谨的学术作风、积极进取的人生追求，一直在影响着我人生的前进。感谢王师兄对我这个小师弟一如既往的关怀和无私的帮助。

感谢中共湖南省委党校、湖南行政学院法学部的同事们，他们不仅关心我的学业，也关心我的生活。感谢刘丹教授，她谦和的品行、学术的严谨和对年轻人的关爱，让我领略到了学者的宽容风范；感谢吴传毅教授、杨启敬主任、陈建新教授、胡海教授、资金星博士等中共湖南省委党校、湖南行政学院法学部的全体同事，感谢他们让我在长沙这块土地上有了温馨。

感谢唐世月教授、肖北庚教授、魏敦友教授、桑本谦教授、焦宝乾教授、黄捷教授、蒋梅博士、吴丙新博士、喻名峰博士、袁名泽博士等，感谢我的诸多好友，感谢我的硕士班、博士班的同学们，感谢诸君一如既往的关怀，并感谢多年来让我受益匪浅的学术交流。

感谢中国社会科学出版社的王浩主任、田文编辑和郭鹏编辑等领导和老师耐心细致的工作，是他们的辛苦努力使得本书顺利面世。

感谢我的父亲彭明旺先生和母亲李正莲女士，是他们在我最失意的时候，给了我鼓励，也在他们自己最困难的时候，没有放弃对我的期待，让我今天能够有机会表达我自己的看法，因此，本书是作为儿子献给父母的感恩礼物；感谢我的姐姐、姐夫和弟弟、弟妹们，他们的支持是我不断前进的源泉；也要感谢我的岳父岳母对我学业和生计的一贯支持；更要感谢我的夫人王亮女士，作为法学中的同道人，她多年来一直默默地支持我，默默地承担着我本应该分担的家务，特别是在我读博士的时候，家中的许多事情都是她在担当，她的勤俭持家让我们的日子走上了正轨。

济南的冬天灰暗而冷。但是，明天是晴天。

我，正在感受着。

用诗附庸之，曰：

荷塘当年清秋月，独凝蛙声两迷蒙。

望断天涯人归处，梦里徘徊别样晴。

卅载风云听潮涌，笑厣青春铁峥嵘。

书生此身无他物，江山指点袖乾坤。

彭中礼　谨识

2009 年 12 月 9 日初稿于济南洪家楼

2010 年 10 月 30 日二稿于济威路上

2011 年 3 月 6 日三稿于长沙岳麓山北麓